弱传播

Weak Communication

*舆论世界的哲学

The Law of The Jungle In The Public Opinion World

邹振东 著

国家行政学院出版社

果麦文化 出品

你从未读过这样一本书

所有的阅读，都是等待后的相遇。等待，可能是三十年，也可能是三千年。

如果你看到封面后，还能够读到这些文字，恭喜我，我是幸运的。为了回报这份幸运，我将竭尽全力，不让你随随便便翻几页就把书放下。

这是一本关于传播的书。一本写传播的书如果不能吸引读者，使其不忍释卷，这不仅是一名传播学者的失败，也会让传播学蒙羞。

我相信，你以前从来没有阅读过类似的书。它埋伏着你可能从未有过的阅读体验。我相信它讨论的主题与每一个人都相关，无论你是富豪，还是乞丐；它涉及的方法论对每一个领域都有助益，无论是你的工作，还是恋爱。

在厦门大学开设“舆论学方法论”课时，我开宗明义地对学生说：“如果你们有心学习，上完我这门课，应该更会谈恋爱，更会谈生意，更会与家人相处，更容易争取上级、员工、邻居和环境的支持……因为上述所有内容都是传播，或者主要靠传播。”

毫无疑问，本书可以达到这样的效果，但显然，这不是本书的最终目的。它不单是一本教人们如何公关、谈判、进行危机处理的工具书，还是一本舆论世界的哲学书。它试图解释舆论世界为什么跟现实世界不同，试图追问这个不同到底在哪里，而且，企图像牛顿总结物理世界的三大定律那样，尝试发现舆论世界的普遍性规律。

无论是对舆论现象充满好奇，还是曾经身陷舆论困境，抑或寄希望通过舆论改变人生或世界，每一个人都可以在本书中找到属于自己的答案。

目录 CONTENTS

Chapter 1 传播改变人生

* LV卖这么贵，是因为它打赢了舆论战
* 卖可口可乐的不会问你是支持特朗普还是希拉里
* 桃李不言也是一种传播
* 人类90%以上的冲突，不是核心利益上的冲突
* 最伟大的传播不是当代传播，而是跨代传播
* 细胞分裂是生命最初、最伟大的传播
* 人类一出生，他的第一个舆论武器就是哭
* 舆论的最可怕之处，是它的不可控

所有的成功都离不开传播

有一位学生看了《腾讯传》之后，向我发出感慨：马化腾这么不善言辞，居然还能获得这么大的成功！我告诉她，假如她不是被马化腾“骗”了，就是被书的作者吴晓波“骗”了。

如果马化腾真的不善言辞，不懂传播，那么，他如何去说服投资者给他投资？如何说服合伙人与他合作？如何说服上下游企业给他配套？如何说服员工为他拼命？如何说服银行给他贷款？如何说服客户购买他的产品？如何说服政府相关部门给他许可，并给予支持？他必将寸步难行！

世界上所有的成功，都离不开传播。极端地说，要成功就必须得到人们的认可，即使众人皆醉我独醒，独醒也需要被认可，而认可的获得，就需要传播。市面上充斥着很多所谓的“成功学”，不免有沽名钓誉之嫌，但这并不妨碍我们研究成功的真正原因。

有三种类型的组织都擅长传播。

第一种是宗教组织。宗教不生产任何生活必需品，也不销售任何商品，它不怕经济危机，也永远不会破产，更不担心政权轮替。就其本质来看，宗教是一个传播组织，教会是世界上最大的大众传媒，它的员工就是传教士。传教的“传”，指的就是传播。宗教只生产一样东西，那就是内容；它只负责一样工作，那就是传播。

第二种是政党组织。政党的原始资产就是传播。同样，政党也不直接生产任何物质，除了生产内容，它主要的工作就是传播，它通过传播争夺执政权，通过传播掌握资源，通过传播获得支持，乃至一切。

第三种是传媒组织。大众传媒，顾名思义，就是专司传播的，如纸媒、电视、网络（微博、微信）等。

宗教传播信仰，政党传播信念，传媒传播信息，它们通过传播不同的内容，获得地位，掌握权力，实现目标。

桃李不言也是一种传播

有人会说，最重要的是实力，而不是传播。厉害的人根本不需要传播，比如钱钟书，深居简出，没上过电视，不接受媒体采访，不照样成为“文化昆仑”吗?

可如果钱钟书没有传播，大家又是怎么知道他的呢? 其实，钱钟书的作品《管锥编》《围城》就是一种传播，他为人不好名利也是一种传播，否则，人们根本听不到他的名字。

世界上有多少伟大的作品，可能从未见过天日。世界上又有多少天才的科学家，可能从未被人认识。当大家知道钱钟书时，传播就早已开始，甚至已经完成了一个又一个传播周期。

还有人会说，桃李不言，下自成蹊。殊不知桃李的“不言”同样是一种传播的范式。尽管桃李不说话，但是它们会开花、会结果。如果桃李既不开花也不结果，那还可能下自成蹊吗?

开花和结果，就是桃李的传播方式。有意的沉默是一种传播，深居简出也是一种传播，终南捷径更是一种传播!

无处不在的舆论战

在现代社会中，真正的军事战争已不多见，但无形的战争——舆论战触目即是。

广义的舆论战包括各个方面。你击败了情敌，赢得爱人的芳心，那么，在谈恋爱的舆论战中你胜利了。一个几乎一模一样的包，山寨版卖几百元，LV卖一两万，这是LV在舆论战上打赢了，它成功地说服了消费者，愿意花更多的钱买正品。同样，如果你面试获得了一份好工作，你就是舆论战的受益者，那么多应聘者都对面试官进行了舆论说服，你之所以脱颖而出，并非做了什么，而是传播了什么，最终在面试时打赢了一场漂亮的舆论战。

卖一瓶可口可乐，也有舆论战技巧吗? 当然有! 可口可乐公司卖产品给消费者之前，绝对不会问你信奉基督教还是伊斯兰教，无论是支持特朗普还是希拉里，你只要付钱它就卖。

可是在我们的朋友圈，有多少人就因为对某人某事的不同评价，一言不合，友谊的小船说翻就翻了呢?

传播能力是人类最重要的能力

没有一个人能够不与别人打交道，而只要打交道，就需要传播。

在很多次讲座中，我做过一个现场民调实验。我问在座的女生，假如在宿舍前，有个男生摆了一圈蜡烛，然后高声喊：某某某，我爱你！女生会喜欢这样的求爱吗？几乎90%以上的女生都表示不喜欢，不到10%的人觉得无所谓，只有三五个女生喜欢这样的方式。这样的结果，让现场的男生大吃一惊。他们原先以为，绝大多数女生都喜欢这样的浪漫表达，因为这不是电视剧里常出现的桥段吗？

这种实验最大的受益者是现场的男生，他们感叹女生是一种多么难猜心思的物种，并由此深刻地意识到，传播的方法是多么重要。如果选择了错误的传播方法，最终走向的是目标的反面。

不少年轻人抱怨父母的种种不是，父母和子女是人类所有关系中利益分歧最少的一组关系，可是为什么，它恰恰就是矛盾冲突最容易爆发的所在，而且彼此伤害得最深，最难分难解？

人类90%以上的冲突，不是核心利益上的冲突，而都是不恰当的传播造成或放大的。我经常说，如果传播学专业的学生都不会谈恋爱，别人怎么相信他可以发现美、传播美；广告学专业的学生自己都不会面试，不会推销自己，别人如何相信他可以推销好产品；新闻学专业的学生，连与自己父母的关系都处理不好，又怎么能处理好人们对世界的看法呢？

每一个想改变世界也想改变人生的人，请先用传播的方法，处理好自己身边的关系，比如家庭、职场、朋友，等等。

人类第一个武器就是传播

人一出生，他的第一个舆论武器就是哭。作为一个刚刚出生的婴儿，他肩不能挑，手不能提，没有任何生产、战斗和自卫能力，甚至连吃饭都不行，只能吃奶。面对复杂危险的外部世界，他唯一的武器就是哭，饿了哭，冷了哭，大小便了哭。人一出生，首先是用哭争取权利，维系生存。

许多人都信奉一个原则：先有实力再进行传播。可是人类的出生，证明了这种“实力派”的宣言不过是一种短见薄识。在婴儿期，没有一个人是实力派，都是无力派，但照样传播。每一个所谓的实力派，也都是先依靠传播，后取得实力的。每一个人都是在别人的帮助下长大的，而想获得别人的帮助，就必须学会与利用传播。

人类是最善于使用舆论武器的动物！人类之所以优于其他物种，最重要的可能不是直立行走的能力，而是可以发展并且进化得越来越强大的传播武器。随着人类文明的发展，舆论武器也越来越丰富——表情、手势、文字、视频……

最牛的传播是跨代传播

对传播来说，时间是最冷酷无情的检验者。

假使今天有一个内容很火，被大家称为刷屏、爆棚或红遍网络，可没人敢说刷月、爆年或红遍时代。无论多高的收视率、多大的阅读量，都禁不住这么一问：可以热几天？今天，所有的大V和网红不妨反躬自问："我有多少内容一百年后还可以流传？"

不得不佩服一首首唐诗，二十个字，居然可以穿越千年。更厉害的是，那些千百年来还在被人们反复使用的成语，它们属于历史，却仍然活跃在当代舆论场。再反观近一百年来，究竟能创造多少新的字词、句子可以流传到下一个千年？

最伟大的传播不是当代传播，而是跨代传播！

人们为什么敬畏经典？因为真正的经典不仅是那个时代传播的胜出者，也是之后无数时代传播的胜出者。

研究人类的传播方法和技巧，一定不能忽视这些历经时代洗礼的传播文本，其中埋伏了几乎所有的传播密码。研究它们，才能找到真正的传播谱系，才能找到人类传播的基因。

上帝"先说后做"

让我们读一读历史的文本，寻找传播的"创世记"。

世界上发行量最大的书籍是《圣经》，如果把几千字作为一个文本单位，那么，《圣经·旧约》"创世记"的第一章就是阅读量最大的文本。

"创世记"篇是场壮丽的大制作，它是一出独角戏。这部电影大片唯一的角色就是上帝。戏剧是行动的艺术，"行动"也是亚里士多德《诗学》的核心概念。让我们好好看一看"创世记"里上帝的行动！

"created（创造）"是上帝的第一个动作，它出现在《圣经·旧约》正文第一页第一段第一行，当之无愧地奠定了上帝造物者的身份：

1:1 起初神创造天地。

In the beginning God created the heaven and the earth.

上帝一出场，就是行动。紧接着正文第一页第三段，另一个重要的动词出现了，那就是“said”：

1:3 神说，要有光，就有了光。

And God said, Let there be light: and there was light.

请注意文本里动词用的是“said”，不是“thought”，说明上帝不是“想”要有光，而是“说”要有光，然后就有了光。上帝不是有了一个“光的想法”，或者“光的梦想”，再造出光来。准确的表述：世界的光是被上帝“说”出来的。更奇特的是，上帝不是先做后说，而是先说后做。在“创世记”的第一章里，总共出现了11次“说（said、saying）”。上帝做得多，说得也多。

可见，《圣经·旧约》“创世记”的文本清楚地暗示后人：上帝不仅是造物者，而且是传播者！

另一个有意思的问题是：直到第六天，上帝的传播才有了受众（亚当）。可是在第一天，上帝就开始说了（“said”），那么，上帝说了这么多，他是说给谁听呢？

传播是宇宙的一种存在方式

宇宙中的光是一种传播。光是能量的一种传播方式。它可以在任何透明的介质中传播，但在不同的介质中，其传播路径会因为遇到光滑的物体而发生偏折，并产生反射与折射现象。另外，根据广义相对论，光在大质量物体附近传播时，由于受到该物体强引力场的影响，它的传播路径也会发生相应的偏折。光的传播有传播源、传播介质、传播路径，还有传播环境与效果。研究光，就是在研究传播。

传播就是宇宙的一种存在方式。宇宙的爆炸是传播，宇宙的膨胀也是传播。

当在地球上看到从亿万光年外传来的光，科学家感兴趣的是它的物理数据，而传播学者则会好奇它是怎样来到这里的。

想象每一束光被人们看到之前，它已经在传播的亿万年间，看过无数美丽的风景，我们的眼角可能也会有一点点泪光。

生命是通过传播而存在的

如果说，人类是传播的动物，那么，我们并没有准确地把握传播的本质。虽然人类是自然界中最善于使用传播的动物，但传播不是人类的专利，也不是动物的专利。正确的表述：传播是生命的存在方式，没有传播就没有生命。

细胞分裂是生命最初、最伟大的传播。一个A细胞完整地复制出一个A’细胞，这是最完美的传播；一个受精卵可以分裂出鼻子和牙齿，这是最有创造性的传播。生命的孕育、生长、死亡和繁衍过程，就是一个传播的过程。生命的进化史，就是生命的传播史。

今天的传播学仍然受益于生命科学。比如，病毒的传播，催生着新的传播理论与方法的诞生。

没断奶的传播学与没满月的舆论学

在人类还没有存在的世界，在生命还没有产生的宇宙，传播就已经存在了。但传播学作为一门独立学科的历史却只有不到一百年。传播学研究的对象应该比人类更古老，比生命更久远，但它自己却如此年幼，甚至没有断奶。这是多么巨大的不对等。

传播学研究的对象比其他大多数社会科学与人文科学的研究对象都更重要，但它所处的地位却与其重要性不相匹配。以中国为例，即便是把传播学局限于研究人类的传播行为与传播现象，传播学至少也应该与哲学、经济学、法学等12个学科门类比肩，成为独立的第13个门类。但现如今，它只能屈居为文学门类下新闻学与传播学一级学科中的二级学科。

比传播学更可怜的是舆论学。遗憾的是，在中国，舆论学目前属于三级学科，列在二级学科新闻理论之下。无论是从学科属性，还是从学科定位，这都是一个荒唐的设置。

传播世界的规律是什么

绝大多数人对舆论的共识有三点：第一，舆论是与现实生活不一样的；第二，舆论是难以捉摸的；第三，舆论是可怕的。

对舆论的恐惧来源于两种困境：一是人们就生活在舆论当中，对它很熟悉，但对它的运作却很陌生；二是人们知道舆论会影响他们，它貌似偶然，但感觉又有规律，可是人们摸不透它的规律。领导和专家都在说，要认识和把握舆论的规律，可是一旦追问舆论的规律是什么，没有多少人可以说出子丑寅卯来。

物理学有牛顿力学四定律、热力学四定律、相对论四定律、量子力学四定律……传播学（舆论学）有多少可以与之比肩的定律呢？

自然科学特别重视理论的假设。提出假说者，未必是验证人，但提出假说的科学家，往往比后来做出验证的科学家更加伟大！可是在传播学界，一篇只有假说没有实证的论文，可以"出笼"吗？目前的传播学界，有多少被全世界传播学者前赴后继不断验证的伟大假说呢？伟大的理论，必定来自对研究对象哲学的思考，但传播学对其他研究方法，特别是哲学方法有意无意的排斥，是传播学越做越小、越做越死的根本原因。

没有伟大的方法就不可能产生伟大的理论。传播学不让自己作死，就必须从研究方法的桎梏中解放出来！

弱传播：舆论世界的一个假说

传播学的困境，就是舆论学的困境。传播学的问题，也是舆论学的问题。

没有假说就没有自然科学现今的发展。同样，没有假说也不会产生真正的传播学和舆论学。一路顺藤摸瓜，现在终于触及本书最重要的内容，那就是提出打开舆论世界密码的假说。我把这个假说称为弱传播。

弱传播假说认为：舆论的世界是一个弱传播的世界，在这个世界里，舆竞天择，弱者生存。接下来，本书将围绕弱传播这个假说展开。弱传播的证实可能不是本书可以完成的，对弱传播理论的完善、修订和验证也将是一个漫长的过程。但我们必须马上开始！

绪论说了这么多，概括起来就一句话：传播的现象如此奇妙，舆论的世界如此重要，我却知之甚少，这样不好不好！

弱传播是啥？接下来才知道！

Chapter 2 弱传播：舆论世界的法则

* 舆论做的是表面文章，用的是表面功夫
* 信息只有被传播，才有价值；传播只有被关注，才能实现价值
* 对传播来的东西，我们无法完全信任它们，却不得不依赖它们
* 正如物质有反物质一样，舆论世界是现实世界的反世界
* 无序，是舆论世界的天性
* 舆论的世界不是历史的汪洋大海，而只是海平面
* 风好传播，山不好传播；水好传播，石头不好传播
* 弱传播理论一言以蔽之：舆竞天择，弱者生存

本章是本书的核心部分，讨论的是弱传播假说的思想来源与思辨过程。它是本书最重要的部分，也有可能是最枯燥的部分。我将竭力把这部分内容写得通俗易懂、生动有趣。

知其然并且要知其所以然的读者，一定不能错过本章中与作者一起头脑激荡的机会。而喜欢直接找答案的读者，不妨先跳过这一章。对于思想者来说，本章将是一段奇妙的思辨之旅。

I 什么是舆论

尽管十分不情愿，但我们还是不得不从舆论的定义开始。否则，我们讨论了半天的东西到底是什么都没有搞清楚，我们的讨论有什么意义？

舆论是什么？

答案似乎简单到谁都知道。街谈巷议中，“舆论”已然成了一个被反复提及的词汇，但人们往往忘记了，它还是一个专业的理论术语。恰恰是这种人人都会用的术语，可能有着最复杂最难以定义的概念。

从人类社会一开始，就有舆论现象，但“舆论”这个名词却出现得晚。当大众传媒作为一种强有力的舆论机构出现时，人们才开始认真地打量它。学者对舆论下定义乐此不疲，但一个个似乎都在做无用功。他们不断对舆论下着自己满意、别人却不怎么满意的定义，让后来人不得不另起炉灶，重新对舆论再下另一个同样只令自己满意却不见得让别人也满意的定义。

1965年，美国学者哈伍德·切尔德斯在《公共舆论：特性、形式和作用》（*Public Opinion: Nature, Formation and Role*）一书的第二章中，总结了对公共舆论的50种定义。[1]但哈贝马斯在其影响深远的著作《公共领域的结构转型》中断然宣称："即便是科学，尤其是法学、政治学和社会学显然也未能对'公''私'以及'公共领域''公共舆论'等传统范畴做出明确的定义。"[2]

20世纪50年代和60年代，一种悲观主义论调开始流行，人们甚至认为舆论是虚构的，属于思想史的博物馆，只能引起历史学家的兴趣，学术界要求放弃"舆论"这个概念（至少在科学术语上）的声音越来越大。[3]

对于放弃"舆论"这个概念，最好的回应来自伊丽莎白・诺尔-诺依曼（Elisabeth Noelle-Neumann）的这段话："一个古代已经可以被证明的，并且在几百年来一直使用的概念是不可以被放弃的，除非是在想法和感觉上出现了一个从古代就开始使用的，反映了社会控制的某种形式，不可能更清晰的，有类似的广泛性的概念。"[4]

有舆论世界的存在，当然就有舆论概念的存在。舆论的概念应不应该存在，不是问题，有问题的是人们对舆论世界的认识！定义的过程就是理解的过程，有多少种对舆论的定义，就有多少种对舆论的理解。"语言是思想的直接实现"[5]，当一个对象还难以定义时，说明人们对于这一对象的认识还处于较低级阶段；当一个对象有很多定义时，说明人们对这一对象的理解仍存在争论。对于任何事物，只有想清楚了才能说清楚。如果你说不清楚，证明还没想清楚。人们对舆论世界，还没有想清楚！

前人给舆论下的定义已有成百上千条，这些宝贵的哲思不要浪费，我们不妨做一个简单梳理，看一看这些多如牛毛的定义，它们在哪里打架。难道它们没有共识吗？

舆论定义的分歧

各种舆论的定义千差万别，但概括起来，分歧最集中的就是以下三个方面。

---

[1] HL Childs, Public Opinion：*Nature, Formation and Role*, D .Van Nostrand Company, INC,1965.

[2] [德]哈贝马斯:《公共领域的结构转型》，曹卫东、王晓珏等译，学林出版社1999年版，第1页。

[3] [德]伊丽莎白・诺尔-诺依曼：《沉默的螺旋：舆论—— 我们的社会皮肤》，董璐译，北京大学出版社2013年版，第58页。

[4] [德]伊丽莎白・诺尔-诺依曼：《沉默的螺旋：舆论—— 我们的社会皮肤》，董璐译，北京大学出版社2013年版，第233页。

[5] [德]卡尔・马克思、弗里德里希・恩格斯：《马克思恩格斯全集》第3卷，中央编译局编，人民出版社1956年版，第525页。

●舆论是一致的还是不一致的

舆论定义最直接的分歧就是舆论是否具备一致性。

休谟说："我们发现统治者……依靠的只是一致性的意见态度。"[1]陈力丹认为舆论"具有相对的一致性、强烈程度和持续性，对社会发展及有关事态的进程产生影响，其中混杂着理智和非理智的成分"[2]。

英国的巴克则不认同这样的舆论一致性："在多数人之中，具有不同的意见，就是舆论。"[3]法国的A. 吉拉尔在《公共舆论》中说："公共舆论不是其总数，而是个人意见的混合物。它从来就不是一致的，更不是同质的。"[4]

●舆论是正面的还是负面的

对舆论认识最主要的分歧集中在舆论是否具备正当性。认为舆论具有正当性的，对舆论的评价是"赞美或肯定"；认为舆论不具有正当性的，对舆论的评价则是"怀疑与否定"。

对舆论正当性的否定，从柏拉图开始，到黑格尔时达到巅峰，再到李普曼开启新的质疑模式，我们可以看到一脉相承的谱系。而主张舆论具有正当性的代表性人物则有洛克、休谟、麦迪逊、卢梭。

对舆论正当性的不同评价，源于对舆论制造者的评价。比如，同样认为舆论的主体是人民，启蒙思想的拥护者就会对舆论持正当性评价，日本的福泽谕吉认为："舆论就是……在某一时代人民普遍具有的智德的体现"，是"智者的言论"[5]；而把人民看作乌合之众的黑格尔则对舆论的评价不高，他认为作为舆论主体的人民，"只是一群无定形的东西。因此，他们的行动完全是自发的、无理性的、野蛮的、恐怖的"。"除了一些笼统的话和歪曲的演词以外，不可能指望听到什么别的东西。"[6]

好评和差评，依据的不是声音本身，而是谁在发声。

---

[1] [德]伊丽莎白·诺尔-诺依曼：《沉默的螺旋：舆论—— 我们的社会皮肤》，董璐译，北京大学出版社2013年版，第71页。

[2] 陈力丹编著：《舆论——感觉周围的精神世界》，上海交通大学出版社2003年版，第22页。

[3] 徐向红：《现代舆论学》，中国国际广播出版社1991年版，第11页。

[4] 徐向红：《现代舆论学》，中国国际广播出版社1991年版，第11页。

[5] 徐向红：《现代舆论学》，中国国际广播出版社1991年版，第10页。

[6] [德]黑格尔：《法哲学原理》，张企泰、范扬译，商务印书馆1961年版，第323页。

民众的声音到底是什么声音，是上帝的声音，还是牲口的声音？

古罗马哲学家塞涅卡呼吁："相信我，民众的声音是神圣的。"大约在五百多年后，马基雅维里说："将民众之声称为上帝的声音不是没有道理的，因为世界各地的事件和观点通过这样神奇的方式预言出来了，从而使人们可以相信某种隐蔽的力量能够预言好的和坏的。"[1]

皮埃尔·加荣（Pierre Charron）[2]在1601年建议"民众的声音——上帝的声音"恰当的说法应该是"民众的声音——驴子的声音"。霍夫斯泰特（Hofstätter）在他的《公共舆论心理学》（*Psychologie der öffentlichen Meinung*）中指出："'民众的声音——上帝的声音'这是一种对神灵的亵渎。"[3]

事实上，对舆论认识的所有分歧，几乎都根源于对舆论主体的认识。舆论的主体，就是舆论世界的造物者。舆论的声音是上帝的还是牲口的，关键在于舆论的造物者是上帝还是牲口。

所以舆论最值得讨论的分歧就是：舆论的主体是谁？

●舆论的主体是谁

提起舆论的主体，人们最容易想到的一个词就是"公众"。

的确，"公众"是与"舆论"联系最紧密的字眼，也最经常出现在舆论的定义和解释上。众多定义不约而同地认为"公众"是舆论的主体，一个最直接的支持就是舆论的词源其英文就是由public opinion构成的，public最通常的中文译法就是"公众的"，因此，舆论的概念本身就含有"公众"的含义。为此甚至有的学者反对在"舆论"前面再加上"公众"这样的定语，认为这是同义反复。[4]但问题是public本身就是多义的，其字面意思除了"公众"之外，至少还包含"民众的""人民的""大众的""公开的""公有的"等含义。

---

[1] [德]伊丽莎白·诺尔-诺依曼：《沉默的螺旋：舆论——我们的社会皮肤》，董璐译，北京大学出版社2013年版，第182页。

[2] 皮埃尔·加荣（1541—1603），法国天主教神学家，他是著名思想家、作家蒙田的好友及门徒，个人著作包括《三个真理》《论智慧》。

[3] [德]伊丽莎白·诺尔-诺依曼：《沉默的螺旋：舆论——我们的社会皮肤》，董璐译，北京大学出版社2013年版，第181页。

[4] 孟小平：《揭示公共关系的奥秘——舆论学》，中国新闻出版社1989年版，第27页。

在舆论的众多定义中，我们发现对舆论主体的认定大致呈现两种不同的倾向，第一种倾向是尽可能地将舆论的主体限定在一个特定的范围。比如，用“人民”和“全体人民”排除了“小众”（如福泽谕吉、吴顺长）；用“公众”排除了一般意义的群众（如哈贝马斯、刘建明）；用“社会团体”和“集团”来排除未经组织或经济政治地位不相等而混杂的群体（如甘惜分）；用“阶级、阶层”排除一切非阶级阶层的集合体（如康荫）；用“最高权威、最有知识、最有教养、最有道德的人”排除其他普通民众（如张季鸾、W-A. MacKinnon）。

对舆论主体认定的第二种倾向则是尽可能地开放舆论主体的外延。最典型的定义就是采用“多数人”这个概念，“多数人”的概念放弃了对舆论主体的社会身份和社会特征予以限定的努力，而仅仅强调其数量上的特征。

两种倾向其实有一个最大公约数，那就是都认为舆论的主体是一个群体，而不是个人，更不是机构。

但舆论这个定义，却面临现实运用的挑战，那就是个人、媒体、政府是不是舆论的主体。现实生活中，我们讲的舆论，常常包括新闻发言人、政府会议、报纸电视的言论，可是舆论的定义却往往将其明确排除在舆论主体的范围之外（这部分的内容，我们将在“舆论的主体”章节进行详细讨论）。

聊完了舆论的分歧，我们再来看看舆论定义的共识。

舆论定义的共识

尽管一千个学者有一千个舆论的定义，但绝大多数学者在下面三个方面有着最大公约数。

●舆论是有力量的

舆论是有力量的，不管这种力量被誉为伟大的力量、正义的力量，还是被指责为群体的暴力、混乱的力量。

历史上不乏对舆论力量唱赞美诗的。休谟就认为统治的力量来自舆论，“唯有……在舆论的基础上，政府才能建立”。休谟说：“从政治哲学的角度来看，没有什么比多数人被少数人所统治更令人吃惊的了；并且人们愿意将自己的知觉和愿望放在次于政府期望的位置上，也令人惊讶。当我们试图分析政府通过什么方式产生了这样不可思议的统治力量时，我们发现统治者……依靠的只是一致性的意见态度。政府是建立在舆论基础之上的，无论是最专制和最军事化的统治，还是最自由的和最受欢迎的统治，都一律如此。”[1]

而卢梭则把舆论提到比一般法律更高的地位，认为是民族创制精神的力量源泉。他将与国家有关的法律分为三种类型：公法、刑法和民法。但他认为在这三类法律之外，还有第四种类型是所有法律类型中最重要的。“这种法律既不是铭刻在大理石上，也不是铭刻在铜表上，而是铭刻在公民们的内心；它形成了国家的真正宪法；它每天都在获得新的力量；当其他的法律衰老或消亡的时候，它可以复活那些法律或代替那些法律，它可以保持一个民族的创制精神，而且可以不知不觉地以习惯的力量取代权威的力量。我说的就是风尚、习俗，而尤其是舆论。”[2]

与柏拉图、康德质疑舆论的小心翼翼不一样，尽管黑格尔对于人民的舆论持否定态度，但他也承认：“无论哪个时代，公共舆论总是一支巨大的力量，尤其在我们时代是如此。”[3]

●舆论是表达的

舆论是一种公开的表达，反过来说，没有公开的东西不能称之为舆论。

舆论必须公开表达，这一点似乎争议不大。在舆论的英语词源public opinion中，“public”就有“公开”的含义。一些舆论定义特意强调“公开”二字，如美国的《考利尔百科全书》中对舆论的定义就是：“舆论是相当数量的人们对公开报道的事件、人物或事情的一组观察、意见和信念。”[4]

●舆论是聚集的

舆论不是一个人的事，如果没有网络外接，一个人关在屋里无论怎么表达，都不是舆论。

一些定义，甚至直接出现“集合”“汇集”“综合”“总和”这样的字眼：“舆论不一定要有一致的结论，它包含有各方面的意见，正的，反的，多数的，以及少数的，

---

[1] [德]伊丽莎白·诺尔-诺依曼：《沉默的螺旋：舆论—— 我们的社会皮肤》，董璐译，北京大学出版社2013年版，第71页。

[2] [法]卢梭：《社会契约论》，何兆武译，商务印书馆1980年版，第73页。

[3] [德]黑格尔：《法哲学原理》，张企泰、范扬译，商务印书馆1961年版，第332页。

[4] 徐向红：《现代舆论学》，中国国际广播出版社1991年版，第13页。

舆论是对某一事件各种意见的集合。（陈石安《报学概论》）”[1]

中美联合编审委员会编辑的《简明不列颠百科全书》对舆论的定义是：“舆论是社会上值得注意的相当数量的人对一个特定问题表示的个人意见、态度和信念的汇集。”[2]

而史密斯（C. W. Smith）在1939年指出：“除非人民中的大多数人同意政府的基本目标和原则，否则，便没有任何值得称为舆论的东西……如果个人意见不是相类似到能够汇集在一起，舆论是不可能存在的。”[3]

亨·奈西对舆论所做的定义是：“舆论是绝大多数人对一个有普遍重要性的问题所表示出来的意见的综合。”[4]

在所有的定义中，黑格尔的定义特别值得关注：“个人所享有的形式的主观自由在于，对普遍事务具有他特有的判断、意见和建议，并予以表达。这种自由，集合地表现为我们所称的公共舆论。”[5]

以上有关舆论的这三个共识，正好对应着舆论的三大特征：能量性、公开性与集合性。

舆论的共识特别值得重视。正是因为对舆论的分歧太大，对舆论的共识才殊为不易。千差万别的舆论定义，不约而同地指向对上述舆论的共识，反向表明，其正是我们进一步认识舆论的基础。

舆论定义的三大共识中，最没有争议的就是能量性特征，我们就把舆论的能量性作为新定义的逻辑起点。

下面我们就从三个层次进行逻辑推演。

●第一层次逻辑推演

舆论的定义，首先必须明确舆论的本体与客体是什么。

能量性特征是舆论共识的第一个特征。舆论是有力量的，那么，舆论的本体应该

---

[1] 徐向红：《现代舆论学》，中国国际广播出版社1991年版，第11页。

[2] 中美联合编审委员会编著：《简明不列颠百科全书》第9卷，中国大百科全书出版社1986年版，第228页。

[3] 孟小平：《揭示公共关系的奥秘——舆论学》，中国新闻出版社1989年版，第35页。

[4] 李良栋：《误区与超越：当代中国的社会舆论》，中共中央党校出版社1994年版，第113页。

[5] [德]黑格尔：《法哲学原理》，张企泰、范扬译，商务印书馆1961年版，第331～332页。

体现出能量性特征。能量可以度量，舆论本体的概念最好可以形成类似温度、高度、力度这样“××度”的组合。过往舆论定义出现频率最多的本体概念主要是信念、态度、意见、看法、观点等，这些词汇都不能与“度”进行组合。意见、态度可以区分出支持与反对，虽然“支持”可以与“度”组合成“支持度”，但“支持度”只不过是意见态度的一个部分，并不能完整表达舆论的全部力量。

在国际舆论中，也经常出现这样的表态，它既不肯定，也不否定，例如，我们注意到了某某的言论（做法）。这种关注虽然没有明显的观点与倾向，但仍然展示了一种力量。

有关舆论的力量，运用最多的测量就是“关注度”，关注度全面覆盖了人们对一个对象的全部态度，无论是支持抑或是反对。

当人们表达要借助舆论给对方压力时，最常用的句子不是“我要让媒体反对你”，而是“我要让媒体曝光你”。一个事件，无须表明态度或意见，只要曝光，就足以形成舆论压力。曝光引发关注，是舆论最初始的也是最基本的压力施加。李普曼曾把新闻机构比作探照灯光束：“它像一道躁动不安的探照灯光束，把一个事件从暗处摆到了明处再去照另一个。”[1]

“照亮”就是关注！关注就是一种力量。人们在众目睽睽下，会产生心理压力。

关注，可以进行度量。我们常见的阅读量、点击数，就是关注度的表现。关注度可以再细化为支持度、参与度，那就是点赞数、转发量。

关注不仅有强度、热度的区分，还有深度、广度与长度的区别。

另外，舆论是一种行为，作为舆论动作的宾语，舆论的本体最好是一个直接可转换为名词的动词。综上，显然“关注”比“意见”等其他词汇更适合舆论的本体概念。

于是，我们终于找到了舆论最基本的构成要素，那就是关注，它是舆论世界最小的细胞，也是舆论的存在方式。关注就是舆论的本体。

关注开始，舆论产生；关注持续，舆论进行；关注变化，舆论运动；关注消失，舆论终结。舆论始于关注，终于关注。

所以，我们可以先对舆论做一个最简单的定义：舆论是一种关注。

任何关注都是在一定时空展现与运动的。我们将在“舆论的本体”“舆论的时间”“舆论的空间”“舆论的运动”相关章节，对舆论的关注及其时空现象与运动规律进行进一步的讨论。

---

[1] [美]沃尔特·李普曼：《公众舆论》，阎克文、江红译，上海人民出版社2006年版，第259页。

关注是一个中性词。关注可以一致，但意见不一定一致。比如，有关“涨价”的舆论，尽管存在意见分歧，但都是关于“涨价”的舆论；“核扩散”尽管各国的舆论不同，但舆论的指向都是“核扩散”。不同的意见，尽管观点不一，但作为舆论，它们都有一个共同点，那就是它们都针对的是同一个对象。

《简明不列颠百科全书》指出，无论舆论的定义有多少种，“但几乎所有的学者和公众意见的操纵者，都同意舆论的含义至少包括四个因素：一是必须有一个问题；二是必须有多数个人对这个问题发表意见；三是在这些意见中至少要有某种一致性；四是这种一致的意见会直接或间接地产生影响。”[1]关于舆论含义四个因素的第一个就是“必须有一个问题”。

“关注”一定是有对象（一个问题）的，没有对象的关注就不可能产生舆论。可见，对象（客体）才是舆论得以存在的前提。那么，舆论的客体是什么？过往的舆论定义对舆论客体的描述五花八门，但没有一个概念可以涵盖舆论的客体。事实上，舆论的客体可以是任何东西，可以是现实，也可以是历史，甚至是未来。它不一定是物理存在，它可以是虚拟的；它不一定是真实的，甚至可以是谣言。任何一个对象，被人们所关注，它就可以是舆论的客体。因此，最佳的方法就是把舆论的客体定义为任一对象。

所以舆论的定义可以扩展为**舆论是一种对任一对象的关注**。

这个定义很好地解释了舆论的**第一大分歧**——**舆论的一致与不一致**。为什么舆论在一致性上有分歧？根源就在于舆论的客体（对象）是一致性的，而舆论的本体（关注）是不一致的。

舆论的一致性，表现在它关注的对象是一致的，但关注本身，却可以是不同意见的集合。舆论的一致性指的是舆论主体对客体的共同关注，而不是舆论主体对客体的共同意见。

●第二层次逻辑推演

舆论是一种力量，但这种力量并不是能量的储存，而是能量的释放。所以，舆论作为一种能量，是一种释放的能量，一种做功的能量，它由社会的能量转化而来，也将转换为社会的其他能量。所以，舆论作为能量必须展现出来。这就涉及过往舆论定

---

[1] 中美联合编审委员会编著：《简明不列颠百科全书》第9卷，中国大百科全书出版社1986年版，第229页。

义的第二个共识——舆论的公开性特征。

舆论是表达的。因为只有表达出来的，能量才能够释放，因此，舆论的表达能够更准确地描述舆论的能量。过去学者把舆论的表达等同于公开，其实表达除了公开的含义，还有一个含义，那就是表面的“表”。

舆论不是简单的公开，而是要达到表面的公开。舆论不是能量的储存，而是能量的爆发。就算是深水炸弹，也必须炸到表面。

舆论做的是表面文章，用的是表面功夫。舆论的表面性是舆论研究的一个死角，人们往往用公开性代替表面性。但舆论真正的特性，就存在于表面性。

认识到舆论的表面性，我们就可以理解，为什么一地鸡毛最容易被舆论关注，为什么肤浅的东西比深刻的东西更容易传播，为什么轻松的话题比沉重的思考更容易传播。舆论的做功在表面呈现。舆论的力量不仅是压力，更重要的是压强。压强的公式 $P=F/S$，S 就是面积。舆论的压强是压在表面上的，跟体积无关，而是跟表面积有关。

学者对舆论表面性的认识有以下三种偏差。

第一，因为舆论是表面的，所以，舆论学研究也是肤浅的，抓不住社会的本质。殊不知，只有肤浅的学问，没有肤浅的研究对象。越是表面的东西，越是可能蕴含着深刻的本质。就像中医望闻问切，从人体的表征中，发现生命的本质。即便是西医，也非常重视生命的表征与病症。

第二，认为舆论是表面的，满足于研究舆论的表面，不肯把研究引向深入。

第三，仅把舆论的表面当作跳板，一味挖掘舆论背后的真相。殊不知，如果我们用同样的方法做研究，在地球任何一个表面深挖下去，最后发现的都是熔岩，那我们能否得出这样的结论：地球人无论生活在哪里，都是坐在火山口？地核有熔岩，并不意味着地面都是火山。舆论是活火山，哪怕是地下暗流汹涌、熔浆翻滚，只要不冒出地面，就不是舆论。

所以真正的舆论研究，应该既重视舆论的面子，又重视舆论的里子，而且研究的重心不是由表及里，而是反过来由里及表。舆论研究最应该追问的不是社会的表面下哪里有舆论的熔浆，而是为什么独独这个地方成为舆论的火山口。舆论要研究舆论的深海、海底与洋流，但研究它们的目的是发现舆论洋面变化的规律。舆论是世界的波浪。

现在舆论学界很流行用群体动力学来研究舆论，但为什么很多人最后却误入歧途？就是因为忽视了舆论的表面性，结果是用整体的动力机制来解释只是表面的运动行为。用研究整个海洋的动力学来解释海洋的波浪，不仅用力过猛，甚至误差极大。群体动力学必须与流体力学及表面力学结合起来，紧紧扣住舆论的表面性，探讨舆论的表面涌动与表面运动，才能抓住舆论的真谛。

●第三层次逻辑推演

舆论作为一种能量，它的能量大小是和关注的多寡相关的。纯粹个人的单一关注，不是舆论。舆论的力量是靠关注的聚集形成的。这就牵涉到过往舆论定义的第三个共识——集合性特征。

就本质而言，舆论的力量不是来自事物的真理性而是舆论的集合性，聚集是一种自然的集合。曾几何时，舆论的这种集合性力量使它有了一个漂亮的别名——“民意”。民意可以是一种舆论，但舆论却不等同于民意。当集合的舆论主体发声时，这些舆论可能是民意的表达，也可能是被“绑架”了的民意。即便是民意的聚集，也未必是正义的代名词。它的原生态，有野蛮生长的力量，也有可能被操弄。既有大江东去的气势，也不免泥沙俱下。

关注的聚集是舆论场各种力量的聚集。它们唯一的共同点就是对同一个事物的关注。至于关注的态度，却可能千姿百态。如果聚集的都是人民的呼声，就会成为休谟所说的统治力量的来源；如果聚集的都是正义的声音，并且形成绝对的舆论优势，就可以成为改朝换代的力量，成为卢梭所说的高于法律的力量。但大多数情况下，关注的聚集不过是各种声音的大杂烩，极端、偏激、无知杂陈其间，更像是黑格尔所描绘的“公共舆论是人民表达他们意志和意见的无机方式”[1]。

这样我们就可以解释过往舆论定义的第二大分歧——舆论是正面的还是负面的。舆论既不是正面的，也不是负面的，而是中性的。它偶尔是正面的，偶尔是负面的，常态是中性的。

现在我们可以给舆论进一步下定义：舆论是对任一对象关注的表达与聚集。

舆论的关注度无论表现为什么数据，如阅读量、点击率，最后它都要转换为“数人头”。所以，关注度的背后，起决定因素的就是关注者的多寡。

舆论能量的集合，必须来自关注者的集合。过往的舆论定义为什么在舆论的主体上绕不过这几个概念：公众、人民、群众、民众、大多数人？就是因为舆论的集合性特征要求关注必须是聚集的。当公众等作为舆论主体，关注当然就是聚集的。但问题是舆论的主体应该是传播的主体，而关注不过是舆论主体传播后的结果。只有关注者制造了新的传播，它才是传播的主体、舆论的主体。因此，舆论关注的聚集，可以是

---

[1] [德]黑格尔：《法哲学原理》，张企泰、范扬译，商务印书馆1961年版，第332页。

关注者主动的作为，也可以是被其他传播主体引发的被动结果。

换句话说，由多数人传播（多数人作为传播主体）、向多数人传播（多数人作为传播对象）、在多数人间传播（多数人作为传播路径），都可以引发关注的聚集，实现舆论能量的集合性。这样，舆论的主体未必应当是多数人，任何个人或机构，只要引发了关注的聚集，就制造了舆论，他就是舆论的主体。

这样，我们就彻底解开了舆论的最后一个分歧谜底——舆论的主体是什么。过去舆论的定义为什么走不出公众等概念的限制，就是把舆论的集合性特征简单看作多数人的主动行为，而没有想到引发人们的关注也可以创造关注的聚集，实现舆论的集合性。舆论主体可以是政府、政党、企事业单位、社会组织、群众团体、大众媒介、被组织起来的民众、分散或独立的“个人”，这些主体既可以以自身的集合性实现关注的聚集，也可以通过它的受众、传播途径和媒介的集合性实现关注的聚集。

舆论主体的多样性决定了舆论的复杂性，使其从神圣的殿堂走入凡间。复杂的“出身”使舆论失去了正统的血统，不再被简单地看作公众的专利和真理的代名词。这样我们才可以解释为什么民意可以被启蒙，可以被代表，可以被操纵，也可以被绑架。这样我们才不会被所谓的民意所蒙蔽，从而看透披挂在民意外衣下的舆论真相。这样我们才可以分析舆论作为社会的利器是怎样被多种力量所利用和争夺，才能剖析舆论的生成机理，还原它的发展过程。

舆论集合性来源的多样性解释，打开了舆论主体的理论枷锁，也解放了舆论的定义。舆论主体的概念就和舆论客体的概念一样，是一个任意的主体，人类任何个人、机构都可以成为舆论主体。于是，我们的舆论定义最后是这样的：人类任一群体、个人或机构对任一对象关注的表达与聚集。

由于舆论的主体与客体是一个任一概念，没有限定的概念就不一定要在定义里强调。于是，舆论的最终定义就可以简化为：舆论是关注的表达与聚集。

II 我们生活在两个世界

人类生活在两个世界。

一个世界是原本的现实世界，一个世界是传播的舆论世界。

现实世界不依赖于人类而存在，每个人都可以直接接触它，观察它，认识它。但人类同时还生活在另一个世界，就是传播到我们眼前的这个世界。它不是我们目睹的世界，而是别人用电话、报纸、电视、微信等各种媒介（不一定是大众媒体）传播给我们的世界。它必须依赖于人类而存在，人类关注了它，它才存在。舆论是关注的表达与聚集，一个事物，哪怕它已经被传播，但如果不被关注，它就不在舆论的世界里。

这里要区别两组概念。第一组概念是舆论与传播，舆论是传播，但传播不一定是舆论（详见第一节“舆论的定义”）。第二组概念是舆论世界与传播世界，舆论世界是由关注聚集构成的，传播的东西只有变成关注的聚集，才能进入或组成舆论的世界。传播世界是一个比喻的说法，指的是由传播行为组成的集合，它分成两部分，实现关注聚集的那一部分传播，属于舆论世界；没有产生关注聚集的另一部分传播，仍然属于现实世界。所以，事实上并不存在一个与现实世界相对应的所谓的传播世界，传播一旦组成世界，那就是舆论世界。舆论世界是与现实世界相对应的唯一的世界。为了避免混淆及行文方便，本书不采用“传播世界”这个概念，如果将传播与世界组合使用时，全书仅指代“舆论世界”。

“两个世界理论”指的是：人类同时生活在现实世界与舆论世界中，两者互为逆世界。正如物质有反物质一样，舆论世界是现实世界的反世界。舆论世界按照与现实世界截然不同甚至完全相反的规律运行，它并不完全源自现实世界，并通过对舆论主体的影响而对现实世界进行反作用。

在现实世界之外，还存在着另一个世界——这是舆论学的开山鼻祖李普曼最重要的学术创见。李普曼用的概念是“虚拟环境”（pseudo-environment）。在《公众舆论》一书中，李普曼这样写道：“追溯既往就可以看到，我们在认识我们仍然生活于其中的那个环境时是多么的迂回曲折。”[1]“我们尤其应当注意到一个共同的因素，那就是楔入在人和环境之间的虚拟环境。他在虚拟环境中的表现就是一种反应。然而，恰恰是因为那是一种表现，那么产生后果——例如它们是一些行动——的地方，就不是激发了那种表现的虚拟环境，而是行动得以发生的真实环境。”[2]

人们为什么一定要通过虚拟环境来认识现实环境？李普曼的解释是“直接面对的现实环境实在是太庞大、太复杂、太短暂了，我们并没有做好准备去应付如此奥秘、如此多样、有着如此频繁变化与组合的环境。虽然我们不得不在这个环境中活动，但

---

[1] [美]沃尔特·李普曼：《公众舆论》，阎克文、江红译，上海人民出版社2006年版，第4页。

[2] [美]沃尔特·李普曼：《公众舆论》，阎克文、江红译，上海人民出版社2006年版，第11页。

又不得不在能够驾驭它之前使用比较简单的办法去对它进行重构”。[1]

李普曼的意思是：我们现实的环境太大、太快、太复杂，人类没有办法直接把握它，于是创造了一个简化的虚拟环境来间接地认识它。这个环境虽然是虚拟的，却会刺激人类行动，这个行动的后果不是虚拟的，而是真实地发生在现实环境，并影响和改变着现实环境。

李普曼“两个环境说”就是“两个世界理论”的前身。我认为，李普曼之所以可以傲视之前包括黑格尔、卢梭在内的所有舆论研究者，被称为舆论学之父，就是他提出了一个“虚拟环境理论”，这是“舆论世界论”的理论雏形。

李普曼的“两个环境说”与我们的“两个世界理论”都认为人类生活在两个空间，但仍然有很大的不同。这些不同表现在以下方面：

第一，李普曼的空间用的概念是环境，我们用的概念是世界。

第二，“两个环境说”的虚拟环境，主要指的是媒介环境，媒体是虚拟环境的制造者；“两个世界理论”的舆论世界，却指的是由关注聚集而建构的世界，任何个人与机构都可以制造或引发关注聚集，他们都是舆论世界的制造者。

第三，“两个环境说”里的虚拟环境是媒介制造的，它可以不依赖于具体的每个人的行动而相对独立存在；但“两个世界理论”的舆论世界却有赖于每个人的行动——关注，如果没有关注的聚集，舆论世界就不复存在。

但无论如何，李普曼是“两个世界理论”的开拓者。《公众舆论》一书被德国学者伊丽莎白·诺尔-诺依曼称为“启示录”[2]。我以为李普曼给人类带来的最伟大的启示是：舆论不仅仅是一个现象，它还是一个世界（环境）。

可惜的是，没有多少后人沿着这条道路继续走下去。值得致敬的人不多，伊丽莎白·诺尔-诺依曼算一个。在她的沉默的螺旋理论里，人类生活的第二个空间，被描述成“意见气候”，类似我们说的“舆论的世界”。

李普曼把“虚拟环境”约等于“媒介环境”，这给后人带来了误导。时至今日，舆论学研究往往把舆论当作大众媒介，当作民意民调，当作宣传公关，当作管理客体，当作引导对象……当作各种各样的东西来研究，但就是缺乏把舆论当作一个世界来研究。

---

[1] [美]沃尔特·李普曼：《公众舆论》，阎克文、江红译，上海人民出版社2006年版，第12页。

[2] [德]伊丽莎白·诺尔-诺依曼：《沉默的螺旋：舆论——我们的社会皮肤》，董璐译，北京大学出版社2013年版，第146页。

如果说从前的舆论学研究有误区的话，最大的误区就是没有把舆论当成一个世界来研究，没有把舆论放在两个世界的关系框架中研究，没有把现实世界作为舆论世界不可或缺的参照物进行比对研究。就舆论研究舆论，捡到篮子里就是菜，这样的盲人摸象，当然发现不了舆论的本质。

现实世界里，人们通过自身直接获得的信息实在太少，对生活世界的认知绝大多数来自传播。比如，大家知道唐朝李白写诗，北京有一个动物园老虎咬死了人，美国总统对中东问题发表谈话，印尼发生了地震……所有的这一切，绝大多数人都没有亲历，即便亲历也无法看到全部，它们都是别人传播给我们的信息。如果这一切没有被传播，或者传播了没有被关注，那么，它们仍然属于现实的世界，而不是舆论的世界。

现实世界是人们可以直接感知的真实世界，但仅靠感知获取的信息跟信息总量相比是微乎其微的。舆论世界是信息的二手货，甚至是N手货。可是人们却不得不通过它来认识现实世界。麻烦的是，这个二手货或者N手货，居然占据着人们信息总量的绝大部分。

虽然所有的二手货都是值得怀疑的，可是没有一个人可以做到彻底的怀疑。不仅没有钱，也没有能力，更没有时间。如果一个人对所有传播来的信息表示怀疑，都要亲力亲为去一一验证：唐朝有李白这个人吗？我要穿越去看一看。动物园真的老虎咬死人了吗？我要去找证人。新闻稿里的美国总统说的话是真实的吗？我要调查一下。印尼真的地震了吗？我要去实地考察一下……这个人就是疯子。

传播来的东西实在太多，而且日日在更新，时时在更新。除了少数带有明显破绽的信息，再除去攸关切身利益必须亲自核实的信息，绝大部分人都会假定它是真的。否则，我们将在现实世界寸步难行。

对传播来的东西，我们无法完全信任它们，却不得不依赖它们，而且我们没有条件一一验证。这是多么可怕、多么危险的事情！

我们必须确认：这个传播过来被人们关注的舆论世界，到底能不能全面、真实、本质地反映现实的世界。

人们可能乐观地想：一个人对现实世界的认识，可能是片面的；一个空间域对现实世界的认识，可能是局部的；一个时间段对现实世界的认识，可能是不成熟的，但人类对现实世界认识的信息总量，应该无限接近全面、真实、本质的现实世界。

令人遗憾的是，这些信息总量可以被称为人类的记忆、知识或者文化体系，但并不能叫作舆论世界。换言之，舆论的世界并不是由人类的信息总量构成的。信息的产生、记忆、存储，并不等于传播。即便是信息的传播，如果没有形成关注的聚集，也不是舆论的世界。

硬盘与视窗，是人类信息总量与舆论世界最好的比喻。人类的知识或者信息，存储在人类的“记忆硬盘”里。一个信息没有进入视窗，人们可以看到的信息载体充其量是一个硬盘物体，只有进入到视窗的信息，才是人们身处的舆论世界。否则，它们都在舆论世界之外。由此，我们可以从舆论世界与现实世界的关系出发，推导出舆论世界反映现实世界的四组特点。

● 舆论世界对现实世界的反映既是有限的，也是竞争的

舆论的世界貌似很大，其实很小，它就是人类一个个视窗的叠加。这个星球每天发生的事情难以计数，能进入人类历史记忆硬盘的为数不多，最终能够进行传播的记忆则是时代的传播内存，它与记忆硬盘相比，容量更少得可怜，而最后进入人们视窗的信息才是舆论的关注。

视窗就一个屏幕，而舆论关注的对象，并不仅限于这个星球每天发生的事情。宇宙的、思想的、虚拟的、历史的、未来的甚至永远不会发生的东西，都有可能成为被关注的对象，没有什么东西是不可以被舆论关注的。正在被关注的与尚未被关注的两者一相比，用沧海一粟来形容也不为过，更何况这个“沧海一粟”的“一粟”自身也是无比庞大的。由人类关注聚集构成的舆论世界，好比佛教宇宙观的一个小世界，大千世界才是恒河沙数。

由于有限与无限的矛盾，能够进入“舆论视窗”的微乎其微，“舆论视窗”就是人类的兵家必争之地。注意力是人类的稀缺资源。

信息只有被传播，才有价值；传播只有被关注，才能实现价值。无论是思想家、政治家、企业家、艺术家，都想方设法使自己的信息让更多人关注，只有被人关注了，才能影响他人的行为。注意力是影响力的前提，只有获得它，才能征服世界、统治世界、改变世界。注意力是人类的第一权力。

注意力既是最稀缺的资源，又是重要的权力，难怪舆论世界是有限的世界，是竞争的世界！

● 舆论世界对现实世界的反映既是片面的，也是贴合的

电脑视窗的信息都来源于硬盘，即便是不断更新、海量选择，它都不能全面地反映硬盘，更不要说全球互联的网络了。尽管理论上，视窗信息可以调出硬盘里或互联网的任何信息，但任何信息不等于全面信息。

舆论世界也是如此，它对现实世界的反映永远是片面的、局部的、有选择性的。

但舆论世界又是一个个关注聚集起来的。无数人的视窗聚集起来，就可能总体上反映现实的世界，可能是总体上反映现实世界的不一致，也可能总体上反映现实世界的一致。这就是为什么舆论世界可以大致地反映现实世界，甚至有时候可以充分地代表民意的背后机理。

●舆论世界对现实世界的反映既是表象的，也是确定的

所有的东西，必须涌动到表面，才能被看到。我们的目光可以看到海平面，却看不到全部的大海。即使我们借助显微镜，看到的原子、电子仍然是其表象，而不是原子或电子的内部。即便是红外线、CT机的扫描，穿透到物体的内部，仍然是对内部表象的反射。因为任何的观察手段，得到的都是对一个表象的反映，即便其某种程度可以反映本质，但“映”本身，就是显示、表现与显现，其结果还是“像”，不过是用表象的方式映射出本质。无论观察手段可以深入到事物内部的哪个层次，在观察手段的折返点，就是被观察对象的表象。

舆论的世界是关注构筑的世界，舆论关注到的都是表象。因此，舆论是由表象建构的世界。

关注就是关注表面，思考才会思考背后。而思考要被关注，就必须把思考浮上表面来。

关注永远是在视窗里的东西，而视窗就是内存与硬盘的表面。

所有的舆论研究者都要思考这样一个问题：为什么你会关注到它？或者说它是通过什么方法和路径让你关注的？

如果你不懂得舆论是表面的关注这个道理，就无法把握舆论真正的深刻性。

这里不得不提及量子力学的“测不准原理”（uncertainty principle），准确地说，“测不准原理”应该翻译成“不确定性原理”。物理学家维尔纳·海森堡于1927年发表论文指出，测量这一动作不可避免地搅扰了被测量粒子的运动状态，因此产生不确定性。因为观察手段影响了观察对象，在一个量子力学系统中，一个粒子的位置和它的动量不可被同时确定。精确地知道其中一个变量的同时，必定会更不精确地知道另外一个变量。

舆论是关注的聚集，一个事物一旦被关注，关注就影响到事物本身的确定性。舆论世界也同样如此，它无法一五一十地反映现实的世界，而是“测不准”。现实世界是由一种“被污染”“被干扰”或“被扭曲”的方式反映在舆论的世界里。

提及确定性，另一个物理学的实验值得重视，那就是“薛定谔的猫”。它是由物理学家薛定谔于1935年提出的有关猫生死叠加的著名思想实验：在一个盒子里有一只猫，以及少量放射性物质和毒药。之后，放射性物质有50%的概率将会衰变并触发毒药，毒死这只猫，同时放射性物质也有50%的概率不会衰变而猫将活下来。这个实验是把微观领域的量子行为扩展到宏观世界的推演。根据经典物理学，在盒子里必将发生这两个结果之一，而外部观测者只有打开盒子才能知道里面的结果。

这里最重要的关键词就是观测。微观物质有不同的存在形式，即粒子和波。通常微观物质以波的叠加混沌态存在，一旦观测后，它们立刻选择成为粒子。“薛定谔的猫”使微观不确定原理变成了宏观不确定原理。它对舆论学的直接启示就是：一个事物一旦被关注，那么，它就从本来的不确定，变成了确定。

舆论的世界是一个确定的世界。尽管它并不能准确反映事物的本原，但是一个事物一旦被舆论关注，它就被“改变”成为确定的“被关注”。

舆论世界不能完全真实地本质地反映现实世界，但却是一个可以“确定”地影响现实世界的世界！

●舆论世界对现实世界的反映既是无序的，也是关联的

舆论世界是一个个关注自然的聚集，每一个关注是自发的，没有统一的口令，没有预设的结构，这样的聚集是无序的。就像一个个视窗连在一起，有组织却没纪律，不管每一个视窗关注什么，最后的决定权仍然是兴趣，就连各个视窗的连接，也是兴趣自然的碰撞，一旦聚集在一起，也是不约而同的。那种期待舆论世界是理性的、有序的想法，基本上是痴人说梦。无序，是舆论世界的天性！

舆论世界虽然是无序的，但各个关注的聚集，却不是简单的堆积。就像一个个视窗，各自独立，但是还是有各种局域网、互联网的线把它们串联在一起，形成大大小小不同的舆论场。关注的连接，有一种特殊的方式，那就是链接。（这部分内容，我们将在“舆论的运动”章节详细讨论）

现在我们可以回答这个问题了：关注聚集构成的舆论世界，到底能不能全面、真实、本质地反映现实世界？

答案当然是不能！就像电脑视窗里的信息，不可能全面、真实、本质地反映硬盘信息一样！

舆论的世界对现实世界的反映，偶尔是本质的，往往是片面的，永远是表象的。

III 舆论是怎样的世界

我们同时生活在两个世界当中。

上一节我们从舆论世界的外部关系梳理了舆论世界对现实世界的反映特征，接下来我们要从舆论世界的内部构成来探索舆论世界的内在规律。

舆论不仅是人类的一个行为，而且是人类创造的一个世界。舆论作为一种行为，没有规律。但舆论作为一个世界，有规律。我们常说要按照舆论的规律办事，指的就是舆论世界的规律。

探索舆论世界的规律，我们需要先了解舆论是一个什么样的世界。

舆论是一个怎样的世界？我们不妨像探寻舆论的定义一样，也从一个逻辑起点出发。这个起点就是舆论世界的细胞—— 关注。一个个关注，构成了舆论的世界。它是舆论的本体，是舆论世界最小的构成单位。

●第一个层次逻辑推演：关注的能量

舆论作为一种能量，也是一种资源。可舆论的第一组矛盾就是舆论客体的无限性和舆论本体的有限性，即任一对象都可以成为舆论的客体，但人的关注是有限的。

从舆论的本体的有限性，同样可以推导出舆论世界的有限性与竞争性，表现在以下四个方面：

第一，一个人在同一瞬间内，只能关注一个内容，关注了这个内容，其他的内容就被排除在外。

第二，一个人在一定的时间范围内，只能关注有限的内容。一小时、一天、一年，最多一生，其关注的内容是有限的。

第三，一定范围内的人数是有限的，因此其关注的内容也是有限的。表现在一个个不同的舆论场，其关注的内容也是有限的。这个范围最大不过是全世界，但全世界的人口也是有限的，所以舆论世界的内容总和是有限的。

第四，总关注量是有限的。总关注量是人口数乘以时长，与传播内容总量无关。再多的传播总量，都是在有限的人口与时长中分配。我们从收视率、阅读量、转发量就可以看出端倪：就算再好的节目，再厉害的公众微信号，它的关注量和总人口相比，都是可怜的。

舆论世界每一天都在瓜分全世界人口每天若干小时的有限关注时间。在舆论世界里，所有的舆论主体、所有的传播行为都在做同一件事，那就是争夺关注。

舆论世界是一个竞争的世界。如果一个传播行为不是竞争性传播，就不属于舆论。因此，是否是竞争性传播，是舆论行为区别于一般传播行为的第一特征。

在关注的争夺中，现实世界的强者在舆论世界同样具备优势，一方面，现实世界的强者更容易获得舆论的关注；另一方面，他们更容易获得甚至控制传播的资源。

舆论世界的第一条丛林法则：争夺关注，弱肉强食。

●第二个层次逻辑推演：关注的表达（公开化）

舆论是关注的表达，当一个人愿意公开表达自己的关注时，他一定自以为他的表达是对的，或者希望人们认可他的表达。绝大多数人都自认为自己表达的东西一定是对的，也有人明明知道自己的表达是错的，但他一定会把这个错的东西包装成对的。几乎没有人会将自己认为错的或者希望别人认为错的东西进行表达。即使他在承认错误，他也希望“承认错误的这种表达”是正确的。

所有的表达在其出发点上，或者在其目标上，都是在表达一种正确。

本来是非是可以藏在心里的，人们之所以想表达，就是希望得到他人的认同。

舆论的表达，首先是一种自以为是的表达，或者是希望别人认同的“希以为是”的表达。争取认同的目的，就是争取舆论的能量。

虽然每个人的表达都是自以为是的，但遗憾的是，不同人的自以为是并不相同，甚至可能针锋相对，这就会出现舆论世界“各以为是”的表达。这再一次表明，舆论的世界是一个竞争性传播的世界。

各以为是的表达，使得舆论的世界成为一个混乱无序的世界。在一系列自然生长的过程中，它可能一直这么分歧着、对峙着，但也可能偶尔出现舆论的一致性意见，这就是舆论世界的“众以为是”。到了“众以为是”的表达，舆论就成为普遍民意的代表，形成压倒一切的力量。改变法律的舆论、改朝换代的舆论，就是这种“众以为是”舆论的高潮表现。

舆论世界表面上混乱无序，却像市场经济一样，有一只看不见的手在左右。

要让更多人认同，关注的聚集就要向金字塔的塔底靠拢，而不是向塔尖迈进。金字塔的塔尖是曲高和寡，关注的聚集同样高处不胜寒。争取舆论的认同，要让关注聚集最大化，一定是朝着弱者的方向前进。

强者一定是少数。弱者的最大优势或者唯一优势就是人多。

舆论的力量是靠聚集产生的，而不是靠法律和命令自上而下的。聚集的扩大，就是往底层扩大。舆论的力量比的是认同者的多寡。于是，舆论的世界里，弱者天然占据优势。

这就是舆论世界的第二条丛林法则：争取认同，强肉弱食。

强者要在舆论世界获得优势，就必须以弱者的身份或者姿态，以弱者为旨归，想方设法与弱者相连接。

●第三个层次逻辑推演：关注的表达（表面化）

关注的表达，使得舆论的世界成为一个表面竞争的世界。无论是关注的争夺，还是认同的争取，都是在表面的竞争，不管是表面上各部分之间的竞争，还是表面与表面之间的竞争。

舆论关注的力量聚集，是在表面上的聚集。舆论世界比的不是整体的力量，而是表面的力量；比的不是深层的力量，而是深层可以抵达表面的力量；比的不是体积的容量，而是表面积扩展的能量。

由此，我们可以解释如下现象：

第一，为什么有时候整体实力比不过传播实力？大到政党间的竞争，比如，2000年台湾地区的政权轮替，民进党的整体实力远低于国民党，可是民进党的传播实力远胜于国民党，结果国民党输了。小到个人，比如面试，为什么整体实力更强的人可能落选？因为十分钟决定一生，但十分钟很难考出一个人的整体能力，能够考出来的充其量就是传播能力。整桶水如果泛不起波浪，有时候还不如半桶水。因为面试的时间，基本上短到面试官根本没可能看到整桶水，他们只能通过表面的水花，猜测面试者的能力和素养。表面功夫为什么有时候比真功夫还厉害？就是因为遵循舆论世界的表面规律。

第二，为什么有时候深层矛盾拼不过表面矛盾？有些国家，深层矛盾十分尖锐，统治者眼看着摇摇欲坠，偏偏几十年不倒，就是因为深层的力量没有或没办法进入表面，舆论的风暴没有刮起。反过来，一些深层矛盾并不那么尖锐的国家，政府却很容易倒台，说换就换，就是因为舆论的海平面卷起了巨浪。这也就可以解释，为什么有的公司不惜花一切代价捂盖子来钳制舆论。就是为了不让反对的力量表面化，反对的力量一旦在表面上聚集，舆论世界的危机就出现了。

第三，为什么舆论学要那么重视对沉默的研究？因为只有搞清楚沉默，才能更好地搞清楚表达。沉默有两种，一种是表达的沉默，另一种是沉默地表达。前者是放弃表达，后者则是用沉默的方式表达，好比超声波，它有声音发出，只不过用耳朵听不见。如果沉默没有被表达，社会的力量就没有形成舆论的力量。什么东西涌到了表面，什么东西最容易涌到表面，什么东西从表面上沉默下去，这些是舆论学最有挑战性也最有价值的研究课题。

所以，舆论世界的第三条丛林法则：争抢表层，面积取胜。

这样我们就可以完整地表述舆论世界的特征：

第一，舆论世界是竞争性传播的表面世界；

第二，舆论世界是在争夺关注、争取认同与争抢表层中建构的世界；

第三，舆论世界在争夺关注时强者占优势，在争取认同时弱者占优势，在争抢表层中"比表面积"大者占优势。

IV 弱传播理论

我们生活的第一个世界——现实世界，其实包括两个系统：自然的物质系统和人类的社会系统。物质系统由自然科学研究，社会系统由社会科学研究。而我们的第二个世界——舆论世界，应该由传播科学来研究。

自然科学与社会科学诞生了成百上千的学科，涌现了数以万计的理论，它们推动着人类不断深入认识现实世界，而且有关现实世界的新学科、新理论还在不断产生。但对舆论世界的认识，却是人类知识体系中最薄弱的。在整个人文社会科学体系中，舆论学对规律性理论的贡献也是最少的。

有人将这种结果归因为舆论学的历史太短，但很多新兴的学科在规律性认识上的进程也把舆论学甩在后面。这种令人羞愧的现实，值得全世界舆论学研究者反思：传统舆论学研究，是不是在逻辑起点、概念体系、研究方法上存在着巨大的偏差？

目前国内外舆论学理论谱系，最缺乏的就是一个公理系统。所谓公理系统（axiomatic system），就是把一个科学理论公理化，用公理方法研究它。每一个科学理论都是由一系列的概念和命题组成的体系。该理论中有一个初始概念，其余的概念都由初始概念通过定义引入，称为导出概念；该理论中还有一组公理，而其余的命题都由逻辑规则从公理推演出来，称为定理。

在本书中，我将尝试为舆论世界提出一个公理系统假说，并把它命名为"弱传播"。

弱传播假说认为：舆论学的初始概念就是强弱，强弱是舆论世界最重要的属性与关系，并由此建构一个完整的理论体系。

弱传播假说包括如下概念与理论。

第一，弱传播：指的是舆论世界弱者优势的传播现象，有时也指运用弱传播理论进行的传播策略。

第二，弱世界：指的是以弱传播规律运行的舆论世界。

第三，强世界：指的是现实世界。

第四，弱传播理论体系：简称弱理论，是关于舆论世界的一种哲学。它回答舆论世界“是什么”这一根本问题，总结舆论世界的根本规律，是关于舆论世界的世界观与方法论的一种理论体系。它由舆论的弱原理、“四大规律”和“三论三律”及一系列的方法论工具组成。其中，舆论的弱原理是弱传播理论体系的核心。“四大规律”指的是舆论的弱定理、舆论的情感律、舆论的轻规则及舆论的次理论。“三论三律”指的是舆论的性别论、主体论、本体论与舆论的时间律、空间律、运动律。方法论工具包括三个种类：舆论的分析工具、舆论的解释工具与舆论的实战工具。

第五，弱原理：除自然世界外，人类生活在现实世界与舆论世界这两个世界，前者是强世界，后者是弱世界。舆论世界是现实世界的逆世界，在强弱属性、主次关系、轻重判断与情理导向上，两个世界方向基本相反。舆论世界是在争夺关注、争取认同与争抢表层中建构的表面世界。在其竞争性传播过程中，舆论世界在争夺关注时强者占优势，在争取认同时弱者占优势，在争抢表层中“比表面积”大者占优势。

第六，弱定理：舆论世界是强肉弱食的传播世界。在舆论世界里，强弱是最重要的属性与最核心的关系，所有的属性与关系都可以转换为强弱的属性与关系。舆论世界的强弱与现实世界的强弱刚好倒置，现实中的强者恰恰是舆论中的弱者。舆论的能量朝着有利于现实中弱者的方向运动。现实中的强者要在舆论中获得优势必须与弱者相连接，必须从弱者中汲取舆论的能量。其通俗的表达是：现实中的强势群体就是舆论中的弱势群体。

第七，情感律：舆论世界是情胜于理的传播世界。在舆论世界里，情感占据着主导地位。情理之争，情感胜。情感是舆论世界里最容易传染的病毒，是电阻率最小的导体，是最方便存储及转换能量的蓄电池。情感是媒介，也是能量。其通俗的表达是：舆论是不讲道理的。

第八，轻规则：舆论世界是避重就轻的传播世界。在舆论世界里，轻重判断与现实世界基本倒置。现实世界中重要的东西，在舆论世界未必重要；现实世界不重要的东西，在舆论世界可能很重要。其通俗的表达是：轻的东西最好传播。

第九，次理论：舆论世界是主次颠倒的传播世界。在舆论世界里，分布着主流舆论、次主流舆论、弱主流舆论、外主流舆论、逆主流舆论和反主流舆论等舆论形态。在舆论形态的谱系中，主流舆论是最不活跃的舆论，次主流舆论是最活跃的舆论。其通俗的表达是：主旋律传播最不容易。

舆论世界的四大规律概括起来就是四句话：弱者优势，情感强势，轻者为重，次者为主。

弱传播理论一言以蔽之：舆竞天择，弱者生存。

弱传播可以在以下两种语境中使用：一种是解释舆论世界的现象，另一种是表达舆论传播的策略。在第一种语境中，当我们解释舆论世界与现实世界不同的现象或规律时，我们就可以说，这是舆论的弱传播。在第二种语境中，当我们分析舆论传播中成功或失败的案例时，我们就可以问，它弱传播了吗？

舆论世界的所有现象、案例都可以归因于弱传播，也可以在弱传播理论体系中得到解释。

舆论传播中所有的成败都是弱传播的成败。

舆论的弱原理与四大规律是舆论学的一组公理。它无须证明，但可以验证。

V 自然的启示

舆论哲学应当以自然哲学为基础。舆论的弱传播假说，也可以在自然世界中找到支撑。

道法自然。人类世界建立在自然世界之上。作为人类世界的基础，自然世界的规律往往成为人类世界规律的渊源。古希腊先哲就顺着这种朴素的思维，用自然哲学追寻着宇宙与人类的真谛。人类世界是自然世界发展的高级阶段，舆论世界的弱传播现象一定可以在自然世界里找到踪迹。

提到舆论大爆发，人们往往喜欢用“舆论风暴”“舆论漩涡”这样的字眼。风和水，都是自然界的弱势群体，“弱水三千”“弱不禁风”这些成语，都是把“弱”与风水相连。风和水，平时柔弱无形，一旦爆发，其破坏力远超想象。

同样的道理，从大自然的传播现象看，越弱的东西越好传播。风好传播，山不好传播；水好传播，石头不好传播；花粉好传播，大树不好传播；星光好传播，星球不好传播。

如果石头也开始传播，那就是泥石流；如果树也开始传播，那就是台风；如果山也开始传播，那就是地震；如果星球也开始传播，那就是宇宙爆炸。

但我们日常生活中，是不是常常反着来？各种领导喜欢把自己本地区、本单位的重要性，像一棵大树一样列出来，特别强调哪里是根本（树根），哪里是主干（树干），哪里是支柱（分枝），要求自己的宣传部门，一定要宣传自己的重点、核心。一旦宣传到树叶，就很不高兴，觉得那是旁枝末节。殊不知，舆论的传播，也和自然界的传播一样，大树不好传播，如果非要传播，就是连根拔起。大树要传播，最好的方法就是让它开出花来，用花粉传播。

最好的传播要像花粉一样，既容易传播，又容易复制繁殖，并考虑受众体验，给予受众利益！

自然界的弱者，除了风、水，还有粉尘。粉尘与风一样，也是弱者，平时不起眼，而一旦点燃，后果不堪设想。

2015年台湾地区“八仙尘爆”[1]，15死484伤，成为台湾地区2015年度第一大新闻，惨剧的“凶器”就是平时安静的彩色面粉。在自然界，强者是钢铁，弱者是粉尘。但在尘爆条件下，一公斤的铁，杀伤力极其有限，可是一公斤的面粉却威力无穷。

这里要介绍两个物理学概念，一个是表面，一个是比表面积。表面，是“有长度、有宽度没有厚度”的一种“东西”，对其最重要的测量就是面积，指的是物体的表面或围成的图形表面的大小。表面的重要性或者说大小是要用面积来测量的。表面没有重量，也没有体积，物体的重量和它的体积的比值叫物体的比重，物体的表面积和它的体积的比值叫物体的比表面积。同体积的铁块，其表面积远不如同体积的面粉。一公斤面粉，其表面积可以覆盖整个足球场。一点点的彩色面粉，一旦在人群密集的游泳池覆盖点燃，惨剧就这样发生了。

舆论是表面的世界，对其最重要的测量是面积，而不是重量。现实世界中最强势的群体是比重大的群体，谁支配的资源越大，其权力也就越大。他们是VIP—— very important person，但他们进入舆论世界之后，却变成弱势群体。舆论作为表面世界，拼的不是重量，而是面积，比的不是比重，而是比表面积，比表面积大的群体，才是舆论中的强势群体。

那些在社会滚滚红尘里生活的平民百姓，那些像尘埃一样的小人物群体，在现实

---

[1] 2016年6月27日晚，台湾省新北市八仙乐园举办“彩虹趴”意外起火，导致助燃性粉尘爆炸。

世界里，其单个力量微不足道，集合起来，也是弱势群体。可是在舆论世界，他们的关注一旦聚集起来成为舆论，其占据的比表面积却可以大得惊人，他们顿时就转变为强势群体。现实世界的强者，一旦与他们遭遇，就不得不低头绕道走，否则，就可能遭到他们的舆论碾轧。

有意思的是，粉尘爆炸的三个条件（可燃性粉尘以适当的浓度在空气中悬浮，形成人们常说的粉尘云；有充足的空气和氧化剂；有火源或者强烈震动与摩擦）居然与舆论事件的条件非常相似（有由头，有聚集，有冲突，有围观加入），而粉尘爆炸的过程更像舆论事件的过程，共同的特点是循环，先燃烧后爆炸，接着二次爆炸甚至多次爆炸，短时间内不断升级，但持续时间不长。显然，对风暴、尘爆的认识和处理，有助于启发我们对舆论事件的认识和处理。

不仅飓风和尘爆，物理学中一切弱小物质释放巨大能量的现象，都是对舆论学探索与发现的直接启示。

舆论世界既然是一个表面的世界，自然世界的表面力学当然也可以给舆论学提供借鉴。比如，表面张力最典型的自然现象就是露珠，由于表面张力的收缩力，叶面上的水滴最后的形体都呈现为球体。

表面张力对舆论学的启示：舆论世界也存在着这样的收缩力。作为社会表面的舆论，舆论力的矢量方向总是指向社会的底层。舆论向弱者倾斜，这就是“舆论的自由倾斜定律”。

从某种意义上说，舆论既是社会表面张力的产物，又是社会表面张力的构建者，研究舆论学就是探知社会的表面力学。

自然科学对舆论学最直接的启示是弱电现象。电有强电和弱电之分，主要区别是用途的不同：强电是一种动力能源，弱电用于信息传递。所有涉及信息传递的能量，必须从强电转换成弱电。强电可以推动机器运转，而控制机器运转的必须是弱电，机械化控制系统都是弱电。比如，家里的洗衣机其动力是由强电提供的，但洗衣机的微电脑控制板却是由弱电控制的。如果强电流进入信息系统，没有进行弱电转换，一定会烧坏信息系统。

现实社会的强电系统，诸如政府、法院、军队、警察、金钱、资本，遵循的是强者原则，即便是强者之间，也是谁越强谁越有力。但是到了社会的信息系统，就进入了弱电系统。比如，舆论世界的强弱关系就不再是按照现实世界的逻辑运行，而是出现逆转。那些试图强势进入信息系统的强电流，就会在弱电系统里烧得遍体鳞伤。

物理学关于弱小物质的一系列原理启示我们，在舆论世界普遍存在的弱传播现象并不是偶然的。舆论的弱传播假说，有着自然科学的支撑。这一系列激动人心的发现，将启迪我们借鉴更多自然科学的知识与理论来解释舆论世界的现象，如流体力学、热力学、光学等。物理学拥有一系列伟大的理论来解释物理世界，舆论学要像物理学那样来解释舆论世界，首先就要向自然科学寻找灵感和方法。

自然科学的光芒一直照耀着笔者对舆论世界的探索之旅，在本书随处可见这种"光合作用"，诸如数学的集合理论，化学的高分子链理论，生物学、医学的病毒传播理论，被我直接拿来转化为舆论学的解释工具。舆论学从自然科学可以得到的启示，绝不低于其他社会科学。

Chapter 3 舆论的弱定理

* 现实世界的强势群体就是舆论世界的弱势群体
* 把《咱当兵的人》换成《咱当官的人》，谁敢唱呀
* 什么时候国民党的候选人外号有一个“小”就好了
* 所有的红色经典传播，都是弱传播的成功典范
* 舆论学常常忽视“非媒介传播”，比如“大堂传播”
* 解释可以代理，道歉必须本尊
* 打分是弱者的权利，作为强者，不要轻易给自己打分
* 世界上最成功的国家形象片，其实是动画片《猫和老鼠》

舆论的弱定理：舆论世界是强肉弱食的传播世界。在舆论世界里，强弱是最重要的属性与最核心的关系，所有的属性与关系都可以转换为强弱的属性与关系。舆论世界的强弱与现实世界的强弱刚好倒置。现实中的强者恰恰是舆论中的弱者，舆论的能量朝着有利于现实中弱者的方向运动，现实中的强者要在舆论中获得优势必须与弱者相连接，必须从弱者中汲取舆论的能量。

其通俗的表达是：现实世界的强势群体就是舆论世界的弱势群体。

Ⅰ 生活中的强势群体就是舆论中的弱势群体

现实世界的强势群体，真的就是舆论世界的弱势群体吗？很多强者可能不同意：我有钱，我可以买通媒体；我是明星大V，我咳嗽一下，就有几十万点赞，我怎么就成为舆论中的弱势群体呢？

强者们没有想到，一唱起歌，他们就一下子现了原形。

大家都听过或唱过这样一首歌——《咱当兵的人》，歌词开头是这样的：

> 咱当兵的人，有啥不一样，只因为我们都穿着，朴实的军装。
> 咱当兵的人，有啥不一样，自从离开家乡，就难见到爹娘。

如果大家把这首歌改一下，只换一个字，把《咱当兵的人》换成《咱当官的人》，谁敢唱呀？

还有一首歌里面有句歌词是“咱老百姓，今儿晚上真呀真高兴”。同样我们把它改一下，换成“咱当老总的，今儿晚上真呀真高兴”，哪个老总敢唱呀？

当老总的也真憋屈：现实生活中，我前呼后拥，呼风唤雨，但在自己单位的联欢晚会上，唱一下“咱当老总的今儿真高兴”，难道都不行吗?

还真的不行。

世界上有《人民警察之歌》，没有《公安局长之歌》；有《勘探队员之歌》，没有《地质部长之歌》。

在现实生活中，最强势的是国王、老板和精英；但在歌曲里，最强势的却是平民、士兵、普通人。劳动的人们在被歌唱，士兵在被歌唱，小儿郎、流浪汉、面包师都在被歌唱。

也许有人会说，不是也有英雄赞歌、领袖颂歌、将军之歌吗? 是，但这些歌词里面，一定少不了人民群众、士兵。而且唱歌的人，一定不是英雄、领袖、将军自己。现实生活中的强势群体必须与这些弱势群体连接，强者才有存在的价值与道义的力量。

从来没有自己写、自己唱、唱自己的强者之歌。要有，也是转化为弱者的身份，否则，一定速朽。

现实中的强弱关系，为什么到唱歌时就发生了逆转? 因为唱歌就是一种舆论表达，它把听众从现实世界带入了舆论世界。

2000年的台湾地区“大选”，第一次出现了执政党轮替。国民党这个百年老店，在“政权”“财权”“军权”都在握的情况下，拱手将“执政权”输给了民进党。都说“枪杆子里面出政权”，民进党没有枪杆子，却轻易地问鼎“执政”。国民党没有输在“枪杆子”，而是输在“笔杆子”。令人感到讽刺的是，其时大部分的媒体仍然控制在国民党的手里。事实证明，控制了媒体不等于控制了舆论。

2000年台湾地区“大选”，有五组候选人，但真正的竞争者是这三个人：国民党的连战、独立参选人宋楚瑜和民进党的陈水扁。从竞选广告及造势活动中可以看出三人的不同。标志就是“手”。

连战是“挥手”，定位是“人君”，给人以圣明君主的感觉。文宣强调“连战是有能力、有胆量、有世界观、经验丰富，最了不起的台湾地区当局领导候选人，挥舞的旗帜，挥动的双手，连战的形象被指向“敬爱的领袖”类型。

宋楚瑜是“握手”，定位是“人父”，是位“勤政爱民”的父母官。只见他下基层、走乡镇、访贫问苦、嘘寒问暖，遇到孩子就抱，看见最脏的手就握，其形象是“亲爱的领袖”类型。

陈水扁的手与众不同。在绝大部分竞选广告中，陈水扁连人都不出现了，代之以乡亲、邻居、摊贩、大学生。请看下面的一则广告：

一个拙朴的中年人，站在官田乡的民宅前。粗粗的指头指着手上泛黄的照片中，一个大人牵着两个小孩：这是阿扁的爸爸，左手是我，右手是阿扁，他咧嘴笑得好开心。乡里的小学教室，坐着一个花甲之年的小学老师，镜头由下往上拍，他慢慢弯下腰，像在跟小朋友讲话："阿扁啊，做'总统'也要拼第一名！"闪闪动人的笑眼中，流露出对学生的厚望，一落落闽南建筑前，一群群的叔叔婶婶。镜头中的他们，不断地挥着"五"指大张的手臂，个个激动得双唇合不拢，仿佛是目送热爱的子弟搭乘火车远去，他们想要送他们的子弟进"总统府"。[1]

同样是"手"，连、宋的广告是用自己的手握着成千上万的手，而陈水扁的广告则突出的是民众的手。成千上万的手张开着五指，代表着阿扁的选号"五"，让整个选举变成了是民众在选举，而不是他在选举。

陈水扁的手消失，代之以民众的手，定位是"人子"，一个"台湾之子"的称呼，将其平民化。陈水扁的形象被定义为"自己的子弟"。"敬爱的领袖""亲爱的领袖"，虽然可亲可敬，但还是"领袖"，只有"自己的子弟"才是自己人。

连、宋试图与民众建立一种"施恩与受恩"的联结，增强民众对他们的好感，但"施"者与"受"者仍保持着一段身心距离。聪明的陈水扁则把与民众的联结关系颠倒过来，巧妙地将自己从施者变成受者。如果将连、宋"施者"的广告比喻成一个候选人肩上担着一个箩筐，箩筐里装着成千上万的选民，候选人正吃力地想把这些选民担上自己的山头；那么陈水扁的"受者"广告则是陈水扁坐在箩筐里，让成千上万个选民把他挑进"总统府"。如果说连、宋的广告是"挟泰山以超北海"，自有其不堪之重；那陈水扁的广告则是"拔一毛以'利用'天下"，四两拨千斤。

就这样，陈水扁把自己打扮成弱者，在舆论的帮助下，轻轻地将自己吹成"台湾之子"的氢气球，借助人民的浮力，"飘"上其欺世盗名的政治巅峰。

这就是弱者的力量！这就是弱传播的厉害！

遗憾的是，国民党至今没有认识到舆论世界弱传播的规律。2016年"大选"，国民党重蹈覆辙。总结国民党会惨败的原因，其中一个重要原因就是输在了"大"上。这个"大"，就是不懂得弱传播。

我曾经开玩笑地说，什么时候国民党的候选人外号有一个"小"就好了，你看蔡

[1] 邹振东：《台湾不是扁的》，《世界新闻报》2008年5月22日。

英文，六十岁的女人，还小英长、小英短的。如果国民党候选人朱立伦，被人昵称为小朱或者小伦，即使不赢，也不会输这么惨！有人说，洪秀柱不是叫小辣椒吗？答：不是换下来了吗？而且小辣椒，也是小“强”啊！

一个舆论场有各种各样的关系：因果关系、是非关系、对错关系……任何关系对舆论场的作用力，都不能与强弱关系相提并论。舆论双方的各种关系在舆论传播中，最后都转化为了强弱关系。舆论场再根据双方的强弱关系进行站队、回应与流转。生活场的强弱关系与舆论场的强弱关系不仅不相同，甚至相反，而舆论场的强弱关系也随着传播方式的选择与传播过程的展开发生相应变化。一句话：强弱是变化着的，所以有舆论的逆转。

舆论世界是争夺关注与争取认同的表面世界。在争夺关注时，强者在媒介资源上占据优势，其居高临下的地位容易成为舆论的焦点。但在争取认同时，强者永远是少数派，弱者在认同上有着巨大的人口优势。一切不能满足弱者（包括迎合、欺骗弱者）的舆论，一定不能得到比较多数的认同。特别是在舆论冲突中，强者的身份、姿态、价值观甚至表达方式都会成为争取认同的障碍。

II 红色经典传播

所有的红色经典传播，都是弱传播的成功典范。

“十月革命”一声炮响，给中国送来了马克思列宁主义。对于苏联来说，“十月革命”重要的是“炮弹”；对于全世界范围来说，“十月革命”重要的是“炮响”。“炮响”有时候比“炮弹”的威力还大。炮弹的威力只在有限的范围，而炮响的能量却可以借助传播形成“多米诺骨牌效应”。

20世纪共产主义运动在全球风起云涌，首先得益于马克思主义的传播，得益于弱传播。马克思主义的传播有两个“全球化”的经典文本，一个是《共产党宣言》，另一个是《国际歌》。

读马克思、恩格斯著作，想了解其理论的深度就看大部头的《资本论》，若论传播的广度则看小册子的《共产党宣言》。《共产党宣言》中文版本内文14000字左右，堪称共产主义传播的“极简版”——两小时读懂共产党与共产主义！

《共产党宣言》是马克思主义经典著作中最具传播价值的文本。文章的结束语

“全世界无产者联合起来”，是20世纪最具号召力的口号与标语（slogan）。马克思用这句口号，将共产主义这个当时最新鲜的概念与最弱势的群体联系在一起。从财富的角度看，在这个世界上还有什么比无产者更“弱”的群体呢？一个“无产者”标签，把种族、性别、文化的界限全部打破，让全世界最底层的人民找到了自己的身份认同，找到了可以参与的组织，找到了可以追逐的梦想。《共产党宣言》最激动人心的是这句话：“无产者在这个革命中失去的只是枷锁，他们获得的将是整个世界！”这是全世界人民的“世界梦”。

《国际歌》是马克思主义全球化传播的另一个经典文本。“起来，饥寒交迫的奴隶！起来，全世界受苦的人！”歌词一开头，就是对弱势群体的呼唤，让人们满腔热血沸腾。“饥寒交迫的奴隶”“全世界受苦的人”，让所有被剥削的“底层人民”找到了共鸣点。难怪说无论在什么地方，工人阶级只要听到《国际歌》熟悉的旋律，就能找到自己的朋友和同志。

1918年11月，李大钊在《新青年》五卷五号发表《庶民的胜利》和《布尔什维主义的胜利》二文，这是中国最早的马列主义文献。李大钊用“胜利”将“布尔什维主义”与“庶民”联系在一起，将一个来自异国的陌生“主义”和感同身受的弱势群体紧密相连。

五四运动为中国共产党的成立打下了最重要的基础，那就是促进马克思主义在中国的广泛传播，为中国共产党的成立准备了思想基础。1918年11月16日，北京大学校长蔡元培发表题为《劳工神圣》的演讲，他慷慨激昂地宣告：“此后的世界，全是劳工的世界呵！”一时间，“劳工神圣”成为五四运动最时髦的热词。对劳动者的礼赞出自北京大学校长之口，其传播的冲击力可想而知。蔡元培对劳动者不仅没有居高临下，而是将其置于“神圣”的舆论制高点。这不是强者示弱，而是强者敬弱！而瞿秋白所写的《赤潮曲》，更是把劳工与共产主义直接联系在一起：

> 同声歌颂
> 神圣的劳动。
> 猛攻，猛攻，
> 锤碎这帝国主义万恶丛！
> 奋勇，奋勇，
> 解放我殖民世界之劳工，
> 何论黑，白，黄，无复奴隶种！

从今后，福音遍天下，

文明只待共产大同。

如果说“全世界无产者联合起来”是20世纪最具号召力的slogan，那么，“镰刀斧头图案”就是20世纪最有影响力的logo（徽标或商标）。

镰刀斧头图案曾经是苏联共产党党徽、军旗与国旗的主要图案，影响世界历史几十年。叶利钦执政时期，这个图案渐渐消失在国际视野，但在2007年，它又重回俄罗斯军旗。

中国共产党成立之后的很长一段时间里，都没有明确统一的旗帜与徽标。直到南昌起义时，起义部队仍沿用北伐时国民党的陆军军旗。1927年8月20日，毛泽东在以中共湖南省委名义给中共中央的信中郑重提出：“我们不应再打国民党的旗子了。我们应高高打出共产党的旗子……国民党的旗子已成军阀的旗子，只有共产党旗子才是人民的旗子……”[1]这是中国共产党人第一次明确提出，必须要打出共产党自己的旗帜，而且这面旗帜的属性就是“人民的旗子”！

1927年9月9日，毛泽东发动秋收起义，部队统一改编为工农革命军第一军第一师。在毛泽东的策划下，镰刀斧头图案终于出现在中国共产党的正式符号体系里，“工农革命军第一军第一师旗”成为中国共产党真正亮出的第一面正式旗帜。

镰刀斧头图案堪称20世纪最具传播效果的设计。镰刀与斧头是劳动者日常的生产工具，也是普通人熟悉的生活用品。将它们重新进行摆放，赋予了这个组合全新的名称和视角，让它们从生产工具变成了政治传播的符号。任何图案都不如镰刀斧头这样的组合能如此清晰地刺激劳动人民的身份认同。而中国工农红军的命名比北伐军、国民革命军这样的命名更接地气，更凸显阶级属性，更容易争取底层认同。试想一想，假如中国工农红军这个名称去掉“工农”二字，还会有这个效果吗？“工农”这个称呼、“镰刀斧头”这个图案最浅显易懂地告诉人们，这支军队来源于谁、属于谁和为了谁。

“军叫工农革命，旗号镰刀斧头。匡庐一带不停留，要向潇湘直进。地主重重压迫，农民个个同仇。秋收时节暮云愁，霹雳一声暴动。”毛泽东在《西江月・秋收起义》的诗词里，给这支军队的符号体系做了最生动的注解与传播。

---

[1] 原娟、王新玲编：《〈党章学习读本〉第八章 党徽党旗的由来》，中国共产党新闻网，2012年12月19日。

中国共产党的武装十分重视名称的定语。抗战胜利后，军队正式改称“中国人民解放军”。“人民”这个定语既是强调自己的定位、性质与宗旨，也是一种“弱传播”。中国共产党的军队一直有个别名，就是“人民子弟兵”。“人民”加上“子弟”，军队这个强大的力量始终有着“弱连接”。

1949年，新中国成立，这是历史性的巨大转折。在毛泽东的语汇里，他宣告的不是人民解放军打败了国民党军队，宣告的不是中国共产党获得了执政地位，而是“中国人民站起来了”——这是最经典的弱传播表述！“站起来”这个强势表达由于有了与“人民”的连接，获得了最佳的弱传播效果，成为最广泛最深远的传播。延续到后来的“富起来”“强起来”的系列表述，以及如今“人民对美好生活的向往”的“不忘初心”，中国共产党一以贯之的人民主体性是其始终如一追求的传播属性。

新中国成立后，名称的弱传播继续扩大。所有的强力机构都加上了“人民”二字。且不说人民政府、人民军队、人民公安，就是一些保障单位也都冠之以“人民”二字：人民医院、人民邮电、人民银行等。

我曾经开玩笑：城管为什么在舆论上总是那么被动，可能就是因为城管设立一开始并没有叫“人民城管”。城管的全称，一般是叫城市管理行政执法局或城市管理综合行政执法局（或支队、大队），名字中真的没有“人民”二字。

红色经典的弱传播不仅体现在名称、徽标上，还体现在标语、歌曲与戏剧上。

“红军一到，满街鲜红，等于过年。”在革命老区，许多老乡记忆最深的一个印象就是红军爱刷标语。仅革命老区酃县（现炎陵县）红军留下的标语就多达8473条。[1]刷标语的墙不仅是当时红军的“户外广告”，更是红军重要的“新媒体”阵地。

新的阶层、新的政治力量一定会想方设法寻找与制造不被传统秩序管控的新媒体。当时的红军没有大众媒体阵地，贴标语、发传单就是红军的新媒体手段与自媒体矩阵。在国民党的层层宣传管控下，共产党、红军运用这些更接地气的新媒体和自媒体，与弱势群体的劳苦大众有了更亲密的接触。

红军的标语充分表现出与弱势群体的连接：“红军是为穷人找饭吃、找衣穿的军队”“红军是工农的军队，工农群众不要害怕，不要逃跑上山！”“红军不拿群众一点东西”“红军不拉夫！”“工农团结起来反对国民党派款拉夫！工农团结起来反对区公所派兵拉夫！”“工人组织起来，增加工资，改良待遇！工人农民加入红军实行土地革命！”“工农暴动起来组织抗捐军，实行不交捐不还债！”“谁是世界上的创

[1] 李思达：《一句大白话胜过千条枪的红军标语》，《国家人文历史》2017年第13期，第14～19页。

造者，唯有我们劳苦工农！”“没收地主阶级的田地财产，分配给贫苦农民，立即实行八小时工作制！”“取消一切苛捐杂税！”“取消国民党的一切苛捐杂税、焚烧田契借约！”“取消百货厘金！”“没收地主阶级的土地财产房屋森林农具，分给贫苦的农民”“穷人不打穷人，士兵不打士兵，有田分穷人才饭食”……

田野调查发现，保留下来的不少红军标语有错别字。这与当时红军战士大量来自没有读过书的工人、农民密切相关。这些连字都可能写错的红军基层官兵恰恰最懂得穷人的诉求，他们用最浅显易懂的文字建构起与劳苦大众的“弱连接”。对比当时国民党张贴的一张张布告，满纸通篇的“等因奉此”，半文不白、骈四俪六，你就会明白：谁的传播效果好，谁得民心，谁顺民意。要知道，中华人民共和国成立前，全国的文盲比例高达80%。

在红色经典的传播中，歌曲发挥了它不可比拟的传播作用，因为即使认不得字的人也会唱歌。很难想象，如果没有《松花江上》这首歌，抗日的全面动员会是什么状况。土地革命时期的红歌，比如《还我地来还我田》《劳苦工农翻身》，歌名就直击人心。脍炙人口的《十送红军》，没有用“红军做了什么”的主动语态，而是用了被动语态，这种“被动语态传播法”将送别红军的情感表达得千回百转。人民群众成为弱传播的主体，特别是“送别”这个场景，让这首歌超越时代、经久传唱。

抗战时期的红歌经典不得不提《黄河大合唱》。《黄河大合唱》不是一曲气势磅礴的大作吗？它怎么是弱传播呢？其实，以是否有力量、是否柔和来判断是不是弱传播，曲解了舆论的弱定理。弱者在舆论中的表达恰恰是有力量的，这就是生活中的弱势群体会成为舆论中的强势群体的应有之义。弱定理提醒我们的是，如果没有“弱连接”或“弱处理”的强传播，可能适得其反。因为舆论是靠争取认同来取得力量的，只有争取认同，才能推动关注的聚集。那种以势压人的强势传播得不到认同，所以没有舆论力量。而弱传播形成的舆论聚集，无论是眼泪还是怒火，都有巨大的能量。

《黄河大合唱》赞美黄河的伟大力量与民族的伟大精神，但歌曲一开始却并没有直接着墨黄河的气势雄浑与民族的灿烂文化，甚至没有直接引入抗战的英雄主题。其第一乐章意味深长地采用黄河船夫曲，把最底层的船夫拼着性命和惊涛骇浪搏战的情景再现，以小搏大、以弱抗强，在此起彼伏的“划哟”“划哟”声中，中华民族不畏强暴的精神获得广泛认同。《黄河船夫曲》也成为各种大合唱最喜欢表演的经典曲目之一。

即便像《大刀进行曲》中“大刀向鬼子们的头上砍去”这样的强力传播，我们都可以看到“弱连接”无处不在：“前面有东北的义勇军，后面有全国的老百姓。”

延安时期，红色经典传播不仅有标语、歌曲，还有了更高级的艺术形式—— 戏剧。《白毛女》创造了前所未有的传播奇迹。在舆论认同中，“拥抱最爱”与“去除最恨”是巅峰的情感传播。《白毛女》同时唤醒了千百万人的最爱与最恨，每一个底层人民心中都有一个自己最爱的“喜儿”，也都有一个“夺爱之仇”的“黄世仁”。据说当时观看《白毛女》，部队要求战士不能带枪，担心有人入戏太深，很可能拔枪射杀扮演黄世仁的演员。没有什么比仇恨更能聚集人心，没有什么比消灭仇敌更能释放能量。“同仇敌忾”说的就是这个道理。而《白毛女》“旧社会把人变成鬼，新社会把鬼变成人”的主题高度，更把观众的爱恨能量转化为对新社会、新中国美好生活的向往。

1943年，一首由冀鲁民歌曲调填词而成的歌红遍中国，那就是《解放区的天》。最早的歌词是“边区的天”，后来与时俱进，改为“解放区的天”。歌词很简单：

解放区的天是明朗的天，
解放区的人民好喜欢，
民主政府爱人民呀，
共产党的恩情说不完。
……

这又是一个经典的“被动语态传播法”。试想一想，这首歌如果改成“民主政府和共产党做了什么”的事迹大罗列，效果会有这么好吗？这是一首用人民点赞的方式表达的歌曲，一句“解放区的天是明朗的天”就胜过千万篇歌功颂德式的文章。

舆论是弱者的武器，好评与差评是弱者最后的传播武器。强者可以剥夺弱者的一切，但剥夺不了弱者的评价。弱者的点赞与差评是最具杀伤力的舆论形式，过去我们往往把它笼统地称为民意。

解放战争期间，永远不会忘记这样的场景，那就是老百姓自发地给出征的人民子弟兵塞鸡蛋。谁都知道在穷苦人家鸡蛋意味着什么。父亲告诉我，在困难时期，半个鸡蛋救了他一条命。记得过去离家出远门，母亲就会提前煮好几个鸡蛋。当一个个穷苦人把给儿子送行的东西塞给一支军队，你就可以从中感受到这支队伍从弱传播中汲取了多大的力量。

这个道理当时的国民党不懂，后来到了台湾地区还是不懂。其实不仅是政党传播，所有的传播都要明白：弱传播的最高境界不是强者给弱者送礼物，而是弱者主动给强者送礼物。靠赠送、优惠、打折、发红包不可能培养真正的粉丝。强者送一千万的大礼物，不如弱者的一点小心意。能不能达到让老百姓心甘情愿主动"送鸡蛋"，是检验弱传播是否达到最高境界的试金石。老百姓的"鸡蛋"是最珍贵的选票。

为什么"小米加步枪"的共产党解放军可以打败美式武器装备的国民党军队？标准答案就是历史潮流、民心所向。但民心要传播出来，民意要动员起来，传播亦不可不察。解放战争初期，共产党无论在财力、人数、武装等方面，都远不如国民党。从"武器"来看，共产党唯一优于国民党的就是传播武器。

如果认真研究中国共产党的各个时期，就会发现"弱传播"的主线一以贯之，而传播能力与水平也在不断提升，到延安时期它发生了质的飞跃。共产党的传播从原始自发的传播跃升为品牌传播，一个最重要的标识就是，共产党在延安已经全面建立了品牌识别系统（brand identity system,BIS），而且品牌的成熟并没有抑制自发、天然的野性生命力。一个即将夺取全国政权的政治组织已经呼之欲出！

决定革命成功、社会进步的最终因素是历史潮流与民心向背。但仅仅用历史潮流与民心向背来回答所有社会突变背后的原因是远远不够的，历史需要用更多的视角来分析社会变迁的偶然与必然。否则，那就很难解释为什么历史上很多革命虽然是人心所向却依然功败垂成，甚至出师未捷身先死；很难解释为什么有些开历史倒车的王朝一直摇摇欲坠却苟延残喘许久。在无数的研究中，传播视角是最容易被忽视或被轻视的。一个似乎不容置疑的说法就是：江山是打出来的，难道是说出来的吗？

不错，江山是打出来的。但要明白，打是一种传播，传播也是一种打。更重要的是，打和传播要相辅相成。只要认真地分析共产党的红色经典传播，你就会对它的传播实践心存敬意。红色经典传播既遵循了历史规律，也遵循了传播规律。如果不能很好地分析共产党的传播实践，就无法真实地还原共产党创业艰难的历史路径，就不能深刻地总结共产党成功的历史经验，也无法深入地探讨20世纪中国社会变革的历史原因，更忽视了共产党人的艰苦探索与卓绝努力。红色经典传播是共产党宝贵的政治资产，也是政治传播学不可多得的成功范例。

对于中国共产党创业阶段的传播实践，我们不得不惊叹一个人物的雄才伟略与远见卓识，他就是毛泽东。下面这个经典案例就是毛泽东对红军长征的历史总结：

> 我们说，长征是历史纪录上的第一次，长征是宣言书，长征是宣传队，长征是播种机。自从盘古开天地，三皇五帝到于今，历史上曾经有过我们这样的长征吗？十二个月光阴中间，天上每日几十架飞机侦察轰炸，地下

几十万大军围追堵截，路上遇着了说不尽的艰难险阻，我们却开动了每人的两只脚，长驱二万余里，纵横十一个省。请问历史上曾有过我们这样的长征吗？没有，从来没有的。长征又是宣言书。它向全世界宣告，红军是英雄好汉，帝国主义者和他们的走狗蒋介石等辈则是完全无用的。长征宣告了帝国主义和蒋介石围追堵截的破产。长征又是宣传队。它向十一个省内大约两万万人民宣布，只有红军的道路，才是解放他们的道路。不因此一举，那么广大的民众怎会如此迅速地知道世界上还有红军这样一篇大道理呢？长征又是播种机。它散布了许多种子在十一个省内，发芽、长叶、开花、结果，将来是会有收获的。总而言之，长征是以我们胜利、敌人失败的结果而告结束。谁使长征胜利的呢？是共产党。没有共产党，这样的长征是不可能设想的。中国共产党，它的领导机关，它的干部，它的党员，是不怕任何艰难困苦的。谁怀疑我们领导革命战争的能力，谁就会陷进机会主义的泥坑里去。长征一完结，新局面就开始。直罗镇一仗，中央红军同西北红军兄弟般的团结，粉碎了卖国贼蒋介石向着陕甘边区的“围剿”，给党中央把全国革命大本营放在西北的任务，举行了一个奠基礼。[1]

无数人试图总结红军长征的历史意义，但只有毛泽东的总结最通俗易懂、最高屋建瓴。这个人类历史上人数最多、路程最远的战略转移，毛泽东高度概括为“长征是宣言书，长征是宣传队，长征是播种机”。很少有人意识到，在这流传甚广的排比句名言里，无论是宣言书、宣传队，还是播种机，这三个概念说的是同一个性质的东西，那就是红军长征的传播属性。宣言书是传播，宣传队是传播，播种机还是传播。在毛泽东看来，红军长征的传播价值大于红军长征的现实价值，红军长征的传播目的高于红军长征的军事目的，红军长征的传播意义重于红军长征的直接意义，红军长征的传播效果优于红军长征的现场效果，红军长征的传播周期长于红军长征的物理周期。的确，红军长征早就结束了，但红军长征所传播的信息仍然在“长征”，影响了一代又一代。

前些年，有一个不太恰当的比喻却因为形象生动而在互联网刷屏，说的是20世纪最伟大的创业团队是在1921年组建，它就是中国共产党。这个创业团队最初只有十几

---

[1] 毛泽东：《论反对日本帝国主义的策略》，载《毛泽东选集》第一卷，人民出版社1991年版，第149～150页。

个人，赤手空拳，一张白纸，凭着理想与信念出生入死，艰苦创业，终于在1949年成功上市。顺着这个比喻，我想说的是，如果1949年的中华人民共和国成立是这支创业团队的成功“上市”，那么，1934年开始的长征就是“上市”前的“路演”，而且是人类历史上最伟大的“路演”。红军长征中大比例牺牲的惨烈代价，向全世界传播了自己的信仰、信念与价值。毛泽东坚信，红军长征散布的种子“发芽、长叶、开花、结果，将来是会有收获的”。直到今日，共产党一直都在收获红军长征的“传播红利”。

在中国共产党的建党、建军史上，“古田会议”具有极其重要的意义。1929年12月28日至29日，中国共产党红军第四军第九次代表大会在古田召开，史称“古田会议”。“古田会议”决议用先进的思想理论武装无产阶级政党，开辟了思想建党的成功之路；创造性地回答和解决了“党指挥枪”等军队建设的一系列基本问题，开辟了新型人民军队政治建军的成功之路。就是在这次会议上，毛泽东主持起草了《中国共产党红军第四军第九次代表大会决议案》（又称古田会议决议），决议第四部分专门论述了红军宣传工作问题，其第一点就指出红军宣传工作的意义：

> 红军宣传工作的任务，就是扩大政治影响争取广大群众。由这个宣传任务之实现，才可以达到组织群众，武装群众，建立群众，消灭反动势力，促进革命高潮等红军的总任务。所以红军的宣传工作，是红军第一个重大工作。若忽视了这个工作，就是放弃了红军的主要任务，就等于帮助统治阶级剥削红军的势力。

毛泽东把红军的宣传工作提高到“红军第一个重大工作”这一史无前例的高度，指出宣传任务的实现，关系到红军“总任务”的实现。毛泽东唯恐他的同志不理解宣传工作的极端重要性，又用否定的方式指出，忽视宣传工作，就是放弃红军的主要任务，就是帮助敌人打红军。

在革命的低谷时期，面对井冈山的“红旗到底能打多久”的一片质疑声，毛泽东的回答是：“星星之火，可以燎原”。毛泽东为什么如此自信？除了他看准了历史潮流、人心向背之外，还在于他找到了一条“农村包围城市”的中国革命的特色之路，在于他发现了“星火”到“燎原”的转变过程，就是红色“火种”的传播过程。

星星之火，用传播得以燎原！

III 懂自拍，才懂传播

最容易传播的照片不是单人照而是双人照或集体照。

强者很喜欢玩自拍，而且偏爱单人照。殊不知这种孤芳自赏的单人照，因为没有表达关系，所以无法表达价值，就是自己爽而已。

很多单位，特别是穿制服的单位，很喜欢拍自己队伍的飒爽英姿。这样的照片不是不可以拍，只不过其传播的范围大多在自己内部，它没办法传播得更远。背后的原因很简单，这种单人照（因为都是拍自己队伍，再多的自己人，也是一种单人照），只有自己人与自己人的关系，没办法刺激其他人的身份认同，要想传播更远，真不太容易。

打破这个“规律”的是《人民日报》。2017年“八一”前夕，一款名为《快看呐！这是我的军装照》的微信端小游戏突然刷爆网络。一夜之间，“军装照”的“单人照”铺天盖地，佟丽娅、小米“教父”雷军等都晒出了自己的军装照，连外国足球运动员帕托也凑了一把热闹。

这款小游戏是由《人民日报》客户端策划出品并主导开发的，腾讯“天天P图”提供图像处理支持。7月29日晚推出，浏览次数很快突破10亿，一分钟访问人数峰值高达41万。主创人员笑称要申请吉尼斯世界纪录了。

这样的自拍照为什么能够成功地大面积传播呢?

说到底，它不是单纯的“单人照”，而是每个人与军人的一次“双人照”。一套军装，简单的几个按钮，就创造了无数人与军人的联系，在自己爱美晒图的同时，也表达了人们对军人的崇敬。只有喜欢才愿意穿对方的衣服，如果搞一款乞丐装，谁穿它玩自拍呀?

主旋律正能量如何传播?舆论的弱原理值得运用，那就是想方设法与弱者创造连接。军人与平民相比，平民是弱者，军人的形象只有与平民相连接，才能获得力量，扩大传播。试想一想，如果《人民日报》在“八一”前夕，只是推出一组组军人在各自岗位的勃勃英姿，当然不如这款“军装照”的游戏传播效果那么好。

但有时候，自拍照虽然拍到了强者与弱者的连接，尽管传播是扩大了，却也把自己带到了坑里，甚至卷入了舆论风暴。这又是怎么回事呢?

比如手术室“自拍门事件”。西安医生在手术室玩自拍受质疑，居然上了网络头条，质疑声一浪高过一浪……

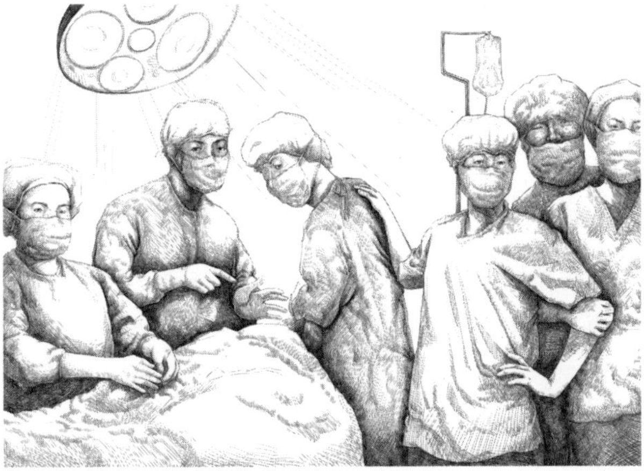

“自拍门事件”图片一。手术尚未结束，医生已经开始自拍庆祝（据《新京报》新闻图片临摹）

面对舆论的围攻，医生们非常不平：建筑工人建一座大桥，竣工时可以开心地与大桥合影；艺术家完成了一部作品，可以开心地与作品合影；就是吃到好吃的东西，人们都可以自拍，为什么医生救活了一个病人，就不能和病人合个影呢？我们是救了一个生命啊！把一个人救活了，不比任何东西更有意义吗？为什么对我们这些救死扶伤的人，你们还要指责呢？

医患矛盾并不是当前中国最尖锐的矛盾，但有关它的舆论现象却是舆论场最纠结的一道风景。反腐，舆论一边倒地叫好；批评城管，城管纵有不平，也多选择沉默；骂官二代、富二代，对方更是躲起来；只有医患矛盾，壁垒分明的两个阵营都委屈愤怒，不平而鸣。

绝大部分对立的族群关系往往一强一弱，其舆论发声也往往是一大一小，但医患关系却特别不同，表现在对立的双方都认为自己是弱势群体，双方都很大声，彼此苦大仇深，各有一本血泪账。

我把这种利益相对的两个群体同时感到冤屈的现象，称作舆论的“双窦娥现象”。我在给医院的多次讲座中，建议居于强者地位的医生要学会弱传播。但医生普遍不服，认为自己也是弱势群体。

判断一个单位是不是弱势群体，可以有很多角度。其中一个角度就是舆论学研究常常忽视的一个领域，即“非媒介的传播”，比如“大堂传播”。

大堂是观察一个单位传播形象最好的窗口。一个单位是不是强势群体，一看大楼，二看大堂。大堂空空荡荡的，乱七八糟的，都是强势群体。前者如政府的大堂，后者如火车站、医院的大堂。

越是注重大堂，越是懂得传播。越是专业化单位，就越不重视大堂。医院的院长一般都是学医出身，他们重视手术室的建设，却普遍不重视大堂的建设。他们把最好的人才，都用在业务科室、干部病房，而把不太好用的人放在电梯间，放在挂号室。每个单位都有大约5%脸色比较臭、脾气比较坏的人。如果放在各科室，一般来说，只会得罪5%的病人。但把这5%的人放到窗口，那就会得罪100%的人。

只有像酒店、餐馆那样的单位，把顾客当上帝，老板对大堂的重视才会超过任何区域。不仅装修，就是用人，也一定是把最漂亮、脾气最好的人用在大堂。餐馆的迎宾员一定比饭桌前的服务员长得漂亮。这个最朴素的常识小餐厅老板都懂，但医院院长就算在餐厅吃再多次的饭，还是不懂。

其实也不是所有的医院院长都不懂，民营医院的院长就懂，更准确的说法应该是民营医院背后的老板懂。

专业化、职业化的门槛，使得医院与医生不太习惯用传播的逻辑与舆论打交道。他们之所以觉得自己是窦娥，是因为他们普遍不理解强和弱是相对的范畴，谁强谁弱是比较出来的。如果医生和官员相比，医生是弱势群体，但患者与医生相比，患者就是弱势群体。为什么呢？你想想，一般人说话就叫说话，医生一说话就叫医嘱。医生不理解，病人把生命都交给了你，你在现实世界不是强者是什么？医生在任何一个地区的人口比例都很难达到1%，你在舆论世界不是弱者是什么？另外99%以上的人都是患者，医生在舆论世界中连人口基数都不占优势，你争取认同的可能性有多大？不认清这个事实，医生在舆论场的作为就是一只误闯丛林的小白兔。

医患关系的“双窦娥现象”，其实害惨了医生。正是因为医生在医患关系中属于强者，而在社会地位上又不属于强者，这样的生活错位常常造成认知的错位，再加上医疗体制的矛盾和各种社会矛盾的转嫁，使医生每每成为舆论风暴中最容易受伤的人。

这一次手术室“自拍门事件”让医生群体再一次受伤，但如果医生群体继续用“窦娥”的心态面对舆论，这样的受伤还会继续。医生们必须冷静下来，就算这个舆论场被你们认为“有病”，你也要借鉴医学的科学思维，首先分析这个舆论的“病理机制”。

医生总以为倒霉的是自己的职业。打一个比方，假如一个车祸现场，先行赶到的警察对伤员施救，终于成功让伤员摆脱了生命危险，在等待120的间隙，他们让伤员躺在血迹斑斑的地上，自己围过来为救回一个生命而欣喜地自拍留念。这样的照片抛出来，别人会不会骂警察？

在多次有关舆论的讲座中，我力推需建构一个公共领域学。在医院，医生按照医学的逻辑做事不会出事。可是，一旦走出医院，来到公共场所，就不能凭医学的知识来自行其是，这里有单行道、红绿灯，不懂得交通规则，就会出交通事故。同样，医生一旦进入公共领域，就有舆论的斑马线、红绿灯，如果你不懂这个舆论规矩，非要以医学的逻辑我行我素，就会出“舆论车祸”。

在“自拍门事件”中，医生群体一个代表性的观点是：一台高难度手术成功，病人安全，医生比病人家属还要开心。为什么医生救活了一个病人，就不能用自拍表达开心呢?

手术成功，医生可以开心，而且理应开心。但医生表达开心的方式一旦进入公共领域，就受到舆论规律的制约，并非所有的开心模式都无可非议。如前所述，春晚可以唱“咱老百姓，今儿晚上真呀真高兴”，但如果改为唱“咱当院长的，今儿晚上真呀真高兴”，就算是在医院内部搞联欢，院长们也不敢。

在公共领域里，强者与弱者一旦同框，强者与弱者就发生了关联，如果这种关联没有传递尊重、理解、关爱，两者的关联就会产生隔膜甚至冲突。特别是强者的情感表达必须和弱者的情感相联结，否则，就没有舆论的正当性。强势群体的医生，其情感必须和弱势群体的患者联结在一起，才具有舆论的正能量。最好的例子，就是医生自己的例子。我们不妨找一找，医生中最被民众敬重的人，他（她）会不会自拍，怎样自拍?提到中国最好的医生，就会想起林巧稚。我们看看这张照片。

林巧稚医生与其他医护人员关切地查看婴儿的身体状况（据新华社图片临摹）

这张照片，强势群体的医护人员与弱势群体的新生儿也是同框，林巧稚与其他医护人员围绕着新生儿，不过，请注意，她们的眼神和手，都没有离开新生儿。

我们再来比较一下手术室“自拍门”的照片。

“自拍门事件”图片二（据《新京报》新闻图片临摹）

医生和护士虽然也围在患者身边，但医生的眼神与手都离开了患者。患者孤独无助地躺在手术台上，昏迷不醒，生死不知……

所以不是医生不能自拍，而是如何自拍；不是手术后不能开心，而是如何开心。舆论的天平天然地向着弱势群体倾斜，当医生失去了和患者的生命连接，也就失去了舆论的支持，甚至对抗舆论的力量。

我们再来看一看这张照片：

当强世界里最有权势的人弯下腰让孩子摸他的头，我们看懂了强者要向谁低头、

时任美国总统奥巴马弯下腰，给小男孩摸头（据照片临摹）

要与谁连接，以及该如何连接。奥巴马与孩子的头手连线，就是“舆论的自由倾斜定律”轨迹。

Ⅳ 航空公司为什么有两张脸

几乎没有一个服务行业不重视自己的大堂。只有两个行业例外，一个是医院，另一个就是航空公司。上个章节我们讨论了医院，现在我们来看看航空公司。

每一次看到航空公司陷入舆论漩涡，我就不免叹息：其他领域的舆论风波，人们都可以找诸如利益冲突锐化、社会矛盾转移、文化素质不高、体制机制桎梏、弱势群体诉求等非事件原因，可是航空公司也经常闹舆论风波，就真的很难再找借口了。

航空公司是服务业中居于最高端的服务提供者，航空公司的服务对象是文化水平与收入水平相对最高的消费者群体，“最优”遇到“最优”，仍然此起彼伏地卷起舆论风暴，这叫经常与底层打交道的其他领域管理者或服务部门怎么想？

2017年3月13日，澳门“赌王”何鸿燊四房儿子何猷君在微博发布消息称，自己与朋友搭乘香港航空，因护照遗落机上，导致无法入境。而后向香港航空求助无果，被告知护照丢失需要返回香港补办，导致其滞留在机场过夜。何猷君抱怨香港航空对其“爱答不理，态度极其差”，“因是经济舱？”而香港航空在微博上自称“本少”进行回应，招致网友吐槽。何猷君更为不满，他通过微博向香港航空隔空喊话，借由此事，“香港航空做人做事的态度，了然于纸上”，“无须道歉，我向你们道歉。不该使用你们的服务”。

何猷君决心抵制香港航空，但不到一个月，人们开始要抵制美联航了。2017年4月9日，美联航一班由芝加哥飞往路易斯威尔、编号为UA3411的国内航班，因超额订票而出动警力将一名不愿意下机的美籍越南裔乘客陶大卫（在飞机上他自称是华裔）强行拖走。视频传出，舆论大哗。舆论普遍批评美联航总裁姆诺兹4月10日对外发表的声明是“空洞的道歉”。

一个服务对象是“赌王”儿子，一个服务对象是美国医生，都不是通常的弱势群体，两个公司都在回应后越搞越糟。一位朋友在微信朋友圈这样高级黑：“美联航”暴力待客事件，让我立刻觉得自己多年来错怪咱们东方航空、山东航空了。你们是最棒哒！

但是抵制了美联航，其他的航空公司就是好鸟吗？一波又一波的航空公司舆论事件，令人不能乐观。

为什么航空公司那么容易出舆论危机？我发现航空公司舆论危机的事故多发地，主要就是值机部门。这次的美联航事件，虽然发生在机舱，也仍然属于值机的领域，不过是把候机厅延伸到机舱而已。为什么会这样呢？

第一，领导不重视。航空公司老总首要关心的就是航空安全问题，毕竟掉下一架飞机，就没有什么好说的了。接下来经济效益、航空资源（时段等）、准点率与空乘服务，都可以上老总的心，这也是航空公司排行榜或被考核的重要指标，这五者受航空公司高层重视的程度依次递减。地勤部门的值机是航空公司领导最不重视的领域。

第二，结合部最容易出问题。正如骨头最容易得的病是关节炎，一个地方治安案件最多的是城乡接合部。值机部门对接各部门，在顾客交接过程中最容易出状况。

第三，地勤把自己当管理者而不是服务者。感觉航空公司的服务好像就两个部分，一个是卖票，一个是机舱空乘服务。航空公司好像起飞才服务，起飞才倒水，起飞才笑脸相迎。在值机时，最容易听到的就是管理者的呵斥：排好队，行李超标……航空公司是典型的两张脸，在候机室（贵宾室除外），你不是人，没啥好脸色给你；上了飞机坐定，你是人了，航空公司（空乘）终于开始笑了。

第四，等待最容易出问题。候机室最主要的动作就是等待，不知确定时间的等待最容易使乘客产生焦虑。香港航空与美联航的这次舆论事件，虽然不是候机，也和等待有关，前者是等待丢失的护照，后者是担心被赶下飞机后，又要面临漫长的等待。其实等待的感觉是相对的，据说爱因斯坦有一个广为人知的比喻："一位先生和一位漂亮女孩在一起待上一小时，他会感觉像一分钟；但如果让他夏天在火炉子旁待上一分钟，他会感觉比一小时还长。这就是相对论。"但不幸的是，航空公司的值机服务，一半以上都是给你后者的感觉。

其实，候机室就是航空公司的大堂，机舱才是航空公司的客房。前面说过，几乎没有服务行业不重视自己的大堂，只有两个行业例外，一个是医院，一个是航空公司。而最重视大堂的就是酒店，酒店把最好的装修、最大的资金、最好的人力都投入在大堂。酒店在大堂的服务是高调的，在客房的服务是低调的。奇怪的是，航空公司刚好相反。在机舱高调服务，在大堂低水平服务，却高调管理顾客。

酒店的大堂也需要管理。酒店大堂面临着和航空公司一样的矛盾：房间（座位）够不够，行李（加床）有没有超标，时间是不是吻合等。酒店行业接待的顾客数，远大于航空公司，但舆论风波的频率与恶性程度远低于航空公司。

重视大堂，就是重视传播。专业主义的航空公司，跟专业主义的医院一样，它们最重视的就是飞行员或医生、飞机保养或手术室。它们普遍不懂得传播，所以普遍最容易出问题。而且职位越高，越不会传播，比如美联航的CEO。

解决航空公司服务形象，其实很简单。首先从值机的大堂开始。只要做两件事就可以了，一个是把空乘的微笑服务延伸到值机，把两张脸变成一张脸—— 这个增加的服务，不需要增加一分钱；另一个就是把机舱的送饮料服务延伸到候机室（而不是只有贵宾室），只要是本航空公司的乘客，凭登机牌就可以免费送饮料—— 这个成本也很低，饮料不值几个钱，再说，起飞前多喝了饮料，起飞后就会少喝饮料。谁愿意多喝水，在飞机上猛跑厕所啊？

我相信这两个举动，将减少航空公司90%以上的负面舆论，减少90%的因为顾客拒绝登机造成的航班延误损失，赢得最大多数的顾客配合。投入最小，收获最大！航空公司每年在广告、公关、形象、品牌的投入不知道花了多少银子，何不从这最简单的地方做起呢？

最后，被抵制的航空公司败就败在传播上，而传播的关键就在于“在乎”。现在不妨再回过头来看香港航空与美联航两个事件，无论是事件本身，还是事件的处理声明，你看到了航空公司对顾客的“在乎”吗？

V 确认过眼神，才是真的道歉

舆论事件的次生灾害有时候比事件本身带来的危机还要可怕。而舆论次生灾害的多发地就是当事人的事后声明或表态，常常是你不声明还好办，你一声明，这事情反而没那么好收场了。

好的声明有无数种，错的声明只有一个，那就是看不到两个字—— “在乎”。不管是咬文嚼字，还是大段辩解，这类“声明”字里行间说的都是一个意思：那就是灾害的发生跟“我”无关，不是别人干的，就是你“活该”。人们看到的都是“撇清”，“撇清”，再“撇清”，看不到对生命的一点点敬畏，看不到一点点泪光。

我们很多老板和官员，一旦出了问题，即便是道歉，宁愿选择对媒体道歉，在干部大会上向家属道歉，也不愿意来到当事人或家属身边，向他们道歉，仿佛伤害的不是一个个具体的人，而是媒体与公众。更有甚者，用内部邮件代替道歉，公司领导人严厉批评下属忘记了创业时的初心，忘记了从前的梦想，警告部下如果失去了用户的支持，失去了对价值观的坚守，离破产就不远了。

没有自己的错，都是底下的错。这样的文本，不用统计就可以猜出，里面的“我们”“用户”会反复出现，但“受害人”“生命”“错误”“道歉”“愧疚”等字眼出现的频率几乎就是零。

有的道歉信的标题虽然写着“诚恳道歉”四个字，可是通篇下来看不到“诚恳”，甚至看不到“道歉”。

除了道歉文本，还有道歉主体。那个最应该在第一时间来到受害者（家属）面前亲自道歉的第一把手却往往躲在后面迟迟不肯露面。

一旦事情发生，躲不过去，作为责任方应该如何回应？下面这条舆论战军规不容忽视：解释可以代理，道歉必须本尊。道歉者层级越高越有诚意。不要用骂下属来代替道歉。用骂自己“马仔”来向女生道歉，女生一定扭过头去。不要向政府、媒体、社会道歉，要向当事人道歉。要来到当事人（家属）身边，握着对方的手，看着人家的眼睛道歉。

马英九就曾吃过不懂这个舆论战军规的大亏。

2013年，一个年轻士兵的死亡造成两位台湾地区防务主管部门负责人下台，最后酿成25万人走上街头，这就是“洪仲丘事件”。

现实的强世界，比的是比重。同样体积的东西，谁的比重大，谁就是强者。可是到了舆论的弱世界，比的却是比表面积。同样重量的东西，谁的比表面积大，谁就是强者。同样体积的面粉面对同样体积的铁，当然弱不禁风。可是如果比的是比表面积，那就倒过来了。例如，一公斤的面粉，其表面积可能超过一个足球场。当火焰点燃，钢铁可能被熔化，而粉尘却会爆炸！

每一个舆论事故，都是舆论的尘爆！它既是铁与石的悲剧，也是尘与土的胜利！

不要小看了一个年轻生命的力量，他在现实世界里，可能微弱如尘埃，但他一旦引发尘爆，那就无坚不摧。

为什么一个军中个案，会演变成全民事件？我们当然可以从台湾地区的兵役制度、司法体制、街头政治、政治文化等诸方面分析成因，但舆论的持续发酵与不断升级，不能不说与马英九团队的危机处理及应对能力有巨大的关联。

自己人出乖露丑，既让团队蒙羞，也让领导难堪。如何止血、消毒和包扎伤口，这考验着领导人的政治智慧与舆论水平。马英九有模范生之誉，讲规矩、重程序是他的优点，但反应迟钝、慢半拍却是他的软肋。

2013年7月3日，士兵洪仲丘在军营被虐身亡，消息传出，马英九认定这不过是“管教过当”，属于军方管辖范围的个案。当舆论不断披露事件背后的内幕时，马英九仍以一贯的“不介入”态度，等待军方处置。12天后，他在出席另一个仪式时，才首度对洪仲丘事件表态，要求防务部门彻查此案，他并没有召开专门的新闻发布会，也没有对洪仲丘及其家属道歉。当时看台湾地区电视新闻，我注意到一个非常有意味的细节，马英九离开会场，一位女记者紧追不舍："您会去洪仲丘家里道歉吗？"记者对舆论的直觉往往比政治人物敏锐，这句问话已经是在提醒马英九民众在期待什么，但马在随从的簇拥下匆匆离去，没有回应。我只能扼腕。

直到39名网民发起成立的"1985行动联盟"，号召7月20日上午9点包围台湾地区防务主管部门，才一下惊醒梦中人。马英九临时改变原定的党主席选举行程，当天下午立即前往洪家，并对洪仲丘父母承诺：这个案子，他"管定了"。而一再延宕的道歉，拖到了马英九连任国民党主席后的24日，在当天的国民党中常会开场时，马英九终于正式就洪仲丘一事鞠躬致歉。

但一切都太迟了。马英九誓言"管定了"的案子，其实并管不定。军中办案者避重就轻，结案报告疑点重重，涉案人纷纷交保解除羁押。尽管马英九下令解职台湾地区防务主管部门负责人试图平息事态，但火上浇油的军中各部门，已经让马英九来不及了。

"1985"是军方的投诉热线号码，但倒过来"5891"的谐音却是"无法救你"。一再失误的舆论应对，让舆情危机愈演愈烈，以致两位台湾地区防务主管部门负责人下台，18人被起诉，仍然压不住愤怒的火焰。如今，燃烧的怒火开始越过台湾地区防务主管部门烧向了当局领导人办公室，再一次走上街头的民众，目标已经是凯达格兰大道。25万民众齐举手机照亮星空的画面，传遍了世界各个角落。当25万人送别洪仲丘时，齐唱的是《你敢有听着咱唱歌》。这首用闽南话唱出的歌，改编自电影《悲惨世界》主题曲，电影讲述了底层人的悲哀和所有人的救赎。

客观地说，马英九没有傲慢，他只是慢，或者说轻慢。他只是轻视了这件事，所以反应总是慢半拍，甚至一拍。可是他一旦反应过来，你就会发现他是明白人。他痛斥军方"违法滥权"，承诺"不会让仲丘白白牺牲"；指出"从全世界来看，最容易侵犯人权的就是公务员"，要求公务员"从第一天开始，就要知道，权力使人腐化，绝对的权力使人绝对地腐化"。对上街的民众，他指示："无论如何，都不能用公权力清场，或者任何反制手段对待现场民众。"马英九表示，他也有儿女，如果今天事情发生在自己家，他也会跟大家一样悲痛与愤怒。

为什么马英九一路跌跌撞撞走来，最后都逢凶化吉了？是因为他总是第一时间犯错，却能在第二时间道歉，并在第三时间改正，当然更重要的是他虽然迟钝，但宅心仁厚。洪仲丘一案对马英九"执政"基础的重创远超国民党的想象。马英九不是不知道背后的暗流涌动，当国民党中常委都在为他受到的委屈心酸时，即便在内部会议，他都没有把洪仲丘一案的舆论升级看作敌对势力的操弄，尽管这样的议题转换，更容易让他下台阶。他是这样说服同僚的："民众有怨气，政治人物一定要承担，这是将心比心的同理心，绝对不能冷漠，不能远远地看，当局与人民不是站在对立面。"

马英九的厉害就在于他即便犯错，最后总能站到正确的一面，这让我想起马英九最后参加洪仲丘告别式时的场景。马英九被愤怒的群众团团包围住，寸步难行，有人高呼马英九跪下来爬进去，最后是里长哭着跪求，大家才让出一条路。这是一个极具象征性的场景，被群众团团围住，你还有可能和民意"包围"在一起；而一旦你把群众推开，你就真的站在了民意的对立面。

再怎么慢，再怎么难，再怎么重重包围，再怎么声声辱骂，马英九还是要走到受难者的家，朝着当事人道歉。如果他扭过头去，民意也会扭过头去。

真正有诚意的道歉，不是在干部大会上的讲话或单位内部的信件，不是面对媒体的表达，而是应该来到当事人或者其家属面前，面对着他们道歉！

一切不朝着当事人的脸说的道歉，都不是真正的道歉！

VI 不要轻易给自己打高分

打分是弱者的权利，除非你的职业是老师。作为强者，不要轻易给自己打分。

一个人一旦成为名人，干了一件什么事，可能就会有记者跑来问：你给自己打多少分？

一个人一旦做了大官，离任时最容易遇到的问题也是"你给自己打多少分"。

名人容易沉浸在刚刚完成作品的亢奋中，为官者尤其害怕自己得差评，因此，碰到这样的问题，总是情不自禁给自己打高分。但效果呢？

上过我课的学生都知道这个道理：面对媒体，不要轻易给自己打分，尤其不要贸然给自己打高分。淘宝网的卖主一个劲地恳求顾客：亲，给个好评哟。你见过哪个卖主，自己给自己打好评？如果有一家淘宝店，拥有自己打分的特权，亲，你还会（敢）在这家店买东西吗？

在厦门大学研究生课程"舆论学方法论"上，我曾经专门讲了如何面对媒体的打分提问。我的学生将来可能是媒体人，也可能是面对媒体的人，我特意讲了两个面向。假如将来你是记者，采访公共事件和公众人物，一个最简单易学也最容易撕开对方破绽的提问就是：请问你给自己打几分？而假如未来你是公众人物，一旦面对这样的提问，则一定要特别警惕，因为舆论的陷阱来了。

我举了2008年雪灾的例子。下面是当时铁道部官员接受媒体采访的对话。

记者：这次南方雪灾后，有政协委员指责铁道部应对灾害不力，你怎么看社会各界对铁道部的批评？

官员：铁道部欢迎任何批评和建议。铁路是公众企业，我们的目标是不断改进和提高服务质量，就是有一些和事实有出入的或者不切实际的意见，我们也会认真研究分析，从中受益，一切本着有则改之、无则加勉的态度。

记者：如果让你打分，你对铁道部今年雪灾中的表现打多少分？

官员：至少打90分。只说一件事，在10天左右的时间里，将广州地区节前持票滞留的350万旅客全部疏运完，这是其他交通方式或者其他任何国家做不到的。

（记者的提问一定不满足于对方的自我表扬，当他打90分时，记者最关心的不是90分，而是丢掉的那10分。）

记者：那主要失分在哪里呢？

官员：我觉得不足的10分中，有七八分是失在我们运输能力不足造成的。铁路建设跟不上经济社会的发展，铁路网还不够密集，遇到这种灾害天气，缺乏更多可以选择的迂回路径。弥补不足需要全社会重视加快铁路建设。

另外两三分失在抗灾预案的估计不足。面对突如其来的冰雪灾害，我们准备不够充分。比如我们铁路是两路电源，其中一路是备用，结果没想到它从根基上（高压电）全断了，造成两路全部断电，这方面教训值得总结。

这个打分引发广泛的争议，网络民意集中在对铁道部丢分的反思。舆论世界和现实世界有很多规则是倒过来的。舆论的弱定理告诉我们，舆论有天然的补偿机制。在“打分舆论”中，自己打分越低，舆论给的分可能越高；反之，自己打高分，舆论往往把他的分数往低里打。

电视剧最懂这个道理，那些苦情戏里，越是吃苦吃亏的角色，越是得到观众的喜爱。在台湾地区主持界，大家都明白这个“潜规则”：一个主持群，如果分配你扮演一个老是被欺负的角色，恭喜你，你赚到了，你越是被捉弄，女观众越是爱死你。

舆论弱定理的补偿机制还在另外一个方面发挥作用：你一个劲地自我评价“好评

如潮”，留给网民的就剩下差评了。优点都被自己讲光了，轮到别人讲，除了缺点还可以讲什么呢？

人性的弱点让我们对自我表扬很难有免疫力。钱钟书说：“我们在创作中，想象力常常贫薄可怜，而一到回忆时，不论是几天还是几十年前、是自己还是旁人的事，想象力忽然丰富得可惊可喜以至可怕。我自知意志软弱，经受不起这种创造性记忆的诱惑，干脆不来什么缅怀和回想了。”[1]

不仅回忆如此，面对自我评价，人们也很难控制给自己打高分的冲动。钱钟书的智慧是：面对这样的诱惑，最好的选择就是放弃。

但真像钱钟书那样放弃，可以吗？如果你自己不去抢占评价的阵地，那就只好任人评价了。或者，干脆就给自己打低分？但另一种担心又来了，自己都打低分，不是给对手提供炮弹吗？你看他自己都承认没有做好。

我请研究生们假设自己是铁道部的官员，该怎样回答打分的提问。有同学干脆逆向思维，给自己打了低分。我提醒同学要记住模拟的身份与所处的体制，身为铁道部的官员，给自己部门打低分，回去怎么向部长交差？怎么向国务院交代？特别是你还要面对成千上万的铁路员工，他们辛辛苦苦忙了一个春节，你给了一个差评，还要不要在铁路混了？

最后，我说了我的答案：很简单，打分不回避，但要打几个分。

第一个分，打给成千上万的基层铁路员工。他们没有春节，只有春运，无数的人，春节都是在值班室和路上度过的，我给可敬可爱的铁路员工，特别是奋战在第一线的铁路员工打100分（给基层的铁路员工打高分，民意不会反弹，而这些话出自铁路高层之口，更会温暖第一线的员工）。

第二个分，打给铁路管理层。认认真真分析问题，找出差距，比如预案不够、配套不全、手法简单……给自己打一个勉强及格分，说明自己明白差距在哪里，以后努力改（这些本来就是要总结教训的东西，分数打得越高，人们就越担心铁路系统管理层不吸取教训，但如果你自己都懂得打低分反省，舆论何必再给铁路压力呢）。

第三个分，打给铁路客运系统。这一次雪灾，充分暴露了客运系统能力不足，投入不足，不能满足人民的正常需要，我打不及格（顺便喊喊冤，当一当爱哭的孩子，提醒有关部门加大投入，凝聚全社会对铁路建设的重视）。

其实，不仅官方的打分要低调，所有人的自我打分都要谨慎。

---

[1] 钱钟书：《写在人生边上》“重印本序”，福建人民出版社1983年版。

新闻传播学中有一门课叫“广播电视概论”，这可能是学生觉得最“无聊”的课。为了把这个必修课上得不那么无聊，我在课程中做了很多设计，其中就有一个“课堂真人秀”环节。有一年，学生们自编自导搞了一个厦大版的“非诚勿扰”，招募了5个男嘉宾，让他们面对12个青春靓丽女嘉宾的叩问与选择。

前面3个男嘉宾，一个个被女嘉宾“灭”了。等到第4个男嘉宾一出场，不仅女嘉宾，包括全场的眼睛都亮了。1米90的个头，阳光帅气，文艺体育特长生，还特别爱好读书，大一时，毅然休学从军，选择到西藏高原最艰苦的地方当兵，他希望的对象是能够吃苦、热爱学习、懂得感恩、相互理解的伴侣—— 这不仅是高富帅，还是正能量啊！

果然，12位女嘉宾个个都很兴奋。但逆转出现在一个女嘉宾的提问：“到现在为止，我们看到的都是你的优点，请问你有缺点吗？如果有，是什么？”男生愣了一下，回答：我没有缺点。

全场“啊”了一下。只见，女嘉宾的灯一盏盏灭掉……

事后我在课堂总结时，高度评价那个实现逆转的女生提问。无论是作为一个记者面对现实的强者，还是作为一个女生面对心仪的男生，这样的叩问都是正确的，优秀的记者必须牢记不能顺着对方的叙事而进行完形填空，要撕开一个口子，展示对方的另一面。

节目的最后，那个被抛弃的“正能量男”黯然地从12个女生面前走过，望着他低下头来的修长背影，我心中一阵叹息：人生有多少失去、冲突和悲剧，是来源于传播的错位和错误啊！

一个没有缺点的人是可怕的。一个不知道自己有缺点的人更令人担忧。而知道自己有缺点却打死不肯承认的人则是愚蠢的。

如果一个强者，没有缺点，那他就不是可怕，而是恐怖！

Ⅶ 可不可以把二胡拉得可爱一些

一位县委书记演奏二胡的视频曾经红遍网络。曾经的满堂喝彩，事后的一片笑谈，留给人们许多的为什么。

其实，一位愿意为群众拉二胡的书记，本是蛮可爱的。人们见多了正襟危坐的领导、拿腔拿调的官员，当他们展现自身的另一面，与民同乐时，群众本应欢迎还来不及，为什么反而喝倒彩呢？

人类表演学之父谢克纳说："当一个人被迫只能扮演一种角色的时候，这个人就是一个被压迫的人。有的人在外人看来非常风光，比方说，国王、王后。但他们自己觉得很惨，因为他们被迫只能扮演一种角色，不能有自己的选择。"[1]一个可以自由地扮演不同角色的人是幸福的。这样一个普通人唾手可得的幸福，却特别容易被官员所羡慕。因为缺乏，所以渴望。一些官员控制不住地想尝试另一种角色，这原本是权力向人性的复归，但为什么往往不讨好呢？

引发网友一声声吐槽的是腐败的可能、权力的跨界侵蚀、忘乎所以的作秀与皇帝新衣式的谄媚文化。但问题来了，假如县委书记的琴艺的确直追阿炳，配得上任何交响乐团，而且绝无滥用权力之嫌疑，这样的权力表演可以过关吗？

这个问题如果回答不好，大多数沉默的官员心里仍然会不服气：一个官员的跨界出场，与腐败无关，靠实力说话，有什么可以苛责的呢？难道官员除了访贫问苦、抗洪抢险、做做报告、搞搞调研，就不能秀秀才艺，换一种形象出场吗？

提起拉二胡，我不禁想起台湾地区也有一位爱好此道的官员，他叫谢长廷。2008年台湾地区"大选"民众提问电视辩论会上，当民众代表要求双方候选人夸对方三个优点时，马英九就点到谢长廷幽默、口才好、手艺不错，"还会吹陶笛、拉二胡"。二胡是谢长廷政治活动中值得关注的道具，在他最失意的时候，电视新闻中仍可以看到他拉二胡的画面，如泣如诉的乐声让对手听得惊心动魄。二胡也是他的选举利器，无论是2006年"选"台北市长，他到公园和老人一起拉二胡同乐，还是2008年"选举"，他在情人节为妻子用二胡演奏一曲《月亮代表我的心》，都为他加分不少。

官员动不动秀才艺博版面，在台湾地区屡见不鲜。蓝营这边爱演的官员，胡志强算一个。时任台中市长的他曾扮演过张飞，反串过图兰朵，为吸引年轻选民，化装成帕瓦罗蒂，并邀请帕瓦罗蒂、多明戈来台中开演唱会，都为他拉来不少选票。

谢长廷、胡志强秀才艺，走的是"可爱舆论"路线，与某些的"可笑舆论"案例，一字之差，差的就是示弱还是逞强。可爱路线虽然也会炫技，但总是放下身段，不时来个自嘲，甚至不惜丑化自己，博君一笑；可笑模式处处争强好胜，霸王硬上弓，艺不高人却胆大，得"势"更是不让人。

---

[1] [美]理查德·谢克纳：《人类表演学的现状、历史与未来》，孙惠柱译，《上海戏剧学院学报》2005年第5期。

领导人换一种形象到底应该怎样出场？我的建议是向主持人学习。优秀的主持人是一个摊大饼的，他把别人的好包进自己的饼皮里，而不是自己成为馅，并且处处与人比谁的馅好。我曾经批评过这样的主持人，他把别人请来，却处处要和别人比见识拼才艺。他比嘉宾更博学、更深刻、更才华横溢，以后谁还来上他的节目呢？[1]（参见“舆论的轻规则”章节）同样，主政一方的领导也要学会“摊大饼传播”，如果把自己也当成馅，到处和别人比，你比得完吗？

领导在自己的权力范围内已经是强者，一旦走到权力的边界外，就要懂得强者示弱。你琴艺最高，游泳第一，书法也最好，牌技也最强，还让不让人家活？即使你身怀绝技，也要学会放低身段。走出权力场，本来最有机会把你柔软的部分示人，就像汽车的轮毂被橡胶包裹着，这样行千里也不怕坑坑洼洼；但如果你非要把这柔软的部分也变硬，像火车车轮走铁轨，咔嚓咔嚓的反弹之声四起，又能怪谁呢？

回到拉二胡的书记，如果他又想秀才艺，又想弱传播，怎么办？我的建议是：他其实可以上自己家（县）的春晚继续拉二胡，不过这次不是当演员，而是客串当主持，笑言用自己跑调的二胡引出本县民间的二胡高人，让大家听一听什么才是着调和专业，这样一定会圈粉无数。要知道，一位愿意当底座把自己的县民捧在上面的县委书记，民众在嬉笑声中，亲你七分，也敬你三分啊！

遗憾的是，这样的建议对他已经没用了，二胡已经把他拉下了马。同样是“拉”这个动词，拉得好，拉来掌声；拉得不好，把自己拉下马。那些还在马上或准备上马的人，接下来，你们知道该怎么“拉”吗？

Ⅷ 你总要有些事输给人家

许多强者，在每一个领域都想和别人比，就是和下属打个牌，也希望赢下属。到KTV唱个歌，掌声也要比下属大。90%的下属可能不太愿意和领导打牌、唱歌，就是因为这类喜欢拉二胡的书记太多了。

电影《开国大典》里有一段经典台词，渡江战役之前，国民党四个军官在指挥所打麻将，突见蒋介石进来，顿时汗如雨下。蒋介石没有发作，让输得最惨的一个家伙

[1] 邹振东：《主持人是什么人》，《南方周末》2012年1月19日。

站到旁边，说：“来！我陪你们打几圈。”可能老蒋牌打得不错，更重要的是另外三位谁敢赢啊！所以不一会他们就输得一干二净。老蒋站起来，面对四位面如土色的军官一字一顿地说：“打牌，你们不行！打仗，我不行！长江天险能否守住，全靠诸位仁兄了！！！”

很少有强者清醒地知道自己的弱点，而且一旦发现自己有弱点，就马上想办法弥补短板。这个世界上，有几个强者会主动“安排与设计”自己的弱点呢？但谁能没有缺憾呢？如果你的人生必须有一种缺憾，在美貌、财富、扬名、建功、智慧、长寿、平安、健康、爱情、子女、爱好、学历等中选一项放弃，你会选哪一个？

人生不如意事十有八九，有没有一种人生可以做到万事如意呢？答案是不可能！当有人祝你万事如意，你一定要清楚，这不过是一句客套话……

认识一个生意做得很大的商人，他的兄弟做房地产，后来出事了。他深刻地反省：不可能好事都让你全占了，如果要赚钱，就不要太出名；如果要出名，就不要太赚钱，以后他事事低调。厦门中秋喜欢博饼，他请别人博饼，自己却绝不参加。问他原因，他笑着不回答。我猜很简单：如果博饼手气好，可能就把他真正想要的运气用掉了；而如果博饼手气不好，自己心情又会跟着不好，所以还不如放弃。

有一句歌词：“在有生的瞬间能遇到你，竟花光所有运气。”说的就是这种对运气的珍惜与不舍。

人生充满着选择，但最想要的运气，却由不得你选择。但如果你真的拥有这样的运气——可以分配自己所有的运气，你会做出什么样的选择？

你会发现，选择自己想要的，非常容易，但选择必须放弃的却很难。现实世界没法十全十美，人生最重要的也许不是追求，而是守拙。家庭装修，最先应该考虑的地方不是客厅、卧室，而是卫生间、厨房和下水道。就像一个城市，最先要规划的不是广场而是垃圾填埋场。建大楼选址容易，但污水处理厂选址却非常难。

人生最大的遗憾，可能就是人无法选择自己的运气！但万一可以呢？如果你有机会或者有条件进行选择，如果你的人生必须有一种缺憾，你究竟会选哪一个？你又会为儿女选择哪一个？

在这个被网民戏谑为拼爹的时代，一次又一次证明，无论是官二代、富二代还是星二代所惹下的风波，不少根子是上一代的问题。那些苦心经营的爹用金钱、名誉、地位换来的，不过是子女的无知、无耻和无畏，以为开一辆名车就可以领跑世界，拎一个名包就可以领袖中国。如此这般一厢情愿地自封其为未来领袖，充其量是“未来水袖”吧。除了证明那些爹“长袖善舞”，其他是当不了真的。

从一系列的“坑爹”舆论事件中，不难看出社会存在着两个板块的焦虑：一方面，一些平民百姓苦于寻找出路而对“代际不公”不满；另一方面，一些既得利益者对下一代过于放纵。

这使我想起另一个富二代和他的爹。

2008年，台湾地区旺旺集团收购中时集团，由老板蔡衍明的大公子蔡绍中执掌这一台湾地区传媒航母，从此“小老板”成了台湾地区媒体朋友称呼蔡绍中的专用符号。那些驰骋媒体沙场几十年的总编辑、制作人，突然有一个二十郎当岁的小伙子空降成为自己的老板，且不说情何以堪，关键是面对这种年龄只够当实习生的小年轻，就算他不是衔宝玉的癫公子，而只是一个自我感觉忒好的小清新或者小愤青，该怎样请示和执行他的指令呢？

没多久，台湾地区媒体朋友来电，他们要陪小老板来厦门公干，拜托我接风洗尘。这是小老板第一次以媒体老板的身份到大陆，这使我有缘近距离接触这位拥有亿万身家的富二代。

我想象了各种开场，小老板的低调和谦虚仍然出我意料。尽管还是被人簇拥的年轻人，但礼节周到得仿佛一位长者。我向他客套了几句，他却十分诚恳地说：“我什么都不懂，全靠他们（他用手势比着周围）这些长辈帮忙。”

席间大家相谈甚欢，并不因小老板谦虚有礼而影响情绪。我故意把餐厅电视调到厦门卫视频道，大家惊奇地发现台湾地区的新闻现场居然有厦门卫视话筒麦牌，而且特别巨大和醒目。小老板突然问道：“我们‘中视’‘中天’的麦牌怎么没看到？”台湾地区媒体朋友一阵尴尬，我连忙笑着帮同行打圆场：“这说明‘中视’‘中天’的记者太敬业了，他们抢在前头，最靠近采访对象。”“靠近采访对象有什么好处呢？”小老板又虚心地问。我说：“这样录音的效果会更加好。”小老板轻轻地说了一句：“是录音效果更好一点重要，还是电视台的麦牌更醒目一点重要，这个我不懂，我听你们的。”小老板这么一提醒，连我都开始思考如何使这样一个熟视无睹的技术性细节两全其美。

交谈中，我惊讶地得知，小老板居然没有上过大学。是考不上吗？不可能吧，这么有钱的富二代，留学名牌大学不是轻而易举吗？小老板的回答让我大吃一惊，原来是他爸爸不准他读大学。理由是：“你将来会领导很多博士，如果你自己又是老板，也是博士，就容易自傲，你就不会谦虚地听那些博士的意见，那些博士就帮不到你了。应该有些事输给人家，有点自卑感，对人家才会客气一点。”

吃过饭，趁小老板离席的时候，我低声对台湾地区媒体朋友说：“小老板不错啊！”这位朋友感叹说：“是啊，我们也没有想到，小老板那么谦虚和低调，开头还怕他是装样子，接触下来，发现人家真的是那么诚恳。”“运气呀！”我向媒体同行祝贺。朋友纠正我：“是福气！”

后来我才知道，小老板高中一毕业，18岁就被他爹放到公司当了10年实习生。小老板曾经回忆那一段经常挨骂和被“磨”的岁月：“没有名片，也没有title（头衔），全公司只有我（的名牌）最特别，我的牌子上就只有‘蔡绍中’三个字。”（对比一下那些“未来领袖俱乐部秘书长”们啊！）

每当看到大陆某某某博士学历造假的风波，就让我想起那位低调得让人舒服的小老板，我突发奇想：小老板的爹不让他读大学，在表面的理由背后是不是有更深层的原因？也许其中包含着一种更深刻的中国智慧：如果人生注定无法十全十美，与其让命运来安排，不如自己主动选择。如果非得放弃一个，也许学历和学位是最值得放弃的了。

弱传播有很多方法，如果我的假设成立，小老板他爹是最极端的一种，有意识地“做弱传播”。

很可惜，我没有见过小老板那位似乎不近人情的爹，否则，我真想向他爹求证：我猜想的“故意留下缺陷”的“守拙”智慧是真的吗？

而此后我也没有再见到小老板，不然，我也想问他一下，他当爹了以后，会不会也给孩子留缺陷呢？如果留，他会留什么呢？

IX “中国威胁论”的建构与解构

中国在国际舆论中遇到的最大难题，就是对中国的“妖魔化”，其中一个魔咒便是“中国威胁论”。

解决问题，必须先认识问题。首先要弄明白这样一个奇怪的现象，按照舆论的弱原理，强者在舆论世界处于不利地位，但美国比中国更强大，为什么没有“美国威胁论”，反而处于弱势地位的中国却有“中国威胁论”呢？

这充分说明，强者的形象并不是天生的，现实世界的强者，在舆论世界中不一定是强者形象。

“中国威胁论”当然免不了有背后的政治势力在编“剧本”，但中国仍然要进一步分析，什么样的角色、什么样的台词、什么样的动作，容易被他们编进这个剧本。不搞清楚这个根源，就没有办法切断或减少“中国威胁论”被编剧的素材，降低或解构“中国威胁论”妖魔化的效果。

从弱传播的角度看，问题出在两个方面：一个是强势传播，另一个是群像传播。

强者形象的强势传播

如果说中国的国际传播存在需要改进的地方，我觉得就是强势传播。

舆论最重要的功能不是打击敌人，而是争取朋友。舆论的作用在于最大化地孤立敌对势力，而不是打垮敌对势力，它的分化能力远远超过其打击能力。舆论有威慑作用，但它的威慑最终靠的还是背后的实力和可能产生的后果。真正的敌对势力仅仅靠舆论传播是吓不退和打不垮的，他们最怕的还是导弹。

国际传播的首要目的是争取朋友，争取国际社会的认同与理解，在道义上支持中国。如果在国际舆论里处处以强者形象强势传播，谁会认同你呢？更有可能产生的情绪是害怕你吧。

世界上最成功的国家形象片，其实是动画片《猫和老鼠》。改革开放之初，美国第一个成功打进中国大门的文化产品就是《猫和老鼠》与迪士尼，让历来就讨厌老鼠的中国人居然喜欢上了两只老鼠——杰瑞与米老鼠。

有意思的是，《猫和老鼠》是老鼠欺负猫。如果换成现实世界中的猫欺负老鼠，谁还看这种动画片啊！

再反观中国的动画片，老鼠都是坏蛋，猫都是英雄，比如抓坏蛋的黑猫警长。

不是想传播什么就可以传播出什么。传播是对受众的传播，真正起决定性作用的不是主体的传播内容，而是受众对内容的理解。

如果我们的对外传播主题中有太多“我很大”，就容易被人利用，让弱者误解：“你好大，我害怕！”——前半句是我们自己做的，后半句是别人加的！

所以，中国的国际传播要学会弱传播，要尽可能扮演弱者的形象。如果非要以强者的身份出现，则要进行舆论的转换。

这种舆论转换有三个路径。

采取弱者的姿态。用弱者喜闻乐见的方式进行表达，要学会卖一个破绽，要知道没有缺点的人是可怕的，没有破绽的国家也是可怕的。要学会自嘲与幽默，这是强者的专利，也是强者的智慧，它拉近了与弱者的关系。中国的国家形象片有各种震撼与感动，但很难看到有趣、可爱与无伤大雅的玩笑。什么时候中国的国家形象片学会自嘲与幽默，中国的国际传播才开始成熟，真正自信！

表达强者的担当。强者要被人接受，就要表达担当。担当不是简单地当领导者，而是对责任的担当，对秩序的担当，对规则的担当。一个有责任的强者，弱者愿意依附；一个讲秩序的强者，弱者愿意跟随；一个守规则的强者，弱者不会恐惧。

建立与弱者的连接。如果强者的存在是保护弱者、照顾弱者、扶持弱者，那么，他就是弱者所拥护的英雄形象。

有位教授曾到东南亚某国，发现当地人对日本印象很好。一问才得知日本帮助他们建了一所好医院，收费低廉，甚至免费，服务也特别好。中国的对外援助，大量是基础设施，跟当地的强势群体关系不错，尽管对当地经济帮助很大，但与老百姓的直接获得感还有一段距离，这就容易拉远与弱者的连接。

这使我联想到20世纪50年代，国家在西藏等边疆地区的传播，反映最好、见效最大的就是军医。他们救死扶伤，让哑巴说话，少数民族视之为救苦救难的菩萨，对强者的解放军就有了巨大的好感。平民中的病人是弱者中的弱者，强者与弱者的连接就起到巨大的舆论作用。

群体形象的群像传播

“中国威胁论”的第二个舆论发酵点，就是群体形象的群像传播。

厦门大学教授周宁认为，今日西方对中国的看法主要有两点：一是“中国威胁论”，二是“中国崛起论”。中国很多人的反应是：当西方人说中国威胁的时候，就不高兴；当西方人说中国崛起的时候，就兴高采烈。殊不知这两个观点是一个硬币的正反面，只有中国崛起了，才可能有威胁。“中国崛起论”和“中国威胁论”实际是同一个问题的两种不同心态，它的核心命题是中国力量的合法性。周宁教授以中国抗洪救灾为例，分析了西方世界产生“中国威胁论”的文化逻辑。

> 九十年前卡夫卡写过的一篇荒诞小说《万里长城建造时》。小说的叙事者“我”，一位中国的南方人，像许许多多的天朝百姓那样，在“苍穹几乎遮盖不了”的土地上修筑帝国的城墙。为如此广大的帝国修筑一座围墙，工程已浩大到超越任何一个个人的努力与想象。无数岁月里无数代人，永远激情澎湃，像蚂蚁那样劳动，毫不迟疑地牺牲，究竟是因为什么？那种将个人微弱的力量统一在一起的令人敬畏的、难以捉摸又难以抗拒的、坚定如一又变幻无常的集体意志，是令人羡慕，还是令人恐惧？

这种心态耐人寻味。卡夫卡的想象与困惑并不是他一个人的。建立在个人主义基础上的现代西方资本主义文明，始终对东方奇迹般的“集体主义”感到吃惊。汶川大地震后，中国用举国之力抗震救灾，无数解放军战士、灾区民众、志愿者、捐献人表现出的赈灾壮举，再次让西方人看到那种东方式的、可敬又可怕的集体主义精神。我们注意到西方媒体关于汶川地震的报道，主要内容可以分为三类：一是最初关于“事实”的描述，其中多表现出道德意义上的同情；二是关于“意义”的反思，道德意义上的同情淡化，文化反思出现，他们开始关注中国救灾活动中表现出来的“集体主义”与“爱国主义”热情；三是意识形态性宣传，在中国人的“集体主义”与“爱国主义”热情中，他们发现后冷战时代的意识形态壁垒与中国威胁的阴影。

起初他们感动，既而开始反思，最后竟然感到恐惧。西方人注意到一种令人震惊的集体主义激情，正通过抗震救灾运动席卷中国……

集体主义激情在本质上与西方现代文明的价值基础相矛盾，同时也唤起了西方传统的中国形象记忆。启蒙思想家奠定的西方现代文明价值基础强调个人，主张个人价值优先于群体，不管是国家还是社会价值。每一个人都是独立的个体，拥有绝对的自由与幸福的权利。任何要为他人或汇集他人之名的集体牺牲个人的提法或主义，都是骗局。这是个被追问的哲学或文化价值的问题。如果每一个人都为他人牺牲，那么，谁又是那个他人呢？如果每一个人都为他人的利益自我牺牲，个人最终变成牺牲品，那么，谁来享用这种牺牲呢？如果他人成为空洞的集体，这一集体的名义是否可能被窃取？

西方现代文化在确认个人主义价值基础的同时，也开始在东方与古代寻找排斥性的“他者”……[1]

周宁教授揭示“中国威胁论”的文化逻辑，就是西方对东方集体主义的理解与想象。但跨文化传播研究，除了要分析文化的逻辑，还要探讨传播的逻辑。

集体主义文化在舆论世界的表现就是喜欢传播群体形象的正能量：万众一心，众志成城。但群体形象在传播上存在着先天的舆论困境。

第一，喜爱度。群体形象很难让人们喜爱。养宠物的就知道，养猫养狗的人最多，即使少数特例养狮子、蜥蜴、蛇，都是个体的动物，极少看到人们把蚂蚁、苍

[1] 周宁：《凤凰树下随笔集 影子或镜子》，厦门大学出版社2015年版，第37页。

蝇、黄蜂这样的群体动物当宠物养。

第二，情感度。即使有人养蚂蚁、苍蝇、黄蜂，也无法对几百只昆虫一一命名，不仅不容易分辨，而且即使分辨得出，也记不住。没有名字的东西，就很难产生感情。电影里不管是英雄的牺牲，还是普通人的死亡，只要是有名有姓的个体，都容易让人唏嘘感叹。而一旦变成群体，成千上万的人死亡，都不太容易令人产生情感涟漪。就像观看《泰坦尼克号》电影，里面总计两千多人死亡。那些无名氏的死亡，观众可能震撼，却不太会心碎，只有杰克与露丝掉到海里，观众们的眼泪才唰地掉了下来。

且不说对人，就是对动物也是如此。你会吃无数鸭子，但你不会吃唐老鸭。网上曾经刷屏一张照片，一只鹅被捆在摩托车后座，它从行李袋里探出头来，与地上另一只鹅吻别。照片为什么感动了千万人？就因为它变成了独特的个体。那些被感动的人们回到餐桌上，他们照样吃鹅，但如果告诉他们，餐桌上的鹅就是那只吻别的鹅，他们就难以下口。

两只鹅深情告别的图片感动了无数网友（据新浪微博图片临摹）

让人狠心起来的方式，除了把对方妖魔化，还有就是把对方群体化。“舆论群体化”是“反情感传播”的一个工具。你要无视一个生命，最好的方法就是把他群体化。人们的情感建构都是具象的，所以感动你的都是一个个人物，而不是一个个群体。情有独钟说明情难“群”钟。所有的电影，都是有主角的。动画片里为什么昆虫的题材很少？就是因为昆虫很难个性化。即便是写群体的动物，一定会有几个特别的角色，而且其形象要格外不同，否则，无法辨识的东西很难让人产生特别的情感。

第三，安全感。群体如果步调一致，就会令人怀疑是不是受到控制；群体如果无序运动，又让人担心会不会发生意外。前者导向专制的形象，后者带来莫名的恐慌。动画片《狮子王》里，当成千上万的牛狂奔的时候，连狮子也会心生恐惧。小时候妈妈会说不要去人多的地方，就是因为人群扎堆的地方存在着太多的不确定性，往往没有安全感。

很多人患有密集恐惧症，主要症状是对密集排列的事物很敏感，如池塘里的青蛙卵、蛆、蜂巢、莲蓬等，密密麻麻的小点令人感到不适。密集恐惧症就是群像传播的一个结果。

第四，传播力。诗歌、小说最容易传播的一个原因就是个性化。人们记住的是李白、哈姆雷特，而不是唐朝人或者丹麦人。

群体形象无论在喜爱度、情感度，还是在安全感与传播力上，都不占优势。那为什么中国的国际传播那么爱用人海战术呢？无论是奥运会开幕式，还是运动员入场式，整齐划一的步调给人的形象是吃力不讨好的。广场舞跳到悉尼歌剧院，七千人旅游团在美国升国旗唱国歌，万人旅游团血拼迪拜，我们创造的这些形象，真的达到了预期效果吗？

“中国威胁论”本质是政治问题，基础是文化问题，而关键在舆论传播。传播的问题最好用传播的方法来解决，哪怕是涉及政治与文化，也要用传播的手段来解决。

“中国威胁论”是建构出来的，解决它的方法就是解构。针对群像传播方面，具体的方法如下：一是减少中国形象中群体形象的比例，大幅度增加对个体形象的塑造。为什么要讲好中国故事，而不是讲好中国观念？关键在于故事一定是一个个具体的形象。二是如果需要群体形象，一定要个性化，要有主角，要能够识别。当群像的中国人让西方人无法辨识时，被妖魔化的概率就大大增加。反过来，姚明就很难被妖魔化。除了政治人物以外，姚明与成龙应该是全球最有知名度的在世的中国人，但两个人还是太少了，如果普通的美国人能够记住20个像姚明、成龙这样有知名度的中国人的名字，中国的国际传播就会大为改善。三是学会还原。除了个体化，还需要还原环境。中国的国家形象片不仅偏爱把几个不相干的人聚集在一起，而且经常把人物脱离出他原来的生活环境来拍摄。有一个在时代广场播放的宣传片，把穿着白衬衫的李彦宏、马云、丁磊三人摆在一个框里，没多少外国人能够辨识他们的脸，乍一看，还以为是衬衫广告。四是多塑造家庭形象。家庭是东西方主流社会都认同的价值观。家庭关系最真实、最亲切。可是，家庭形象、家庭场景却是中国形象片最容易忽视的地方。

本章小结

舆论的弱原理不是中国舆论场的特色，而是适用整个舆论世界的。每个国家、每个舆论场的具体群落可能不一样，但现实世界与舆论世界的强弱倒置却是一样的。

舆论的世界就是由强弱关系构建与衍化的世界。所有的关系都可以转换为强弱关系，所有的身份都可以解读为强弱身份，所有的变化都可以理解为强弱变化。强弱是舆论场第一个要识别的属性，人们根据强弱这个属性进行站队。舆论的本质就是争夺关注与争取认同，争夺关注的目的就是争取更多的认同。认同度的大小最终体现在人口数上。现实世界的弱者，一定是人口数多的一方。舆论要争取更高的认同度，就必须往弱的方向运动与靠近。

现实世界是一个强世界，它是一个金字塔结构，强者高居塔尖，居高临下；舆论世界是一个弱世界，它是一个倒金字塔结构，弱者声音最大，强者屈居其下。现实世界中的强势群体要在舆论世界里通行，就必须与弱势群体相连接。强者与弱者的连接线有粗有细、有多有寡，连接线越密集，强者在舆论世界的力量就越强大。本章用大量的正反两方面案例证实：谁实现了与弱者的链接，谁就无往而不胜；谁无视舆论向弱倾斜的“自由倾斜定律”，谁就难免被舆论所伤。

弱者对舆论的把握，仿佛天生就会，无师自通，而强者对舆论的认识，却容易轻重不分，本末倒置。由于强者在生活场中有更多的权力与资源，他在舆论场也就有更多的舞台与空间。所以，从修辞学角度看，舆论学科主要是研究强者、教育强者、指导强者与管理强者的。研究强者传播与强势传播，不是研究舆论的权术，而是研究舆论的艺术，让强者更好地处理与弱者的舆论关系，让弱者更好地识破强者的舆论伎俩，最终将有利于对世界的改造和对现实的改善。

舆论世界里所有的成功，都是弱传播的成功！舆论世界里所有的失败，都是弱传播的失败！

Chapter 4 舆论的情感律

* 选边站是舆论世界的标配
* 舆人皆苍生，总叮有缝的蛋
* 道理总在背后，情感常在表层
* 长得帅的人都爱讲道理，唐僧、王石还有马英九
* 救灾如请客，永远要用力过猛一点
* 情感一旦精确到个位数，就没有情感了
* 道理是强者的工具，情感是弱者的武器
* 道理是清楚的，情感是模糊的，爱永远是糊里糊涂的

舆论的情感律：舆论世界是情胜于理的传播世界。在舆论世界里，情感占据着主导地位。它是舆论世界里最容易传染的病毒，是电阻率最小的导体，是最方便存储及转换能量的蓄电池。情感是媒介，也是能量。情理之争，情感胜。

其通俗的表达是：舆论是不讲道理的。

Ⅰ 舆论是不讲道理的

舆论事件的当事人最容易不满与不解的是：我99%都是好的，为什么舆论非要与我的1%过不去呢？2017年春节后，云南一位官员的诗歌在网上走红，诗里这几句话，代表了不少人的心声：

俗话说
苍蝇不叮无缝的蛋
但是
如果你只叮着有缝的蛋
而看不到那么多生态有营养的土鸡蛋的话
说明你也只不过是一只苍蝇而已
绝不是苍山上的雄鹰

放着99%不管，盯着1%不放——无数人的同感：舆论怎么这么不讲道理啊？

这就对了，舆论的本质特点就是不讲道理。这是舆论的情感律！

舆论虽然不讲道理，但并不是说在舆论中没有道理，或者道理在舆论中没有用。

道理往往以沉默的方式起作用，以边界的方式制约着舆论的走向。道理只是在表达的状态与力量上处于劣势地位。讲道理与讲情感二者PK，在现实世界，前者胜；在舆论世界，后者胜。

情感律揭示的是这样一个现象：现实世界与舆论世界在情与理的坐标体系上互为逆世界。在强世界与弱世界之间，处处可以感受到这种互为逆对称的现象。比如官员更喜欢讲道理，百姓更喜欢被感动；精英更喜欢讲道理，草根更喜欢宣泄情绪；男人更喜欢讲道理，女人更喜欢博感情；家长更喜欢讲道理，孩子更喜欢听故事；老师更喜欢讲道理，学生更喜欢玩任性……

强者普遍爱讲道理，反过来说，爱讲道理的群体，在现实世界里基本上也是强势群体。现实世界的规则对强者有利，强者更愿意用讲道理的方式来维持强世界的秩序。尽管强者干起事来，未必讲道理。

现实世界的道理，其最高的两个表现形态：一个是法律，一个是学术。但这两者在舆论世界的传播都处于弱势。谁没事在微信朋友圈转发刑事诉讼法？学术论文的转发量想达到10万+，难于上青天。

那么，心灵鸡汤不算讲道理吗？心灵鸡汤已经是“鸡汤”了，它不是道理的维生素，而是借助了情感律等传播方式，把道理熬成了鸡汤。

讲道理的另一个形态，就是道德传播。讲得好的是故事，可以传播很远很久，比如宗教的传播；讲得不好的就是说教，只能靠权力强行灌输。全世界都在拼故事！为什么？很简单，道理不好传播嘛！

为什么情感更容易传播？这就要回到舆论世界的定义进行解释。舆论世界是在争夺关注、争取认同与争抢表层中建构的表面世界。

在争夺关注上，显然情感更具优势。哭声、笑声、掌声、欢呼声，是成功演讲的标配，更容易引发关注。游行示威中，引起千百人共鸣的一定不是讲道理，而是情绪性的呼喊口号。

在争取认同上，道理同样不是情感的对手。道理可以说服认同，但情感才能达到共鸣。争取认同，就是争取支持与减少反对。而支持与反对，总是伴随着强烈的情绪。反过来，只有在情绪上做文章，才能最大化地争取认同。所谓“晓之以理，动之以情”，“情”还是要靠“动”，而“动”则必须靠“感”，只有感动，才能打动。

在争抢表层中，道理更没有竞争力。讲一千句道理，不如一个表情。表情包为什么大行其道？就是因为它表的是情。道理总在背后，情感常在表层，溢于言表的都是情。情感宣泄、情绪蔓延，都是作用在表面的，假如把情感、情绪换成道理，变成道理宣泄、道理蔓延，就说不通。宣泄，是从底层到达表层甚至突破表层的能力。蔓延，是在表面的流动，就是占领表面的行为。

舆论争夺表层的竞争，有两个方向的力，一个是从底层涌向表层的力，另一个是从表层扩大到其他表层的力。我把它们叫作舆论的涌表力与扩面力。无论是涌表力还是扩面力，情感都完胜道理。

舆论是一种能量。舆论能量我称之为“舆能”。舆论能量的主要形式就是情感能量，简称情感能，包括情感势能、情感动能、情感热能等。情感不仅是能量本身，而且是能量的载体和导体，它可以储存、传导、释放能量，甚至可以激发能量。道理的说服力，永远赶不上情感的感染力与感召力。

舆论的爆发一定是情感的爆发，而不是道理的爆发。舆论风暴也一定是情绪的风暴，而不是道理的风暴。

舆论的情感律给我们如下启示：

第一，别指望建构理性的舆论世界。常有专家呼吁，建构理性的舆论场。这基本上是痴人说梦。舆论就是感性主导的世界，舆论的特征就是非理性，人类无法建立一个理性的舆论世界，最多建立一个有理性边界或理性底线的舆论世界。舆论世界就是一个情感的世界。一个理性的世界就不是舆论世界。

第二，舆论永远是极端的情绪占上风。专家们喜欢批评舆论世界的极端情绪，殊不知极端情绪恰恰是舆论世界的标配。越是极端的情绪，越是容易出风头。尖叫声越高越刺耳，越容易识别和记忆，越刺激支持或反对。极端的情绪也不怕反对，反而怕的是没人反对。因为一旦有人反对，便会引发争议，就可以夺得更多的关注。

第三，舆论就是选边站。无数人呼吁，舆论不要选边站。但是选边站恰恰也是舆论世界的标配。舆论的表达就是为了争取认同，而要支持自己，就要反对别人。舆论的正负情绪就表现在支持与反对上，支持声与反对声是舆论场最主要的声浪。

舆论就是在做选择题，区别只不过是在做单项选择题还是多项选择题，而二元对立的情绪，占据着舆论表达的压倒多数。官与民、穷与富、是与非、善与恶，所有的问题都分裂为两个对立的阵营，最后都转化为强与弱的对峙。舆论中的阶层议题与族群议题为什么那么容易被操作，而且屡试不爽、经久不衰？就是因为它们最符合舆论的情感律。

第四，舆论就叮有缝的蛋。假如一个人被蚊子叮了一口，他是理性地分析：不要紧，我的体表特征99%都是好的，还是情不自禁先抓痒止痛再说？

舆论的痒和痛就是舆论的情感反应，它来不及讲道理，也不需要讲道理。舆论对

“有缝的蛋”特别关注，绝不意味着它否定剩余99%的“散养土鸡蛋”，它只是暂时不提，甚至永远不提而已。没有多少人会把舆论曝光的坏人当作世界的全部。舆论的一时兴起，恰恰反向表明了“有缝的蛋”不过是偶然现象或个别现象。因为如果普遍都是这样的现象，舆论就不会关注了。

上文提到的云南官员骂别人不做雄鹰而做苍蝇，只是因为他是该舆论事件的当事人。若换作一个局外人，他自己也会叮“有缝的蛋”！比如摆在他面前有两篇文章，一篇是某动物园全景式的先进事迹报道，一篇是该动物园老虎吃人的新闻，他会先看哪个呢？老虎咬人，更是万分之一不到的小概率事件啊！

没有哪个地方百分之百都是好人好事。一旦一个蛋有缝，当事人最优的选择是如何用传播的方法争取舆论不要往恶性的方向发展，而不是一厢情愿地呼吁别人都去做连自己也不常做的雄鹰。要知道，恶性事件未必都会产生恶性传播。担当与善意，自嘲与幽默，善用舆论的弱定理，都可以让舆论的伤口止血。

别忘了，“舆人皆苍生，总叮有缝的蛋”！

II 让道理沉默一下吧

舆论学中有一个著名的“沉默的螺旋理论”，说的是人们由于害怕孤立，在公开表达时往往更容易随大流，即使自己赞同反方的观点，也会保持沉默。意见一方的沉默造成另一方意见的更加强势，如此循环往复，便形成一方的声音越来越强大，另一方越来越沉默下去的螺旋发展过程。

沉默是舆论学研究的一个非常重要的观察视角。舆论是表达的，那么，沉默就是表达的反向（沉默有两种，第一种是用沉默来回避表达态度，第二种是用沉默的方式表达态度。第二种是特殊的表达，比如道路以目，本节采用第一种沉默含义）。

从何者在沉默可以反向看出舆论世界的规律与秩序。比如现实世界的强者在沉默，说明在舆论世界里他是弱势群体。如果不知道两个对立的当事人谁是强者，只要看在舆论场谁更大声、谁在沉默就可以分辨。

除了用沉默来观察舆论的主体，我们也可以用沉默来观察舆论的内容。两方对峙，那些沉默了的内容往往都是舆论世界的弱项。

在2014年台湾地区“九合一选举”中，光环耀眼的连胜文，竟被名不见经传的柯文哲打了个“落花流水”！连胜文不断在讲道理，而柯文哲则不断地在骂娘！7月8日，连胜文向媒体表示：“今天如果你只是为了要出一口气，你的确可以选择一个每天在骂的人，但是这样的人选上了，你很快会发现他没有办法解决问题，所以你可能必须再选一个更会骂的人，这样永远是没办法解决问题的。”看到这个新闻，我认定连胜文的选情堪忧。

以“解决问题”为竞选主轴的连胜文，发现没有多少人听他讲道理，经济、民生、两岸关系，民众耐不下性子来听你理性分析，娓娓道来。负面攻击、鸡毛蒜皮，人们满足于对权贵符号此起彼伏的发泄。“连胜文们”满脸的困惑：民众真的不想解决问题吗？他们真的敢把台北市的未来，交给一个从来没有从政经历的医师吗？

一方面，连胜文的确不了解台湾地区民众的性情。李敖说台湾省人憨、厚道，否则，怎么能忍得住陈水扁“变变变”“骗骗骗”这么久？台湾省人爱爽，“爽”就一下子，只要现在对味，不问前因，也不计后果。二十多年前，台湾省开始全面开放公职人员“选举”。作为威权政治的逆反效应，当时只要有人敢于跳起来骂国民党，不管阿猫阿狗，民众都选他。今天历史再一次重演，在这个阶层固化、弥漫着仇官仇富情绪的时代，谁挑头骂权贵，谁就应者云集。

另一方面，连胜文更不懂得舆论学规律。选战就是舆论战，而舆论往往是不讲道理的。舆论不讲道理，并不是民众不懂道理，而是民众天生不太乐意听强者讲道理。况且讲道理往往是讲常识，常识是不容易成为舆论的。地球是圆的，广州是广东的省会，这些都是常识，但它无法成为广泛关注的舆论。当常识成为舆论，不是常识出了状况，就是社会出了问题。

舆论不擅长讲道理，舆论更喜欢博感情。

2013年年初，苏格兰闹独立，引发全民公投。苏格兰主打的舆论议题都是谈独立的好处，英国方面却不敢正面回应，大声斥责独立的坏处。谁都知道苏格兰独立有好处，也有坏处。可是对于独立的坏处，苏格兰不会说，英国更不会说。英国主打的舆论是强者示弱，是挽留，是回忆，是许诺，是恳求。英国首相卡梅伦哽咽地哀求苏格兰人民“救救英国”（请注意：不是“救救苏格兰”）：“假如你们不喜欢我，我不会永远在这个位置上。假如你们不喜欢现在的政府，它也不会永远执政下去。但如果你们离开英国，那就真的永远回不来了。”

英国的情感牌是另一种形式的道理，最终英国留住了苏格兰。

在苏格兰独立这件事上，我们发现“双方的声音”并没有沉默，但“一方的道理”却已经沉默。

这就是“沉默的道理”现象。

为什么英国不敢理直气壮地讲道理？分裂国家不是历史的罪人吗？不是应该被“千夫所指”吗？统一的好处显而易见，符合主流。那为什么羞答答不敢发声呢？英国不是弱智的政府，它懂得舆论学的规律，它清楚只要和苏格兰唱对台戏，你说独立的好处，我说分裂的坏处，客观的结果就是把苏格兰往外推出去。

从某些国内网民的惯性思维来看，苏格兰独立气焰非常嚣张，反复在向民众灌输“苏独”的好处。但英国政府和反对苏格兰独立的组织，并没有义正词严地警告独立之后的恶果，也没有派出一支“远征军”把鼓吹苏格兰独立的政治人物网站与媒体攻陷，让他们看到“战旗美如画”。他们甚至没有像辩论赛的正方那样，针锋相对地驳斥反方的观点，而是诉诸情感。明白人都知道，如果英国这个时候公开与苏格兰独立分子打擂台，只会把苏格兰大量的中间民众推向独立的那一边。

在生活中同样可以看到无数类似的例子。念念叨叨、声嘶力竭的父母：“孩子，我是为你好呀！为什么这么简单的道理你听不进去呢？”神神道道、欲哭无泪的恋人：“亲爱的，我才是真正对你好呀！他（她）哪一点比我好呢？”这样讲道理的结局大家都知道，最终相看两相厌，彼此都受伤。

“我是为你好”是传播失败的片尾曲，当这句话出来时，就宣告所有的说服到此结束。它堪称排名第一的无效传播句式，其无效根源是“讲道理”传播。在无法说服对方后，靠自我表白来讲最后一次道理，“我是为你好”收到的最多回复就是这五句：“才不是呢！”“我怎么感觉不到呢。”“好有什么用？”“我不要你的好。”“你还是对我坏吧。”

“是不是对我好”，不是你说了算，而是我说了算。所有的强者都应该学会“沉默的道理”传播，仅仅简单地“给好处+讲道理”，这样的模式是不够用的。小到家庭教育，大到国家认同，如果只会给好处，不懂得博感情，好处给得越多，道理讲得越多，人心可能会越来越远。

III 王石变“王十”

王石是一个会让研究者心生敬意的研究对象，他的传奇人生是商学院难得的教学案例，也是舆论学很好的研究素材。本书将在两个不同的章节，分别讨论王石的舆论传播，一部分讨论他本人，另一部分讨论他和他的女人。

王石是少数具有星味的企业家，也是企业难得的免费形象代言人，甚至还代言其他企业的产品，曾经他是万科当之无愧的重要资产！

受益于舆论场的人，往往也最容易受害于舆论场。作为媒体的宠儿，王石的一举一动都可能上头条，习惯于我口说我心，当直肠男，却不知道常在河边走，哪有不湿鞋。

2008年汶川地震，王石就不只是湿鞋，而是翻船。

我们看一看王石“捐款门事件”时间表：

5月12日，地震当天万科捐款200万元，网友质疑万科捐款数额太少；

5月15日，王石发表博客回应“200万元是个适当的数额”，“万科普通员工的捐款以10元为限”，遭众网友指责甚至谩骂；

5月21日，万科发布公告：公司以1亿元资金参与四川地震灾区重建；

5月22日，王石就“捐款门事件”公开表示道歉；

5月23日，潘石屹发表博客为王石“辩护”，引发新一轮讨论；

6月5日，万科股东大会高票通过捐赠1亿元预案，王石再次无条件道歉。

从5月15日王石发表博客当天，万科股价从每股22.57元连续下跌到5月23日的19.6元，6个交易日内，万科公司市值蒸发了174亿元，不到一个月的时间，万科的市值蒸发了356.9亿元。[1]王石被人戏称为“王十”，成为公司的负资产。

我在2009年之后的多次讲座中提及这个案例，并预言王石还会在舆论场上栽跟头，理由是从“捐款门”后的各种总结分析可以看出：王石并没有抓到这次败笔的要害。“知道错了，却不知道错在哪里，所以，他还会再次犯错。”这是我的结论！

那么王石到底错在哪里？

我们发现王石在博客讲了一堆道理：中国是个灾害频发的国家——没错！赈灾慈善活动是个常态——没错！企业的捐赠活动应该可持续——没错！捐赠活动不应成为企业的负担——没错！不要让慈善成为负担，万科特别提示普通员工：每次捐款以10元为限——没错！号召更多的企业参与，更有社会积极意义——没错！企业家不仅出钱，还要出时间、精力参与学校的重建恢复工作——没错！……

通篇看来，王石的博客文字朴实无华，句句在理，特别是风波过后，人们越觉得他说得没错！王石也自认为没错，所以才滔滔不绝地说了一堆道理。没有任何挑衅，没有任何恶意，也没有出格的语言，为什么这样一篇不失真知灼见的博客，要让王石

[1] 赵侠、吴敏、冯一萌：《万科：不到一个月蒸发逾三百亿》，《新京报》2008年6月17日。

掌管的万科接受市值蒸发300多亿元的惩罚呢？

因为他不懂得舆论的情感律！舆论是不讲道理的，尤其在面对灾难时！

古人说，有理走遍天下，无理寸步难行。但为什么在舆论世界不能讲道理呢？

我们不妨模拟一个场景，看一看是不是只要是道理，就可以随便讲。

朋友新添贵子，请你吃满月酒，你看到人家太喜悦了，于是善意地提醒："有生就有死，孩子生下来别太高兴过头，万一死了也会伤心过头……"

没错，人都会死的。你说的全是硬道理！但你在那个场合说这种道理，人家会不会打你？

我们再模拟一个场景。

同学的父亲驾鹤西去，你出席人家的追悼会，看到同学哭得死去活来，你又于心不忍，开始用道理安慰人家："你不要太伤心了，人都是会死的，你自己迟早也会死，不过早一些晚一些而已……"

没错，你同学迟早也会死！但在这个时候讲这种道理，人家会不会把你赶出去？

王石的错误不是他的道理不对，而是在最不该讲道理的时候，仍喋喋不休地讲道理！

5月15日，死亡数字还在不断更新；15名空降兵在无气象资料、无地面标识、无指挥引导的"三无"条件下，从5000米左右高度实施"自杀式"伞降；女教师在救下13个学生后牺牲，1岁半女儿成了孤儿；用手走路的乞丐，来到现场说"我要捐款"，把讨来的硬币全部倒进捐款箱……在这个生命如此脆弱又如此崇高的时刻，王石还在唠唠叨叨什么救灾可持续、每个人只捐10元的限制，这样的讲道理不是找骂吗？

"捐款门事件"之后，很多专家用议程设置理论、媒介框架理论及危机公关理论对事件进行总结，但并未"药对方，一口汤"！我猜王石可能至今没能明白自己到底错在哪里，否则，就不会后来一错再错……

Ⅳ 千言万语，不如一个背影

长得帅的人可能都爱讲道理，小说里有唐僧，大陆有王石，台湾有马英九！

马英九长得好，福气也好。他只要跑跑步，女性的选票就追着他跑。一句"马上就好”，2008年台湾省改变。

但好景不长，第二年的“八八风灾”重创台湾地区，也重创马英九团队，成为马英九第一个任期的转折点。

台湾地区是台风多发地，无论政府还是民众，都见怪不怪，容易大意。但这一次莫拉克台风打破台湾地区气象史诸多降雨记录，造成台湾地区自1959年“八七水灾”以来最严重的水患，南台湾地区还发生严重的泥石流，总死亡人数推测超过500人。

一场暴风雨，本来是政治人物最好的展示舞台，但马英九及其团队的表现却备受诟病。台风来袭，老百姓一片哀鸣，灾民和媒体一再请求、呼吁马英九启动台湾地区安全事务协调机制，但法律思维严谨的马英九却认为现有的救急机制完全够用，坚持不启动该协调机制，拖到在灾后第7天才召开台湾地区安全事务主管机关会议，下令总动员。

民众马上将马英九与李登辉进行对比，举例“九二一大地震”，李登辉第一时间发布紧急命令，启动台湾地区安全事务协调机制，迅疾动用万名以上的军力！反观“马大领导”懂的只是“科员政治”，沦为只会死守法规、一板一眼的下级小吏。

冷静分析，马英九的决定不无道理。实际上，李登辉发布“九二一大地震”震灾紧急命令后，其主要内容都已纳入新的“灾害防救法”。台湾地区安全事务协调机制非同小可，国民党是从威权政治中走出来的政党，先前的种种阴影仍在台湾地区发酵，马英九担心如果领导人任意发布紧急命令，有损台湾地区来之不易的自由与民主。法律系出身的马英九力图表现慎权和自制，并因此理直气壮。

但马英九的言行与灾民的体会呈现冰火两重天，马英九一再辩解措施够了够了，但灾民们却真切地感到援助不够不够。

在危难面前，当事人的不安感会放大。且不说“八八风灾”，台湾地区当局的应急的确又慢又不好，就算是救援措施到位了，灾难的当事人也会觉得还不够。救护车、消防车哪怕风驰电掣，当事人仍然会觉得太慢。所以救灾如请客，永远要用力过猛一点点，不能恰到好处。饭菜全部吃完，主人无法判断是刚刚好还是客人因客气而挨饿。只有剩下饭菜，主人才知道客人一定吃饱了。请客和自己吃饭不一样，所以救灾的人一定要比灾民们更急切，才能让灾民感到有依靠。

马英九一直认为发布紧急命令“了无新意”，无须多此一举。发布紧急命令救灾与依照现有的“灾害防救法”救灾，即便二者在实际作用上可能差不多，但在舆论传播中却大为不同。灾难时期是民心最脆弱的时候，弱者需要强者用更关切的传播来表达对他们的在乎。

危难关头，人们不仅看领导人的决策，还要看领导人的表达。领导人最好的表达是自己的表情，而不是一大堆道理。遗憾的是，马英九的舆论传播与灾民们心的距离远到仿佛来自两个世界。

8月7日，发布莫拉克台风警报当天，马英九跑去喝诗人詹澈的喜酒，在现场停留近一个半小时才前往台湾地区当局灾害应变中心，而且又迟到三十分钟，被网友称作“喜酒马”。

8月10日，有年轻人见到马英九崩溃大哭：“我们全家都把票投给你，为什么我们现在要见你，变得这么难啊？”马英九神回答：“我不知道你要见我，这不是见到了吗？”

听到灾民为父亲的死痛哭，马英九这样安慰他：“你爸爸死了我理解，因为我爸爸4年前也死了。”

马英九探视受灾养猪户作秀，竟然开始欣赏养猪户和蒋经国的照片，完全忘记自己勘灾的任务。

两岁与五个月大的两个女童不幸遭泥石流灭顶，外公奋力徒手在泥水中救出姊妹俩，但两人分别被掩埋长达2分钟与5分钟，马英九去探望时，一把抱起小姐姐就称赞对方“你真不简单，可以憋气2分钟”——这番无厘头的称赞，荣获马家军“官员勘灾语录”傻眼言行排行榜第一名。

台湾地区的民间耳语开始不胫而走：陈水扁是“谋财”，马英九是“害命”，走了一个“坏蛋”陈水扁，来了一个“笨蛋”马英九。

马英九好人一个，获选时他就承诺：“从感恩出发，从谦卑做起……把他们（人民）的心声当成是我们‘执政’最主要的依据。”这次风灾，他第一时间就奋战在勘灾第一线，他全心救灾的苦心不必怀疑，他不是不想当好官，他只是笨。

在灾后，马英九仍然持续地在讲道理。他接受外媒采访时怪天气、怪下属、怪灾民，就是没反省自己。他用英文解释受灾人数为什么那么多的原因，居然是灾民没有了解这次风灾的严重性，不肯撤离，死守家园，要“灾民”吸取教训。短暂的采访，竟然多达6次使用“they”（他们）来指代灾民。网友大加挞伐，讽刺“we在喝喜酒，they死守家园，不关I的事”。

连续的失言、失格、无能，难怪网友开始猜想：听说小布什智商只有97，不知道“喜酒马”是多少。

其实，无关乎智商，只是马英九既不懂政治，更不懂传播。灾难来临，领导人首先要做的事就是实施一切行动来表达对灾难的重视，传播对灾民的在乎。

我们不妨看看美国总统奥巴马在风灾时的表现。下面两张照片传播甚广：

飓风打乱竞选日，奥巴马奔赴灾区救灾（据法新社新闻照片临摹）

奥巴马再次到访飓风灾区，了解恢复情况（据美联社新闻照片临摹）

忧心的表情，匆匆的步履，紧紧的拥抱。无须语言，无须道理，所有的符号都在传播一种情绪，而情绪全部指向弱者，表达的就两个字：在乎！

如果时光可以穿越重来，再回到“八八风灾”，马英九只要遵循舆论的情感律，做下面两个动作就可以了。

一个是第一时间启动台湾地区安全事务协调机制，发布紧急命令。另一个是第一时间乘坐直升机，直接空降“八八风灾”最严重的高雄县甲仙乡小林村。小林村有169户，不幸遭泥石流“灭村”，其中398人遭埋。

马英九徒步走到还在滚滚流动的泥石流边，只要留给摄像机一个颤抖的背影……

V 情感这笔账，没有个位数

在舆论传播的培训中，我发现有一些对象特别难培训，那就是带有各种“师”头衔的人，比如教师、医师、律师、工程师、会计师……原因就一个，他们太爱讲道理了。

按理说他们有文化，懂理论，会实践，应该最好培训。殊不知，他们学的时候似乎理解，但做的时候老毛病又犯了。

他们平时的工作就是在讲道理，带着这个职业习惯一旦进入舆论场，舆论的情感律令他们屡屡受挫。越受挫越不甘心，更加想把道理说明白，结果自然事与愿违，最后恨死了媒体，怕死了舆论。

一切都用法律思维，可能在情与法上顾此失彼。一切都用经济思维，可能在情与理上左支右绌。如果法律思维再加上经济思维，舆论出状况的概率就更大了。

2011年，台湾地区“老农津贴风波”就是马英九团队法律与经济思维结合的产物。

给台湾地区的老年农民发放津贴（以下简称“老农津贴”），是李登辉“执政”时期开始推行的一项福利政策，该政策涉及的受惠范围及津贴额度历来被视作选战操作中的“政策牛肉”，因而也是朝野政党长期拉锯的战场。

不能不说李登辉的厉害。1996年3月台湾地区第一次“大选”直选，李登辉深知“政策牛肉”就是选票。在他的主导下，1995年5月31日台湾地区颁发“老年农民福利津贴暂行条例”（以下简称“暂行条例”），年满65岁且投保农保满6个月的农民，每人每月可领3000元台币。1996年，李登辉顺利当选。

陈水扁也聪明。2004年3月台湾地区“大选”，为了竞选连任，在陈水扁力推下，2003年12月27日，“暂行条例”第四次修正，将老农津贴由每月3000元台币上调为4000元台币。2004年，陈水扁顺利连任。

2008年1月是第七届台湾地区立法机构委员选举，3月是台湾地区“大选”。又在陈水扁的推动下，2007年8月8日，“暂行条例”第六次修正，老农津贴加码至6000元台币。

每一次重大选举，老农津贴就加1000元台币，台湾地区老农成为选举制度的直接受益者，但负面效应也出现了：政策有漏洞可钻，津贴挤占农业预算，沦为蓝绿政争工具，形成“逢选就涨，易放难收”的局面。

2012年“选举”，终于轮到国民党坐庄。农会本来是国民党的传统票仓，老农满以为这次加钱至少可以超过1000元台币了吧。民进党则反过来，警告国民党不要用“政策牛肉”来换选票。而马英九团队居然认真配合，在审慎研究下，台当局行政主管部门通过了“老农津贴暂行条例与年金修正草案”，老农津贴将从每人每月6000元台币调涨成为每月6316元台币。马英九团队还沾沾自喜，认为随着此议案的通过将有287万台湾地区民众受惠。

没想到这受惠的287万人却不领情，大骂马英九与国民党对老农连民进党都不如，连中间人士也看不过去，民进党更是煽风点火，“316”成为“选举魔力”数字，马英九选情遭重挫。

民进党笑开了花，哪有这样打选战的！换成是民进党“执政”，肯定会不顾一切保“政权”，该党历来的思维就是拿到“执政权”再说：“在我死后，哪管他洪水滔天！”

两岸一些专家还在硬拗，认为马团队的老农津贴决策是正确的，错的只是民进党的操弄和选民的不理解和不理性。但他们没有搞清楚，现在是打选战，这时候的政策不是简单的政策，而是送给选民的“牛肉”。政策有政策的规矩，牛肉有牛肉的规律，没有了“政权”，什么政策都没有用了！

好多人认为人们对316元台币的不满就是因为钱太少，但这又如何解释那些非老农的反弹呢？主要问题不是钱多钱少，而是出在马英九团队发的补贴（316元台币）居然精准到了个位数。

说到底，老农津贴就是给老农发一个红包，谁送人家红包会计算到个位数呢？试想，过年给父母亲包红包，包上个935元台币，或者春节慰问弱势群体，包上个213元台币，如果这个数字没有特别的象征意义，比如生日、谐音之类的，谁心里会舒服？

情感这笔账没有个位数。人们说情义无价，并不是情义没有价值，而是说情义不能用金钱衡量。谈钱伤感情，但不谈钱也不行。其中一个诀窍就是模糊传播。如果一切斤斤计较，甚至擘两分星，情感的传播就会成为负数。比如你结婚的时候，老同学送了喜钱600元台币，现在老同学也要结婚了，你哪怕是包回600元台币，也没有人说你不是，但是你非要算上CPI指数，再算上银行利息，包一个674元台币，你们友谊的小船真的会翻。

民进党深深懂得发红包重点不是钱，而是传递出情感的在乎。之前民进党“执政”时，老农津贴这个红包，都是一千块一千块地加，偏偏轮到马英九“执政”时，来了个316元台币，尽管当局对316元台币的算法解释了一堆道理，但老百姓也用民调和选票来跟马英九讲道理。选战在即，到底是该讲道理，还是来博感情呢？

答案一目了然。

情感这笔账，是不能用会计学的逻辑算的。会计学会精确到个位数，但情感一旦精确到个位数，就没有情感了。

一个对弱势群体锱铢必较的政府，谁会对它有好感呢？

搞财政，要听经济学家的；打选战，要听舆论学专家的！

马英九不撞得头破血流，他是不会改正的。但好在他是个好学生，实践的老师一教训他，他马上就改错。2011年的老农津贴，最后还是从316元台币改为1000元台币，马英九的选情立即止跌回稳。2012年“大选”马英九最终险胜。

VI 都是月亮惹的祸

情感传播，不能用太阳的逻辑，要用月亮的逻辑。前者是强世界的逻辑，而后者才是弱世界的逻辑。

“我承认都是月亮惹的祸，那样的月色太美你太温柔”。美国精神病医生阿诺德·利·韦伯在《月球的影响》一书中提出：人体80%以上是水，故而会像地球上的海洋那样受月亮影响产生潮汐。有经验的人都知道，每一个月都有那么几天，对身边的女性要特别地呵护和包容。

可惜，没有人提醒政府部门，对与月亮有关的政策要特别地谨慎。这不，在2011年中秋来临之际，一个很不起眼的政策触动了人们敏感的神经——月饼税。

对月饼这种“与任职或者受雇有关的其他所得”应不应该征税，几乎遭到舆论一边倒的反对。不仅网民骂声一片，就连“人民时评”也呼吁应正视公众的“税感焦虑”。我相信税务部门也非常焦虑：其实对月饼这类“所得”征税早已实施，依法征税何错之有呢？一定是有地方出问题了，但错在哪里呢？

一些专家学者分析了民意反弹的种种原因，比如税负的不堪其重、税制的不尽合理、宣传的不甚到位、税收的不够透明……

但这些答案似乎仍无法解释下列的问题：月饼税，既然收不了几个钱，税务部门为什么还要如此大张旗鼓地重复强调？既然增不了多少负，老百姓为什么还要如此小题大做卷起千层浪？逾九成反对的网民对一些税负更重的税种都老老实实地纳税，为什么独独要对一个不起眼的月饼税反应如此过激呢？

舆论学“不能透过现象看本质”，而是要“透过本质看现象”！当专家说月饼税的反弹不过是众多复杂原因的一个出口时，我好奇的是：为什么是月饼税成了这样的出口？

在地球表面，任何一个地方深挖下去，最后都能找到炽热的岩浆。如果专家最后的分析结论是地表下面都是岩浆，这不过是正确的废话。舆论研究必须关注舆论背后的岩浆，但更需要关注的是：为什么是这个火山口让岩浆喷涌而出？

月饼税的反弹刺中了公务员队伍一个普遍的心结：如果我们做错了某件具体事，舆论找我们麻烦还好理解，为什么依法出台的公共政策，舆论也有那么大的反弹呢？

舆论并不是对所有公共政策都反弹，反弹往往是因为政府部门的传统思维：先做事后传播。现在需要改进一步，用传播的思维来做事情。具体地说，任何一个公共政策不能等到出台后再宣传，而是在出台之前，先用“弱传播理论”进行沙盘模拟，预警政策出台之后可能发生的舆论反弹。

送礼的政策，慎之又慎

舆论的情感律告诉我们：情感是舆论世界里最容易传染的病毒，是电阻率最小的导体，是最方便存储及转换能量的蓄电池。这对政府决策部门最直接的启示就是：如果一个公共政策涉及“以情为重”，那它的出台与执行需特别慎重。

什么才是“以情为重”？如何判断？很简单，向中国的传统智慧学习。比如，中国有句古话“千里送鹅毛，礼轻情意重”，说的就是在“送礼”这件事上，是“以情为重”的。礼物有大小，情义却无价！上一节的“老农津贴”案例，这一节的“月饼税”，都是关于“送礼”政策的！

一切事关民生福利的政策，就是“以情为重”的政策！要用情感的逻辑思考，不能简单地用会计思维与法律思维办事。

现在我们就明白了：月饼税，为什么是它？

月饼税的征收对国家的整体税收来说，可以用九牛一毛来形容，减免月饼税对老百姓的税负减少也可以用杯水车薪来比喻。在这样一个对双方没有多大好处、不损失多大利益的标的物上，为什么要造成权力和民意这么大的对立呢？

何必呢？！

今后再碰到类似的问题，一句话解套：理解舆论的情感律。

直接利益，事半功倍

人类太多的悲剧，并不是在你死我活的核心地带上的分歧，而是在鸡毛蒜皮的问题上产生误解，造成对立，最后掀起轩然大波。

假如冲突的标的物是双方利益的核心地带呢？比如个人所得税，起征点太高了，国家财政可能入不敷出；起征点太低了，直接影响老百姓的生活质量。

这就要进一步区分直接利益与间接利益。为什么那么多税种，舆论的争议都不如个人所得税大，就因为个人所得税切中的是老百姓的直接利益。

为什么有时候国家大幅度减税，老百姓却无感？症结就是减税的税种，不是老百姓的直接利益。试想一想，如果大幅度减税的税种从间接利益直接导向的是直接利益的个人所得税，肯定好评如潮。

在《咬文嚼字》杂志评选的“2015年十大流行语”中，“获得感”位居首位。这一流行语出自2015年2月27日，习近平总书记在中央全面深化改革领导小组第十次会议上的重要讲话。他指出：“让人民群众有更多获得感。”为什么习近平总书记强调的是“获得感”而不是“获得”？这说明“获得”与“获得感”是有区别的，从“获得”到“获得感”，还有一段转化的距离。从事实到传播，还有细致的工作要做。

我们的决策部门，在事关老百姓的公共政策方面，既要考虑间接利益，更要注重直接利益。要让老百姓有感，公共政策的出台，就不能只算经济账，还要算政治账，算传播账。

收费方式，不可不察

在什么地方收费，需要弱传播的思维；怎么样收费，同样有着弱传播的智慧。

数字不变，换一种方式收费，效果也会不一样。比如农业税，在取消之前，层出不穷地发生恶性事件，很多专家把农业税难收归咎为农民穷。但为什么在富裕地区收农业税也冲突百出呢？反过来，城市也有低薪阶层，为什么征税就不如农业税那么敏感呢？

症结就一个：农业税是把农民已经装进口袋里的钱再往外掏出来，而城市的各种费、各种税几乎都是在工资或者消费中直接扣的。

不同的收费方式，给人的感受是不一样的。已经进了我的口袋，再要我拿出来，无论谁都不太愿意。如果城市的各种税费不是在工资里直接扣，而是发了工资再去缴纳，你看看会不会比农业税冲突更多？

经济学思维中，认为朝三暮四与朝四暮三是等价的，结果都是七个。但在舆论学思维中，二者却有天壤之别。

10余年前我陪父母在北京紫禁城游览，上厕所时发现有三个岗位：一个开票，一个收钱，一个验票。这不禁让我父母感慨厦门的收费方式，当时厦门有一个很好的传统，那就是无论是进厦门还是上鼓浪屿，全部不收费，出去再收费。进厦门欢迎，畅通无阻；离开厦门，舍不得您，交一点钱。钱没有少收，编制成本至少减一半，又不堵车。类似这样简单易行，既给老百姓实惠又减少成本的执政智慧，为什么不多琢磨一点、多开发一些呢？

生存的关爱，四两拨千斤

厦门大学若干年前开始对所有的学生实行米饭与汤免费，希望任何一个贫困生在厦大读书至少不会挨饿，除了广受好评之外，也听到一些经济学家的微词：为什么不精确补助？可以设置专区或者提供特殊的卡。为什么不采取货币化补贴？更简单易行，减少浪费。

这些专家懂得经济学，但不懂得传播学，他们永远不懂贫困生的感觉。贫困生不会在众目睽睽下去补助的专区。事实上学校对学生的货币补助有很多，力度也更大，但都不如免费米饭给人的温暖那么直接。若干年后，厦大的毕业生也许记不住其他的补助，但会永远记得母校每一餐免费的米饭，感受到学校的深情厚谊，并用各种方式回报母校与回馈社会。

米饭花费不多，却是人类生存的基本。记得小时候，父亲一发工资，第一件事就是把全家一个月的米买好。父亲的解释是，万一突然变故，这个月全家至少不会挨饿。

在生存上给人关爱，起到的传播效果四两拨千斤。

用弱传播理论指导实践，我们就可以用最简单的方法、最低成本的手段，减少和避免一切不必要的麻烦、非理性的冲突和无谓的对立。无论是一个政策的出台、一项法规的实施，还是一次执法的行动，推敲细节和过程，注意方式和方法，讲究技术和技巧，留意习惯和习俗……背后都有弱传播的智慧！

VII 花十万可以变千万，为什么不呢

26年前，安庆当地农业银行推出了一个“1000元存满25年，可获10万元”的存款业务。当时1000元相当于工薪阶层一年半的薪水，愿意这样“把青春赌明天”的人并不多见，该业务只吸引了3位客户，很快就被人民银行叫停，其中两位客户得到通知提前兑付，剩下的客户沈学仁却被人遗忘，当他默默等待25年后，拿着发黄的存单去找银行，却被告知只能兑付5108.86元。沈学仁无奈将农业银行告上法庭。

新闻曝出后，出现两个舆论场，网上跟帖几乎一边倒地骂农业银行，但银行从业人员却满腹苦水：“这是计划经济时代银行没有经营自主权的产物，与其说是银行失信，不如说是身处体制内的无奈，只不过在妖魔化银行的大环境下，把此事大肆渲染，最终算在了农行头上。”这样的声音被淹没在整个大舆论场里，网民们听不到，也不愿听，甚至可能听到会骂得更狠。与其抱怨舆论的妖魔化银行，不如认真地寻找原因，拿出对策。

套用电影里的一句台词来说：曾经有无数次扭转形象的机会摆在银行面前，但它没有珍惜，直到失去的时候，才知道追悔莫及！

这一次的“安庆事件”同样如此。一个千载难逢的舆论契机，被农业银行当作麻烦草率处理了。

沈学仁带来的是麻烦还是机遇？首先要分析该事件是一种现象，还是一个故事。现象具有普遍性，处理一个，要考虑剩余的无数个；而故事总是个别的，它有典型性并无法简单复制。如果像沈学仁这样的人有1万个，这就是现象，兑付了他，就要兑付其他1万人，涉及标的就上10亿元，因此花精力讲道理、打官司，都是值得的。但这次沈学仁是一个个例，兑付只需要10万元，无人可复制和效仿，显然这就是一个故事。

从现象出发和从故事出发，是两种传播策略。如果是现象，就要死扛到底，否则，多米诺骨牌效应产生，后患无穷。如果是故事，则不必计较一城一池之得失，因为它不可复制，没有连锁效应，却由于典型性，具有放大共鸣的舆论效果。

所有成就大业者，都善于讲好一个故事。

网上曾经疯传一个视频：圣诞前夕在候机大厅，乘坐加拿大西捷航空的250名乘客发现一个装有大屏幕的巨型礼盒，只要扫描登机牌，屏幕中的圣诞老人就会和乘客聊天，还会询问他们今年想要什么圣诞礼物。4个小时后飞机顺利降落，乘客们像往常一

样在传送带旁等待自己的行李。突然信号灯一亮，圣诞歌声响起，大厅中飘起雪花，乘客们候机时对圣诞老人许下的愿望，居然变成一个个包装精美的礼物，出现在行李传送带上。整个机场沸腾了，好多人喜极而泣！

这个活动策划最多花费10万美元，这点预算如果想在时代广场打广告，恐怕是会打水漂，可换成这样一个有爱有惊喜的温暖故事，在全球的视频网站病毒式传播，其效果超过了投资上亿元的广告传播。谁都知道，这样的惊喜送礼，航空公司只会做一次，如果每一个航班都这样做，它就会破产。奇怪？！自己得不到好处、不可复制的故事，却依然可以收获人们的感动，就像人们看电影，明明知道电影中的故事与己无关，但仍然会在别人的故事里流泪。

沈学仁事件具备一个好故事的基本元素：信任、等待、梦想、误会、隔绝、悬念……这就是现实版的中国梦想秀！对于农业银行，它绝不是麻烦，而是百年难遇的好机会！现如今，你到哪里去找这样的老客户，25年矢志不渝，信任你，盼望你，等待你？25年前，沈学仁是农业银行的"脑残粉"；25年后，他更是农业银行骨灰级的"死忠粉"！

有这么一个花多少钱都买不到的好故事，农业银行要做的只是顺水推舟—— 讲好故事的下半部分。按照故事传播的逻辑，下面的设计自然呼之欲出：

在"中国梦想秀"的舞台上，沈学仁讲述着他信任农业银行、痴守农业银行的心路历程，专家们给出的法律解释是农业银行没错，农业银行按照最高利息给沈5108.86元已经尽了最大的善意。故事的高潮是农业银行董事长上台，他从右边的口袋里拿出一个信封，对沈学仁说："信封里是5108.86元，这是按照国家和银行的规定，给你1000元存款25年兑付的本息钱。"

沈学仁不肯接受。

农业银行董事长又从左边的口袋里拿出一个红包："这里是10万元，它不是给你的利息，而是农业银行给自己最忠诚客户的奖励……"

故事的传播，还没有结束。接下来，农业银行在征得沈学仁同意后，把他的照片做成海报，贴遍全国各个营业网点。广告语就一句话："信农行，一千变十万。"

农业银行原来的广告语叫"大行德广，伴您成长"，与"信农行，一千变十万"相比，大家会更喜欢哪一个呢？

本章小结

舆论的情感律用大白话来说，就是舆论是不讲道理的。但舆论世界的不讲道理，并不是说舆论世界不需要道理，或者道理没有用。这句话的核心是“讲”，它的意思是：道理的传播不如情感的传播，讲道理不如讲情感。

舆论的情感律与舆论的弱定理相生相伴。道理是强者的工具，情感是弱者的武器。舆论世界就是一个情感世界，不要指望可以建构一个理性的舆论世界，非理性才是舆论世界的标配。舆论世界的标配还有：极端情绪的横行与选边站。

在舆论世界的对峙里，总能看到道理的沉默，这昭示着道理在舆论世界的弱势地位。道理虽然沉默，但仍然用沉默的方式在场，它规定着舆论的边界，制约着舆论的走向。道理用舆论的禁忌显示沉默的力量，它一旦在沉默中爆发，道理的力量就威力无穷。

爱讲道理的职业是舆论事故的多发地，危难关头，是爱讲道理的重灾区。千言万语，不如一个背影。唠唠叨叨的男人，一定不是女生的依靠；讲一千遍道理，不如给一个肩膀。

朝三暮四，就是不同于朝四暮三。不是猴子太蠢，而是人类也如此。为什么方式很重要？为什么时机很重要？为什么顺序很重要？就是因为方式、时机和顺序的不同，使得同样的道理产生不同的情感。所以不要在鸡毛蒜皮上讲道理，不要在礼轻情意重的领域讲道理，否则，就会因小失大，得不偿失。

道理是清楚的，情感是模糊的，爱永远是糊里糊涂的。情义无价，不是它没有价值，而是它无法衡量。凡是可以衡量的情感都不是真的。情感不能有刻度，尤其不能计算到个位数。情感传播一定是模糊的传播，如果非要涉及金钱，那就一定是整数的传播。如果不能整，还不如别整。两个“整”不同，这个你懂得！

道理其实也可以传播，但要借助情感的翅膀。情感中有道理，道理中有情感，这样的完美结合体现在故事传播里。现象传播太重，不易传播；故事传播很轻，它不需要重复验证，它只要一次达到燃点，就可以把人燃烧。故事的传播，不需要你是当事人，即便没有任何获利，却仍然可以把人感动，让人们为别人的故事热泪盈眶。

故事是传播之王，讲故事的能力是最重要的传播能力。一个人、一个企业、一个国家、一个宗教的成败，取决于其讲故事的能力。讲故事的能力，是人类最重要的文化力！

Chapter 5 舆论的轻规则

* 艺人是强势个体、弱势群体
* 让少部分人先深刻起来，让大部分人不妨肤浅一下
* 舆论学的逻辑，口服比心服更重要
* 吃饭，是最轻的舆论，也是最重的舆论
* 表面舆论中，最容易出状况的就是表情
* 在所有的“共同”里面，“共同的敌人”是能量最高的
* 悲情牌是选举的共生物，没有选举就没有悲情
* 没有表情包的网红都是伪网红

弱传播理论的轻规则：舆论世界是避重就轻的传播世界。在舆论世界里，轻与重的判断和现实世界基本倒置。现实世界中重要的东西，舆论世界未必重要。现实世界不重要的东西，舆论世界可能很重要。

其通俗的表达是：轻的东西最好传播。

I 一地鸡毛最容易上天

如果你不理解舆论的轻规则，你就难以理解“叶良辰现象”。

叶良辰是谁？一夜之间，他刷屏微博及微信朋友圈，你不想知道他的名字都难。

叶良辰，本名吴博伟，1996年生，高三肄业，在西北大学旁的酸菜鱼米线店打工掌勺。2015年9月23日，因与一名女生宿舍舍长的QQ聊天记录被截图发到贴吧“地下城与勇士吧”，一夜成为网络红人。

舆论的角斗场，平时上演的都是狮王争霸赛。戏剧突然反转，一个“丁满”跑到舆论的丛林，模仿“刀疤”学了几声狮吼，结果整个森林嗨翻了天！

真正有思想的人不齿这种无聊事，而且不能排除这是一个故意炒作。但即便是炒作，为什么可以炒得网友满屏欢乐多呢？

有的人感叹人心不古，认为这是今天的时代病。可是我们可以举出无数的例子，在过去的时代也有这样的“良辰非美景”博眼球。

也有的人认为这是当代中国的微现象，是没有被启蒙的民族劣根性使然。那欧美就没有这种低级趣味吗？

英国人算是绅士范吧？但同样八卦小报盛行。英国大报和小报之间的区别是前者“涉及公众利益”（public interests），后者则单纯为了“引起公众兴趣”（interests the public）。

1968年默多克来到英国，买下的第一份报纸就是创刊于1843年10月1日的《世界新闻报》。它是一份和“世界新闻”关系甚少的报纸，绰号叫“性事新闻”，直至关闭前仍保持平均每期281万份的销量，是英国周末报之王。历史学家克里斯·赫利说：“默多克收购《世界新闻报》后，每逢星期天，就是他的两家报纸《星期天泰晤士报》和《世界新闻报》的世界。”新闻国际宣称：《世界新闻报》是全球最畅销、最多人阅读的英文报纸。[1]看来不只英国，整个英语世界都爱看小报。

默多克又收购了财务困窘的《太阳报》，大幅缩减公共事务新闻，将它的版面用“性”话题来充斥，推出著名的“三版女郎”。从此有了“默多克主义”一词，专指严肃性新闻被娱乐内容所挟持的现象。

根据英国发行稽核局公布的数据，2011年1月，默多克新闻集团拥有的《太阳报》每日销量超过300万份，《每日邮报》销量达210多万份，而严肃大报中发行量最大的《每日电讯报》仅为65万份，以客观、独立报道著称的《金融时报》发行量不到46万份。[2]

看来绅士派的英国，大多数人喜欢的也是“叶良辰”，口味重得并不比中国网民好多少。

一名英国资深媒体人说过：“不需要书本告诉人们小报的消息不可靠。”这句话在某种程度上点明了英国人对小报的普遍看法。人家知道小报不一定可靠，知道小报无聊，但人家就是爱看。

把叶良辰这样的事情当真了，才是真正的无聊。舆论的狂欢需要的是轻的内容，轻松、轻飘，哪怕是轻浮的！

曾经刷爆微信朋友圈的《我为什么不买iPhone 7》，短时间内居然收获千万级阅读与10万加点赞，而点开全文只有一个字：“穷！”

舆论场的重力逻辑和生活场的不一样。生活中重要的，舆论场未必认为重要；而生活场不重要的，舆论场却可能觉得非常重要。在舆论关注对象的轻重选择框中，它和现实生活的轻重相关联，但并不相同。舆论议题设置的“违重感”，使得那些“违和感”的话题特别容易得到舆论的关注。生活场的自由落体运动，是越重的东西砸下去声响越大；而舆论场的自由落体运动，却是一地鸡毛最容易被捧上天。

[1] 王希怡：《激烈竞争催生英国畸形小报文化“要猛料须越界”》，《广州日报》2011年8月14日。

[2] 郭瑞：《英国小报简介》，《新民晚报》2011年7月29日。

类似的例子比比皆是。对于一场比赛，名次结果原本应该是最重要的，可是当电视《我是歌手》节目有人退赛时，冠军被冷落在一边，退赛的人反而上了头条。国家领导人出访，本来两国关系是大事，但最容易引发关注的却可能是第一夫人的包。按照首次APEC会议时定下的惯例，每一届东道主向参会领导人及太太团提供统一样式、具有本地特色的休闲服装。这么多年下来，没有多少人记得APEC会议到底讨论了哪些国际大事，但每一次大会的服装却常被人津津乐道。

舆论的轻规则是由舆论的表达特性决定的。弱传播告诉我们：舆论世界在争夺关注时强者占优势，在争取认同时弱者占优势，在争抢表层中比表面积大者占优势。

舆论要争夺表层，就要想办法涌达表层。重的东西沉入底部，轻的东西浮在表面。光、气、水，这些越是轻的东西，越好传播，这是自然界的常识。质量重的物质，并不是不能浮在表面上，但必须做成像船的模样，要让自己空心起来。空是另一种轻。

舆论的轻规则与舆论的弱定理、情感律相伴相生。弱的东西往往就是轻的，情感需要轻，才能浮于表面，成为表情。

你接受，还是不接受，轻规则都在那里。我们必须习惯和适应舆论这样的“轻现象”，无论对这种“违重”现象感到多么违和，舆论的轻规则不以人的意志为转移。那些感叹重要的事情无人重视的人，与其鄙视或者无视轻规则的存在，不如好好地想一想，如何让“重”的东西“轻”起来，从而更好地传播！

不过，举重若轻时要避免把舆论变成一地鸡毛。鸡毛可以短暂飞上天，但掉下来的还是鸡毛。应该学会“花粉式传播”，花粉与鸡毛一样是轻的，但最大的不同是花粉包含着有价值的信息，并可以与受体结合，进行繁衍。

II 轻的东西就没有价值吗

尽管大多数人追逐轻的东西，但主流舆论对轻的东西却评价不高。人类很矛盾，一方面对娱乐节目乐此不疲，另一方面又鄙视娱乐的价值。

2015年，屠呦呦获大奖，黄晓明办大婚，两个人本来一辈子不会交集，居然因各自的喜事冲突起来。忽然间，屠呦呦此前受到的所有委屈、不公，网友们替她找到了发泄的对象。

在一篇《黄晓明PK屠呦呦，一生努力不敌一场秀？》网络热文中，有许多惊世骇俗的观点，比如，“当欧美的孩子，在假期去博物馆、去参加科普活动的时候，我们的孩子，却在看《中国好声音》，去听各种演唱会，去机场追星！”又比如，“让我不禁以为，难道人类社会的发展进步是靠演艺圈推动的吗？”但真正具有样本意义的是这样一句话：“让我不禁以为，难道中国梦要落到‘戏子’身上吗？”——没错，值得讨论的是这一个称呼：“戏子！”

世界上没有“戏子”这个职业，只有“戏子”这种侮辱。

演艺是一门艺术，也是一种职业。职业平等，都是劳动，都有付出，都在服务。

有意思的是，这样的职业歧视和侮辱，整个演艺界和所有从事表演职业的人却一笑而过。在这个调侃一下包公或花木兰都有后人以“伤害了他们感情”站出来讨说法的舆论场，你敢歧视教师、医师甚至运动员这些职业吗？

一个群体在现实世界的真实地位，是可以在舆论世界进行检验的。在前面的章节我曾经用“沉默”作为测试剂，这次尝试使用另一种测试剂——“身份歧视”。

绝大多数职业群体，无论是强者还是弱者，在舆论世界里，都不容歧视：警察是强者，不容歧视；清洁工是弱者，同样不容歧视。几乎歧视任何职业，都有一大票人站出来发声，但奇怪的是，歧视艺人居然没有人为表演职业站出来说话。旁人觉得为“戏子”说话似乎掉身份，而被骂作“戏子”的群体自己也不站出来说话。

人们可以公开歧视演艺圈而不必担心付出代价，可以贬低“戏子”来抬高自己的身份，甚至可以通过抹黑艺人来转移公众的注意力。在舆论场里，这么好用的群体（子弹、素材、参照系），到哪里找？

在舆论世界，艺人是一个特殊的群体，在注意力资源上，他们是强者。其强者身份是以个体名义出现的，一旦转为群体，他们就沦落为弱势群体。

艺人是**个体的强者**、**集体的弱者**，是**强势个体**、**弱势群体**！

为什么中国人那么瞧不起“戏子”？

古往今来，从事表演的人，无论现实生活多么风光，比如过去能直接为皇帝表演和现今赚得钵满盆盈的艺人，似乎都在舆论场被人看轻，“从骨子里”被瞧不起。脑力劳动者与体力劳动者可能互相瞧不起，却往往一致瞧不起“戏子”，尽管他们也花钱看戏，也被演员逗乐。同样，官方和民间两大舆论场认同点不多，但在对娱乐明星的舆论上却出奇的一致。当官方批评娱乐明星“三俗”时，民间也常常一起骂。

人们还普遍不满明星收入高。即便有人辩护明星收入的合理性，而理由也是由于资源的稀缺性，并非明星本身的价值高。

这暴露了人们歧视“黄晓明们”真正的原因—— 无价值。一款没有价值的东西，凭什么标高价？如果不是制度有病，就是人性缺陷。

但“黄晓明们”真的没有价值吗？

也许是几千年来饿怕了，中国人对吃特别重视。物质食粮最重要的标准就是营养，推此及彼，精神食粮也不例外。于丹的走红，心灵鸡汤的流行，都跟这种营养观有关。一个精神产品，我们总要追问它有没有思想，有没有价值，有没有意义。在中国人心目中，娱乐圈可能就是一锅只有味道却无营养的垃圾食品吧。

但现实生活中，传统的营养观正在受到挑战。过去，国际营养学界普遍认为粗纤维（crude fiber）既没有营养，也不被人体吸收，吃多了甚至影响人体对其他食物营养素与微量元素的吸收。以营养至上的观点看，粗纤维当然是一种垃圾食品。

直到1970年以后，越来越多的人开始认识到，现代种种的“文明病”，诸如肠癌、便秘、糖尿病、高脂血症及肥胖病等，其发病率的增加恰恰与粗纤维摄入量的减少有关。粗纤维由废变宝，名字也开始变为“膳食纤维”（dietary fiber），被誉为“第七营养素”（你看，还是摆脱不了“营养”这两个字）。从粗纤维到膳食纤维的华丽转身，启发着我们思考：物质食粮如此，精神食粮是否也存在这种现象？

人类需要吸收健康向上的精神养分，也需要排遣各种负面情绪。物质生活中，人们需要吃喝，也需要拉撒；精神生活中，人们需要营养，也需要消遣，就像需要蛋白质的屠呦呦，也需要粗纤维的黄晓明。

一个城市的污水处理系统至关重要，人类的精神世界也离不开下水道。娱乐节目不仅是普通老百姓的消费品，也是社会稳定的平衡器。那些头一天晚上还在看“二人转”的人，第二天不太可能跳楼自杀；拿着汽油桶准备同归于尽的危险分子，一般是不看《中国好声音》的。反过来，当一个人身无分文，处处受挫，众叛亲离，还天天坚持看《焦点访谈》，这才是“维稳”最应该担心的对象。

普罗大众如此，社会精英也同样。精英一旦患上焦虑症或抑郁症，基本上都属于营养过剩、精神“便秘”的受害者。焦虑症和抑郁症患者往往是最缺乏娱乐精神的，对他们来说，最好的解药或许就是娱乐这种“粗纤维传播”。

今天的中国的确有些尴尬。我们的科学技术落后，文化产业同样不发达。我们既缺乏伟大的作家，也缺乏真正的平民狂欢。我们的精神土壤仍然贫瘠，精神富贵病又比比皆是。

在古希腊，哲学和科学是与体育、美术、戏剧乃至娱乐业一起崛起的。近年来，向中国文化输出最多的两个国家，一个是美国，一个是韩国。他们的科技水平有目共睹，但他们的明星一点也不比科学家收入少，赚中国人的钱也一点不含糊。

一个正常的社会应该允许让少部分人先深刻起来，让大部分人不妨肤浅一下；在少部分时间深刻思考，在大部分时间不妨放松一下。一个民族所有的人无时无刻不在忧思，不是危险就是危难！

我们崇敬脊梁，要不遗余力地呼吁和造就文化生活的引领者、精神家园的守护人，但人们也不要忘记了，一个人的身体除了脊梁，还有血肉。我们既需要脊梁，也需要头发和眉毛。

头发和眉毛有什么用呢？没有它们，也不影响人类的生存。可是正常的人，谁会把头发和眉毛好端端地剃掉呢？

人们愿意把更多的钱和目光投在所谓没有用的地方，这不是人格的缺陷，而是人性的自然。

如果一个人，只摄入蛋白质，抛弃粗纤维，他一定容易生病。

如果一个国家，只有实验室，没有电影院，它不是正常国家。

重有重的意义，轻有轻的价值。这个世界需要大地，也需要水、空气与阳光，它们很轻，但能够滋润万物。

III 表面舆论不可轻视

舆论是表面的世界。很多人认为表面文章无足轻重，殊不知，轻视它的人也可能会付出代价。有时候，头发、眉毛和胡子不仅仅是“要钱”的表面，也可能是“要命”的表面。

看看这两则命令：

> 自今布告之后，京城内外限旬日，直隶各省地方，自部文到日，亦限旬日，尽令剃发，遵依者，为我国之民；迟疑者，同逆命之寇，必置重罪。若规避惜发，巧词争辩，决不轻贷……若有复为此事渎进章奏，欲将朕已定地方人民仍存明制，不随本朝制度者，杀无赦。其衣帽装束许从容更易，悉从本朝制度，不得违异。
>
> ——清《剃发令》

> 满虏窃国，易吾冠裳，强行编发之制，悉从腥膻之俗……今者满廷已覆，民国成功，凡我同胞，允宜涤旧染之污，作新国之民。兹查通都大邑剪辫者已多，至偏乡僻壤，留辫者尚复不少。仰内务部通令各省都督，转谕所属地方一体知悉。凡未去辫者，于令到之日限二十日，一律剪除净尽，有不遵者以违法论。
>
> ——民国《命内务部晓示人民一律剪辫令》

1645年，清军占领南京后，清廷把剃发作为归顺的标志之一，口号是："留头不留发，留发不留头。"仅江阴一带，就杀了20万不愿剃发的百姓。

到了民国，"剪辫"又成为"革命"和"向新"的标志，虽然不至于杀头，但也会惹上麻烦。

服不服从统治才是重中之重的事，但统治者为什么要从轻处着手，跟头发过不去呢？原因就是：归不归顺，本质是在心里，但只有表达出来，才能成为舆论。按政治学的逻辑，心服当然比口服重要。可是按舆论学的逻辑，口服比心服更重要。清朝的统治者深深懂得，这个时候的表面归顺比什么都紧迫。头发最轻，却是权力斗争最重要的一役，不惜以杀头来解决剃发，目的就是要先统一表面的舆论。头发留不留，既关乎老百姓的生死，也关乎清政权的存亡。

头发不再是头发，而是舆论的生死之战！

舆论的轻规则告诉我们，在现实世界很重要的东西，在舆论世界里不一定重要；在现实世界里不重要的东西，在舆论世界里却可能很重要！

懂得舆论轻规则的政治学家知道，在最关键的时刻，最重要的事情可能就是做表面文章。哪怕民众内心中有一万个不愿意，也要先把头发拿下。

除了头发，另一个表面舆论就是胡须。八字须、牛角须、仁丹须都曾经成为特定的政治符号。林肯、斯大林、卡斯特罗……很多影响世界的风云人物都有标志性的胡须。希特勒的板刷须也是同样，它既是当时的时尚标志，也成了后来法西斯和军国主义的标识。

诺依曼说："表达和沉默必须与更广泛的含义联系起来进行阐释，戴着一枚徽章、贴着一张汽车贴纸都是一种表达，而即便有自己的信念却什么都不做，就是沉默。"[1]诺

---

[1] [德]伊丽莎白·诺尔-诺依曼：《沉默的螺旋：舆论——我们的社会皮肤》，董璐译，北京大学出版社2013年版，第24页。

依曼在《沉默的螺旋》一书中，举了很多这样的例子，看报纸、贴海报、发传单……都是表达。

所有暴露在表面的都是一种表达，都可能是一种舆论。鞋子、包是舆论，手表、香烟也是舆论，而胸前的红领巾更是舆论。

这些在表面上看起来无足轻重的东西，一旦进入舆论场，就可能掀起轩然大波。2008年，时任南京市江宁区房管局局长的周久耕表态："对于开发商低于成本价销售楼盘，下一步将和物价部门一起进行查处。"这让网友们很不爽，对他进行"人肉"，结果发现周久耕的一张照片背景里有一盒"九五至尊"的香烟，当时售价1500元一条。网友们纷纷质疑："一位局长咋能抽这么高档的香烟？"呼吁纪检委调查他。结果一调查，周久耕果然犯受贿罪，最后被判处有期徒刑11年。

此后，一些领导干部纷纷把高档香烟的原包装卸掉，重新装在普通的烟盒里，美名为"裸烟行动"。他们不懂得举一反三，不明白所有暴露在外的东西，都可能成为舆论事故标的物。这次是香烟，下次可能就是鞋子、皮包或者手表。

2012年，陕西省延安市发生"8・26"特大交通事故，省安监局局长杨达才赶赴事故现场。他在现场面带微笑的照片传到网上，引发网友不满，被网友"人肉"出先后佩戴11块不同品牌款式的名表，总价值超过20万元，被戏称为陕西"表叔"。网友同样呼吁调查，一调查果然存在严重违法违纪问题，一审被判处有期徒刑14年。

表面舆论中，最容易出状况的就是表情。杨达才事件之前，谁也想不到，微笑也会惹祸。在微笑的表情之下，暗藏着汹涌的民意。人们对微笑局长的追问，实际上是古老的官与民、忧与乐的主题在现代的重新演绎。"乐民之乐者，民也乐其乐。忧民之忧者，民也忧其忧。"一切与民众情感相背离的表情，必将受到民意的强烈质问。

流露怎样的表情就传递怎样的舆论，传递怎样的舆论就遭遇怎样的民意。

常年在舆论场摸爬滚打的老记者们深谙此道。假如遇到一个重量级的会议却无法进入会场，资深记者会不眠不休地等待参会者走出会场的那一刻，即便对方一言不发，躲着镜头快步离去。很多人会不解：花这么长时间，等待一个沉默无声的镜头值得吗？答案是肯定的，因为表情会暴露一切！比如，经过艰难的谈判终于成功的会议，很难想象走出来的参会者不是如释重负，而是板着一张沉重的脸。

舆论世界的轻，常常联系着现实世界的重，它是重的表达，或者是重的对比，总之，它与重有着千丝万缕的关系。通常的情况，舆论的轻会被一笑而过，淹没在汪洋大海里，但不要忘记的是，它一直浮在表面。一旦与现实之重的连线清晰起来，凸显出来，它就会成为重大舆论事件的引爆点。头发、胡须、皮包、手表、香烟，还有表情，这些最容易被自己和别人忽略的东西，一旦被舆论重视起来，舆论之轻就成为现实之重！

IV “吃饭+舆论”：举重若轻

在表面舆论中，最神奇的一种舆论形式就是吃饭。它是最轻的舆论，又是最重的舆论。

在现实世界里，吃饭的重要性不言而喻。2012年岁末的两部电影《1942》和《少年派的奇幻漂流》都触及了人在极端情况下的吃饭问题。某种意义上说，吃饭是人类最大的政治、最重要的民生和最基础的人权。

但在当今时代，吃饭已经司空见惯，在舆论世界里又轻得不得了，别说上《新闻联播》，就是上新闻头条也难。美食节目无法成为主流舆论，《舌尖上的中国》再红，重要性也比不上《大国崛起》，甚至还比不上《焦点访谈》，它永远进不了央视一套的8点档。而吃饭一旦和重要的事情联系起来时，却最容易引发关注，制造传播。它是轻重转换最活跃的舆论素材。

舆论的轻规则告诉我们，轻好传播，重不好传播。每一个机构领导人，都会给文宣部门画一棵大树，一一列出：什么是根本（树根），什么是主干（树干），什么是特点、优势（枝丫）。一个传播如果没有体现根本、主干和特点，就会被批得体无完肤。

我把这种不懂舆论轻规则的传播叫作“树的传播”。人挪活树挪死，树是不好传播的，树一移动就是台风，连根拔起。

真正聪明的传播不是树的传播，而是像花粉一样的传播。

怎么用花粉来传播一棵树？或者说，怎么用轻来传播重？其中一个很好的方法，就是借助“吃饭+舆论”。

“吃饭+舆论”是最具指标意义的舆论。如果一个舆论事件有许多要素，只要其中一个要素包含吃饭，那么，它就最容易成为这个舆论事件的符号。所以，“吃饭+舆论”最容易成为传播的花粉。

自2000年起，“股神”巴菲特每年拍卖一次与他共进午餐的机会，收入用作慈善，结果，每一年巴菲特到底与谁共餐成为媒体乐此不疲的报道热点。

2016年，巴菲特的午餐拍出345.6789万美元天价，相比全球一年的慈善总额来看，午餐的募款不过是九牛一毛，但为什么绝大多数慈善活动默默无闻，巴菲特、慈善、午餐三个要素加在一起，就能吸引全世界的眼球呢？

三个要素中，吃饭是属于具有催化剂作用的关键要素。名人效应、慈善正能量，如果不靠“吃饭”这么一画龙点睛，照样会淹没在舆论的汪洋大海中。

300多万美元对于巴菲特的财富不值一提，可是对于一餐饭的价钱确实有足够的反差，制造了强烈的冲击力。而媒体正喜欢这样的冲击力，民众更喜欢这样茶余饭后的谈资。

所有的竞拍者接受采访时，提及自身的收获都津津乐道，但唯独不提食物，午餐恰恰成了最不重要的标的物。

为什么最不重要的午餐偏偏成了这个舆论事件的符号呢？

回答这个问题也许可以反向予以求证。如果把午餐换掉，改成竞拍向巴菲特致敬一次，竞拍向巴菲特咨询3小时，竞拍替巴菲特捐款慈善……可以达到竞拍和巴菲特共进午餐的舆论效果吗？

吃饭本来是人类的生存需要，一旦化身为舆论的催化剂，奇妙无穷。

懂得舆论轻规则的往往是资深的媒体人，比如崔永元。

“农民工暴雨救人，崔永元北京请客”，一则小小的新闻吸引了无数的眼球，也感动了天下的好人。

请一百多名农民工吃饭花费并不多，相比政府的救灾赈灾与灾后的募捐总和，更是连零头都不到，但那么多善款却无法制造“崔永元请客农民工”这样的舆论话题效应。除了崔永元的名人效应外（其实还有不少名人捐款捐物），最重要的因素就是“请客吃饭”。

到底是媒体人，这是多么好的公益策划啊！崔永元即使号召网民捐出一个亿，也不如掏钱请这些“伟大的平凡人”吃一顿饭，更容易温暖人心。吃饭是最容易以小博大的舆论形式。

社会学家潘光旦曾说：“人的本性中最可以鼓励我们的一点，是他在好榜样的面前，能够受到感动。”[1]可是每当一个好榜样出现在人们面前，政府的“招数”又是多么单调，除了“某某卫士”“某某红旗手”的荣誉称号和奖章，剩下的就是千篇一律的“事迹报告团”了。技术上有那么多的视觉手段，资源上有那么多的新兴媒体，可一个个“可以感动人心的好榜样”富矿，却被新闻通稿式的事迹报告“掠夺性开

---

[1] 潘光旦：《潘光旦选集》第三卷，光明日报出版社1999年版，第365页。

采”得让人无言以对。

为什么不能像崔永元那样简简单单请一次客呢？它传递的正能量远大于无数的事迹报告会。

后来发现，请客的创意并不是出自崔永元，而是北京暴雨后一位网友的微博：“在京港澳高速受灾最严重的南岗洼路段，这些民工兄弟用30个救生圈、麻绳救了上百名危在旦夕的游客，当获救者自发凑钱近万元向他们表示感谢时，他们拒收了！他们才是真正的中国脊梁、中国良心！谁来做东请他们吃顿饭？”

遗憾的是，最应该关注到这个微博的机构或个人却没有看到，或者看到了没有反应，从而错失了最好的与民意互动的机会。

只有敏锐的崔永元在微博上立即响应网友的“呼唤”：“我请！我打算响应倡议，请他们吃顿饭，表示敬意！谁帮我找到他们，如有获救者和志愿者愿意加入，欢迎！”更厉害的是，崔不是自己去找这些农民工，而是发动网民去找，同时欢迎那些获救者加入，并呼吁大家给农民工送实用的礼物（这种发动群众进行“征文式舆论”的传播方法，崔永元在2018年怒怼冯小刚的舆论战中再一次运用）。“好消息：著名歌唱家、慈善家韩红参加饭局，现场演唱，并且赠送农民工兄弟礼物！”就这样，随着一条条微博的发出，请客不再是崔永元一个人的行动，而是无数人心的温暖传递。在这一刻，崔永元个人的能量超越了整个传统媒体。

当吃饭从生存需要变成一种传播要素，它就可以化身为舆论激聚的催化剂，产生神奇的传播效应。所谓“醉翁之意不在酒”，“吃饭+舆论”也不在“饭”。围绕吃饭的其他因素就可以借助这种特殊的舆论形式，插上传播的翅膀，让更多的人知晓了解它们。

让我们再看下面这个案例。

2010年，奥巴马会见来访的俄罗斯总统梅德韦杰夫。美国和俄罗斯两大巨头的总统会谈，当然牵动了全球的政治神经，没想到奥巴马、梅德韦杰夫的“二人转”却玩出了一个“吃饭+舆论”的新花样，吸引了全球的目光。

按照白宫事前公布的日程安排，两国总统会谈后将共进午餐，但记者突然发现，会谈结束后，奥巴马和梅德韦杰夫乘车离开白宫，车队在华盛顿市郊一家名叫“雷氏地狱”的汉堡店外停了下来。美俄国家元首的到来引发了餐厅顾客的一片欢呼和掌声，奥、梅两人前往餐厅柜台点餐，拿到食物后在一张普通餐桌旁面对面地坐下，一边啃汉堡一边聊天，全然不顾周围顾客的目光和媒体记者的镜头。

奥巴马点的是夹有干酪、洋葱、生菜、西红柿和碎牛肉的汉堡，梅德韦杰夫点的则是夹有干酪、洋葱、墨西哥胡椒和蘑菇的汉堡。奥巴马喝的是冰茶，梅德韦杰夫要的是可乐。两人还一同分享了一份炸薯条。吃完饭后，两人同乘一辆汽车返回白宫，继续未完成的双边会谈。梅德韦杰夫在当天下午的新闻发布会上说，他中午吃的汉堡“也许不太健康，但很美味”，而奥巴马则称赞：“梅德韦杰夫是可靠的伙伴……我们相互倾听，坦率交谈。”

“吃饭+舆论”作为一种舆论形式，它有着特殊的传播技巧与传播规律。和谁一起吃，在哪里吃，吃什么和怎么吃，里面有小名堂，也有大学问。奥巴马与梅德韦杰夫共进午餐的舆论案例堪称经典，吃饭的四个要素都准确、充分和巧妙地传递了丰富的传播信息。

和谁一起吃？两大巨头，揭开悬念。在哪里吃？公共场所，公开亲民。吃什么？简单节省，重点是两个人共享一份炸薯条。怎么吃？普通餐桌，面对面。两人只带两个翻译，不避众人，边啃边聊天。政治的交易，大国的博弈，就在一场看似随意的吃饭秀中轻松化解，留给媒体人兴奋不已的素材，传播给世界两国关系亲密融洽、领导人廉洁亲民、外交公开透明的正能量形象！

“吃饭+舆论”的四要素中最重要的是和谁一起吃，这才是舆论的真正主角。比如，国内市长的接待对象中，除了官员、巨商之外，能不能也有普通市民？请人民吃一顿饭吧！这里的“人民”不是各级组织层层推荐上来的先进、劳模和英雄，而是普普通通的市民，每一个公民都可以自愿报名，随机抽选，这样的吃饭可以听到多少底层真实的民意，传递多少社会的正能量啊！

转作风，改文风，政府和媒体在呼应民意上可以有更多的空间和更多的手段，比如一次温暖人心的请客。

当然，“吃饭+舆论”也不是一吃就灵，还需要讲究舆论的方法，懂得世道人心。马英九对个中滋味应该体会最深。

一组国民党十八届全会用餐的照片曾引发大陆网民的围观：马英九和众代表坐着塑料凳子，挤在四面透风的旱冰场上一起吃饭，桌上供应的是一份份台湾小吃……有人感叹：身为“百年老店”的国民党，居然寒酸到这个地步！但台湾地区媒体人都知道：国民党开会如果不“堕落”到在地摊进食，恐怕永远也没办法重新“执政”。

马英九的便当（即快餐盒饭）一度是其“不粘锅”形象的最好注解。有记者爆料，马英九当台北市市长3年吃了2000多个便当。虽然台湾的便当并不难吃，但对比丰富多样、物美价廉的台湾小吃，还是逊色多了。好多记者看到千篇一律的便当招待就忍不住“想撞墙”，但马英九从不抱怨，于是得到一个“便当王”的美名。

但这样的清廉竟然也有负面效应。台湾地区好些小吃摊主就抱怨马英九不够亲民，没有拉动消费：吃便当固然可以躲过和地方官吏的拉拉扯扯，但也错失了与小吃摊主、吃客闲话聊天、了解民情的机会。看来骨子里还是贵族思维，是嫌小吃不美味，还是不卫生？马英九还要不要我们的选票？

这一“上纲上线”，吓得马英九赶紧修正自己的形象，策划跟美食专家合拍节目，当台湾小吃的代言人。马英九透露说，拍摄前有人交代他千万不要吃东西，他对吃东西的画面最初也特别恐惧。不过他还是放下身段东吃吃西喝喝，并不忘竖起大拇指赞一个！

政治人物对民意的呼应，未必遂人所愿。民意希望有一个清廉的政府，也需要一个胀鼓鼓的钱包。政府不吃饭可以，但老百姓要吃饭。政府“廉”的形象代替不了“能”的形象。吃饭的另一重意思就是“生存”，因此“吃饭+舆论”真的关系到政治的生存。

“革命不是请客吃饭”，舆论却不能忽视请客吃饭。吃饭是硬道理，政治人物懂得吗？

V 高举轻放，有边界的舆论艺术化

在现实世界里，政治是重的，艺术是轻的。政治的传播不如艺术的传播轻便，这可能也是为什么需要文工团的原因。当政治传播与艺术传播结合在一起时，就出现了政治舆论的艺术化。

舆论的艺术化，指的不仅是政治传播可以艺术化，一切用艺术的传播方式所制造的舆论，都属于舆论的艺术化。当然，舆论的艺术化在政治传播中特别具有代表性。因此，从狭义的角度来说，舆论的艺术化往往特指在政治传播中的运用。

如果需用一句话来概括舆论的艺术化，那就是高举轻放。因为艺术传播对主体传播的加持，使得主体传播高居舆论的注意力中心，更加吸引眼球。但也因为艺术传播对主体传播的修饰，使得主体传播的现实破坏力受到了控制，锋芒更加内敛。

其中最具代表性的事件就是“百万人倒扁运动”。这是台湾地区解禁以来最大规模的非政党领导的群众运动，它超越蓝绿，长时间地影响台湾地区的政局，代表着一种新兴的舆论力量正在崛起，打破了台湾地区的舆论主体由政党主导的传统格局。

2006年的“百万人倒扁运动”，由于范可钦的加入，使得一场轰轰烈烈的群众自发运动，最后服服帖帖地被导演成一个充满广告意味和艺术形式感的嘉年华会。范可钦这位广告界的奇才，在2000年台湾地区“大选”中，用别具一格的政治广告为陈水扁获胜立下了汗马功劳，如今他反戈一击，成为“百万人倒扁运动”实际的指挥者和策划者，将广告人的才华发挥到极致。

在范可钦的导演下，“百万人倒扁运动”成为一个政治真人秀节目。整个活动就像一部电影或系列片，每一次主题活动都有一个诗意的名字。9月15日晚，组织者发起“荧光围城”，参加游行的民众身着红衣，高举红色荧光棒，绕行陈水扁办公场所，高呼“阿扁下台”。之后，“倒扁”总部又发起“遍地开花”运动，突破台北市的局限，将“百万人倒扁运动”推进到全台各县市。

前民进党主席施明德表面上是“百万人倒扁运动”的总指挥，实际上不过是一个“男一号”。政治运动要动员民意，必须有牺牲者，范可钦把施明德打造成牺牲者的形象。当施明德在绝食抗争时，作为演员的他基本上丧失了实际的指挥权。舆论的艺术化，演员固然重要，出品人当然权力最大，但是真正的掌控者却是导演，他实际上控制着整个活动的节奏、强度与走向。

除了施明德，该运动所有的参与者都在不知不觉中成为演员，而“百万人倒扁运动”的核心地带则变成了舞台，连静坐的抗议也是精心设计的：2300个座位，象征2300万台湾省人民……当抗议者们像群演那样一批批被运抵表演区，他们就不是战士，而是表演者。“百万人倒扁运动”可以上头条，却失去了破坏力。

演出的高潮部分，是百万人上街游行。不要说台湾省才2300万人口，就是换在俄罗斯，百万人上街，克里姆林宫也会沦陷，但组织者布置的游行路线重点考虑的是航拍效果，而不是如何对台湾地区当局领导人幕僚机构形成冲击。在施明德的领军下，近百万身着红衫的“倒扁”群众集合在一起，并在陈水扁办公室前的几条街道开始绕行。从空中鸟瞰，正好形成一个巨大的“倒扁图腾”—— 寓意规矩的“圆规”，该图案也像极了一个手拿大刀的勇士，要砍倒贪腐的“政权”。这变成了按照直播程序走的大型行为艺术，百万群众不过是百万演员，他们按照规定路线走台位，怎么可能冲进台湾地区当局领导人幕僚机构？

“百万人倒扁运动”是一种“电影政治”。电影有主题曲，它也有“倒扁”主题歌。演员有演出服，它也有统一的红色服装，不经意间让台湾地区新兴的政治力量获得了一个家喻户晓的符号—— 红衫军，以致后来很多其他国家有样学样，出现黄衫军、绿衫军等。演员是有台词的，它也有台词—— 统一的口号，还有各式各样的道具——“倒扁”旗帜与公仔玩偶。最有创意的是它为每一个抗议者设计的“倒扁”手势，由施明德最先比出的大拇指朝下，甚至一度成为台湾地区上班族聊天软件上最流行的符号。它简单明了，一看就会，老少咸宜，随处可用，不费力气，一个人做也行，一群人做效果更佳，堪称是神来之笔的政治传播创意。在当时，人们只要做这样一个手势，就可以代表一种立场；在未来，人们只要做这样一个手势，就可以回忆那个时代。

2006年“百万人倒扁运动”，台湾地区第一次把大规模的群众运动变成一种艺术化形式并左右政局，宣告政治舆论场进入了一个舆论艺术化的时代。其标志性变化就是非政治的专业人士从幕后走向前台，从幕僚变成主导者。

舆论活动的艺术化，它的优点是明显的，拥有足够的吸引人眼球的噱头，提供媒体与大众喋喋不休的谈资，省下来一大笔政治广告费。不仅岛内媒体不请自来，而且成功地吸引了全球几乎所有的主流媒体。

舆论活动的艺术化，它的缺陷也是明显的。上百万“愤怒”的群众包围政府，如果在其他任何地方，足以让贪腐的“政权”下台几次，可是被艺术化的愤怒却没有多少杀伤力，就像舞台上用鼓风机吹起的红布条，虽然像极了熊熊燃烧的火焰，却烧不坏任何东西。这正是“百万人倒扁运动”饱受争议之所在。

舆论艺术化的得失可能将长时间地引发争论：舆论一旦艺术化，势必削弱甚至丧失其现实的功利性，逊色于原始自发的舆论运动杀伤力；但艺术化的舆论一旦超越现实的功利性，却也可以获得超越时空的影响力。比如“红衫军”这个符号，就会长久地影响台湾地区的历史。

舆论的艺术化，它的优势与缺陷都是由艺术的特性所决定的。就像绘画有画框，戏剧有舞台，电影放映前要暗场，艺术用各种各样的方式有意无意地提醒人们艺术与生活的边界。这样的边界，一方面让艺术从现实生活中抽离出来，成为众人瞩目的对象；另一方面也与现实有意地保持一段距离，拒绝成为生活的附庸，不让生活的功利性伤害艺术的纯洁与独立。

戏剧通过脚灯、幕布、乐池，将演员与观众相隔的物理距离称作庄严的距离。戏剧的魅力就是在这个忽远忽近的距离中产生，不管是突破还是拉远，都回避不了这个庄严的距离。舆论的艺术化，其传播的魅力与现实中的局限性也都源自它的边界。

舆论的艺术化是一个有边界的舆论，它在现实的影响力上受到边界的限制，但在历史的影响力上却获得了超越。艺术的价值往往是滞后的，而它的影响力却是超越时代的，舆论的艺术化也同样如此。

VI “三只小猪”：舆论战的娱战争

用舆论的轻规则来指导舆论战，就是舆论的轻战争。

在舆论的轻战争中，娱乐是一个非常好用的战术战法，甚至发展成为以它为主要作战武器的娱战争。正如核战争（nuclear war）指的是使用核武器进行的战争，娱战争就是以娱乐武器为主要作战武器的舆论战争。

一般的舆论战，娱乐化只是辅助手段，比如，政治人物唱唱歌，在娱乐节目当当嘉宾，而娱战争则是以娱乐武器为主要的舆论兵器。此外，两者的规模大小也不同。普通的舆论战使用娱乐武器仅限于局部，而娱战争则把娱乐武器的使用贯穿整个战役。

2016年的“帝吧出征”[1]便有一点娱战争的雏形。娱战争最有代表性的案例，是2012年台湾地区“大选”的“三只小猪运动”。

选战就是舆论战。一般来说，民调3%的波动可能只是正常的误差，但如果民调突然出现10%上下的浮动，就说明选战出现了突发变化。比如，发生重大的选举失误，面临天灾人祸，出台重量级政策或抛出颠覆性观点。

2011年9月，台湾地区“大选”进入倒计时，蔡英文的民调仍然落后于马英九10个百分点以上。10月初，蔡英文在台南造势，有三胞胎姊妹捐出三只小猪扑满（存钱罐）。台湾地区监察部门提醒民进党，未成年人的选举献金在法律上有限制。蔡英文的竞选团队马上敏锐地认识到这是一个极好的舆论战突破口，便因势利导，于10月25日发起“三只小猪运动”，发送了10万只Q版小猪扑满给民众，号召支持者把零花钱装在小猪里，支持民进党去打国民党这只“大怪兽”。“三只小猪”唤起了选民无与伦比的热情，让两党都大跌眼镜，民调大幅落后的蔡英文居然靠此一举追平马英九。没有领导人失误，没有政策牛肉，仅凭一个娱乐化的活动就大幅度改变选情，创下了舆论战新的奇迹。

“三只小猪”是神来之笔的灵感还是不可复制的神话？它有没有规律性的东西可以追寻？让我们先做个案例复盘，“三只小猪”的加分项至少来自三个方面。

第一，国民党不懂得“被动语态传播法”。舆论战有主动语态与被动语态两种打法。主动语态打法强调行为主体，其传播模式是“谁做了什么”，如“我摘了苹

[1] 2016年1月18日，大陆足球运动员李毅百度吧的千万粉丝集体行动，在台湾地区的社交媒体中寻找具有“台独”色彩的账号，实施跟帖。他们使用的主要工具就是表情包，结果导致部分政治人物或媒体的社交账号几乎瘫痪。

果”。被动语态打法强调的是行为对象，其传播模式是“什么被谁做了”，如“苹果被我摘了”。

国民党一直习惯主动语态的打法，如领袖带来安定，领袖送来温暖。一切都是领袖主动作为，民众只是被动接受。直到这一次，还是用主动送福袋来反制“三只小猪”，认为自己送东西给民众，好过民进党让民众存钱罐送钱。殊不知，一支军队如果能让老百姓夹道送鸡蛋吃，那它就是不可战胜的。国民党什么时候能够明白这个道理，让老百姓给他送鸡蛋呢？

第二，民进党最擅长悲情舆论战法。选举需要敌人，“三只小猪”讲述了三只小动物对抗大怪兽的经典故事。

对于候选人来说，选民常被分为三种：我们的人、他们的人和中间的人。所以选战获胜的方法归根结底也就是三种：增加“我们的人”，减少“他们的人”，争取“中间的人”。

要从整体的选民中分割出一块“我们的人”，就要有“我们”共同的东西，简单的像出身、籍贯、性别、姓氏等。比如金门选举，陈、李都是大姓，其中陈姓更是一等一的大姓。如果其中一个选举人正好姓陈，只要动员所有姓陈的投票给他，估计就没李家什么事了。复杂点的比如信仰、理想等。

而在所有的“共同”里面，“共同的敌人”是能量最高的。大敌当前，往往信仰、理想、恩怨统统靠边站。中国的一个成语最能说明问题，那就是“同仇敌忾”。没有什么比“共同的敌人”更能让人们紧密联系在一起了。

政治人物需要敌人，正如电影主角需要敌人一样。美国需要邪恶国家，007需要恐怖分子，阿凡达需要入侵者。这的确是人性的弱点，人们一方面谴责暴力、爱好和平，另一方面，如果一部商业片少了敌人，有谁愿意去看呢？

选举更需要敌人。这就是为什么每到“大选”前，鹰派[1]的声音就会甚嚣尘上。1996年第一次台湾地区领导人“直选”，李登辉接受日本右翼作家司马辽太郎采访，抛出震惊台湾地区和世界的声音——《生为台湾人的悲哀》。“这之前，掌握台湾权力的全都是外来政权。就算是国民党也是外来政权呀！一想到牺牲许多台湾人的‘二二八事件’，‘出埃及记’[2]就是一个结论。”

---

[1] 一个政治名词，形容主张对外采取强势外交或者积极武力扩张的政治派别。

[2] 《圣经·旧约》中重要的一章，讲述了希伯来人同古埃及人之间的矛盾起源，以及先知摩西如何带领希伯来人逃离埃及的故事。

当李登辉顺利地用“二二八事件”“外来政权”这样的符号建构起“仇恨和敌人”后，他孜孜以求的“台独”载体——“台湾生命共同体”就有了情感和逻辑基础。而民进党此后完全继承了李登辉的衣钵，把自己打扮成一个悲情的政党。悲情牌是选举的共生物，没有选举就没有悲情。一个政治人物平时好好的，该吃吃，该玩玩，突然有一天他开始玩悲情了，无他，大选到了。

令人匪夷所思的是，民进党上台后还在打“悲情牌”，都已经“执政”了，还有什么好悲情的呢？本来街头政治是在野党的专利，因为通过体制解决不了问题，在野党就只好诉诸街头。但“执政”后的民进党还是走上街头，把自己打扮成被欺负的对象。在2004年“三一九枪击案”中，民进党再次把街头政治发挥到极致，陈水扁在街头竞选时遭枪击，被民进党操控的“地下电台”开足马力，大肆渲染可怜的阿扁在为台湾挡子弹。一个大权在握的贪腐分子就这样被打扮成“落难的英雄”，悲情牌又赢了！

没有敌人就必须创造敌人。如果现实的竞争对手难以让选民产生不共戴天的仇恨，最佳的办法就是把远方的力量妖魔化，然后把竞争对手直指为“妖魔力量”的同谋。民进党运用这样一种荒腔走板的舆论战策略几乎屡试不爽，而且成本低收益高。

第三，国民党最缺乏游戏舆论战法。国民党一直高高在上，马英九也偏于正经。国民党缺少爱玩的天性，不懂得从互动游戏中寻找打选战的灵感。

当对手在妖魔化敌人时，一般的做法是针锋相对，揭露对方的丑恶行径。但是这样做的效果往往有限，理性的声音不如感性的声音容易洗脑，而谣言比真相的分贝大一千倍，传播速度快一万倍。

用严肃的方法对付妖魔化，只是用“真常识”对抗“假常识”，而“假常识”还是披着常识的外衣。只有把造谣者的行径围剿在常识之外，才能让大多数人对谣言产生免疫力。“游戏舆论”是解构妖魔化的最后终结者。

台湾中天电视台有一档娱乐节目叫《全民最大党》，它的主题就是政治模仿秀。作为一档供台湾省老百姓消遣的综艺类节目，它对政治的影响力却不亚于任何严肃的政论节目。

《全民最大党》有一个小板块叫“阿洪之声”，两位主持人模仿台湾省地下电台的主持人如何造谣生事。“天要下雨”“捷运晚点”，台湾地区发生任何不好的事件，两位主持人都不假思索地说是“中共”在搞破坏！有一次台湾地区出现“黑衣人事件”，扮演的地下电台主持人又说成“那是阿共的阴谋啊”。另一个问他为什么，他的逻辑很简单：“凡是黑的都是大陆的啊，比如黑手机、黑心棉，最重要的是黑龙江也是大陆的啊！”

事实证明在台湾地区这个泛政治化的社会，政治的娱乐化是解构荒诞政治的最有效的工具。

制造“中共的阴谋”议题是民进党的一贯伎俩，但驳斥民进党一千句“中共没有阴谋”，不如一句“黑龙江也是黑的”。再发生“两颗子弹事件”，再开足马力说这是“阿共的阴谋”时，只要一想起“黑龙江也是黑的”这个笑话，谁还会信呢?

这一次，“三只小猪”创造了一次通过“游戏舆论”打选战的成功案例。它一改民进党传统的悲情做法，把悲情内化为一种游戏精神。国民党试图用“平安福”来反制，但没能破解“三只小猪”困局，原因之一就是“平安福”较“三只小猪”缺少了游戏精神。

台湾民众爱玩！“三只小猪”对绿营动员有限，它真正打动的是中间选民，“一起来打大怪兽”。突然出现一个真实世界的游戏版，怎能不让台湾民众嗨翻了天?

如果有机会帮马英九写剧本，面对一个用娱乐战争打选战的对手，有什么破解之法吗?

有！破解之法就是运用舆论的轻规则。

一切回到“游戏舆论”来。既然“三只小猪”脱胎于童话和动画片，就应该从童话和动画片里去寻找破解“三只小猪”的答案。民进党剧本的“三只小猪”，其故事架构就是小动物对抗大怪兽。如果去除了大怪兽，“三只小猪”就失去了意义。

美国和中国大陆有两部流行动画片似乎可以给人们以启示：一部是《猫和老鼠》，一部是《喜羊羊和灰太狼》。在现实生活中，猫和鼠、羊和狼永远不可能和平共处。但在动画片中，猫和狼不再是威猛暴力的形象，而是通人性的小可爱。猫时常被老鼠欺负，狼成了永远吃不到羊的可怜虫。特别是灰太狼，其怕老婆、爱老婆的形象赢得众多女性的喜爱，“嫁人要嫁灰太狼”也成为一句流行语。

国民党不妨因势利导，顺水推舟将马英九打扮成整天被民进党欺负、怕老婆又爱老婆的“马太狼”。马英九的厚道在台湾地区已经深入人心，而马英九的“好丈夫”形象也是台湾地区女性的最爱。如果“三只小猪”对抗的“大野狼”根本就不存在，“三只小猪”靠什么聚集选票呢?

选战到最后，作为台湾地区领导人的马英九干脆大大方方地邀请台湾地区所有的“猪”，不管是“蓝猪”，还是“绿猪”，都到他官邸做客。嘉年华上，一只大灰狼和一群五颜六色、戴着“平安福”的可爱小猪们，手拉着手载歌载舞。晚会的高潮是：大灰狼终于掀开他的头套，露出马英九那经典的憨厚笑容。啊，原来大灰狼其实是一只披着狼皮的羊，更准确地说，是一匹被民进党披上狼皮的“马”呀！

一边是一直在制造仇恨，一心要制造敌人的“猪”，另一边是一直在促进族群和解，一心想推动两岸和平的“马”，中间选民会选哪一边呢?

Ⅶ 没有表情包的政治人物没有未来

哭，是人类第一个舆论武器；表情，则是人类第二个舆论武器。

人类在传播能力上比动物优越的地方，除了语言就是表情。在语言还没有形成之前，人类的表情也比动物丰富。但人类的厉害之处在于不断进化自己的传播工具，语言、文字、音乐、图片、视频，直至专门的大众传媒。

新媒体让一种原始的传播工具在新技术条件下复活，那就是表情包。

表情包使得表情可以脱离身体，用一种符号的方式传播。专业的公司制作了各种各样的表情包，方便人们选择。表情包在社交媒体上的运用已经登峰造极，可以说无论是Facebook还是微信，在一组聊天记录中没有表情包几乎是不可能的，甚至有的网友在微信中对骂，全程表情包，你来我往，刀光剑影，居然不需要打一个文字。表情包资源的丰富令人叹为观止!

舆论的世界是态度的世界，态度的世界是情绪的世界，情绪的世界是表情的世界，人类的表情在舆论传播中举足轻重。表情包在更高层次上复活了人类原始的表达工具—— 表情，表情包的使用开始挥霍与泛滥。一方面，人类的表达能力借助新技术与新媒体得到前所未有的提升；另一方面，人类原始的表达能力也开始退化，原创的表达冲动随之萎缩。表达资源的丰富与表达能力的贫困，这是表情包带给人类的“二律背反”[1]。

2016年，我在厦门大学毕业典礼致辞的视频一夜走红，被人们称为“网红教授”。

其实，我知道自己是一个伪网红，理由有二：一是没有变现能力，几亿的视频播放量，但没能收到半毛钱；二是没有表情包。

“papi酱”告诉我们，一切不能变现的网红都不是真正的网红；而傅园慧告诉我们，没有表情包的网红都是伪网红。

2016年9月5日，在美国特拉华大学我做了一个《中国“红”与世界“强”》的讲

---

[1] 康德提出的一种哲学观念，指两个命题相互矛盾，但是都可以成立。

座，从“红色中国”讲到中国近年来出现的另一种“红”——“网红”，提出“双包模式”将深刻改变中国与世界，那就是“表情包”与“懒人包”[1]。当讲座PPT弹出特朗普的表情包时，在场的美国人都笑了！我顺便预测了美国总统大选特朗普将当政，预测工具很简单：革命、台湾地区选举、新媒体、表情包。

在今天互联网时代选举政治下，有表情包的政治人物不一定有未来，但没有表情包的政治人物，一定没有未来！

对表情包，两岸印象最深刻的应该是2016年1月18日大陆的“帝吧出征，寸草不生”活动。据新闻报道，蔡英文的社交媒体账号被大陆网民贴了40个G流量的表情包，蔡英文不得不关闭贴图评论。百度帝吧的粉丝用表情包攻城略地，一个个政治人物或媒体的账号几乎瘫痪。

舆论就是态度的表达，与态度如影随形的就是情绪。“情绪的表达”简化为两个字就是“表情”。这里的“表情”一词是动宾结构，“表”是动词，“情”是名词。人们在表自己情的时候，表情（名词）是天然的伴随物。

报纸的文字，电台的声音，都无法直观看到表达者的表情。电视有表情，但能够让表情出现在镜头中的只能是新闻人物与演员。只有到移动互联网时代，人们的表情才可以最方便地被广泛传播，不仅能看到对方的表情，而且能自由地表达表情，因为人们拥有了一个特殊的表达符号——表情包。

不要责怪互联网时代的人们越来越懒，我们往往要靠懒人包来了解复杂的世界。事实上，只有小的、轻的、短的东西才方便传播。也正是因为人们懒，不愿意打更多的字，所以人们还需要表情包。因为表情包简单、灵活、轻便，所以最容易被传播。

某种意义上说，表情包是互联网时代最高层次的储存方式，也是最具传播力的储存方式。一个人物只有变成了表情包，才说明他被绝大多数的网民认可，他的符号信息才会出现在各个不同的领域。比如，傅园慧的表情包就无数次地出现在与奥运、游泳等无关的传播语境中，真正地实现了跨界。

只有进入表情包，才能从万众关注的对象变成全民表达的工具。网络红人只有从人物变成为符号，才称得上是真正的网红。

在中国当代舆论场，我们看到有一些历史人物也变成了表情包。但那么多历史人物，为什么只有这几个人物可以变成表情包？这说明拥有表情包的历史人物仍然在影响着当代的舆论场。我们还看到了一些外国人成为表情包，比如特朗普，说明特朗普

[1] 在台湾地区被广泛运用的网络用语，指专门给懒人使用的、了解舆论事件发生始末的资料包。

在中国也拥有着网红级的影响力。

表情包的数量可以是无限的，但在实际的运用中却是有限的。偌大一个中国，十几亿中国人，真正活跃的表情包恐怕不会超过一百个系列。所以表情包是互联网最稀缺的一种资源，也是互联网最重要的权力之一。对未来舆论场主导权的争夺，必定包含着表情包的竞争。

过去的时代，政治人物的最高影响力主要看他的传播能不能变成语录。比如，美国肯尼迪的“不要问国家为你做了什么，而要问一问你为国家做了什么”，中国邓小平的“不管黑猫白猫，捉到老鼠就是好猫”，今天政治人物的最高影响力，则要看他的脸是不是可以变成表情包进行传播。

为什么表情包对政治人物那么重要？有四个原因。

一是成为表情包，说明在互联网的曝光率够。——他有关注度！

二是许多人用他的表情包表达情绪，而且其他人都看得懂。——他有代表性！

三是成为表情包的人就算人们不认同，至少也不讨厌。很难想象人们会用一个很厌恶的人来做表情包，除非为了恶心对方！——他有亲和力！

四是表情包是重复使用的，它不仅用在政治生活，更用在人们的日常生活。一个政治人物一旦进入日常生活，就容易深入人心。——他有影响力！

如今台湾地区公认的表情包大王就是柯文哲，他捶桌子的表情包变化无穷。蔡英文的表情包也丰富多彩，但反观蓝营政治人物，表情包则乏善可陈！

政治人物没有表情包，证明他在网络没有亲和力，在网络没有亲和力的政治人物，就不可能赢得年轻人的喜爱。只要对比一下柯文哲与连胜文的表情包，再对比一下蔡英文与朱立伦的表情包，不用看民调就能知道选举结果。

放眼过去，有几个蓝营的政治人物有表情包？蓝营的政治人物有未来吗？

马基雅维里在《君主论》中说：“对于一位君主说来，事实上没有必要具备我在上面列举的全部品质（慷慨、慈悲、守信、勇敢等），但是却很有必要显得具备这一切品质……因为群氓总是被外表和事物的结果所吸引，而这个世界里尽是群氓。”[1]马基雅维里一针见血地指出“表面”的重要性，政治人物不需要“具备”美德，但给人们“具备”美德的印象却万万不可少！

现在我们应该修正马基雅维里这句话，政治人物不需要具备美德，甚至不需要给人们他具备什么美德的印象，他只要能够成为人们表达情绪的符号就可以了。特朗普

[1] [意]尼利洛·马基雅维里：《君主论》，潘汉典译，商务印书馆1985年版，第85～86页。

具备马基雅维里所说的那些美德吗？他甚至连具备美德的印象都没有。但特朗普当选了！为什么？因为特朗普表达了人们想要表达的！

在互联网所有的表达中，表情包是最直接、最省事、最普遍表达人们情绪的载体。

最后的问题来了，是不是有了表情包就能证明政治人物的领导力和执政力呢？

这当然是两码事，就像运动员最重要的是夺金拿银，政治人物最重要的是造福一方。运动员表情包再多，对夺金没有任何影响；同样，政治人物表情包再多，跟他的政绩好坏也无法挂钩。唯一的区别是，政治人物表情包一多，就可能当选。

这就是民主的代价，民主永远购买的是期货，当年轻的选民对表情包乐此不疲时，其政治判断力也可能低得一塌糊涂。当选举日过后，人们发现承诺“马上就好”的人并没有实现诺言，那也没辙，再等4年吧。

过去人们沉浸在政治人物的语录中，未来人们将迷失于政治人物的表情包上。就像台湾地区媒体批评民调一直下滑的柯文哲：“你不要离任后，只剩下养蚊子的大巨蛋[1]和一连串表情包。”

这句话玩笑归玩笑，却深刻地说明了三个道理：一是这个时代最会玩的政治人物就是玩得起表情包的；二是只会玩表情包的政治人物是可怕的；三是只会认表情包的选民是可悲的！

本章小结

舆论的轻规则是由舆论的弱原理推导而出的。舆论是表面的世界，越轻的东西越容易涌达到表面。在表层争夺上，轻是一种资源，是一种能力，也是一种权力。舆论的轻规则与舆论的弱定理、情感律相伴相生。弱的就是轻的，轻的总是表的。舆论的轻规则关注表情，也关注表情包。

掌握舆论的轻规则，要注意以下几个方面：

第一，理性看待舆论的轻世界。舆论是轻的世界，它和现实世界在轻重的权衡上基本倒置，现实生活中重要的，轻世界往往认为不重要；现实生活中不重要的，轻世界却可能认为很重要。轻世界的自由落体运动中，一地鸡毛最容易上天。对于舆论世

[1] 台北大巨蛋是一个大型会场，它是台北前市长郝龙斌任期内的主要政绩之一，目前处于中途停工状态。

界这样的奇怪现象，要见怪不怪。它与民族、时代都没有关系，再理智的民族，再文明的时代都是如此。除非没有舆论的世界，有舆论的世界就是轻的东西最容易传播。

第二，客观认识舆论的轻价值。重有重的价值，轻有轻的价值。没营养的东西，很可能是粗纤维，这种如今被称为膳食纤维的东西，对于人类的消化很重要。人类需要摄入，也需要排泄，物质食粮如此，精神食粮也如此。人需要脊梁也赞美脊梁，但不要排斥和贬低头发。

第三，认真学习舆论的轻管理。舆论是表面的世界，所有暴露在表面的都可能引发舆论风波。要认真管理好自己的表面舆论：头发、胡须、服装、包包、手表，一切暴露在外的，都不可等闲视之，尤其要管理好自己的表情。

第四，努力学会舆论的轻杠杆，举重若轻。如何让重的东西更好地传播？解决的方法就是把重的变轻，或者把重的东西变成空心的，像船的结构，又或借助轻的媒介，比如风、光、水。不管用什么方法，都离不开轻的杠杆。“吃饭+舆论”就是一种方便传播重要价值的轻舆论。要避免在用轻杠杆时，把舆论变成一地鸡毛。鸡毛可以短暂飞上天，但掉下来的还是鸡毛，要学会“花粉式传播”，花粉包含着有效的信息，并可以与受体结合，进行繁衍。当然更不要傻乎乎地去传播大树，吃力不讨好。

第五，清醒明白舆论的轻边界。舆论可以艺术化，借助艺术的传播方式，会给主体传播插上翅膀。舆论的艺术化因为其非功利性及与现实世界之间存在着忽隐忽现的边界，限制了舆论的现时功效，却使舆论获得超越时空的影响力。

第六，高度重视舆论的轻战争。舆论的轻战争指的是运用舆论的轻手段进行舆论战，其中，特别要重视舆论的娱战争。这是运用舆论轻武器级别最高的战争形式，它的威力不亚于传统正规的重型舆论战。用娱乐争夺权力，用游戏解决争端，这样的案例会越来越多。

第七，善于运用舆论的轻符号。现代新技术将创造更多的舆论轻符号，比如表情包。表情包是互联网最稀缺的一种资源，也是互联网最重要的一种权力。对当代舆论场主导权的争夺，必定包含着表情包的竞争。判断一个人物在当代舆论场是不是有真正的影响力，表情包是一个很好的观察尺度。对于未来的政治人物来说，没有表情包就没有未来。

Chapter 6 舆论的次理论

* 为什么英雄模范不如流量明星红?
* 小小的叛逆是次主流舆论，大大的叛逆是逆主流舆论
* 最有传播能力的人往往是最会讲故事的人
* 仪式化的东西不怕重复，就怕不重复
* 本·拉登是“英雄”的恐怖主义，ISIS是媒介的恐怖主义
* 孙悟空是在“闹”，而不是“反”，也不是“爆”
* 领袖的叛逆首先表现在语言上
* 爱情是电影（甚至一切艺术）的主流舆论

"舆论的次理论"：舆论世界是主次颠倒的传播世界。在舆论世界里，分布着主流舆论、次主流舆论、弱主流舆论、外主流舆论、逆主流舆论和反主流舆论等舆论形态。在舆论形态的谱系中，主流舆论是最不活跃的舆论，次主流舆论是最活跃的舆论。

其通俗的表达是：主旋律最不容易传播。

Ⅰ 主旋律最不容易传播

领导最操心主流舆论，政府也最焦虑主流舆论。操心与焦虑来源于同一个难堪的现实：主流舆论不易传播。为什么谣言满天飞？为什么段子总是在刷屏？为什么那么多好人好事媒体不关注？为什么英雄模范不如流量明星红？为什么满满的正能量却被人嘲笑为心灵鸡汤？有的人责怪世风日下，有的人归罪于新媒体，却不知道这样的事情古已有之，正所谓：好事不出门，坏事传千里！

这就涉及如何理解主流舆论。

主流舆论是一种舆论场中精英群体认可、权力组织支持并被大多数人接受的舆论形态。定义中精英群体、权力组织、大多数人三者缺一不可。只有精英的认可，属于精英舆论；只有权力组织的支持，是官方舆论；只有大多数人接受的，是大众舆论。它们都不能等同于主流舆论，只有三位一体才能成为主流舆论。主流舆论是政府、精英与大众相互建构的产物。

每一个舆论场都有主流舆论，每一个政府都想在舆论场里传播自己的主流舆论。当美国的政治人物或电影角色念念叨叨要保护美国的价值观时，就是在传播美国的主流舆论。

在一个舆论场中，主流舆论是正向舆论，但它不等于正确舆论或正义舆论。主流舆论不过是某个时代某个舆论场里主导的舆论产物。民主时代有民主时代的主流舆论，专制时代有专制时代的主流舆论，并不是所有的主流舆论都是正确的，也不是一成不变的。主流舆论有好坏之分、新旧之别，所以才有主流舆论的竞争与更替。主流舆论的竞争之时，就是多事之秋或者乱世；主流舆论的更替之际，就是革命或变革的时代。

如何理解舆论的次理论及舆论形态的谱系？以吃饭为例，人不吃饭不行，这就是主流舆论，精英认可，大众接受，政府支持，但能天天上《新闻联播》，刊发在《纽约时报》吗？不可能，除非这个世界疯了。所以它最不活跃。

食用转基因食品，精英认同有争议，政府支持有模糊，大众接受有分歧，所以它是次主流舆论。转基因食品能不能吃？能不能种？如何监管？可否进口？崔永元设置的这个转基因议题，从科学家的应对，到网络大V的不同意见，已经成为旷日持久的争议事件，仅仅用名人介入来解释话题为什么那么活跃是不够的。名人引发的议题层出不穷，往往热几天就过去了，但转基因的议题却是热度不退，显然是舆论的次理论在起决定性作用。

美食是弱主流舆论。美食尽管得到大多数百姓的认可，但政府一般不予背书，而精英群体也不推崇（精英个体可能推崇），所以它是弱主流舆论。美食一般上不了《新闻联播》，进不了报纸头版，但在非黄金时间与非重要版面里，却长期居有一席之地。美食在电视节目谱系中一般不可能获得最高收视率，但却非常稳定，所以是“常胜将军”。这就是美食的弱主流舆论性质在起作用。

吃素是外主流舆论。精英群体不推崇（精英个体可能推崇），政府一般不支持，大众中的少数派支持，所以它是外主流舆论。可能一时引爆话题，但不可能持久。比如在中央电视台，不可能有一档纯素食的电视栏目。

辟谷[1]是逆主流舆论。精英群体质疑，政府反对，百姓群体极个别尝试。偶尔见诸报端，大多秘密进行，被主流舆论所唾弃。但由于它不反政府，不挑衅主流舆论，所以通常并不被极力封杀。

地沟油可以放心吃是反主流舆论。反主流舆论与逆主流舆论有相似之处，即二者的方向都跟主流舆论背道而驰，但它们的区别在于对主流舆论的态度不同：逆主流舆论一般不挑衅主流舆论，只是与它相反而已；而反主流舆论会挑战主流舆论的地位，

[1] 源自道家养生中的“不食五谷”，不进食物只喝水，是古籍中记载的一种养生方式。

并与它针锋相对，甚至想取而代之。反主流舆论一旦引爆，能量极大。精英群体、权力组织往往会动员社会大众同仇敌忾，合力封杀。

需要特别说明的是，反主流舆论也未必是错误的、非正义的舆论。比如在两蒋时代的台湾地区，共产主义就是当时当地的反主流舆论，主张者要被杀头的。

革命或变革时代，就是主流舆论与反主流舆论争夺关注和认同的时代。二者争夺的主要目标是大众，当反主流舆论得到大众的普遍认可，并赢得精英群体的支持时，就有可能改变权力组织本身（推翻或改选政府）。

另外，次主流舆论也有可能上升为主流舆论，凡是主流舆论发生改变，都属于变革的时代。

2016年美国大选，特朗普打的舆论战就是运用从次主流到逆主流舆论谱系中的各种议题，不断挑战主流舆论的权威，获得大众的支持，最终夺得总统宝座。特朗普的舆论并不反主流，他没有颠覆美国的整体价值观。他最大的变化就是把原来的“普世价值第一，美国利益第二”的主流舆论改为“美国利益第一，普世价值第二”，一系列看似荒腔走板的言行，比如，在美国与墨西哥边境建墙，对穆斯林采取强硬政策，反对全球化，退出TPP，等等，都是出自这个舆论主轴。

●为什么主流舆论在舆论形态的谱系中最不活跃

第一，主流舆论往往是常识，常识无须反复提及。比如地球是圆的，人需要呼吸才能活……大家都知道的常识，没有必要天天说。

第二，主流舆论往往是常理，常理无须时时强调。比如不要闯红灯，不要随地吐痰，大家都要遵守的规则，不可能天天上新闻。

第三，主流舆论属于共识，共识不容易引发关注。舆论是竞争性传播，其第一特性就是争夺关注。主流舆论已经取得大家的共识，没有突出的东西值得被关注。因此，非主流舆论在主流舆论广阔的表面积的衬托下，反而容易成为舆论的主角，越非主流就越容易吸睛。正所谓狗咬人不是新闻，人咬狗才是新闻。

第四，主流舆论的基础性认同已经完成，无须大面积争取。舆论是竞争性传播，其第二特性就是争取认同。没有得到大多数认同的舆论，才需要争取认同。主流舆论的基础性认同是完成时，而不是进行时。主流舆论共识已形成，这就是舆论的终结。所以恰恰是非主流舆论，因为需要争取大多数认同，才会异常活跃。主流舆论是风暴过后的平静海面，容易泛起波浪的反而是非主流舆论。

主流舆论的非活跃性反向证明了：一个舆论太过活跃，很可能就不是主流舆论，它还需努力地争取更多人的认同。

●主流舆论什么情况下可能非常活跃

如果一个主流舆论突然异乎寻常地活跃起来，往往说明这个主流舆论出现了新情况。

第一，主流舆论出现争议，比如精英、权力组织与大众三者步调发生不一致，出现了意见分歧或组织分裂。主流舆论的共识被打破了，原来的熵出现新共识的凝聚需求。这时，主流舆论变得更加活跃以争取认同。

第二，主流舆论面临了挑战，新的舆论想取代原来的主流舆论。主流舆论不得不被动或主动地活跃起来，强化认同，巩固地位。

第三，现实世界遭遇了重大变故（敌人、灾难等），因此，主流舆论必须重新动员，重新确认，形成共鸣。

第四，主流舆论出现新的表达方式。因为表达方式的新鲜，主流舆论重新活跃。

第五，主流舆论进行格式化表达。主流舆论形成一种格式化表达，比如教堂的布道、国家宣传机器的开动、大型会议的召开等，都可能让主流舆论活跃起来。

●主流舆论在舆论场的作用方式是什么

主流舆论平时不活跃，但并不意味着主流舆论不起作用。恰恰相反，主流舆论占据社会舆论的表面积最大，它对舆论场起着决定性的作用，集中体现在五个方面：

第一，性质与特点。主流舆论决定了一个舆论场的性质。有什么样的主流舆论，就有什么样的舆论场性质。人们以主流舆论的不同来区分不同舆论场的特点。比如美国与中国的舆论场不同，主要由于双方的主流舆论不同。

第二，坐标系与参照系。舆论场是以主流舆论为基准设置坐标系的。舆论场首先确认主流舆论是什么，然后其他舆论形态据此为参照系，无论是次主流舆论、弱主流舆论、外主流舆论、逆主流舆论，还是反主流舆论，它们的定义都离不开“主流舆论”四个字，最终根据与主流舆论的亲疏不同而确立自己的地位与角色。

第三，磁场与背景。主流舆论是作为舆论场的磁场发挥作用的。它就像地球南北两个磁场，表面上看不到它，但它在暗暗起作用。主流舆论作为舆论磁场，不仅用引力干涉整个舆论场的舆论走向，而且为整个舆论场提供指南。

主流舆论占据舆论场的表面积最大，它往往作为背景，给整个舆论场提供底色。所有的非主流舆论其实都是用不同的方式，反映、表达和传播着主流舆论。

第四，边界与底线。主流舆论规定着整个舆论场的边界与底线。这并不是说主流舆论可以避免某些舆论突破边界与底线，而是说主流舆论会提示舆论场边界与底线在哪里，并警告惩罚突破者。

第五，禁忌与规训[1]。主流舆论通过禁忌及规训的方式发挥作用。主流舆论会形成舆论禁忌，这是它的另一种表现形式。主流舆论不仅用正向的、倡导的方式表达其选择，也通过反向的、禁止的方式表达。

舆论禁忌是另一种形式的主流舆论，如禁止公开发表对女性的歧视，否则，就会在舆论场付出代价。主流舆论不仅创造条条通罗马的大道，也设置雷区与沼泽地。胆敢逾越者，不是被炸得粉碎，就是越陷越深不可自拔。

●主流舆论不活跃，并不意味着它不能传播和不需要传播

主流舆论的价值如前所述，但它也需要传播，尤其需要用各种方式与不同手段来传播。

舆论的次理论认为主流舆论最难传播，这对人们的启示是：

第一，不要想当然地以为主流舆论天然好传播。这一点领导尤其要领悟。

第二，会传播主流舆论的才是传播的高手。搞个惊天爆料，玩一个噱头，用一点三俗，突破一下底线，请一些大明星，这样玩传播不算本事，有本事就把主流舆论传播得风生水起。

第三，把第一流的人才安排到主流舆论的传播战线。比如打“选战”，就是要传播主流舆论，候选人如果不是站在主流舆论这一边，或者不能把自己的舆论变成主流舆论，就注定落选，所以选举最重要的人才就是传播人才。传播主流舆论越是难，越是需要高手。

第四，重视主流舆论的传播方法。因为主流舆论天然在传播上不占优势，试图霸王硬上弓，恰恰事与愿违。越是主流舆论，越是要讲究传播方法。

●如何让主流舆论活跃起来

第一，故事传播。故事传播是主流舆论最好的传播方式。主流舆论不好传播的一个原因，就是它属于人山人海，解决的方法就是让主流舆论中的一个要素“出列”。

---

[1] “规训”（法文surveiller，英文discipline）一词借用福柯的定义，具有纪律、教育、训练、校正、训诫等多种释义。

一出列就突出，就容易被关注，能够带动整个舆论活跃起来。故事传播的方式就是“出列”，它不是“方阵齐步走”，而是让一个人或一件事向前走三步。故事都是个体的，容易被传播，但并不是所有的故事都如此。在这个世界最好的传播方式就是故事传播，而最有传播能力的人往往是最会讲故事的人。

第二，仪式化传播。仪式化是主流舆论传播的极佳路径。宗教的传播，一靠故事，二靠仪式。没有仪式就没有宗教的传播，更没有宗教本身。如果基督教取消了祈祷、洗礼、唱诗班等仪式，基督教就不是基督教了。体育运动也是，如果奥运会没有火炬传递，没有圣火点燃与熄灭，没有颁奖时的升国旗奏国歌，很难想象这样的奥运会可以持续举办下去。

仪式化传播可以让主流舆论长期地活跃起来，人们愿意通过一种仪式对老调重弹的东西进行反复表达，不断确认。因为仪式化可以让情感得以寄托或宣泄，并对主流舆论进行神圣化。仪式化的东西不怕重复，就怕不重复，这就可以破解主流舆论因为常识、常理或老生常谈的不新鲜而失去关注的动力。

仪式化传播增强主流舆论活跃度的机理在于：舆论要争取认同，而仪式化可以确认认同、宣誓认同与强化认同，并且这个认同必须表达出来，使得本来沉默的主流舆论由此活跃起来。

主流舆论的传播者应该从宗教传播与体育传播的仪式化上寻找借鉴。

第三，节庆传播。节庆传播与仪式化传播有交叉之处，但两者并不相等。教师节、母亲节、护士节……各种节庆，方便人们周期性地反复表达同一个主流舆论。节庆的设置针对了主流舆论的惰性。天天表达常识、常理没有必要，令人厌倦；从不表达常识常理又担心遗忘，或过意不去。节庆传播平衡了反复表达的冗余及永不表达的缺憾，特别设置在每一年有一个日子，让人们对主流舆论的某个认同进行确认、宣誓与强化。它既是人类的无奈，又是人类的智慧，是面对人性缺陷的妥协与务实。

第四，借敌传播。如前所述，一旦出现敌人，主流舆论就会活跃起来。主流舆论的活跃要善于借助敌人。有时候，没有敌人也要制造敌人进行传播。在选战时，这种借敌传播就特别有效。台湾地区选举时，为什么民进党总是把共产党扯进来？共产党又不和民进党争选票，国民党才需要选票。就是因为民进党需要敌人，先把共产党妖魔化，再把国民党打造成共产党的同路人，这样借敌传播就大功告成了。

第五，缺陷传播。又简称为“卖破绽传播”。有意识地让主流舆论留一个缺陷，这个缺陷无伤大雅，却因为特殊，容易引发关注。就像有一颗美人痣，更容易被人记忆。有缺陷的人和事比完美无缺的好人好事更容易被人相信、被人亲近，所以也更容易得到人们的认同。

每一次看到各地的旅游风光宣传片或招商引资网站千篇一律的完美无缺，我就怀疑：这样的主流舆论怎么容易传播呢？

第六，次主流传播。主流舆论要扩大传播量，最好的方法就是包容与鼓励次主流舆论，甚至有意识地把主流舆论包装成次主流舆论进行传播。因为次主流舆论是最活跃的舆论形态，总体上又是正能量，即便有一些边边角角不太中规中矩，却利远大于弊，何乐而不为呢？

●为什么次主流舆论是最活跃的舆论

相比主流舆论，所有的非主流舆论都可能更加活跃。但为什么是次主流舆论最活跃呢？

第一，反主流舆论。最有传播能量却未必有传播能力。它作为舆论场的反派，试图“彼可取而代之”，它与主流舆论针锋相对，最引人关注。本来是最容易传播的舆论，不过由于权力组织最想封杀它，精英群体也排斥它或避之唯恐不及，它只可能在某个局部的时间或空间异常活跃，但却不能持久。它一般有三个状态：一是被封杀；二是对峙，争夺主流舆论地位，成为第二主角；三是做大变强，成为主流舆论。当反主流舆论成为主流舆论时，主流舆论的非活跃性又开始起作用了。

第二，逆主流舆论。其传播能量仅次于反主流舆论，权力组织虽不会赶尽杀绝，但也不待见或任其扩大，最重要的是，逆主流舆论不容易成为精英群体的共识，更不容易说服社会大众。它只能偶尔活跃或局部活跃。

第三，外主流舆论。没有反主流舆论那么有破坏性，也没有逆主流舆论那么极端，对主流舆论无害，但也得不到权力与精英的推崇，在舆论场边缘生存，可与主流舆论长期共存。它往往转化为轻舆论，按照舆论的轻规则运行。它自生自灭，本来是传播生命力最旺盛的一族，但由于不入流，活跃度受到影响。

第四，弱主流舆论。比起外主流舆论、逆主流舆论及反主流舆论，它更靠近主流舆论，能得到更多的资源，但它的弱主流性既不会得到主流舆论的力挺，也不容易被凸显，所以活跃度往往不温不火。

第五，次主流舆论。最接近主流舆论的舆论形态。除了主流舆论外，它与精英群体和权力组织最为亲近，与社会大众的共识区域也广泛重叠，因此，它获得的支持及资源远超过其他的非主流舆论。同时，它又没有像主流舆论那样已经进入完成时，所以次主流就成为所有舆论形态谱系中最活跃的舆论。

II 小小的叛逆

舆论的次理论可以直接指导舆论战，它告诉了我们一个传播的密码—— 小小的叛逆。

为什么是小小的叛逆，而不是大大的叛逆，或者是百分之百的叛逆？原因就是：小小的叛逆是次主流舆论，大大的叛逆是逆主流舆论，而百分之百的叛逆则是反主流舆论。

为什么那么多人对改编《西游记》乐此不疲？为什么《西游记》改编起来那么容易成功？就是它提供了一个最简单的四种男人模式的选择题。书中的师徒四人，其实就是中国女性最容易遭遇的四种男人，处于主流舆论谱系的是唐僧与沙和尚，次主流舆论谱系的是孙悟空，弱主流舆论谱系的是猪八戒，他们都处在泛主流舆论的区间。

这四种男人，孙悟空与猪八戒得到了最多人的喜爱。猪八戒好吃懒做、胆小怕事、自私自利、重色轻友，这些都是他的“叛逆”。本来这些缺点都可以让他往逆主流舆论上靠，但猪八戒的善良、有趣、率真又将他纠偏成弱主流舆论谱系的男人。猪八戒的弱主流落在了“可爱”二字上。猪八戒是一个坏男人，但不是一个恶男人，而且猪八戒是小坏，不是大坏。那什么是恶男人呢？家暴的男人！卖老婆的男人！

孙悟空不是大闹天宫吗？是不是应该把他归入逆主流或者反主流舆论谱系呢？但一个“闹”字把事情定性了，孙悟空是在“闹”，而不是“反”，也不是“爆”。孙悟空在天宫就是要要脾气，他并不想改变天宫这个主流舆论体系，所以他接受封官许愿，当了一个弼马温。他后来不高兴是因为发现受骗，居然没资格参加蟠桃宴，这让他使起了小性子。他在天宫大闹一场，也就是偷吃一些东西，破坏一下气氛，反抗一下权威。他叫玉皇为“玉皇老儿”，自封“齐天大圣”，也不过是逞口舌之快，根本就没有想要推翻玉皇大帝。对比一下年轻的项羽，看到秦始皇南巡的仪仗万千，发出了“彼可取而代之”的慨叹。项羽属于反主流舆论谱系，孙悟空不是。

孙悟空在东海搞事，也是“闹”，他到东海去，要的是（偷的是）定海神针。他的标的物，就是一个金箍棒，即便打死了龙王的儿子，也不过是打死一个恶少。无论在天宫还是龙宫，他都没有搞人体爆炸案、恐怖袭击。像“9·11事件”，那就不是“闹”，而是“炸”。所以恐怖组织属于反主流舆论谱系，孙悟空不是。

归根结底，孙悟空的闹，不是想改变秩序，只是“老子不服”。不是揭竿而起，所以他不是陈胜、吴广。陈胜、吴广是属于反主流舆论谱系，孙悟空不是。

孙悟空是猴，他只有猴的顽皮，他不是狮虎，也不玩狮王争霸。他的叛逆全部限制在猴的范围，他不觊觎天宫的位子，而且他还很尊师重道。他奋起金箍棒打的是妖怪，是与玉皇、如来、菩萨、师父共同的敌人，所以他的叛逆只是小小的叛逆。

唐僧与沙和尚都属于主流舆论：一个是大好人，一个是老好人；一个台词太多，一个台词太少。因为都属于主流舆论的谱系，他们是女生合适的婚姻对象，却不是她们最喜欢的类型。

很多人都有这样的生活体验，最受班上女生喜欢的，往往是那个成绩特别好又有点调皮的男孩。成绩好、当班长又特别乖的男生往往不是女生最喜欢的，他们是主流舆论谱系；特别顽皮、成绩又不好的男生，也没有多少女生喜欢，那是外主流舆论谱系；变成流氓的小混混，喜欢的女生就更少了，他们是逆主流舆论谱系；如果变成了杀人放火的罪犯，则是反主流舆论，几乎不会有正常的女生喜欢。

电影《夏洛特烦恼》里，沈腾扮演的男主角夏洛在影片一开始就大闹初恋婚礼（这个“闹”字与孙悟空的“闹”异曲同工），这个小小的叛逆的男生就是女生最喜欢的那一款。而演员尹正扮演的袁华则属于主流舆论谱系，有一个当区长的老爸，自己是班干部，又是一个老师眼中的好学生。这个高富帅只要一出现，《一剪梅》的音乐就响起，引来电影院观众席的一片嘲笑声。

主流舆论谱系的形象不容易讨好观众，很容易让人们想起曾经的“高大全”。但过去对“高大全”的批评，主要集中在过于拔高甚至神话了人物，给人以不真实的感觉。其实，“高大全”真正的问题是不容易传播，即使传播，也不容易被人喜爱。

美国的所谓主旋律电影，英雄都用的是次主流舆论形象，基本上小毛病一大堆：打架、虐俘、爆粗口、违抗命令、乱搞男女关系，对待敌人以暴制暴，从来不以理服人，更不会以德服人，展现了英雄七情六欲的一面。但他们出生入死，为国排难，为民解忧！偏偏观众就爱这一口，一大堆粉丝迷妹为之陶醉倾倒。

香港的警匪片为什么能成为经久不衰的类型片？一个很重要的原因就是，电影里的警察几乎没有一个高大全的形象，他们游走在黑白两道之间，亦正亦邪。他们往往不是法律的化身，而是江湖的英雄。

中国最近几部主旋律电影票房大卖，共同的特点就是英雄都有些小小的叛逆。电影《湄公河行动》里的警察抽烟、说脏话、拷打犯人、钓鱼执法，电影《战狼2》里的退伍军人暴力抗拒拆迁、酗酒、与女性调情，却丝毫不影响警察与退伍军人在观众心目中的形象。有毛病的警察，更像警察；有缺点的军人，更是英雄。

无论是富有魅力的政治领袖，还是叱咤风云的商界精英；无论是风流倜傥的文化名士，还是一夜成名的明星网红，都有一个传播的基因——小小的叛逆。

罗斯福、丘吉尔、肯尼迪、撒切尔、特朗普都有一种小小的叛逆精神。即便是像马丁·路德·金、曼德拉这样的革命性领袖，他们最初反主流，但他们在自己族群（政党）的舆论场仍然是属于次主流舆论，当他们所代表的舆论成为主流舆论，领袖个人仍然保留着次主流舆论的传播基因。

过去习惯把这种领袖魅力解释为领袖的个性。但每个人都有个性，为什么领袖这种个性容易传播，而其他人的个性不易传播呢？

领袖的个性往往是小小的叛逆，不走寻常路，不说寻常话，却绝不颠覆主流价值。领袖的叛逆首先表现在语言上。“不管黑猫白猫，捉到老鼠就是好猫”，翻译成书面语就是“评价事物的标准不是标签而是效果”。但如果用后者的方式进行表达，怎么可能做到争相传诵？领袖的个性风格一定是与众不同的，才会从人山人海中区隔出来，但领袖的价值取向又必须落在人山人海当中，这就是为什么小小的叛逆才能成功，大大的叛逆不行！

如果一个人一点都不叛逆，他根本就没办法成为领袖；但如果百分之百叛逆，那么他就会成为独夫。希特勒就是如此，他不仅语言、表达、个性叛逆，连主流价值也叛逆，虽然红极一时，但最后走向极端，自绝于人民。

小小的叛逆，不仅是传播之法，也是经商之道。为什么有的企业家自带广告、自带扩音器，成为明星式的人物？就是因为小小的叛逆，人设了他的角色，编剧了他的台词，从而传播出他的故事。罗振宇的段子，潘石屹的潘币，王健林的“先定一个能达到的小目标，比方说我先挣它一个亿”，你都可以读出这些企业家背后的调皮。这种顽皮劲，在苹果的乔布斯和脸书的扎克伯格的言行中也可以找到。就是任正非、柳传志身上，都可以看到孙悟空的影子与骨子里的叛逆。企业家如果不能叛逆，就没办法向前三步走，成为行业的领头人；但如果他们完全叛逆，整个行业又会把他们抛弃。

舆论的次理论甚至可以指导产品的研发，因为好卖的产品一定是传播能力强的产品。特别是时尚与科技产品，畅销的款式往往具有小小的叛逆。苹果推出的iPhone 8就是属于主流舆论，中规中矩的它，销量就是不好。不是产品质量不行，而是没有叛逆。同时推出的iPhone X，尽管很多新花样人们不习惯，但它有足够的小小的叛逆，其销量就让iPhone 8望尘莫及。

舆论的次理论还是分析公众人物人设（人物形象设定）的好工具。从韩寒身上，可以清楚地看到这种小小的叛逆的影子，不仅他作品里的人物，就是他自己的装扮、言行，都有一种小小的叛逆味道。和他风格相反的郭敬明，玩的也是小小的叛逆。

《小时代》引发一众粉丝不是看电影，而是看包包，郭敬明也是在小小的叛逆。

所有走红的明星，几乎都有小小的叛逆这个传播基因。无论是画着眼线的约翰尼·德普，还是剽悍的肌肉男范·迪塞尔，无论是如雕塑般精致的外貌下隐含着坚定的汤姆·克鲁斯，还是有着性感毛发与一双电眼的瑞恩·高斯林，他们的眼神都有一个共同的特点，那就是“不羁”。

舆论的次理论可以指导明星正确而又巧妙地走红。很多明星知道出格和出位就容易走红，这只对了一半。从主流舆论的阵列中向外走，确实容易引发关注。但明星们不知道，在主流舆论之外，有着一个宽广的谱系，分布着次主流舆论、弱主流舆论、外主流舆论、逆主流舆论与反主流舆论。不幸的是大部分明星与经纪人，只懂得在逆主流舆论与外主流舆论之间一个很窄的区域里中搏出位，一不小心甚至会掉到反主流舆论谱系陷阱中。虽很吸睛，但格调不高，风险更高。

明星不是只有裸体、绯闻和负面新闻才能爆得头条。如果要靠这样出名，不是明星自身智商有问题，就是经纪公司黔驴技穷。还有些明星，反其道而行之，努力在主流舆论里亮相，结果因为不熟悉套路，也出力不讨好。有没有可能在争议最少的情况下走红？答案是肯定的，路径就是次主流舆论（本章后面会举出实战案例）。

除了明星网红，即便是文人名士，也逃离不了舆论的次理论的影响。那些被人们津津乐道的文艺大师，也几乎都有一种小小的叛逆劲。如果他们完全反主流，就会被封杀与围剿，但如果一味地中规中矩，也吸引不了粉丝。所以从某种角度说，小小的叛逆也是文艺大师们的标配。

钱钟书被誉为“文化昆仑”，可他的《围城》流露着一股挥之不去的顽皮劲儿。辜鸿铭在北大第一次讲课时，学生们看见他还留着辫子，立刻哄堂大笑。他却淡淡地说：“我头上的辫子是有形的，你们心中的辫子是无形的。”霎时间教室里鸦雀无声。辜鸿铭的辫子就是小小的叛逆。据说，齐白石很小气，他写了一张字条常年贴在客厅：“卖画不论交情，君子有耻，请照润格出钱。”还有一张字条：“花卉加虫鸟，每一只加十元，藤萝加蜜蜂，每只加二十元。减价者，亏人利己，余不乐见。庚申正月初十日。”他明码标价一只虾十块钱，但是有人只给五块，他就只画半只。齐白石的半只虾就是小小的叛逆。

“众人皆醉我独醒”，“独醒”就是屈原的叛逆。他不肯随波逐流，原本是对主流舆论的背离，但他对楚国的一往情深至死不渝，又把他纠正到次主流舆论。再看看杜甫写李白的诗：“李白一斗诗百篇，长安市上酒家眠，天子呼来不上船，自称臣是酒中仙。”天子来喊都不上船，这种对最高权力的拒绝需要巨大的勇气与自信，但一个“臣”字，暴露出李白的叛逆仍然是小小的叛逆，他仍然是服从于君君臣臣的主流舆论秩序，即便他已经是诗仙，但对君王仍然是臣。称臣而不俯首——这样小小的叛逆，就是中国传统文人最崇尚而皇帝也往往睁一只眼闭一只眼的最高自由境界。

到了元朝，小小的叛逆变成关汉卿的“豆”。

> 我是个蒸不烂、煮不熟、捶不匾、炒不爆响珰珰一粒铜豌豆，恁子弟每谁教你钻入他锄不断、斫不下、解不开、顿不脱慢腾腾千层锦套头？……你便是落了我牙、歪了我嘴、瘸了我腿、折了我手，天赐与我这几般儿歹症候，尚兀自不肯休。则除是阎王亲自唤，神鬼自来勾，三魂归地府，七魄丧冥幽。天那，那其间才不向烟花路儿上走。
>
> ——节选自《南吕·一枝花·不伏老》

李白不听天子的招呼，关汉卿非要到阎王召唤才肯罢手，他们都用否定（叛逆）的方式，表达自己的特立独行，但他们都不反对主流价值观。他们只是“偏”，这一个“偏”就是“小小的叛逆”。

《百家讲坛》为什么红了易中天？将易中天与《百家讲坛》其他的嘉宾放在一起比较，很难从知识渊博、学问高深来认定他高人一筹。易中天真正与众不同的是他的小小的叛逆，其他嘉宾太正了，魅力当然不敌易中天。

III 小逆模式的定位

舆论只有小小的叛逆才可能成功，我把它简称为小逆模式。但小逆模式该如何定位，考验着人们的智慧。一不小心，就容易错位。

韩寒的电影《乘风破浪》在宣传推广时，就出现了小逆模式的错位。电影上映前，制片方先发布了一首主题曲《乘风破浪歌》，歌词对未来的妻子提出诸多要求：

> 你在每天晚上 / 不能睡得比我早
> 你在每天早上 / 不许起得比我晚
> 饭要做得很香甜 / 打扮起来要大方

还有婆婆和小姑 / 都要和睦地相处

网友纷纷表示这是一首直男癌之歌，批评韩寒不尊重女性，是社会巨婴……质疑这是娶老婆还是找奴隶。韩寒一再解释，这首歌其实改编自日本的《关白宣言》，希望大家不要上纲上线。网友们却认为韩寒为了炒作玩弄观众，发起了“不看《乘风破浪》”的活动。

一部电影如果票房好于口碑，说明传播打了场漂亮仗。一部电影如果口碑好于票房，则说明传播出了问题。《乘风破浪》电影就属于后者。韩寒本来想制造一个小小的叛逆，没想到中国的女权主义正处于上升时期，更加上电影市场女性具有主导优势。当男生用一种另类的方式表达对女性的爱，反而被解读为对女性的不尊重，生生把一个调侃性质的次主流舆论纠偏为逆主流舆论。小小的叛逆成了大逆不道，韩寒电影团队真的是哑巴吃黄连。

“小小的叛逆”是舆论谱系中最容易传播的基因，而如何理解叛逆，如何权衡叛逆的大小，这就成为关键中的关键。

要确定小小的叛逆，最简单的方法就是先确定什么是大大的叛逆，甚至是百分之百的叛逆。因为主流舆论比较好确立，利用排他法，把主流舆论与逆主流舆论、反主流舆论排除，剩下的就是小小的叛逆可以挥洒的宽广谱系了。

从金庸的《射雕英雄传》可以得到很多启发。南帝、北丐、东邪、西毒、中神通，中神通是主流舆论，北丐是次主流舆论，南帝是弱主流舆论，东邪是外主流舆论，西毒则是反主流舆论。可见邪与恶并不同。所以亦正亦邪可以接受，亦正亦恶不存在，如果存在，就是比恶还糟糕的奸。这五个人，北丐最讨人喜欢，西毒最招人厌，而中神通则着墨不多。在金庸小说里很少有高大全的人物，如果一个角色一出场就满嘴仁义道德，最后往往发现他是个奸人，代表人物岳不群。

逆主流舆论到反主流舆论有三个层次：坏、恶、奸。其中坏，离外主流舆论最接近，坏是一个游离的词。所谓男人不坏女人不爱，说明坏并不是人们最糟糕的评价，如果改成男人不恶女人不爱，或者男人不奸女人不爱就不行。人们会把情人或孩子叫作小坏蛋，谁会改成小恶人或小奸人呢？

如果一部电影只是把反面人物设定成坏，那么，他就有可能被人们同情、谅解甚至转变为好人。如果反面人物必欲除之而后快，则定位为坏是不够的，至少要定位到恶才行。所谓除恶务尽，没有除坏务尽。一部电影要让主人公从负面到正面转化，刚开始时可以把他写成坏人，但不能写成恶人，更不能写成奸人，因为到了恶和奸就不容易转变成好了。

人物能不能转化为好人，是确定人物形象是不是处在反主流舆论谱系一个很好的试金石。

文艺作品如果要写坏人变好人，在犯罪这个谱系里，财物侵犯系列比身体侵犯系列更容易矫正为好人。这类人物形象最被青睐的就是小偷，几乎电影里的小偷要么是好人，要么最后变成好人。比小偷更坏的就是大盗，他变好人的概率虽比小偷小，但也常见，比如《水浒传》。比大盗更坏的是抢劫犯，但要把抢劫犯塑造成次主流舆论的人物形象，则要有雨果写《悲惨世界》这样的功力。

犯罪谱系里的身体侵犯系列，最容易完成小小叛逆的是打架斗殴的小混混，所以才会有残酷青春这样的电影主题。《乘风破浪》里的主角就是这样的小混混，他们干坏事，但不干恶事。恶事与坏事的区别就在于是否伤天害理。

那么，什么才是恶？杀人算不算恶？如果杀人都不算是恶，那什么才算是恶？有意思的是，在百老汇《歌剧魅影》里，杀人犯是被正面肯定的第一主角；在金庸小说里，杀人无数的英雄豪杰更多的是。为什么他们都没有被塑造成恶人？

让杀人犯不成为恶人，最好的修正就是给他们安上主流舆论的价值，比如为了国家，为了爱情，为了兄弟情义……但仅仅这样还不够，最好双方另有交集，比如《湄公河行动》，方新武（彭于晏扮演）擅自击毙的犯人是杀害他女友的恶人。如果这个人没有和方新武本人有血海深仇，方新武的形象就进不了次主流舆论。

要纠正杀人的形象，不仅要有主流舆论的价值取向，还要忌讳杀什么人。首先就不能杀妇女儿童，除非其正在实施暴力犯罪。比如《湄公河行动》里有杀小孩的镜头，就是对方正在杀人。《湄公河行动》把小小的叛逆推到接近逆主流舆论的极致边界，这也是该影片为什么成功的一大原因。

坏的最高级不是恶，而是奸。所以最坏的中国人就是汉奸，而不是汉恶。美国大片里，最坏的人往往也不是英雄面对的公开敌人，而是潜伏身边的内奸。

奸与恶的最大区别，可能还不是背叛，而是见不得人，即所谓“见光死”。奸人没有办法像恶人那样堂而皇之，所以有强盗逻辑，却没有奸人逻辑。奸人其表面的逻辑往往是主流社会的逻辑，这是拿来骗人的逻辑，奸人没有自己的逻辑。

提到奸，值得留意的是强奸犯的舆论形象。在现实世界里，强奸罪当然不如杀人罪大。但在艺术舆论场里，一个杀人犯容易被塑造成好人，而强奸犯却不行。就像《歌剧魅影》中的魅影，如果把他的罪行从杀人换成强奸，他现实的罪可能小了，但在艺术的舆论场里，他却会万劫不复。

强奸犯的舆论修复几乎是不可能完成的任务，即便是托尔斯泰这样的伟大作家，《复活》对聂赫留朵夫的重新塑造，也是建立在诱奸而不是强奸玛丝洛娃。如果一个人强奸或轮奸妇女，这样的人物形象在舆论世界永世不得翻身。

奸恶是最大的叛逆。在奸恶之外，随着参照系的不同，一些本来是大大的叛逆，都有可能改造为小小的叛逆。在完人与奸恶之间，在主流舆论与反主流舆论之间，存在广阔的空间。我们还可以列出一长串这样的人物谱系：侠、醉、憨、顽、痴、邪、狂、狷、混、浪、野、蛮、怪、散、笨、呆、傻、娇、傲、逸、隐……上述关键字可以和人、主、客、子、者、士、夫、蛋、瓜等组合成词组。他们共同的特点有二：一是不羁，至少在一个方面不受世俗的约束；二是偏执，至少在一个方面执着，这个执着有些偏，而不是反，所以是偏执，是小小的叛逆。

人物的个性千姿百态，只用一个字形容当然词不达意，但它们多多少少可以反映出一些人物的本质。比如所有的侠都是小小的叛逆。侠是江湖世界的主流人物。江湖世界又是现实世界的次主流舆论场。江湖不是正史，但也不是反史，它只是野史。两者一结合，作为次主流舆论场的主流人物，侠就变成小小的叛逆。为什么武侠小说最容易走红，金庸的影视剧拍一部红一部？小逆模式啊！

另一个有意思的是“醉”，酒的文化场也是现实世界的次主流舆论场。现实世界推崇理性、秩序、控制，但酒的文化场偏离这个方向。欧洲文化有日神与酒神两个传统，日神文化就是主流舆论，酒神文化就是次主流舆论。日神与酒神并不是对立的，更不是一正一反，而是一主一次、一正一邪。“对酒当歌，人生几何”“浊酒一杯家万里，燕然未勒归无计”“醉卧沙场君莫笑，古人征战几人回”“醉里挑灯看剑，梦回吹角连营”“古来圣贤皆寂寞，惟有饮者留其名”……酒常常出现在宏大叙事里，主流的场地——沙场，主流的人物——圣贤，主流的价值——国家情怀，醉客们用小小的叛逆方式，表现出与主流舆论的张力。

艺术舆论场的舆论谱系除了善与恶的维度外，理论上还有两个维度：真与假，美与丑。但这两个维度都不如善与恶的谱系那么清晰与完整。真与假的维度里，很难分出次真、弱真、外真、逆真、反真这样的谱系。而美与丑的维度里，虽然美独占大头，但丑却未必是逆主流舆论，很多丑陋的外表却因为有一颗善良的心，变得分外美丽！善与恶才是改变真与假、美与丑的舆论主轴。真的恶，也是恶；假一旦善，也是美！

艺术舆论场其实还有一个常常被忽略的维度，那就是净与脏。在艺术舆论场里，可能最不能容忍的反主流舆论就是脏。影视人物得的都是外表比较干净的病，几乎没有一个男主角得痔疮或淋病，女主角更不会得看起来溃烂的皮肤病。

善良的人，可以奇丑无比，但不能容忍他脏。《巴黎圣母院》中卡西莫多有着丑到极点的相貌：独眼、驼背、四方形的鼻子、参差不齐的牙齿……似乎上帝将所有的不幸都安排到了他的外貌上。但如果卡西莫多满脸鼻涕、浑身污秽，读者还会喜欢他吗？

艺术舆论场对脏的不容忍，甚至覆盖到反面人物上，恶势力可以丑陋，可以狰狞，可以凶相毕露，但不能脏。电影里几乎没有一个大反派是脏的。

艺术舆论场对净的要求如此苛刻，对排泄物的使用就要特别慎重。吃喝拉撒睡，是人的生存需要。电影常常表现吃喝睡，对拉和撒往往省略。而一旦表现，就突破到临界点，令人过目不忘。比如电影《泰坦尼克号》的杰克与露丝朝大海吐口水，《后会无期》三位男神冯绍峰、陈柏霖和钟汉良排排站“嘘嘘”。这种逆主流模式，就是要凸显人物的叛逆。但两部电影表现得相当克制，前者没有排泄物的特写镜头，后者采取人物的背影。

由此可见，净是艺术舆论场中最普遍、最强势的主流舆论。它用舆论禁忌的方式，规定着艺术舆论场的边界，小逆模式不能在这个维度上挑战它的底线。

Ⅳ 小逆模式的调试

小逆模式的成功关键是调试到合适的舆论谱系，就像音量旋钮，调大了变噪音，调小了听不见。

要把传播定位精准地锁定在次主流舆论的区间，技巧就像走钢丝绳，而且时间久了也容易审美疲劳。一个聪明的方法就是，游走在主流舆论与外主流舆论之间。

经典的例子就是周杰伦。提起周杰伦，大家就想起“屌”这个字。他头一偏，伸出手指一句“哎哟不错哟”，就迷倒一大片粉丝。周杰伦最早的歌曲《双截棍》属于外主流舆论，甚至徘徊在逆主流舆论的边缘。当满城小朋友都在唱“快使用双截棍”时，好多大人有些担心，这不是丛林社会吗？这个时候，没多少父母会支持孩子去听周杰伦的演唱会。但当2006年《听妈妈的话》出来之后，一切开始改变，妈妈们心甘情愿陪着孩子一起去听周杰伦的演唱会，可能整场演唱会其他歌曲都不会唱，但当《听妈妈的话》乐声响起，妈妈们含泪跟唱。

《听妈妈的话》绝对是主流舆论，其歌词因为有潜移默化的教育意义，还入选台北教育大学附属实验小学一年级教材。周杰伦的形象从逆主流舆论的边缘一举扳回到次主流舆论。

2006年也是周杰伦形象转型之年，除了《听妈妈的话》，还有一首《千里之外》，他自己填词、作曲，并与费玉清一同演唱。凭着《千里之外》，他把费玉清的粉丝一并收入，周杰伦的歌迷开始扩大到原本粉丝的爸爸妈妈这个群体。这个年轻的叛逆者终于逐渐进入了主流舆论，当然还是以次主流的形象出现。

先接近逆主流再杀回主流，这是小逆模式普遍的招数。特别是电影，因为情节需要曲折变化，这种“回马枪”的小逆模式屡试不爽。《战狼2》受益于这种模式，台湾电影《我的少女时代》也是如此。该片以20世纪90年代的台湾地区高中为背景，讲述了平凡少女林真心和校园一霸徐太宇的初恋故事。徐太宇身为学校头号痞子，打架斗殴，成绩很差，连教官都不敢惹他，本来是属于逆主流舆论谱系，随着情节的推进，影片后来做了修正：原来徐太宇是“资优生”，因初中好友意外溺亡，他内疚自责，自暴自弃，才变成了学校里的“小霸王”。后来在爱情的启蒙下，幡然醒悟，发奋学习，考试成绩突飞猛进，以至于老师质疑他作弊。这样徐太宇的形象从逆主流舆论谱系又扳回到主流舆论谱系中来。

徐太宇形象的修复过程就是周杰伦形象的重构过程，可见舆论的次理论不仅可以指导明星的定位与推广，也可以用于文艺作品的创作与传播。

这种“始逆终主”的小逆模式因为有变化，而且变化是终成正果，所以特别受到人们的喜爱，但顺序不能变。不能先是主流舆论，最后却滑向逆主流舆论，这样故事就变成了“堕落天使”。

小逆模式的成功要提防走火入魔。当我们强化人物的叛逆时，有可能真的让人们反感，本来想塑造人物的小坏，最后却变成了真正的大坏，甚至恶人，这就走到了小逆模式的反面。

程耳的《罗曼蒂克消亡史》票房不佳就是最好的例证。观众的反馈不仅与强大的卡司阵容不相匹配，更辜负了程耳精湛的电影语言与艺术才华。一个最根本的原因就是影片采取了相爱相杀的主题。电影是青年男女的市场，正在爱恋中的女性拥有主场优势，她们不会乐意和男生去看一场爱情毁灭人生的电影。这背后的传播逻辑恰恰印证了舆论的次理论。

小逆模式的调试一定要注意舆论谱系的两极，要搞清楚什么是百分之百的叛逆，并弄明白什么是主流舆论。

爱情是电影（甚至一切艺术）的主流舆论，这是艺术舆论场的特质。在其他舆论场里，生命是高于爱情的，现实世界的法律不会纵容一个因爱而杀人的杀人犯，非艺术的舆论场也会把生命的价值视为高于爱情，比如主流舆论是不鼓励人们因为爱情而自杀的。但在艺术的舆论场里，爱情的地位却可能超过生命的地位。

《泰坦尼克号》就是一部描写生命被灾难毁灭的电影，但影片里的爱情却获得超越生命的地位。当露丝奋不顾身地从救生艇上跳向正在下沉的杰克，并紧紧地拥吻在一起，生命的价值就在爱情的光芒下黯然失色。“你跳，我也跳！”不再是生死不渝的表白，而是超越生死的爱情誓言！如果把这个结尾改为“恋人本是同林鸟，大难来时各自飞”，电影《泰坦尼克号》的票房和魅力就会大打折扣。

百老汇的《歌剧魅影》更加鲜明地表现出爱情在艺术舆论场中无以复加的崇高地位。主角魅影是住在剧院地下迷宫的“幽灵”，他丑陋、阴郁、妒忌，有着极强的占有欲，为了爱情他无所不做，甚至不惜杀人和夺人所爱。音乐剧结尾，当魅影控制了克里斯提娜，她的爱人拉乌尔赶到地下室却被阻隔在铁栏之外。克里斯提娜劝拉乌尔快跑，但拉乌尔却哀求魅影只要放过克里斯提娜，他愿意付出任何代价。魅影被拉乌尔的打搅激怒，用绳索套住了他，并且逼迫克里斯提娜做出选择：要么用拉乌尔的生命换取她的自由，要么披上魅影准备的婚纱，换取拉乌尔的生命。克里斯提娜却不忍爱人牺牲，鼓起勇气对魅影说，她将告诉他爱的力量会有多么强大，上帝终究会拯救魅影的灵魂，然后给了魅影一个长吻……

一个意味深长的吻，电闪雷鸣，如同天上的造物主的光辉照亮了魅影封闭的心灵。魅影对克里斯提娜和拉乌尔挥了挥手，让他们赶快离开，而自己选择了永远消失……

一个试图夺人所爱、频下杀手的杀人犯，最后成为音乐剧中最令人感动的人物，所有的原因就在于爱情是艺术舆论场至高无上的制高点。当拉乌尔为了爱情宁愿放弃生命，克里斯提娜为了爱人宁愿放弃幸福，魅影为了爱情宁愿放弃得到的一切时，爱情已经没有什么不可以征服，没有什么不可以修正。杀人，这个在法律意义上最大的恶，在爱情的光辉下，变得微不足道。舆论建构的世界，再一次告诉人们，他们的逻辑是那么的不同。

爱情在艺术舆论场的崇高地位，并不是一部电影，一部音乐剧的个别现象。爱情是艺术永恒的主题，《霍乱时期的爱情》《倾城之恋》……这样的标题，已经预示着爱情的力量。罗伯特·麦基说：所有的故事都指向爱与责任。

“生命是一袭华美的袍，爬满了蚤子”——这是19岁的张爱玲在《天才梦》中写下的一句话。张爱玲对生命的认识冷峻而苍凉，但张爱玲看开了一切，却没有看开爱情；否定了一切，却没有否定爱情。“遇见你我变得很低很低，一直低到尘埃里去，但我的心是欢喜的，并且在那里开出一朵花来。”“于千万人之中遇见你所要遇见的人，于千万年之中时间的无涯的荒野里，没有早一步，也没有晚一步，刚巧赶上了，那也没有别的可说，惟有轻轻问一句：‘噢，你也在这里吗？’”

因此，当程耳试图挑战艺术舆论场的主流舆论，用罗曼蒂克的消亡来宣告爱情的终结，这是多么大的冒险。否定了爱这个主流舆论，他就不是小逆模式，而是直接进入了逆主流舆论的谱系。这样玩艺术可以，酷！这样玩票房不行，冷！

中国电影导演还有一个人喜欢在外主流舆论与逆主流舆论谱系中寻找灵感，那就是宁浩。《无人区》这部没有一个好人的电影，尽管导演用了各种黑色幽默进行调剂，但挥之不去的压抑，仍然让电影无论是市场表现还是艺术穿透力，都压缩在一个窄小的空间。逆主流舆论不是不能够产生伟大的作品，但它需要创作者更大的功力驾驭，也要做好市场遇冷的准备。

其实，次主流舆论谱系中，也不是只有市场，它同样可以产生伟大的作品。迄今为止绝大多数最伟大的电影，都集中在次主流舆论的谱系里：《肖申克的救赎》《公民凯恩》《战舰波将金号》《圣女贞德受难记》《七武士》《少年派的奇幻漂流》……

电影投资人与制作人在决定投资或制作一部电影时，最关键的可能不是选择哪个导演，邀请哪个卡司以及确立哪个编剧，而是要对故事的传播基因进行论证。传播并不只是在电影制作后才启动。一个好的电影投资人或制作人，在电影的IP论证或设计时，就应发现或配置传播基因。

传播是一个放大器，电影制作完以后再做传播，只能放大最终的系数，但如果在电影创意阶段就考虑传播，放大的是电影的基数。

放大电影的基数，首先就要考虑电影将在舆论谱系的哪个区间进行开掘。舆论的次理论告诉我们，在主流舆论之外还有一个广阔的谱系。人们常说种瓜得瓜种豆得豆。舆论的收获不仅取决于你种的是瓜还是豆，还取决于你种的是哪块田哪块地。你在哪些舆论谱系播种，将来就收获哪些。

V 外主流舆论：杜甫与包公很忙

外主流舆论，它与主流舆论保持一定的距离，但不与主流舆论直接对立，一般以无害化的方式存在，有时也被主流舆论批评为低俗、无聊。本书在“舆论的轻规则”

一章讨论的很多案例就属于外主流舆论。

舆论的主要功能不是打击敌人，而是争取朋友。争取朋友的目的就是要孤立敌人，如果外主流舆论无害，主流舆论最好的策略就是与它和平共处。主流舆论要把打击的目标最小化，集中力量攻击反主流舆论，因为只有反主流舆论才会直接威胁到主流舆论的地位。这也是舆论战争的智慧。

下面这个案例启示我们，主流舆论把批评的口径放大化，其实得不偿失。

2012年，杜甫还没有“忙”完，包大人又开始“很忙”，[1]很多人狂欢，有些人不满，不少人担忧。正如上一轮恶搞杜甫激怒了某些专家一样，这一回调侃包大人同样让某些包公研究学者很生气。《中国青年报》发文呼吁大家理性和宽容地看待这一系列的“很忙”现象：“教科书中的古人形象忧国忧民、多年不变，不符合流行文化的标准，学生、网友们想要再创造，‘娱乐放松一下’也可以理解。”正如一网友所言：“这个时代赋予我们的压力本来就很大，很多人生活得都很压抑，得轻松时且轻松，整天板着脸岂不是很没有意思。”

其实，“很忙现象”的正向价值不只是“释放压力”，它还有别的积极因素。比如在美国就不可能出现“杜甫很忙”，最多是“马克·吐温很忙”。一个中国孩子到美国留学，他也许只能通过迈克尔·杰克逊才能同美国孩子找到共同的话题，而一句“包大人很忙”，就可以与中国大陆的留学生找到民族认同。

今天，越来越多新加坡华人已经不能理解自己的父母、祖父母，为什么要年复一年地回中国老家。他们顶多只记得自己老家的名字，而他们的后代甚至连名字都记不住。你要和他们的子女谈“杜甫很忙”，对方的表情可能更“茫”：“杜甫是谁？”

一些专家过去忧患于年轻人对历史的疏离，批评年轻人只知道李宇春、宋慧乔、哈利·波特，感叹好莱坞用花木兰来赚中国人的钱。可当年轻人玩起中国的历史符号时，又开始忧心忡忡，甚至怒火万丈。

恶搞至少有两种理解：恶意地搞或恶作剧地搞。从一系列“很忙”中，很少看到故意的恶意，我更愿意把这种“很忙”称为“嘻搞”。在“嘻搞传播”的嘻嘻哈哈中，杜甫和包大人的人物形象在孩子们心目中多了一份可爱和温情。他们把严肃的历

[1] “杜甫很忙”指的是网友群发恶搞涂鸦。2012年3月，适逢诗圣杜甫诞辰1300周年之际，杜甫在网络突然走红，网友对他的形象进行了各种涂鸦再创作，层出不穷的创意图画引发了网络的热议及狂欢。“包大人很忙”是继杜甫之后，又一次引发网友集体调侃的历史人物，有所不同的是，前者是用涂鸦，而后者则用段子的方式。

史当作玩具（不是玩物），或许让有些人觉得不敬，但玩具本来就是用来亲近而不是敬重的。谁不知道玩具才是孩子的最爱呢？

女儿初中的时候跟我讲包大人的笑话，我还听到了中学教科书中根本不会出现的展昭和公孙策的名字。日后有一天，如果她想知道历史上是否真有展昭和公孙策其人，她就会更深入地走进中国的历史。

事实上，“包大人很忙”在古代就已经开始了。包拯本来脸并不黑，不知道是谁第一个天才地对他进行了“人体彩绘”，把他的脸“涂鸦”成了黑色，并将一个“月牙”logo贴在了他的额头上。一代代文人墨客与民间艺人也前赴后继地进行“嘻搞”，把一个个“日间断人，夜间断鬼”的传奇故事安在他身上，让包大人几百年来就一直“很忙”，直到今天。

历史离不开传说。从三皇五帝的神话，到荷马史诗，专家们正是通过各种传说，叩问着没有文字记载的历史，追寻着人类的历史源头。即使到有文字记载的历史，通读二十四史，仍然是极少数人的专利；上私塾，也不是寻常百姓都有的福利。大多数普通人是通过《三国演义》知道“汉”，通过《说唐》了解“唐”，通过《水浒传》感受“宋”。正是这些戏说的历史，帮助世世代代的中国人串起了历史的那一条线，建构着自己的民族认同——那些共同的历史文化构成了中国人的传统。

正是在这个意义上，我们既高度肯定陈寿《三国志》的历史价值，也高度肯定罗贯中《三国演义》和易中天《品三国》的文化贡献。

历史的传承是有分工的。历史学家负责记录、研究历史，还原它的本来面目；老百姓用个人经历和现代感情，诠释着自己民族的历史符号；政府保护历史古迹和文物，资助学者独立进行历史研究；传媒用各种方式为前三者进行服务。如果四者无视自己的分工，越界去干预和代替别人的职责，那么，历史传承恰恰更令人担忧。要知道，十三亿人都专修或通晓历史是不可能的，大众的文化生活中可以有库克船长的帽子、埃及艳后的鼻子、华盛顿的樱桃树，为什么不允许有中国的历史文化符号，比如让杜甫、包大人“忙”起来呢？

绝大多数恶搞都是无害的，极少数逾越底线的恶搞本来就会遭到大多数网民的唾弃。在这场“很忙”的大合唱中，政府和专家与其担心这担心那，恨不得取消所有的声音，把大众全部变成听众，只听自己唯一的肃穆的独唱，还不如加入多声部中，把自己认为最值得推荐的杜甫和包大人形象，用老百姓喜闻乐见的方式予以传播，使自己成为领唱，和大众一起“忙”起来，把历史那一条线串起来，建构中华民族的文化认同。

如果哪一天我们的青年人不喜欢玩“杜甫很忙”“包公很忙”，而热衷于“库克船长很忙”“福尔摩斯很忙”，我们这个民族可能更值得担心。曾经我们对传统习俗看不顺眼，总觉得它革命不彻底，不够现代，不太科学，批评这个封建，取缔那个迷信，可是到了做台湾省人民工作时，我们却发现，那些被视为落后、迷信的东西，可能恰恰是维系两岸人民的纽带，是中华民族文化认同的根。到了这个时候，我们才认识到：妈祖、保生大帝、族谱、祠堂是最好的统战资源，是台湾属于中国一部分最好的证据，是民进党“去中国化”最难以切割的一部分。

所以，主流舆论不要轻易地向外主流舆论宣战，让它们无害化地存在，有时候，还可能会发现它们不可替代的价值。

VI 公益宣传，不小心可能逆主流

逆主流舆论的生存空间并不大，在主流舆论的反对与排斥下，它只能在局部时间与局部空间里小心翼翼地生存。逆主流舆论一旦招摇过市，就可能引火烧身，甚至人人喊打。倒是主流舆论的宣传要特别警惕，因为很可能你美好的出发点，不小心客观上却传播了逆主流舆论。

我要说的就是公益宣传。曾在某地公交车车身上看到这样一幅标语：“手莫伸伸手必被捉”。初一看，以为是反扒大队的标语，仔细看落款居然是当地纪检监察部门。廉政的标语应该集中在政府和公共部门场所，而不是群众的集散地。这种贴错地方的标语，不仅没有力量，甚至可能走向目的的反面。

前不久我到一家医院，看到各个电梯间里贴上了林巧稚的各种格言，但其中一句，却似乎贴错了地方：“单有对病人负责的精神还不够，还要掌握精湛的医术。没有真本事，病人会在你的手术刀下断送生命。”这个标语贴在医生办公室或讨论室很好，但贴在病人出入的电梯，效果就可能适得其反，病人到医院本来就忐忑不安，担心这担心那，你一句“在你的手术刀下断送生命”，那还不把病人吓个半死。

在国内，吓人的标语并不少见。有一次在某地的马路上，赫然看到这样一幅标语：“有黑除黑，无黑除恶，无恶除霸，无霸除……”看到这发誓要一路“除”下去的标语，吓得我快不敢出门了。

通常标语的目的是缺什么补什么。试想一下，在瑞士会看到提醒人们不要随地吐痰、上车请排队、过马路请走斑马线的标语吗？越文明的城市往往标语越少。文明已经内化于心，何必外化示人？

最令人费解的是，强制要求工地的围墙贴公益广告。这个出发点是好的，一方面，工地围墙裸露不太美观；另一方面，工地周边可能人流量大，闲着也是闲着，不如利用起来进行公益宣传。可是政策推动者可能没想到，公益广告有了曝光度，却失去了美誉度。工地往往是一个城市环境最混乱、最嘈杂、最没有安全感的地方，一方面，会造成公益广告的呈现环境不佳，传播效果大打折扣；另一方面，久而久之，人们看到公益广告和脏乱差的环境，这就形成很不好的暗示。而且工地上的公益广告形式主义非常严重，一堆公益广告并排列在那里，没有重点，没有结构，没有仪式感。电视需要排播，报纸需要排版，晚会需要编排，展览需要布置……再好的东西，都不能堆积在一起，堆在一起的就是仓库。

最有价值的东西应该被布置在展厅中间，铺垫隆重，陪衬素雅，灯光照耀。

主流舆论选择一切可能的渠道进行传播，出发点是好的，但要懂得和运用传播的规律。否则，一切都是统计的数字，不仅没有传播的效果，甚至一不小心传播的却是逆主流舆论。

比如发票上的文明用语。

发票可以刮奖，听到失望的声音，不用看就知道，刮出来的是三个字“谢谢您”。偶尔有人欢呼，同样不用看，刮出来的一定是钱的数额，比如“壹拾元”。

似乎没有人问：为什么没中奖的，就可以“中”一个文明礼貌用语，而中了奖的就只有赤裸裸的奖金数，却不需要被谢谢呢？如果日复一日人们看到“谢谢您”就摇头、看到“壹拾元”就欢喜，发票中的文明礼貌用语到底想或到底在暗示人们什么呢？

发票用语设计者的出发点一定是好的：刮到奖的要出现奖励的金额，刮不到奖的总不能粗鲁地告诉对方“你没有中奖”吧，反正空着也是空着，为什么不印上一句文明礼貌用语呢？

可是谁能想到，发票没中奖刮出“谢谢您”，其现实效果却演化出一种反讽：“谢谢您”成为运气不好的代名词，文明礼貌用语成了最不受人欢迎的东西。主流舆论收到了逆主流舆论的效果。无论中奖不中奖，消费者都是纳税人，为什么没有中奖的需要道一声谢，中奖的却不需要谢谢人家呢？

无论是工地上的公益广告，还是发票上的文明用语，如果与主流舆论联系在一起的是不美的环境，是失败的利益，这样的主流舆论宣传，恰恰传播的是逆主流舆论。

主流舆论与逆主流舆论是矛盾的对立统一，是成双结对出现的，有时候是明显地出现，有时候是沉默地表达。主流舆论在某个方面特别强调，在某个方面刻意不强调，就把另外一个方面推给了逆主流舆论。处处强调，可能处处不强调。某处强调，有时候却把最好的另一处白白送给了对方！主流舆论在强调的时候，不可不察！

VII 反主流舆论：反恐最缺的是舆论武器

反主流舆论与逆主流舆论的共同点在于，它们都与主流舆论的价值取向相反，而区别在于，反主流舆论试图取代主流舆论，而逆主流舆论并不挑战主流舆论的权威。比如，同性恋在某些国家的舆论场属于逆主流舆论，它争取合法权利却并不想取代异性恋成为主流舆论。而“台独”舆论则是台湾地区两蒋时代的反主流舆论，其目的就是要取代当时的主流舆论——统一。

主流舆论应把最主要的精力集中在对付反主流舆论上。因为主流舆论与逆主流舆论虽然价值观相反，却可以共存。而主流舆论与反主流舆论则不共戴天，你死我活。

主流社会面对反主流舆论，喜欢用武力或权力来对付它：一是控制或摧毁反主流舆论的传播主体，如战争、监禁、改造等；二是控制或切断反主流舆论的传播路径，如删除、封号、停刊等。这两种方法都不是舆论战的方法，虽然效果立竿见影，但常常留下不少后遗症。

真正的舆论战是舆论之间的战争，而不是权力之间的战争。一切运用政治、军事、法律的手段，以消灭对方传播主体及传播路径的行动都不是用舆论的方法处理问题。这些方法看似简单、方便、见效快，但在客观上会越来越助长反主流舆论的舆论威力。主流社会往往忘记了自己还有舆论的武器。

古往今来，几乎所有的权力、政权更替，取代者大都是靠舆论起家的。原来的统治者拥有军队、金钱等最重要的资源，取代者可以抗衡的只剩下舆论。取代者正是抓住统治者重视权力工具忽视舆论工具的弱点，使反主流舆论一步步壮大，最后取代原来的主流舆论，并由此获得权力的更替。

反主流舆论对主流舆论的挑战，有着萌芽、初创、粗放和成熟等不同的阶段，反主流舆论成熟的一个标志就是：是否具备了自己的“识别系统”。

当今世界，最迫切需要消灭的反主流舆论就是恐怖主义。如果说萨达姆是自然的恐怖主义（野蛮的血腥很容易成为众矢之的），本·拉登是“英雄”的恐怖主义（叛逆的偶像崇拜具有一定欺骗性），那么，ISIS则是媒介的恐怖主义。所谓媒介的恐怖主义，是指媒介不单是可利用的工具，而且是恐怖主义的组织形式和存在方式。绝不能把ISIS简单地看作一个会用社交媒体的恐怖组织，而要认识到它是一个用恐怖主义建构的媒介组织。这是ISIS区别于其他反政府武装、恐怖组织的最重要特征，也是当今反恐面临的最大挑战所在！

判断一个政治力量是否成形，要看它是不是成为一个组织。判断一个政治组织是否成熟，要看它是不是成为媒介化的组织。当政治组织媒介化时，它的政治能量就从游击队升格为正规军。以台湾地区为例，在两蒋时代，党外运动就此起彼伏，但都不成气候。只有到以《美丽岛》杂志为代表，民进党才建构起自己的政党雏形，这个用媒介构建起来的政党，才具有了排山倒海的爆发力。

并不是拥有媒介，政治力量就有了超能量。有太多的政治组织，空有无数的媒介资源，但都没有成为媒介化的政治力量。拥有媒介的政治力量和利用媒介的方式来组织、运作的政治力量，其政治能力天差地别。

而判断一个组织是否成为媒介化的组织，最重要的标准就是看它是否成功地建构了自己的识别系统。ISIS不同于其他恐怖组织，突出地表现在它拥有“政治识别系统”。就连杀人，也是按照真人秀的模式进行导演，像拍电影那样进行制作，有剧透、有场景、有导演，目的是杀给你看。杀人，不再仅仅是简单地剥夺生命，甚至不是游戏，而是把它作为一个作品—— 一个在后工业化时代，按设计流程制作的文化产品。ISIS之所以可以在数千个恐怖组织中脱颖而出、一枝独大，就在于它成功地把自己转型升级为媒介化的恐怖组织。ISIS的政治识别系统，标志着该恐怖组织进入了成熟阶段。

无论是哪一种组织，都存在着一个正当性（合法性）的问题。经济组织的正当性（合法性）有四个获取途径（阶段）：注册、许可、认证与品牌。政治组织也类似，一是注册，如新国家加入联合国；二是许可，如获得相关国际法权利；三是认证，其他国家的承认；四是品牌，国际舆论的认同。

恐怖组织是无法获得联合国的注册、国际法的许可与其他国家承认的，但恐怖组织绝不会承认自己是非法组织。它所进行的反人类暴行与战争，被美化为“圣战”。恐怖组织在与主流世界争夺正当性（合法性）的过程中，无论是注册、许可，还是认证上都走投无路，它唯一的通道就是借助舆论的力量，建构自己的品牌。

在人口数量、经济规模、军事武器等方面，恐怖组织与主流世界的力量对比都是九牛一毛，但唯有在舆论武器上可以与主流世界相抗衡，甚至更厉害。“巴黎恐怖袭击”伤亡四百多人，“9·11事件”伤亡几千人，与全球每年交通事故百万级的死亡人数不可同日而语，但恐怖主义对人类造成的精神伤害，其冲击力远远超过全球交通事故的总和。

恐怖主义最擅长的武器就是舆论武器，反恐最缺的武器也是舆论武器。它未必是最有威力的武器，但却是最容易被忽略的武器。可遗憾的是，全球的反恐会议座上宾都是外交专家、军事专家、经济学家，却鲜见传播学者。

反恐几十年，为何恐怖势力屡禁不止，甚至在许多地区反而越演越烈？最大的失败就是舆论的失败。这场主流舆论与反主流舆论的舆论战，当务之急，要在这四个领域开展工作。

第一，全面梳理伊斯兰教有史以来的各种舆论制高点，分析其不同的舆论海拔。ISIS目前不仅与西方世界为敌，也与其他伊斯兰政体国家不和，但它试图占据空间上和历史上伊斯兰的舆论海拔最高点，这个最高点一旦确立和复制，就会有更多的人源源不断地加入ISIS大军。不要指望ISIS会放弃暴力，而是要防止与世界为敌的暴力信仰成为伊斯兰的舆论海拔最高点，要支持温和开放的伊斯兰教义去争夺这个舆论的最高点。事实上，基督教历史上也经历了无数的教派和宗教改革，幸运的是基督教确立了与世俗世界最相互包容的教义作为其舆论海拔的最高点。

第二，舆论的神圣化虽然有不同的方式，但却有相似的方法路径。熟悉这种路径，反向操作，就可以有效地去神圣化。神圣化是ISIS倾尽全力打造的舆论基石，去神圣化就可以对ISIS釜底抽薪。神圣化是舆论建构的产物，解构的舆论武器就不可不察。

第三，要分析ISIS的文宣团队，了解其舆论战法，这些舆论战将是比政治人物更具杀伤力的舆论战的导演团队。从得到的有限材料看，他们即便是美术设计都有不俗的专业水准。

第四，要区别不同的舆论场，有伊斯兰世界内部的舆论场，有不同宗教文化的跨舆论场，有针对邪恶势力的舆论场，也有西方世界自己内部的舆论场。它们针对的对象不同，传播的方式也不同。

ISIS与世界的矛盾，不是文明和文明的冲突，而是文明和反文明的冲突。目前最棘手的是，这个反文明的极端势力有着中世纪的传统，也有着最现代的传播意识，并在制造各种美学符号，引来越来越多的粉丝。如果不用舆论的武器切断这个供应链，再多的飞机和炮弹都治标不治本。即使消灭了一个ISIS，更多的ISIS变种和升级版还会出现。

所有的反主流舆论，在最开始时都是处于弱势的地位。但不要忘记弱传播假说里的弱原理，主流舆论如果意识不到这一点，轻视反主流舆论的舆论力量，或者意识到这一点，转而更多地依赖非舆论的手段，主流舆论就会越来越被动。主流舆论要学会与反主流舆论打一场舆论的战争，越是因为自己的传播弱势，就越是需要重视传播的规律。

Ⅷ 主旋律的文本密码：你可以从大学带走什么

毕业典礼被称为大学生涯的“最后一课”，同时也是个标准的主流舆论传播场。且不说反主流舆论，就是外主流舆论在毕业典礼上也没有立足之地。任何小众、冷门的议题都不太可能在毕业典礼上讨论。毕业典礼不仅内容严肃，氛围也十分庄重。别说相声小品魔术杂技，就是打个快板也不适合出现在毕业典礼之上。

全世界所有的大学都会举行毕业典礼，仅中国就有2000多所高校，每一年毕业典礼就会产生约一万份的毕业致辞。年复一年相同的主流舆论场，使得大学毕业典礼成为总结主流舆论传播规律最好的样本，没有之一。

2016年6月20日，我受邀在厦门大学人文艺术学部毕业典礼作为教师代表发言，不到15分钟的毕业致辞，响起29次掌声与笑声，视频被上传到互联网后，总计有几亿的播放量。一般来说，千万级以上阅读量的文本，其内容往往充满争议，评论也是两极分化的，否则，其阅读量很难超越十万加或者百万加，但这一次毕业视频却获得绝大多数的正面或者中性评价。厦门大学并非中国大学头牌，大学教师的影响力也远低于校长，为什么这样一个主旋律的毕业致辞达到了上亿的传播流量呢?

我想答案只有一个：情怀加传播!

情怀是传播的前提，否则，即使传播也是无病呻吟。只有真诚的情感力量，才能激荡无数颗心。但仅仅用情怀来解释是不够的，因为有太多的毕业致辞，同样饱含着真情。

为了探索主流舆论如何传播，不妨把自己的传播实践当作一个小白鼠，做一下舆论学复盘。这次视频的走红，当然有传播环境、传播路径的因素，这里重点分析一下传播文本《你可以从大学带走什么》（见本章附录第158页）。

●把名词换成动词，把动词变成场面

一个毕业致辞除了表达回忆、离别与祝福外，最重要的传播内容是什么？答案是：大学的精神、文化与价值。但大多数演讲者会把这些使命直接转化为文本的标题或关键词，他们的文本标题直译过来就是：大学的精神是什么？大学的文化是什么？大学的价值是什么？

“精神、文化、价值”这三个词，其共同点在于都是名词。但亚里士多德告诉我们，“悲剧是对一个严肃、完整、有一定长度的动作的摹仿”[1]。戏剧（悲剧）如果只能有一个要素，那就是动作（act，行动）。一个好的故事文本必须有动作，要善于把名词变成动词。

在“邹氏致辞”中，整个文本就是用一个个富有画面感的动作组合起来的：送礼物、写情诗、收拾行李、背走、带走小师妹、45度仰望星空、低头、丢帽子、递锤子、变手指、开窗子、拍案而起、随波逐流、叫一个陌生男人“老公”、回家看看、踩踩脚走出去、仰天大笑出门去……

●创造从未有过的奇妙组合

一个好的故事文本要创造从未有过的奇妙组合。在“邹氏致辞”里，这样的组合很多：“理想很空，老师很穷”“老师带不走，小师妹你带不走——哦，这个好像可以”“无论是小师妹，还是小鲜肉，好像都不算厦门大学的固定资产”“大学最值得带走的不是知识，而是姿势”“把大学的这个pose专业保持30年”“永远带走和大学的脐带关系”“你的未来履历，将永远打上‘made in 厦大’的商标”“一定要在人生的内存，给自己，给至爱的人，留一个百分之一空间”。

奇妙组合不仅可以出现在文本内部之间，也可以出现在文本与表达者之间。一个小孩冒出大人话，一个官员满口江湖腔，一个黑帮说出主流话语，一个劫匪哀叹人心不古，都会引发奇特的传播效果。比如葛优在《天下无贼》里那一句台词，“人心散了，队伍不好带了”，北海一劫匪在录口供时感叹，“心好累，人和人之间最起码的信任都没有了”，都曾红遍网络。

奇妙的组合，追求的是个性化表达。比如，“邹氏文本”对母校的定义是：“未来你做梦梦见最多的地方”。个性化表达最好是连接个体的经历与普遍的经验。如果文本是用个体的经历来表达个体的经验，人们就看不懂。如果文本是用普遍的经历来

---

[1] [古希腊]亚里士多德：《诗学》，陈中梅译，商务印书馆1996年版，第69页。

表达普遍的经验，人们就没有记忆。如果文本是用普遍的经历表达个体的经验，人们则既无印象，也很难共鸣。

●向眼前的他们倾诉，不要向世界说话

我做毕业致辞时，考虑的传播对象只有厦门大学的毕业生，否则，“邹氏致辞”共2542个字，不可能出现12次“厦门大学”、7次“厦大”。但越是没想到对外传播，恰恰最容易对外传播。很多舆论传播者一想到全国，甚至全球传播，就担心个体化的经历、区域化的符号会影响传播效果，就想方设法要改成普遍性的经历与全球化的符号，这样效果可能适得其反。

人们一般只关心与自己利益相关的东西，但故事创造了一个人们愿意倾听别人经历的媒介—— 这是故事对人类社会最大的贡献之一。人们愿意听别人的故事，是因为故事可以在个体的经历与普遍的经验之间搭起桥梁，人们可以在别人的故事里找到自己。

●经历要个体的不能是普遍的，经验要普遍的不能是个体的

在“邹氏致辞”里，对母校的情感，是通过30年前“我”的一首情诗展开的，这首情诗大约也收获了上百万的阅读量，这是一个典型的个体经历，但诗中的内容与随后的这样一句话“其实对一所大学的真正留恋是从收拾行李开始的”，把个体的经历延伸到普遍的经验。几乎每一个曾经毕业的大学生，都会读懂、认同并共鸣着这样的人生体验。“30年前，我的眼泪就是在这个时候开始掉的。”—— 又回到个体的经历。哪一个毕业生，禁得住最后收拾行李这一刻呢？说离别，预演了一千次，也禁不住这一刻—— 只有开始收拾行李，你才会真实地发现，你和这所大学的缘分，断了；你和自己过去的4年，别了。

一个本来看不见的情感，换成了一个充满戏剧性动作的场面。这句话被某些微博抽出来转发，创造出数百万的阅读量。可以预料的是，每一年的毕业季，这句话会不断被提及，不仅是它个体化的经历触及人类普遍的情感经验，而且是因为它放大了情感的压强。

●与其堆积重量，不如找到“荷尖”

毕业是人生的难分难舍，从大量的毕业致辞中发现：此时此刻不用堆积的方法无法表达学生对母校的无以复加的情感。于是一遍遍罗列举例各种在母校的记忆。可是

堆积再多，也有天花板。情感的表达不靠数量，要靠质量，而质量就是对比。情感要在对比中才能显出弥足珍贵。

“其实对一所大学的真正留恋是从收拾行李开始的”，“邹氏致辞”把对母校的所有情感进行时间化，并把它切到一个最小的时刻—— 开始收拾行李那一刻。用“一发”系起“千钧”，情感的张力走到接近失控的边缘。舆论是表面的，其效果与表面积相关。“舆论压强”与压力成正比，与面积成反比。舆论的效果要放大压强，一方面要集聚能量，另一方面要缩小能量作用的面积。我将之命名为舆论的“荷尖现象”。比如“舌尖上的中国”，将巨大的中国让一个小小的舌尖撑起，这个奇妙的组合，创造了巨大的传播。我们可以把标题换成“舌头上的中国”“舌苔上的中国”或者“舌后根上的中国”吗？

● 你需要礼赞，更需要冲突

一到庄严的场面，文本最容易变成“风雅颂”的“颂”，讴歌、赞美、表白，情绪只有一个向度，但一个向度的修辞是不容易传播的。故事文本必须创造张力，并尽可能扩大张力。冲突是制造张力最好的路径。没有冲突，就没有戏剧，也没有故事。

在毕业典礼必须传播主流舆论的语境下，“邹氏致辞”里，冲突却贯穿始终。文本第一句话：“每一年的这个时节，同样在这个礼堂，都会有一个老男人或者资深美女，作为导师代表发言。他们或念念叨叨或语重心长的一大段话，归结起来就两个字：理想！”就创造了“对立”，用两个字“理想”把此前所有教授全部概括，刺激了人们对今天这个教授发言可能与众不同的期待。

视频近15分钟，如果没有这样的“冲突”，很难想象一个没有场景变化、没有景别变化、没有插任何空镜头的老男人讲话可以吸引人们全部看完。

接下来，“理想很空”与“老师很穷”的冲突，“相守”与“离去”的冲突，“想背走整个大学”却“带不走一件行李”的冲突，“老师带不走”与“小师妹可以带走”的冲突，名字性别可以改但学历永远不能改的冲突，人物情节可以换但厦门大学场景不能换的冲突，未来可能很穷也可能很成功的冲突，敢丢博士帽与敢不敢丢乌纱帽的冲突……

文本中转发量最多的“百分之一理论”，本身就充满冲突：你人生一百次谨小慎微，要有一次拍案而起；人生一百次放浪形骸，要认真地爱一次；人生一百次不越雷池一步，也要潇洒走一回！

●把主张变成选择，把主旋律变成选择题

事实上，整个文本都是在做一系列选择题，其核心的选择就是大学什么可以带走、什么不可以带走。带不走的是：校园、食堂、图书馆、实验室、老师……可以带走的是：小师妹（小鲜肉）、厦门大学的logo、厦门大学的“梦想”、老师的话、仰望星空的姿势……一系列选择题的最终答案是：“永远带走和大学的脐带关系”，这就是“永远的批判精神”。

“不迷信，不盲从，不崇拜任何东西。永远对现状不满足，永远想改造世界，也永远拥抱世界上的美好——因为大学培养的是二三十年后国家和人类的领导者和创造者！当你和大学保持这样的脐带关系，你到50岁后，还会激荡青春的豪情；就是到80岁，还有一个不老的灵魂。”

在一系列的“动作”之后，主流舆论最想表达的大学的“精神”关键词出现了。

随后的文本就是：

“你从一所大学可以带走的，就是这所大学最想传播的。所以，一次毕业，就是一次传播！生命最伟大的传播就是细胞分裂，一个A细胞，传播成另一个A细胞。大学最骄傲的传播，就是它的学生毕业。比如今天，一个厦门大学，将复制出成千上万个‘小厦门大学’，在世界的每一个角落，传播这所大学的文化和价值！”

另外两个关键词——“文化”与“价值”也相继出场。主流舆论想传播的大学的精神、文化、价值，就在这众里寻他千百度中，闪现在灯火阑珊处。

●少用排比堆积，善用五绝逆转

有意思的是，“邹氏致辞”并没有借此把结构改为“大学的五个带不走”或“大学五个可以带走的东西是什么”，也没有反复用“带走”形成一系列的排比句。排比句可能气势很大，也更有冲击力，但恰恰最影响传播。

一个好的故事文本要慎用序号结构全文，这是论文中经常看到的结构，是领导讲话爱用的结构，你看过哪一个童话故事是用“一二三四”来结构的？

故事传播也要慎用排比句，万不得已要用，也必须想办法控制在四组以内。这就是中国五绝、七绝给我们的启示。四句就结束，即使要铺陈，也要想方设法在第三句形成拐点，在第四句完成逆转或突变。

●“先扬再扬”，破解“抛物线传播”

在毕业致辞中，演讲者最容易被排比句所“控制”：你曾经在图书馆干了什么，

你曾经在宿舍干了什么，你曾经在食堂干了什么，你曾经在校园干了什么……一路叠加下去。我把这样的叠加，叫作抛物线的传播，因为信息是大量的重复，第一个信息可能有惊喜，第二个信息可能还感动，到了第三、第四个信息，感染力就不断衰减，呈现出“在第一句话制高点之后就慢慢衰落”的传播轨迹。

破除“抛物线传播”，有很多方法。比如，先抑后扬或先扬后抑，最难做到的是“先扬再扬”，一直在高音区，还波澜起伏，不断在翻筋斗。筋斗翻得越多，难度系数越大，精彩程度越高。

在“邹氏致辞”里，论证大学在人生的重要性，首先聚焦在履历表上。“你可以带走厦门大学的logo。你的未来履历，将永远打上‘made in 厦大’的商标。”在“带走”“打上”两个动作之后，继续用第三个动作（填表）进行诠释：“厦门大学是除了你的名字和性别，出现频率最多的文字。”通过学历与姓名、性别的比较，来强化大学的重要性。一般来说，文本到这里已经可以画句号了。但“邹氏致辞”却意犹未尽，继续往更高音区走：“极端地说，你的名字还可以改，你可以更名；你的性别也可以改，你可以变性，但你的这一个学历永远不能改。”这一强化比较，笑声与掌声就接踵而至。但文本还不满足，再翻一次：“未来的任何日子，你都可以骄傲地对厦大说，人家早就是你的人哪！”再一次收到满礼堂的掌声与笑声。

一个好的故事文本，不能放纵自己的堆积癖与罗列癖。因为堆积与罗列，就是信息的复制与情感的重复，它无法深入。深入往往需要比较，比较就不能简单排列，否则，到了姓名、性别、学历，就会戛然而止。

●别人的句号，你的逗号

要在人家画句号的时候刚刚开始，而不是跟着画句号。

比如“常回家看看”，一般是毕业致辞里最后的句号。但在“邹氏文本”里，它却变成逗号。“最后要说的叮嘱，就是常回家看看”，本来要画句号的地方，突然陡起一句“其实你懂的，这不过是一句客套话”，大家愣了一下，马上一片掌声笑声。大家顿感意外，也充满好奇，文本接下来是实话实说：“你们不太可能常回来的。”随后进一步假设：“要回来，也是逢五，甚至逢十”——表达重逢的不易。就在大家以为这里要告一段落时，突然提及厦大95年校庆校友返校大事件：“就像那86级，那一台晚会，那一亿块钱，厦大等了30年，30年啊！”场下掌声四起！

文本要么“脆”，要么“翻”。“脆”是就一句话终结，“翻”就是要在高音区翻筋斗。不是简单的飙高音，不是一个音阶一个音阶地递进，而是在高音区再翻起波浪，产生起伏。就像体操运动员与跳水运动员一样，高度不是最重要的，可以翻几个360度，才叫真功夫！

●不断在不同叙事主体间切换，不断在建构与解构中重构

人类表演学之父谢克纳认为，当一个人只能扮演一种角色时是可悲的，无论他是国王还是乞丐。在毕业典礼致辞里，作为校长与教师代表，最容易扮演的角色就是教育者的身份，因为本来就是这样一个身份。但这样刻板印象的教育者主体让人有一点审美疲劳。如果演讲者可以转换更多的角色，就可以创造出不同的传播效果。

在“邹氏致辞”里，演讲者一开头就表现出顽皮的性格，当他把理想换成梦想要送给大家时，你会感觉到他自己在为这个小小的玩笑得意，他多像自己的室友啊！当他回忆起30年前自己的离校，就会发现他原来是自己的师兄，是自己人。当他说“老师想告诉你们的是：你们昨天是、今天是、永远是厦门大学的学生”时，你热泪盈眶，他终究是自己的老师。可这个老师，却不按常理出牌，永远猜不到他后来讲什么。他不断在严肃、活泼、顽皮、可亲、可敬、可爱中来回切换，时而卖一个关子，时而卖一个破绽，时而深邃得如老人，时而澎湃得似少年。

要做到不同叙事主体来回切换，只会自嘲不行，一味自信更不行，要学会不断在建构与解构中重构。在“邹氏致辞”里，在讲到最好的老师有三种时，他首先建构：“厦门大学到处都有这样的最好老师”，然后解构：“万一你在整个大学生涯，都无缘遇到这样的老师”，最后重构：“那么，在最后一天，你可能也遇到了。”

如果直接说自己就是最好的老师，这样的自信可以吗？当然不可以！一个关键词“可能”，降解了语言的锋芒，另外一个关键词“遇到了”，现场还有这么多老师，邹振东老师并不专享，语言这样收放自如，有了可爱的想象空间。

●未必一“我”到底，不妨偶尔把自己当他人

在叙事主体切换的时候，不妨偶尔不用第一人称，而是像提及第三人那样使用自己的名字，比如：“幸运的是，今年你们遇到的是邹振东教授……”“1987年，厦门大学中文系有一个毕业生叫邹振东，他写了一首情诗，你们想听吗？”如果把“邹振东”换成第一人称“我”，味道就大不一样了。

由于篇幅的原因，上面只讨论“邹氏致辞”中的几个传播密码。而一个自然生成的上亿阅读量（播放量）的故事文本（视频），一般会有意无意埋伏大大小小几十个传播密码，每一个传播密码带来十万加或者百万加的阅读量，合起来就把阅读量推到

上亿的级别。

本节讨论的范围限制在文本，侧重修辞学意义的分析，没有涉及文本背后所在。再一次强调：文本之所以能够传播，要直指人心所在，才能够赢得广泛共鸣。如果没有这样的灵魂，再好的文本也是行尸走肉。不要指望学习文本的修辞就可以做好故事传播，故事传播首先要传播的是文本背后的心灵。

特别要说明的是，由于是举自己的文章为例，就很难逃避“文章是自己的好”这个魔咒，即便是邹振东教授也不能幸免。

最后再温馨提示：不要被播放量所迷惑，最好的毕业致辞未必是传播量最大的，而是最直击人心的。

本章小结

舆论的次理论讨论的是舆论的谱系，要清楚地意识到主流舆论的不容易传播，才能找到传播主流舆论的法门。主流舆论不是要不要传播的问题，而是如何传播的问题，次主流舆论是最活跃的舆论，转换为传播的弥母就是“小小的叛逆”。

小小的叛逆可以是价值主流、表达叛逆。所有的伟人都是传统语言的叛逆者。小小的叛逆也可以是次主流舆论场的主流人物，那些江湖上的好汉，是舆论场的宠儿。小小的叛逆还可以是主流舆论场的次主流人物，他们个性的反叛，让其传播的主流价值更具魅力。小小的叛逆不仅是政界领袖的传播基因，也是商界大卖与演艺界走红的传播宝典。

弱主流舆论是主流舆论可以利用的盟友，不能因为它弱就忽视它的作用，要知道弱传播的“弱”，是优势，不是劣势。

外主流舆论的价值并不只是无害，有时候，外主流舆论在更深远的历史认同与文化认同上发挥作用。两个对立或隔绝的舆论场，要指望它们彼此的主流舆论、次主流舆论或弱主流舆论产生共鸣非常困难，要它们相互的反主流舆论、逆主流舆论和平共处更是不易。这个时候，外主流舆论很可能是两者的最大公约数。所以，外主流舆论是文化认同最好的重启键，是历史认同最大的公约数与基石。

主流舆论与逆主流舆论往往相伴相生，是一枚硬币的两面。要警惕主流舆论的正面传播不小心变成逆主流舆论的反面传播。

反主流舆论是主流舆论最可怕的敌人，要集中一切力量对付它。不要把子弹浪费在逆主流舆论与外主流舆论上，要集中火力。反主流舆论最擅长的往往就是舆论的武器，主流社会不要贪图方便，习惯性地用非舆论的手段对付反主流舆论。要学会用舆论的武器应对反主流舆论。对反主流舆论的战争，最缺的就是舆论的武器。

最后，主流舆论的传播，要学会故事传播，而讲好故事，文本的重要性不言而喻。要学习文本中的戏剧学密码，尽可能把名词变成动词——有动作、有画面感的动词，而且要找到文本的核心动词；要学习文本中的叙事学密码，用个体化叙述表达普遍经验；要学习文本中的表演学密码，擅长在不同的叙事角色中进行切换，否则，只能扮演一个角色的人生是可悲的；要学习文本中的故事学密码，没有冲突的故事不是故事；要学习文本中的物理学密码，故事比的是压强，要让情感的压力尽可能放大，而情感的承受面积尽可能变小；要学习文本中的音乐学密码，在人家画句号的位置，把句号改为逗号，文本要脆，也要会"翻"，那种在高音区里再起波浪的"翻"……

附录

你可以从大学带走什么

每一年的这个时节，同样在这个礼堂，都会有一个老男人或者资深美女，作为导师代表发言。他们或念念叨叨或语重心长的一大段话，归结起来就两个字：理想！理想很空，老师很穷，要让老师送给大家一个不花钱的临别礼物，理想大约是最好的选择。幸运的是，今年你们遇到的是邹振东教授，他的礼物与众不同，今天他要送给大家的不是理想，而是梦想！

1987年，厦门大学中文系有一个毕业生叫邹振东，他写了一首情诗，你们想听吗？

如果不曾相许
为什么你会娓娓游入我的梦里？
既然曾经相守
为什么我又要默默从你的瞳仁离去？
都说这便是分别

这便是失恋
这便是匆匆无情匆匆无语
都说这便是候鸟一下失落了季节，
轻触芦笛的唇儿把音符悠悠吹出去……

这首诗是为厦大中文系毕业纪念册写的扉页，后来它成了整个厦门大学87届的毕业寄语。昨天，在你们刷屏的文章《今晚，我还是厦大的学生啊》，我看到了你们同样的眷恋。老师想告诉你们的是：你们昨天是、今天是、永远是厦门大学的学生！

其实对一所大学的真正留恋是从收拾行李开始的。30年前，我的眼泪就是在这个时候开始掉的。我多想把整座大学都背走，背走我的无忧无虑，可是我痛苦地发现：当岁月潮水般从我脚下退去，它便留下了我的一切，我带不走一件行李。

其实，这是所有毕业生永恒的情结。轮回到今天，你们同样会追问：当我离开这所大学时，我可以带走什么？

你会发现：校园带不走，食堂带不走，图书馆带不走，实验室带不走，老师带不走，小师妹你带不走——哦，这个好像可以——后面的校领导可以做证，无论是小师妹，还是小鲜肉，好像都不算厦门大学的固定资产，唯一的麻烦就是，你可能需要等一两年才能把她（他）带走。

一所大学真正改变你的东西，就是你可以带走的东西。那么，你可以从大学带走什么呢？

首先，你可以带走厦门大学的logo。你的未来履历，将永远打上“made in 厦大”的商标。你未来会填无数的表，厦门大学是除了你的名字和性别出现频率最多的文字。极端地说，你的名字还可以改，你可以更名；你的性别也可以改，你可以变性，但你的这一个学历永远不能改。未来的任何日子，你都可以骄傲地对厦大说，人家早就是你的人哪！

其次，你可以带走厦门大学的“梦想”——做梦都会想厦大的这个“梦”和“想”。易中天教授说，大学是用来蒸桑拿的，你最重要的任务就是在这里熏陶。我的说法是，大学是用来回忆的，未来你做梦梦见最多的地方，一定是大学，人物可以换，情节可以换，但场景一定是厦门大学。

还有，老师不能带走，但老师的话可以带走。我常说，大学毕业10年后，如果还能记住大学老师的10句话，大学对这个学生的教育就是成功的。最好的老师有三种：第一种是递锤子的，你想要钉钉子，你的老师递给你一把锤子——多好的老师；第二种是变手指的，你的人生需要好多黄金，老师让你的手指头变得可以点铁成金—— 多好的老师；第三种是开窗子的，你以为看到了风景的全部，老师帮你打开一扇窗，你豁然开朗，啊，原来还有另外一个世界—— 这是最好老师中的最好老师。厦门大学到处都有这样的最好老师！万一你在整个大学生涯都无缘遇到这样的老师，那么，在最后一天，你可能也遇到了。

离开大学，最要紧的是记得开窗子。你未来可能很穷，家徒四壁；也可能很成功，墙上挂满了奖状。无论如何，你都要提醒自己，你看到的不过是四堵墙。它们并不是你生活的全部，如果你勇于和善于在墙上开窗，你就会看到一个又一个新世界。

其实，大学最值得带走的不是知识，而是姿势—— 看！就是这个pose—— 45度角仰望星空。在大学，100个人中，99个人都是抬头看天空的人，难得有一个人低头看地下，这个人是出类拔萃的人。一旦毕业出了校门，99个人都是低头看地下—— 一方面竞争非常惨烈，另一方面诱惑特别多，两个巴掌打下来，不用教你，你自然会懂得面对现实—— 难得有一个人抬头看天空，他不是疯子，就是出类拔萃的人！

其实，对于大学生，成功学很简单！那就是无论现实多么残酷，还是多么诱人，把大学的这个pose专业保持30年，你就赢了！说起来容易，做起来难。那一天看到你们拍毕业照，最后把所有的学士帽、博士帽都丢上了天。你们哈哈大笑，旁边有游客三观碎了一地：知道你们宝宝心里苦，但这么好的帽子，怎么能扔到地上呢？你们别笑，我想问的是：20年后，你是否还有勇气，把你头上戴的乌纱帽，或者你千辛万苦换来的任何帽子，扔到天上去？而且笑声响彻云霄？

所以，我有一个百分之一理论：人生一百次谨小慎微，你要有一次拍案而起；人生一百次放浪形骸，你要认真地爱一次；人生一百次不越雷池一步，你也要潇洒走一回！

一定要在人生的内存，给自己，给至爱的人，留一个百分之一空间，不随波逐流，哪怕是一个爱称。所以，不要随便叫一个陌生男人“老公”，无论他多么有名，多么有钱！

要做到这样的百分之一，我的建议是永远带走和大学的脐带关系。

这种脐带关系，最重要的是一种精神，那就是永远的批判精神。不迷信，不盲从，不崇拜任何东西。永远对现状不满足，永远想改造世界，也永远拥抱世界上的美好—— 因为大学培养的是二三十年后国家和人类的领导者和创造者！当你和大学保持这样的脐带关系，你到50岁后，还会激荡青春的豪情；就是到80岁，还有一个不老的灵魂。

你从一所大学可以带走的，就是这所大学最想传播的。所以，一次毕业，就是一次传播！生命最伟大的传播就是细胞分裂，一个A细胞，传播成另一个A细胞。大学最骄傲的传播，就是它的学生毕业。比如今天，一个厦门大学，将复制出成千上万个“小厦门大学”，在世界的每一个角落，传播这所大学的文化和价值！

最后要说的叮嘱，就是常回家看看。其实你懂的，这不过是一句客套话。你们不太可能常回来的，要回来，也是逢五，甚至逢十，就像那86级，那一台晚会，那一亿块钱，厦大等了30年，30年啊！

那我们也不妨相约30年吧！30年后，当你们回到厦大，再一次汇成广阔的青春潮，记得@我一下，如果那时候，我还能被你们@得到。

既然，有一个相识的秋天，有一个分别的夏季，为什么那一个季节，不会如期？

当呜呜咽咽的南曲迷蒙了春江月，敲碎人心的腰鼓裸露出黄土地，跺跺脚，走出去，便有一次喷薄、一种悲怆、一迸血气——迈过这一瞬，我们就已成熟，就拥抱环宇，就顶天立地——未来不可预期。是悲剧？是喜剧？

亲爱的同学们：厦门大学2016毕业站到了，请携带好自己的随身物品，比如小师妹——如果她方便携带的话，我们下一次再相逢！

仰天大笑出门去！莫后悔！不犹豫！

Chapter 7 舆论的主体

* 打舆论战是认真的，但手法是不正经的
* 舆论顾问选张三还是李四，就是军事战争选粟裕还是张灵甫
* 舆论高手对阵，一分一毫之差就是生死之别
* 一个好的政治化妆师，最厉害的不是了解用户的优点，而是缺点
* “发言人是要帮老板挡子弹的”
* 选战，可以有两个男主角；但抗灾，却只能有一个男一号
* 世界上最多数人的注意力，总是被最少数人占有和控制
* 艺人参与公共生活，最简单也最难得的就是做减法

I 舆论主体是什么

舆论主体指的是关注的制造者，它通过实施或引发关注的方式来制造关注。

在第二章中，我们已经得出结论：舆论的主体是多元的，无论是个人还是组织，人类社会中的任何一个成员都可以成为舆论的主体。但还有以下几个问题值得深入思考。

●“大众媒介”是不是舆论主体？

如果假设大众媒介不是舆论主体，那如何解释《纽约时报》的观点被当成国际舆论？如何解释舆论监督成为媒体解读的代名词？如何解释舆论界往往被狭义地指代为媒体界？当人们说“舆情”来了，往往指的就是媒体的报道，没有人会通过民意调查来发现“舆情”。

其实，近代意义的舆论就是伴随着大众媒介的出现而崛起的，并且大众媒介就是近现代舆论场中最活跃的主体。人们很难将大众媒介的言论和公众的意见相区分，也很难指出大众媒介的哪些言论是代表公众的意见，哪些并不代表。

●个人是不是舆论主体？

如果个人不是舆论主体，那电视名嘴、网红大V、新闻发言人的言论是不是舆论？特朗普的推特是不是舆论？

“意见领袖”就是个人。他（她）是舆论问题的发现者、舆论议题的设置者、舆论意见的传播者、舆论导向的引领者、舆论升级的制造者，如此重要的角色，怎么可能不是舆论的主体？

●政府是不是舆论主体？

把政府排除在舆论主体之外，是有历史渊源的。当休谟说，“唯有在舆论的基础上，政府才能建立”，舆论就是作为政府的相对方而存在的。V. O. Key在《舆论和美国民主》中将舆论定义为“是为平民百姓所持有、为政府所小心采纳的意见”[1]。

认为政府不是舆论主体的人，往往不得不把国际舆论视为例外。因为习惯上政府和国际组织就是国际舆论的主要制造者，没有人会把国际舆论看作全世界人民的意见。以此类推，既然承认在国际舆论中政府是舆论的主体，那在国内舆论中就没理由否认这一事实：政府也经常承担起国内舆论组织者和制造者的角色。

政府制造的舆论也是舆论。政府与民众之间的舆论，既不存在“真舆论”与“伪舆论”之分，也没有“正确舆论”与“错误舆论”之别。来自民众的声音，未必是正确的；而来自政府的声音，更未必是错误的。

作为社会资源最大的支配者，政府设置的舆论议题最容易被社会关注，舆论立场和态度最容易引起强烈反应，传播舆论的手段也有着最强大的物质支持，因此，政府是宣传式舆论中最强势的舆论主体。但最强势并不一定能获得最强大的舆论力量。恰恰相反，在舆论力量的对比中，政府常常处在下风的位置。

如果对舆论主体的研究把政府排除在外，不仅是舆论学的遗憾，而且是舆论学的失败。这样我们就无法分析舆论信源的复杂性，无法讨论政府和民众以及其他舆论主体在舆论话语权上的相互分工、相互利用以及相互争夺。

II “意见领袖”与舆论战将分析法

本节讨论作为个人的舆论主体。

能够单独作为舆论主体的个人，就是能够针对多数人传播的那种人。舆论的集合性特征，既可以来源于多数人的传播，也可以来源于向多数人传播或在多数人中的传播。其中，向多数人传播，就是舆论个人能够成为舆论主体并获得集合性特征的必由之路。

当一个人向多数人传播时，他就成为“意见领袖”。

---

[1] 徐向红：《现代舆论学》，中国国际广播出版社1991年版，第9页。

过去对“意见领袖”的分类，主要以身份为参照系。比如，以体制进行划分：体制内“意见领袖”、体制外“意见领袖”；以职业进行划分：政治人物“意见领袖”、明星艺人“意见领袖”；以阶层进行划分：公知“意见领袖”、草根“意见领袖”；以媒体分类进行划分：新媒体“意见领袖”、传统媒体“意见领袖”。

本书将着眼于舆论战的实际运用，以舆论效果与战法为参照系，对于“意见领袖”重新进行更有价值的分类。

舆论主体的个人向多数人传播，目的是引发多数人关注，影响多数人认同，改变多数人的行动。因此，按照舆论战的效果分类，“意见领袖”分三种：注意力“意见领袖”、影响力“意见领袖”以及号召力“意见领袖”。其作用的侧重点分别是引发关注、影响认同或者改变行动。

●注意力“意见领袖”

注意力“意见领袖”像探照灯，照到哪里就把哪里带进公众的视野。崔永元、柴静就是这样的注意力“意见领袖”。无论是转基因还是雾霾问题，虽然公众时有所闻，但在崔永元、柴静介入前，始终没有成为引发整个社会关注的公共话题。崔永元、柴静最重要的工作不是直接改变人们的看法，而是让人们关注到问题的严重性，然后在公众广泛的讨论中，大家对转基因与雾霾才有了进一步深入的认识。他们是把硬盘里的东西带入视窗并占据头条的人，堪称舆论场的头条号！

在台湾地区，注意力“意见领袖”的代表人物是李敖。

2004年竞选台湾地区立法机构委员前，李敖在好朋友陈文茜的帮助下，以其助手的身份进入台湾地区立法机构，结果这位“助理”抢尽了所有台湾地区立法机构委员的风头。媒体闻风而动，会场罕见爆满。李敖虽不懂议事规则，却很能抓得住媒体的镜头，一身招牌红外套，左批台湾地区立法机构是马戏团，右称台湾地区立法机构委员幼稚，只有59分，立即攫取会场焦点。有媒体采访他，若有台湾地区立法机构委员砸他便当，他会怎么办？李敖笑答：“他敢泼我便当，我就喷他瓦斯枪。”结果，被台湾地区各大媒体作为标题竞相报道。

另一个案例发生在2005年，连战的“和平之旅”、宋楚瑜的“搭桥之旅”、郁慕明的“民族之旅”和李敖的“神州行”先后进行，掀起台湾地区舆论场的大陆风！

从政治角度，李敖的重要性远无法与连战、宋楚瑜相匹敌；从历史角度，李敖的大陆行也不可能像连战、宋楚瑜那样被载入史册；但从舆论的角度看，李敖的影响力却不容小觑。

台湾《联合报》评选的2005年十大新闻中，“连战、宋楚瑜、李敖接力大陆行”名列十大新闻第三名。对连战、宋楚瑜的大陆行，泛绿媒体刻意淡化，语带讥讽，《自由时报》甚至用“连爷爷回来了，爆笑两岸”为题入选其年度新闻。而李敖则蓝绿媒体通吃，他是制造舆论热点的高手，走到哪里舆论热点就到哪里，把“大陆热”提升到一个高点。

但李敖是注意力“意见领袖”，而不是号召力“意见领袖”，他有众多的关注者却没有同样多的追随者。李敖不指望别人追随，人们也无法模仿；他不需要随从，只需要观众。因此，超高的人气没有给他带来高的投票。2000年台湾地区“大选”，李敖代表新党参选，只获得16782票，得票率仅为0.13%。

●影响力“意见领袖”

影响力“意见领袖”像导航仪，他改变着人们的认知与认同。古代的庄子、陶渊明，近现代的陈独秀、南怀瑾，都是这样的影响力“意见领袖”。以台湾国民党的风云人物邱毅为例，他通过向媒体揭弊高层贪污受贿，改变了人们对陈水扁、民进党的认知与认同。但同样，他也缺乏舆论号召力，2012年参选“立法委员”落选。

●号召力“意见领袖”

号召力“意见领袖”像旗手，他振臂一呼，人们云集响应。比如，中国古代的陈胜、吴广，外国的贞德、甘地、林肯等，都是号召力“意见领袖”。他们的特点是，让人们从舆论世界获得改变，并在现实世界采取行动。

台湾三立电视台《大话新闻》的主持人郑弘仪，曾是台湾地区最具杀伤力的绿营名嘴。即便是民进党党内初选，谁要是得罪了他，也会吃不了兜着走。他要力挺谁，谁就会如虎添翼。2008年台湾地区民进党党内初选，《自由时报》因挺苏贞昌而被称为“自由苏报”，三立电视台则挺谢长廷，结果苏贞昌败北。舆论普遍认为不是谢长廷打败了苏贞昌，也不是三立电视台打败了《自由时报》，而是《大话新闻》的郑弘仪打败了苏贞昌。《大话新闻》在民间被誉为“赛过民进党党部”，“意见领袖”郑弘仪的号召力可见一斑。

注意力“意见领袖”、影响力“意见领袖”与号召力“意见领袖”，并不是绝对的，他们会彼此重叠，有的人身兼三者，有的人只偏重一方。这三种“意见领袖”的分类，在政治领域、商业领域与娱乐领域都可以直接借鉴。比如，一个政党推举一个候选人参选，就要考虑他是不是号召力“意见领袖”，否则，知名度高、影响力大，却换不来选票。同样，商业广告请明星代言，也要考虑这个因素。产品的当务之急是要扩大知名度还是提高好评度，抑或是增加销售量？至于娱乐圈，就更需要分清明星的类型了，最常见的就是电影选角。一些明星有注意力、影响力但是没有票房号召力，结果花了大代价反而成为票房毒药。可见，对“意见领袖”的分类，并不是纸上谈兵。

对“意见领袖”的划分，还不能忽视对其舆论战法的划分。就像足球，大众可能津津乐道的是球员的身价及八卦，但教练员分析球员，一定是在进攻型、防御型还是攻守兼备型这个谱系中进行。

用舆论战法对“意见领袖”进行分类研究，在国内外的研究领域几乎还是空白。舆论战是没有硝烟的战争，交战双方不是穿军装的队伍，舆论战的战将也不是授衔的将领。因此，舆论部队的职业化特征并不明显，对舆论军兵种的专业化解读自然滞后。

在我的一系列舆论分析工具中，有一个重要的工具就是“舆论军兵种分析法”。它把舆论战作战人员放在一个类似军兵种的谱系中进行分类，看看他们是空军、海军还是陆军，判断他们是装甲兵、炮兵还是工程兵。“意见领袖”不是舆论战的普通作战人员，而是舆论战的战将，最后从“舆论军兵种分析法”派生出“舆论战将分析法”。如果可以把“意见领袖”的战法类型分析做到像光谱与色谱这样精准的水平，舆论研究的水平一定可以上升到新的量级。

让我们举例来说明。

●狙击手式的舆论战将

狙击手式的舆论战将，其舆论战法是“一人一枪一子弹一部位”。他远远地瞄准人物的关键部位，一发子弹力争击中要害。代表人物是方舟子，他的舆论打击模式就是：“某某大学某某教授某篇文章某部分抄袭”。他绝不会把子弹打向整个人，甚至整个单位。他打击韩寒的就是身高与代笔，余则不论。方舟子舆论战打法一以贯之的是精准打击，绝不扩大打击面。

●爆破手式的舆论战将

爆破手式的舆论战将与狙击手式的舆论战将则刚好相反，找准一个爆破点埋下炸药，爆破全部，不管是否波及无辜。比如孔庆东在《孔和尚有话说》节目中，评论内地儿童于香港港铁车厢吃面事件，发表的言论上升到对香港人的总体评价，引发争议。这就是爆破手式的舆论战将特点：破坏面大，波及面广。

●火箭军式的舆论战将

火箭军式的舆论战将，他像导弹一样，有制导系统，做好与对手同归于尽的准备，又因为可以携带核弹头，形成核威慑。他一旦锁定目标就启动精确制导模式，穷追猛打，不达目的决不罢休。

代表人物又是李敖。李敖是台湾地区舆论场令敌人闻风丧胆的狠角色，只要被他盯上，就别想全身而退。更重要的是，没有人有他那样的体力、精力和耐力，他不打得对方投降决不罢休。

李敖穷追猛打的底气，来源于三个方面：一是证据。他不仅骂某某人是王八蛋，他还要不遗余力证明对方是王八蛋，并举出一大堆连对方都可能忘记了的证据，时间、地点、人物样样齐全。二是不怕坐牢。每一次坐牢，李敖的战斗力就升格一级，坐牢对李敖是加持，他有更多谈资与资本。三是幽默。李敖打舆论战是认真的，但手法是不正经的。较真的人碰到不正经的人，很难赢。李敖擅长嬉笑怒骂，众人又爱看热闹，没有任何人在与李敖的舆论战中占到便宜。

李敖用这种舆论战法给对手形成强大的威慑，后来在台湾没有人敢惹他，纷纷避而远之。但李敖却不是“武林”中的黑煞星，他用笑眯眯的自嘲赢得舆论场的亲和力。

●运动战式的舆论战将

运动战式的舆论战将其战法一言以蔽之，就是在运动战中消灭敌人。军事上的运动战指的是依托较大的作战空间来换取时间，移动兵力包围敌方，以优势兵力速战速决。其要诀就是“避敌主力，诱敌深入，集中优势兵力，各个击破”，如著名的“四渡赤水”。

把运动战引入舆论战中的代表人物就是邱毅。在揭弊陈水扁一案中，邱毅起初并没有掌握陈水扁弊案的核心证据。换了别人不会打无准备之仗，因为毕竟面对的是手握大权的政客，搞不好不仅身败名裂，而且有性命之虞。但如果采取保守战法，“陈水扁弊案”可能永无曝光的那一天，因为陈水扁握有强大的权力资源，调查进不了台湾地区当局领导人幕僚机构。

邱毅的厉害之处在于：一方面，他敢铤而走险，最后置之死地而后生；另一方面，就是他采取了极为聪明的运动战打法。这个运动战不是在空间中运动，而是在时间上运动。邱毅的揭弊采取每天曝光一点的做法，似是而非、虚虚实实、真真假假，让观众不断做“完形填空”，形成舆论压力，逼对方表态、回应与自证，同时刺激更多的人爆料，墙倒众人推。对手陈水扁团队为了圆一个谎言，结果制造更多的谎言，暴露出更多的破绽。邱毅便抓住后面的破绽，乘胜追击，结果一个谎言变成一千个谎言，破绽越来越多，邱毅的证据也越来越多，证据链越来越完备。

有的时候，邱毅还会故意卖一个破绽，让对方以为有机可乘，本来藏起来的“缩头乌龟”就忍不住露出头来，而邱毅要的就是对方出来，只要一回应就会留下痕迹，暴露更多的证据。这就形成了前所未有的舆论奇观：一方面，舆论因为侦破的深入越来越兴奋，高潮迭起；另一方面，随着舆论的关注一浪接着一浪，证据变得越来越多，而且问题越扯越大、越挖越深。舆论与揭弊相辅相成，相得益彰。没有舆论，揭弊无法最后完成；没有揭弊，舆论没有高潮。

邱毅运用这种“侦破式舆论战法”，把本来只是捕风捉影的揭弊做成让对方原形毕露的铁案，直接导致了“百万人倒扁”活动的发生，最后把陈水扁送进监狱，成为压垮民进党继续“执政”梦的最后一根稻草。邱毅将自己打造成铁血的揭弊英雄。

● 表演式舆论战将

表演式舆论战将的打法具有表演性。李敖与邱毅都是这样的舆论表演大师，令人欲罢不能。李敖的舆论战，每一出都像电影。而邱毅的揭弊，却像连续剧。一般的揭弊，如果有证据，就应该竹筒倒豆子，全部说出来；如果没有证据，就不能捕风捉影。哪有揭弊是每天定时定点曝光的？但邱毅就做到了，在揭弊陈水扁时期，他每天准时出现在台湾地区的政论节目《2100全民开讲》，把一个本来是新闻之后的评论节目直接变成新闻发布现场，更采用了电视剧一天一播的模式，引发更多的围观。因此，表演式的舆论战将不只具有观赏性，而且也具有巨大的舆论破坏力。

……

这样的分类分析还可以持续下去，同上文提及的三种“意见领袖”一样，具体的舆论战将可能是单一谱系，也可能跨谱系交叉重叠，但描绘出舆论战将的光谱很有现实意义。如果把舆论战比作舆论大戏的话，舆论战将的分类就是对演员的分类，这对角色定位与角色分析很有帮助。

由于特殊的历史地缘关系，台湾地区拥有世界上最活跃的舆论生态，滋生着各种典型与非典型的舆论形式，上演着各种匪夷所思的舆论大剧，是最值得观察和学习的舆论战战场。台湾地区的舆论战将人才济济，代表着最高的舆论战水平，如果先行把台湾的舆论战将进行系统的谱系分析，就可以为全世界提供一个可资比对的舆论战将谱系样本。

III 舆论操盘手

舆论战将不管有多少类型，归根结底可分为两大类：一类是直接在战场中冲锋陷阵，另一类是运筹帷幄之中，决胜千里之外。冲锋陷阵的是舆论的“意见领袖”，运筹帷幄的就是舆论的操盘手。“意见领袖”负责直接向多数人传播，操盘手负责策划如何在多数人中传播。

人们把舆论的操盘手叫作媒体顾问或者传播顾问，但这个称呼模糊了对这种职业角色价值的认识。媒体顾问或传播顾问（我更愿意称之为舆论顾问）不是普通的顾问，其与外交顾问、财经顾问、法律顾问甚至国防顾问都不是一个层级与性质的。比起其他类型的顾问，舆论顾问实际上不单是顾问，而且还是舆论战的大将军，是亲自指挥打仗的。

现代意义的军事战争已经不多见了，取而代之的是各种形式的舆论战争。过去靠军事战争才能夺得的政权、土地与财富，现在通过舆论战争也可以获得，甚至只能通过舆论战争才能获得。今天，即便是军事战争，也必然伴随着大规模的舆论战。元帅与将军对于军事战争有什么意义，舆论顾问对于舆论战就有什么价值。

千军易得，一将难求！《纽约时报》曾报道说，2008年美国大选，奥巴马第一个敲定的竞选班子成员就是首席政治和媒体顾问——政治记者出身的阿克塞尔罗德。由于承担的责任与使命不同，其他顾问不同于舆论顾问，即使水平差一些，一般也不会危及全局。但舆论顾问聘张三还是请李四，则往往一个生，另一个就是死。选战就是舆论战，舆论战选错了大将（顾问），则满盘皆输。

本节我们重点复盘台湾地区两位舆论操盘手——邱义仁与金溥聪。

邱义仁不只是大将级的舆论操盘手，更是元帅级的舆论操盘手。从2000年到2020年，他是除台湾地区领导人之外实际影响台湾政坛的第一人。2000年、2004年、2016年三次“大选”，民进党用他，民进党赢！2008年、2012年两次“大选”，民进党不用或用不好他，民进党输！

2000年台湾地区“大选”，邱义仁是陈水扁竞选指挥中心执行总干事，外号“万年幕僚长”，历任“台湾地区行政管理机构幕僚长”“台湾地区安全会幕僚长”“台湾地区领导人幕僚长”，是陈水扁的“第一军师”，民进党历次选战实际的总操盘手。

2004年台湾地区“大选”，邱义仁一句“割喉割到断”，其血腥、暴力震惊台湾。直到陈水扁以3万张票的微弱优势连任，人们才意识到这位铁血军师发明的“割喉战”不是说着玩的。

人们永远不会忘记在“三一九枪击案”[1]的记者会上，他脸上的那一抹“神秘微笑”。“两颗子弹”的真相至今扑朔迷离，但邱义仁一手操盘的舆论战打法让人叹为观止。就在蓝营还在犹豫到底是应该对陈水扁受伤表示人道主义的同情，还是发动民众呛声民进党“选举奥步”[2]时，邱义仁出招了。

第一招，第一时间封锁消息，让陈水扁伤情的发布只有民进党一个出口。

第二招，立即放开和动员所有地下电台、选举机器传播谣言和耳语，把“三一九枪击案”捏造成“阿扁为台湾挡子弹”。

第三招，祭出台湾地区安全事务协调机制，让蓝营的传统票仓——“军警”留守军中，无法投票。

第四招，故意隐瞒陈水扁的具体伤情，迫使蓝营对陈水扁表示慰问。国民党不得不取消原计划举办的四场大型造势活动，而民进党则趁势在台湾各地组织为陈水扁祈福的活动。

第五招，陈水扁的伤情发布又控制在“不至于取消选举”的程度下，到选举前一天半夜才播出陈水扁事先录好的录像，请选民放心，呼吁明天一定要去投票。

……

每一招都能左右舆论，而且舆论战与选战联动，环环相扣，招招致命！试想，如果两颗子弹不是打在陈水扁和吕秀莲身上，而是打在连战、宋楚瑜身上，国民党能有这样的战略机动作战能力吗？

2008年台湾地区“选举”，谢长廷试图与贪腐弊案缠身的陈水扁切割，不愿意与“扁系”人马走得太近，坚持使用“谢系”子弟兵，在“竞选”总部挂名顾问的邱义仁并没有参与实质选战，结果谢长廷败选。从操作层面看，排斥邱义仁是最重要的原

---

[1] 2004年3月19日，台湾地区“领导人选举”的前一天，民进党主席陈水扁和副主席吕秀莲被神秘人士枪击。

[2] 一个台湾地区政治衍生词。奥步：闽南语，意指坏的招数。选举奥步：特指在选举过程中违反公平公正的原则，用非法手段参与竞选的行为。

因，没有之一。舆论战的大将单靠忠诚是不够的，“谢系”子弟兵尽管能力也不差，但与邱义仁比还是差了不止一个量级。事实上，舆论高手对阵，不要说差一个等级，就是差一分一毫，也是生死之别。

邱义仁的退出，恰恰给了另一个人机会，他就是马英九的舆论大将——金溥聪。

金溥聪有金小刀之称，由于挥刀起舞，难免伤人伤己，台湾朋友中说他好话的并不太多，但正因为他特立独行，迥异于国民党的传统文化，才能够帮马英九最终获选。马英九柔心似水，金溥聪铁面如刀，红脸配白脸，刚柔相济，堪称梦幻组合。究竟是哪一条线将他们牵在一起，促成其事业的辉煌？

金溥聪与马英九相识相交已有30余年。早在1985年，金溥聪从美国得州大学奥斯汀分校新闻系获得博士学位后，应聘“国民党党部国际关系室”工作人员，录取他的主考官正是马英九。1997年马英九辞官，转任台湾政治大学教授，而金溥聪3年前已回台湾政治大学任教，两人再成同事。

金溥聪的研究重点一直是“媒体及选举行为”。《政治竞选广告管理制度之研究》《形象牌不是万灵丹》……从他这些论文的标题看，就知道其志向是研究如何利用舆论打赢选战。

志存高远的马英九早就在为未来积蓄力量，他深深懂得在台湾地区搞政治，不能离开舆论：打选战需要舆论，赢得“执政权”还需要舆论。马英九早就发现金溥聪就是自己的千里马，而金溥聪认准马英九就心无旁骛。当马英九打赢台北市长选战后，市政府新闻处长就成为金溥聪的第一个官职。从此两个男人如影随形，南征北战，所向披靡。

所以，马英九2008年登上台湾地区“大位”，要从1985年的故事讲起。

●金溥聪VS邱义仁

2012年台湾地区“大选”，金溥聪指挥的舆论战就没有那么好打了。因为真正的对手来了。

2008年邱义仁因卷入贪腐弊案被羁押，后来被无罪释放，归隐乡间，淡出政坛。

2012年“大选”，最初马英九顺风顺水，拉开民进党候选人蔡英文至少10%的民调距离。但选战进入倒计时之际，我突然发现台湾地区的选战舆论战，民进党越打越漂亮，国民党越打越被动，仅一个“三只小猪”活动就让选情逆转（详见本书“舆论的轻规则”）。第一次从台湾地区电视新闻里看到“三只小猪”，透过人群挥舞的手臂、激动的欢呼，仿佛看到就在民进党造势活动不远的一个阳台上，有一张似笑非笑的神秘笑脸，旁边有一个狙击手在精准地瞄准。

我突然全身起了鸡皮疙瘩，我知道他来了。

果然，不久就从台湾地区媒体中得知，因为邱义仁与陈水扁切割不尽的关系，再加上他自己不干净，最初蔡英文投鼠忌器，不敢用他。等到蔡英文发现，如果不用邱义仁注定是输，如果用了邱义仁可能还有机会，永远把“选举”放在第一位的民进党，就顾不得那么多了。只要能吃肉，哪管猪很脏。

金溥聪遭遇邱义仁，真正地棋逢对手！一个是令人不寒而栗的“金小刀”，一个是令人闻风丧胆的“邱割喉”。刀对刀，枪对枪，2012年的台湾地区“大选”，从某种意义上说，其实不是马英九与蔡英文的对决，而是金溥聪与邱义仁的决战。

外行看热闹，内行看门道。专业的舆论学者可以捕捉到舆论战因换帅而发生的变化。当陈水扁离开了罗文嘉，当谢长廷放弃了邱义仁，当马英九少掉了金溥聪，舆论战的画风立即就不一样。

当邱义仁重出江湖，两党的选战格局立即为之一变，他把国民党的小失误打成大错误，把“三只小猪”的微力量变成大气候，邱义仁让人见识了什么才是翻云覆雨的舆论操盘高手。

就个体而言，邱义仁的水平绝不在金溥聪之下，但对于邱义仁与金溥聪来说，2012年“大选”却不是一场在同一条起跑线开始的比赛。邱义仁输在下面三点：

第一，邱义仁在选战中后期才出山，他打的是夹生饭的选战。

第二，邱义仁有陈水扁这个案底，让蔡英文和他自己都畏首畏尾。特别是金溥聪团队在后期抓住邱义仁的痛点，精心制作了一个俄罗斯娃娃的政治广告，最外面的娃娃是蔡英文，揭开到最后，却是邱义仁与陈水扁，让邱义仁等人无所遁形。

第三，也是最重要的：邱义仁没有和蔡英文打选战的经历和默契，不像金溥聪和马英九30年知根知底，10余年南征北战。几个月的临时组合，要打赢30年的老搭档，谈何容易？人家一个眼神就知道对方的意图，即便失败了也不会相互扯皮，彼此信任。放开来打，出手快，效率高！

所以，2012年的选战，其实从1985年就开始打起了。

金溥聪与马英九的故事告诉我们，一个具有远大理想的政治人物，第一个要寻找的就是既懂得舆论规律又熟悉政治行为的舆论顾问，他不是普通的幕僚，而是自己政治生涯中横刀跃马的头号大将军。越早结识、越早磨合越好！在西方，一些年轻的政治人物选择舆论战大将的一个捷径，就是把他父亲的舆论战团队照单全收。

不仅是政治人物需要尽早在舆论战团队上布局谋篇，商战也是舆论战，企业家也要在这方面未雨绸缪。一个具有远大理想的企业家，其商业生涯最重要的伙伴，也是舆论战大将。天才般的舆论大将是可遇不可求的，需要眼光，也需要运气。

输了2012年“竞选”的蔡英文，当她决定出征2016年“大选”时，她第一个想到的人就是邱义仁。

没吃过猪肉也见过猪跑，民进党没有多少人比蔡英文更深切地体会到，表面上看起来差不多的舆论战将，用起来才知道各自的斤两差别太大。就像两个将军虽然同时出自黄埔，一旦打起仗来，可能一个天、一个地。

对于蔡英文，她有一万个理由不选邱义仁，或者换句话来说，只要稍微有一个人可能替补邱义仁，她也会放弃邱义仁，就像谢长廷当时放弃邱义仁一样。选了邱义仁，就要背更多的包袱。陈水扁带给民进党的弊案包袱，曾经是压倒民进党的大山。选邱义仁，就是看中他的利大于弊，而且，这个大于值如果不是天文数字，也轮不到邱义仁。蔡英文遍数民进党的“英雄人物”，最后还是无奈地选择了邱义仁。而一旦选择邱义仁，就义无反顾。

2014年，距“大选”还有两年，蔡英文就钦点邱义仁操盘2016年“大选”，负责的位置就是“战情总监”，即舆论战的总司令！结果，邱义仁帮助蔡英文顺利拿下大位，国民党被打得落花流水。从民调看，国民党与民进党基本盘，其五五成的格局并没有太大改变，但为什么国民党选票输得这么惨？这就是舆论战的结果。选战之后，邱义仁继续被重用，出任“亚东关系协会”会长，这表面看不过是一个民间机构的负责人，但实际上是蔡英文的国际战略操盘手。

关于舆论操盘手要记住三句话：

第一句，舆论操盘手不是一般的顾问，他是舆论战的大将军。

第二句，舆论操盘手必须对一把手负责，他的级别必须足够高，否则一事无成。

第三句，优秀的舆论战操盘手可遇不可求，有抱负的人，不论是政界、商界，还是娱乐界，都要及早在舆论（传播）顾问的物色上布局谋篇。

IV 舆论的制播分离

选战就是舆论战。随着选举制度的格式化和媒体技术的现代化，政治选举也越来越像一场表演，成为一场争夺收视率的政治大片。政治人物，特别是候选人，就是这个政治大片的主演，而舆论顾问及其团队则是导演及幕后团队。这就出现了舆论的制播分离现象。

制播分离的概念最早起源于英国，来自英文commission，原意是指电视播出机构将部分节目委托给独立制片人或独立制片公司来制作。随着大众传媒职业化后，内容生产与传播机构也往往合二为一。媒介机构自产自销，如TVB播的剧一般都是TVB自己生产制作的。但大众传媒的职业化并不等于传播专业化的提升。媒介机构这种“前店后厂”的小生产模式，并不适应现代媒体的发展与社会的需求。大众传媒，特别是电视台，越来越发现必须走制播分离的道路。《中国好声音》就是制播分离的代表，其制作团队并不是浙江卫视自己的团队。

政治的“制播分离”也是基于同样的原因，因为在原本的政治组织中可能找不到最优秀的舆论战大将，不得不把目光投向更专业化的团队。

电视台作为一个播出机构，它的作业流程与组织文化很容易成为内容制作方面的掣肘；同样，政治组织的专长在执政，它的土壤很难适合传播人才的培养与生存。

因此，最佳的方式就是制播分离。

2000年台湾地区“大选”，陈水扁就在体制外找到一个能征善战的舆论大将。他就是广告奇才范可钦。

范可钦，外号“职业化妆师”，其化妆术号称可以打动五百万张选票。在范可钦眼里，陈水扁是一个可塑性很强的人，他是个演员，一个非常好的演员，演技炉火纯青。据范可钦回忆，选战时陈水扁没有多少时间配合拍广告，“他跑基层跑得乱七八糟，声音都是哑的，声音哑对我来讲真好，我要这种哑，那种为了未来，为了群众，那种声嘶力竭的感觉”。

一个好的化妆师，最厉害的不是了解化妆对象的优点，而是他的缺点。2000年台湾“选举”，对于候选人的形象，范可钦最想修正的是陈水扁的“鸭霸”[1]。这就有了那个著名的“铁汉柔情”的广告：在舒缓的背景音乐下，屏幕打出这样的字句：“有个丈夫，15年来每天晚上都要起床两次，抱着他的妻子上厕所，白天他是铁汉，夜晚他是柔情。”随后出现了陈水扁推着轮椅的背影……这种广告的杀伤力，没有多少家庭妇女可以免疫。

而对于政党形象，范可钦最想修正的是民进党的悲情，他找到了一个最传神的视听觉元素——“笑”。世界上最美的东西是人，人最有吸引力的部位是脸，脸最好看的表情是笑，这组为吸引中间选民而制作的“欢喜迎未来”的广告，配上“变变变，时

[1] 闽南语，意指冥顽不灵，对事情态度执拗，无法接受其他人的意见。

代正在改变”的主旋律竞选歌曲，一改过去民进党的悲情面貌，力图让大家知道民进党是一个会“笑”的政党。悲情只可以凝聚自己的选民，只有笑才能打动中间选民。

范可钦在广告中，讲述陈水扁童年的幼稚、小学的土气、中学的青涩、大学的浪漫、律师的意气，以及结婚时的传统与时髦，展示了一个与大多数台湾人生活相联结的成长回忆。古旧的房子、过时的发型、曾经的服装……各个年龄层的人都能从陈水扁身上找到自己的影子。当陈水扁的个人经历被建构成整个台湾历史的符号时，陈水扁就成了“台湾之子”。

只不过这样被化妆的“台湾之子”最后却被证明是玩弄民意的“台湾之耻”。多年后，范可钦向连战道歉“对不起”，但陈水扁竖子已成名。

假如没有范可钦，陈水扁会怎么样？这个问题已无意义。最讽刺的是，范可钦自己就生长于国民党的眷村，所以真正有意思的问题是，为什么国民党用不了范可钦？

所谓制播分离，重点不在分离，而在组合。如果播出机构与制作单位各行其是，结果就会一加一小于二。同样道理，如果政治组织与专业舆论团队也是两张皮，一加一的结果甚至是负数。

政治舆论战既要遵循政治规律，也要遵循传播规律。政治界难得找到懂得传播规律并善于与传播界人士沟通的人才；而传播界同样很难找到富有政治敏感度，并善于将政治意图转化为传播符号的人才，因此，只有将两者完美地组合才能发挥最大的能量。政治组织不谙传播，传播人才不谙政治，这就需要创造一个组合。

2000年“大选”，陈水扁阵营就难得地拥有这样一对“梦幻组合”，他们就是罗文嘉和范可钦。

政治组织中必须有一个懂传播的角色，这个角色，有时候就是政治领导人自己，但大多数情况下应该是另一个专门人才，他与专业的导演配合，类似电影里的制片人，共同为出品人服务。2000年台湾地区“大选”民进党的选举文宣大片，出品人兼主演是陈水扁，导演是范可钦，制片人是罗文嘉。

好导演是稀缺人才，有时候，懂导演的制片人更稀缺。特别是政治组织中，懂传播的人几乎凤毛麟角。政治组织的传播人才，其重点是懂传播，而不是会传播；是善于用传播，而不是自己做传播。罗文嘉就是这样的难得的人才。

每一天罗文嘉都把“选举”的最新状况传递给范可钦，范可钦则会把无穷的创意丢给罗文嘉。政治是非常专业的，而身为广告人的范可钦却懂得尊重专业，根据反馈的信息和对手的变化，不断见招拆招。丢过来的创意，总是罗文嘉最满意的，也是陈水扁最需要的东西。罗文嘉再负责布兵遣将，将范可钦提供的武器弹药投向战场。就这样，罗文嘉和范可钦建构了陈水扁选战文宣的“梦之队”。

政治的制播分离成功需要满足两个条件：甲方的“懂传播的人”与乙方的“会传播的人”，他们成为舆论战的左将军与右将军。在选战中，没有一支舆论的部队就没有选举的一切，根本无法选举。舆论战的左、右将军，他们在政治组织权力架构上的地位作用和运作机制决定了舆论部队的作战能力。反观当时的另外两位候选人连战和宋楚瑜，他们的文宣团队既缺乏专业性，也没有高效的执行力，因此“落选”也不足为奇了。

如果说2000年的台湾地区选战还是电视和纸媒的战争，那么，2014年柯文哲参选台北市长可以说是互联网的战争。

一张恶搞照片“花生油没有花生”，贴在了柯文哲的脸书上，一小时内居然吸引两千多个网友点赞。柯文哲由此感受到网络的力量，决定将网络作为选战的决战场。

就像2000年“大选”陈水扁找到了范可钦一样，2014年“九合一选举”柯文哲找到了周世恩。他才24岁，是柯文哲网络战5人小组中最年轻的一个，这5个沉默军师是柯文哲最强大的秘密武器，他们是键盘舆论的操盘手，更是舆论战的大将军！

制播分离，重点在组合，核心是甲方。

一个优秀的甲方，必须具备“三有”：有眼光找到对的人，有胸怀信任专业的人，有头脑提出准确的需求。

在“九合一选举”中，柯文哲最可圈可点的决策是提出“我需要找到那些从来不去‘选举场’的人”。

柯文哲无党籍，没有政党各支部，没有基层基础，不像国民党和民进党，随便一个活动，都有遍布全台的党工层层动员。那些去了“选举场”的人，就是被其他政党收编了的人。柯文哲潜在的支持者，只能从那些未曾去过“选举场”的人群中找。

这是一个了不起的判断！试想，把柯文哲上述的需求换成这样：“我需要找到我的支持者。”结果会怎么样？

“找到我的支持者”与“找到那些从来不去‘选举场’的人”，方向都正确，但高下天壤之别！

提出了需求，做到并不容易。到“选举场”的人好找，那些不去“选举场”的人，哪里去找？柯文哲找到的钥匙就是周世恩与互联网。

周世恩，作为台湾脸书最强大的中文搜寻引擎创办人，加入了柯文哲的团队。他所属的5人小组，从1400万人次的台湾脸书用户中，从点出6亿个赞的海量数据中，进行大数据分析，为柯文哲找到了几十万从不去选举场所的台北市民。

在胜选之夜，柯文哲道出了他打赢的秘密："这是一场网络主导的选战！"

V 新闻发言人是什么人

新闻发言人的工作是与舆论打交道，所以，把他称为舆论主体中最职业化的个人也不为过。

刘建明对新闻发言人的定义是："国家、政党、社会团体任命或指定的专职（比较小的部门为兼职）新闻发布人员，其职位一般是该部门中层以上的负责人。"[1]这个定义值得商榷。

定义的过程就是理解的过程，新闻发言人的种种误区可能就源于对新闻发言人定义的误解。这是笔者对新闻发言人的定义：受组织机构（政府、公司、团体等机构）或自然人雇用，授权代表雇主露面发声，发布新闻或回应媒体的职业个人。

这个定义有如下几个关键词：个人、露面、发声、职业、雇用、授权。分别对应的是新闻发言人的各种特征：主体是个人，工作是露面，任务是发声，性质是职业，身份是雇用，职责是授权。下面分别进行讨论。

●第一个关键词：个人

新闻发言人首先是"人"，而且是一个"个人"。他不是一个机构，也不是一个集体。

这一"个人"特征，引出的第一个问题就是：发布新闻或回应媒体（以下简称新闻发布）的主体为什么需要一个"个人"？

个人主体与机构主体最大的不同，就是人格化。如果雇主是个组织机构，那么，新闻发言人的出现，使组织传播变成了人际传播。更准确地说，使组织传播获得了人际传播的形式（披上了人际传播的外衣），新闻发言人的发布成败，即是人际传播的成败。

就狭义的传播内容来看，是否使用新闻发言人没什么区别。发言人的加入只是增加了"人"的表达（传播）的部分，"说什么"不是新闻发言人的权利，"怎么说"

---

[1] 刘建明：《宣传舆论学大辞典》，经济日报出版社1993年版，第357～358页。

才是他的舞台。

雇主聘请新闻发言人，看重的就是换一种传播（表达）的方式。新闻发言人既然不能改变“说什么”，他只能改变“怎么说”，“怎么说”是新闻发言人的着力点，也是评价新闻发言人好坏的最高标准。归根结底，“说什么”是雇主自己的责任田。

进一步的问题来了：如果新闻发言人带来的人际传播，其价值并不在于改变说什么，那为什么组织传播要改变成一种人际传播的方式？它到底可以带来什么好处？

组织与个人相比更强大、更权威、更稳定、更可靠。采用新闻发言人模式，显然不是为了增加以上特性。

有一种说法认为，新闻发言人的出现可以使组织的传播更柔和、更亲切。这种说法显然忽视了新闻发言人的另一类表现——他可以愤怒，可以驳斥，可以拍案而起，甚至可以拂袖而去……

“柔和”与“亲切”不应成为新闻发言人的刻板印象，他带给组织传播的，是人的全部。人所具有的一切优点与缺点都可能在新闻发言人身上出现，这才是他真正的价值所在、魅力所在、得失所在。

如果是一个机构主体发布新闻，你就看不到人的表情，听不到人的语调，没有敲桌子，没有哽咽泪落，更没有仰天大笑……因此，人际传播比组织传播更真切、更生动，更有戏剧性，也更有传播性。这才是组织机构为什么“多此一举”——设立新闻发言人的根本原因！

新闻发言人是组织机构的人格形象，是其新闻化的人格logo，也是其SI（视觉识别系统）的组成要素。

设置新闻发言人是讨好媒体的做法。媒体更喜欢与一个人，而不是一个机构打交道。而新闻媒体的喜好，是根源于受众的。受众天生对组织有距离感，他们更热衷于看机构中的人，就像他们喜欢看人脸甚于看风景。人是自己更相似的对象，而不是更陌生的东西。

广播、电视媒体放大了媒介对新闻发言人的需求。广播不能忍受没有人声，而电视直播更加需要人的表演，假如有两个电视台报道同一个事件，一个始终由主持人播报新闻，另一个则是新闻发言人的发布直播，人们会毫不犹豫把频道切换到后者。

●第二个关键词：露面

有些定义把新闻发言人的工作描述为专门与媒体打交道的人，这不够准确。与媒体打交道的不只新闻发言人，新闻秘书、法律顾问、公关广告等，都需要和媒体打交道。新闻发言人与他们工作最大的区别是：露面。

这里我们要区别两个容易混淆的角色：一个是新闻秘书，一个是新闻发言人。新闻秘书，指的是在通常情况下，正式负责媒体关系的人士（press secretary：a person officially in charge of press relations for a usu. prominent public figure <the President's press secretary>）[1]。而新闻发言人指的是代表他人发表言论的人（spokesman /spokesperson: a person who speaks as the representative of another or others often in a professional capacity）[2]。

有时候，新闻秘书与新闻发言人的职务是同一个人担任的。比如，美国总统的新闻秘书，常常就兼任白宫发言人的职务。[3]一个新闻秘书，如果代表授权方在公众场合露面，他就兼任了新闻发言人的角色。如果没有这个职能，他就不是新闻发言人。

露面是新闻发言人最重要的工作形式，这让他们变成一个以身体为职业的人。以身体为业的人，还可以具体分为以下三种：以身体为工作对象，比如医生、美容师；以身体为工作工具，比如性工作者；以身体为工作产品，比如艺人演员。新闻发言人属于以身体为工作产品的那种人，在这一点上，新闻发言人与艺人演员的工作性质有了共同点。

脱离身体的工作，就不是新闻发言人的专属工作，而是其他人可以代替的工作。身体是选拔新闻发言人最重要的因素之一，也是新闻发言人最不应该忽视的一部分。很多发言人的成功源于他的肢体表现，一些发言人的失败也可能是肢体语言出了问题。在“七二三动车事件”[4]里，人们的热议就涉及肢体语言——当时铁道部发言人王勇平是坐着说话的，而温总理是站着的。

新闻发言人发布信息，他的台词是新闻语言，他的观众是记者，他与记者和发布会现场其他人（比如保安）构成戏剧关系（角色关系），发布会现场变成了一个戏剧

[1] [美]梅里亚姆–韦伯斯特公司编著：《韦氏大学词典第10版》，梅里亚姆–韦伯斯特公司1994年版，第923页。

[2] [美]梅里亚姆–韦伯斯特公司编著：《韦氏大学词典第10版》，梅里亚姆–韦伯斯特公司1994年版，第1136页。

[3] Martha Joynt Kumar. The Office of the Press Secretary[J]. *Presidential Studies Quarterly*, Jun 2001, 31(2): 296-297.

[4] 2011年7月23日20时30分05秒，甬温线浙江省温州市境内，由北京南站开往福州站的D301次列车与杭州站开往福州南站的D3115次列车发生动车组列车追尾事故。“七二三甬温线特别重大铁路交通事故”造成40人死亡、172人受伤，中断行车32小时35分，直接经济损失19371.65万元。

舞台，发布会就成为一出戏剧故事。

新闻发言人的传播性也来源于其戏剧性。一是戏剧的魅力在其冲突关系，发言人与记者是一种天然的对立关系：发言人传播他想传播的东西，而记者天然对发言人想掩盖的东西更感兴趣。二是戏剧的魅力在于情节推动，戏剧需要即时的反应，还需要反应的反应，这是机构作为新闻发布主体无法做到的。新闻发言人作为一个角色，与记者所扮演的角色不断互动反应，推动着新闻发布会的高潮。

那种不准记者提问的新闻发布会，严格地说不是新闻发布会。如果只是照着稿子念，还要新闻发言人干吗？当然，即使是照着稿子念的新闻发布会，也比直接发新闻稿内容更丰富些。记者可以看到新闻发言人的表情，观察他的肢体语言，期待意外的情节发生，比如，记者尖锐提问但不被理睬，摔抢记者的话筒，保安与记者冲突……即便是最波澜不惊的新闻发布会，有经验的记者也能够从发言人的表现观察到比新闻稿更丰富的东西。

●第三个关键词：发声

新闻发言人的工作是露面，露面的首要任务是发声。

新闻发言人的英文是spokesman，这清楚地说明新闻发言人是说话的人。

话说多了就容易犯错。很多新闻发言人面对记者的提问，选择沉默。这里的沉默同样是一种发声。它和桌子、椅子的沉默不一样，新闻发言人的沉默也是一种表达——一种无声的表达。

我把这种沉默叫作舆论的低声波或超声波。它们都有声音，只是人的耳朵听不见而已。记者喜欢新闻发言人多说，不喜欢对方沉默，但是记者绝不会放过对新闻发言人沉默的解读。

新闻发言人得记住，声音是自己的武器。尽管这种武器可能会自伤，但是放弃了发声，就是放弃了舆论的武器。

声音是新闻发言人的物理传播载体，也是生理行为的产物。新闻发言人不需要一个好嗓子，但需要一个好声音。

●第四个关键词：职业

新闻发言人是一种职业。

新闻记者有新闻专业的培养，医生有医学专业的培养，律师有法律专业的培养，而新闻发言人却没有大学专门的院系和学科，什么专业的毕业生都可以当新闻发言人。很难想象没有经过法律教育的人可以当法官，没有经过医学教育的人可以当医生，但没有经过新闻发言教育的人就可以当新闻发言人。这也就是为什么新闻发言人最容易中枪的根本原因。

什么人都可以当新闻发言人，但并不是谁都可以当好新闻发言人！新闻发言人的职业没有准入门槛，但新闻发言人的专业有门槛！

新闻发言人必须在以下五个专业进行培训：

第一，新闻理论训练。新闻发言人的职责就是要发布新闻，他要学习新闻理论。

第二，媒体素养训练。新闻发言人要面对记者与媒体，他必须了解媒体的行业特征，熟悉媒体的运作程序，掌握媒体的生存法则，从而更好地认识媒体、应对媒体与运用媒体。他要培养自己的媒介素养。

第三，舆论传播训练。新闻发言人的发声是一种竞争性传播，目的是制造与传播有利于自己的舆论。所以，他要熟悉传播规律，特别是舆论传播规律，掌握舆论传播的基因、密码与语法。

第四，发音发声训练。发音发声方法训练，并不是只用于培养歌手、播音员与演员的，所有人都可以接受发音发声方法的训练。以南加州大学为例，与发音发声训练相关的课程就有：《声音体操》（*Vocal Gymnastics*）、《声音训练》（*Vocal Culture*）、《正声学》（*Orthophony*）、《发声和语音》（*Voice and Diction*）、《声音塑造、呼吸与语调处理》（*Voice Building, Breathing, Tone Placing*）、《言语矫正》（*Speech Correction*）、《发声和演讲提升》（*Voice and Speech Improvement*）等。

第五，戏剧表演训练。新闻发言人理所应当从戏剧表演学那里汲取营养，获得灵感。诞生于20世纪70年代的人类表演学认为：人类的一切活动都是一种表演，也都可以当作表演进行研究。新闻发言人可以直接把人类表演学的理论与方法作为自己的训练教材，也可以把整个戏剧表演学作为自己的学科背景。

戏剧表演学有关“自我与角色”“前台与后台”“言语信息与非言语信息”“台词与即兴表演”等一系列理论，有助于新闻发言人更好地扮演自己的角色。而有关演员修养、表演基本功、表演技巧等专业训练，更会直接提高新闻发言人“当众表演”的表达力与表现力。

● 第五个关键词：雇用

新闻发言人是被雇用的，这是新闻发言人的身份。

“被雇用”这个词极少出现在新闻发言人的定义中，但人们对新闻发言人的很多误解却来源于此。

新闻发言人与雇用者签订了劳动合同，双方建立了一种“权利–义务”的关系，老板给钱，新闻发言人干活。因此，新闻发言人必须维护雇用者的利益。

有学者认为，政府设立新闻发言人制度是满足社会知情权的义务，不能作为政府公关的一种手段。但是，即便在美国，谁会相信白宫和五角大楼新闻发言人的任务就是为了满足公众的知情权呢？白宫和五角大楼有多少背后的故事没有公之于众呢？

新闻发言人必须在公共利益与雇主利益中进行平衡。一个极具道德挑战性的问题是：如果冲突了怎么办？比如，发现雇主有违背道德的地方，新闻发言人可不可以调转枪口对准自己的雇主，反戈一击？

答案是：不行！

“七二三动车事件”后，教育部前新闻发言人王旭明发表了一篇《写给勇平兄的一封信》，提出这样一个推论：这场发布会应该是铁道部长在事故现场召开最好。

正确与否暂且不表，但这样做似乎有悖新闻发言人的职业伦理。碰到危机就要老板冲在第一线，让老板为你挡子弹，那么，老板为什么还要雇用新闻发言人呢？

台湾地区的新闻发言人都懂得这个规矩：“发言人是要帮老板挡子弹的。”有时候，老板对一个表态没有把握，会故意叫发言人先放话，如果大家认同，就跟进；如果大家反弹很大，就说这不是他的意思，并批评发言人把意思搞错了，发言人心里含泪也要笑着承认错误。

至于老板要不要发言人挡子弹，那就属于老板的职业伦理了。

新闻发言人的工作有点类似律师。委托人聘请律师，律师的职业伦理要求他必须为当事人服务。律师没有自己的立场，只有法律的规范。只要不触犯法律的红线，律师就不能以公共利益为由牺牲当事人的利益。同样，法律也是新闻发言人的底线，只要没有违反法律，新闻发言人也不能以任何道德的要求牺牲雇主的利益。

在与委托人的合作过程中，如果真的发现委托人有重大问题，不举报将违背法律，律师应该先与委托人解除委托合同，才能以非对方聘请律师的名义进行相关操作。新闻发言人同样如此。一个随意调转枪口对准自己当事人的现役新闻发言人，不是英雄，反而引发了这个职业的操守危机。

即便是解除了委托合同，律师与委托人签订了保密协议，律师也不能随意公布委托人的隐私。新闻发言人，同样如此。

在委托关系上，律师应该怎样对待当事人，新闻发言人就应该怎样对待雇主。新闻发言人完全可以参照律师对委托人的职业伦理规范为雇主服务。

两种职业唯一的区别可能就是在受雇对象上，新闻发言人没有律师那么宽泛。律师既可以为原告服务，也可以为被告服务。他可以为好人辩护，也可以为杀人犯辩护。但新闻发言人可以为罪犯服务吗？

答案是：不行！

如果新闻发言人为犯罪分子或犯罪团伙做新闻发言人，会被当作同伙。这就说明新闻发言人作为职业的独立性、中立性还不够。新闻发言人与雇主签订的是雇用合同，他是雇主的员工，而律师与委托人签订的是委托合同，律师不是委托人的员工。

● 第六个关键词：授权

新闻发言人给组织机构带来了“人”的东西，但发布新闻并不是个人行为，不能随心所欲。新闻发言人的职务行为来自授权，他代表雇主进行新闻发布，其行为的效力等同于雇主，工作风险也由雇主承担。雇主终止授权，新闻发言人的权力也随即终止。

新闻发言人必须在雇主授权的范围内行事，不能越权，却可以扩权。过去认为，委托方授权给代理方，权力是守恒的，但在实际的操作中，却可能出现权力的放大，即所谓的扩权。比如一个企事业领导，没有权力随便命令自己的员工匍匐前进，但他可以安排员工军训，军训的班长却可以命令员工匍匐前进。委托方本来没有的权力，通过这种代理得以产生并实施。再比如犯罪嫌疑人被警方控制，他自己没办法直接对抗，却可以通过委托律师来获得权益。委托使犯罪嫌疑人间接获得律师拥有的权利。

经过授权新闻发言人，雇主的权力也得到扩容，具体表现在以下四点：

第一，使新闻发布得以多角色运行。通过授权，雇主可以把原来单一的新闻发布权扩容给两个以上主体，从而解决了雇主可能分身乏术的时空限制。

第二，使新闻发布有更灵活的角色。新闻发言人的新闻发布的权力与雇主相当，但地位却比雇主低。这种位低权重的身份，十分有利于拉近与公众的距离，方便与媒体打交道。比如女王的新闻发言人，在与媒体互动方面，就比女王有更多的便利。

第三，使新闻发布更具仪式感。新闻发言人可以定期进行新闻发布，形成特定的仪式。这种仪式感有着特别的魅力。比如国务院台办的新闻发言人，在台湾地区可比国台办主任还红。

第四，使新闻发布形成双线作业。新闻发言人如果出错，可以由雇主进行纠错；雇主的言行如果出现争议，也可以让新闻发言人进行圆场。一个阵地丢失，还有另一个阵地补救，留出了战略缓冲地带。雇主运用得好，还可以有意识地在舆情把握不定的时候，让新闻发言人进行放话试水。比如一位蕉农向马英九抱怨香蕉的价格实在太低了，马英九关切地反问："怎么没有早点讲？"舆论猛批马英九不懂民间疾苦，马英九发言人范姜泰基就连忙出面灭火，解释马英九只是心里很焦急，希望问题能早发现早解决。

新闻发言人与雇主之间是一种奇妙的关系。新闻发言人必须有魅力，但新闻发言人的魅力可不可以超过雇主？我曾经和马英九的前新闻发言人谈及这种关系，他说："伴君……"故意停顿了一下，有人插话"如伴虎"，他笑着接下去："……如伴唱。发言人如同卡拉OK的伴唱，老板唱得好，自己声音就小一些；老板唱得不好，自己声音就大一些。"

新闻发言人是一个高风险的职业，吃力不讨好，他既要讨好老板（雇主），又要不得罪老百姓。如果不幸"两老"都不高兴，他就是"风箱中的老鼠"。最让发言人纠结的是，有时并不是他的错，他却要为雇主的愚蠢、集体的疯狂，甚至体制的悲剧埋单。新闻发言人处境的无奈，并不能成为免责的理由。新闻发言人改变不了事实，却可以做到不知道的事情不说，不清楚的事情不乱说，必须说的事情好好说。发言人也遮盖不了真相，但是在避免对立、减少摩擦、消除误解方面仍然大有可为。

VI 政治人物的大戏

在现实世界里，政治人物高居权力金字塔的塔尖，但也是舆论场中最强势的弱势群体。他们处理的是人们最关心的利益分配问题，属于冲突最大、争议最多的舆论主体。弱传播理论告诉我们，金字塔尖的政治人物必须用弱传播的方式才能得到底层的认同与呼应，必须与金字塔底的弱势群体相连接，才能构成稳定的三角形结构。

政治人物是舆论场的英雄，他们不仅要面对冲突，而且要处理冲突。他们天然要遭遇压力，对抗压力。他们不能停留在思想上，必须有行动，他们的行动充满悬念，而且评价系统不仅有好坏，而且分胜负。英雄、冲突、压力、行动、悬念、结局——集全了一部大戏的标配，所以政治人物的大戏不是悲剧，就是喜剧。

本节将政治化作一场戏剧，讨论政治人物作为舆论主体的传播方式，结构的关键点分别是：序幕、开场、花絮（花边）、高潮（风雨）及退场。

节点一：政治人物的序幕—— 写好给未来的履历

一切既往，皆为序章！说的就是政治人物。

政治人物玩的都是期票。无论是选举，还是推荐，政治人物的大戏都是从拿到信任“通行证”开始的。不管是民主选举，还是大佬钦定，有权利给政治人物投票的人，都是在做政治期货，在用智商赌未来。政治人物一旦拿到通行证，就拥有了排他的权力，可以改变格局甚至历史，包括影响千百万人生活的能力。而这种信任投票，没有彩排，亦不能反悔。

很多政治人物的毕生追求就是拿到、持有这样的通行证。从初选到终选，从这个层级到更高的层级，从这个任期到下一任期，所有行动都是为这样的通行证做准备。

要拿到这样的通行证，政治人物靠的是让历史告诉未来。政治人物要靠自己的过去，换取人们对他的信任。有远大理想的政治人物一早就在准备给未来的履历表，这是对未来的一种传播。

电影《一代宗师》里有一句台词：“世间所有的相遇都是久别重逢。”这种面向未来的传播，今天可能看不见，明天就可以看得见！现在可能没有受众，未来的受众在等着你！

每一次选举或者重大人事变动，当事人无论是众望所归还是杀出黑马，人们都会跳出这样的问题：“为什么是他？”

我的嗜好是读履历表，一份简单的履历表可以看出：他做过谁的部下？当过谁的副手？他和哪一类文化有交集？他曾与哪位要人邂逅？人们可以从履历表中读出小说，读出诗歌，读出连续剧。

2008年台湾地区“大选”，谁能够代表政党出征竞选大位？民进党有无数的选项，国民党却只有一张牌，那就是马英九。论资历、论辈分、论能力、论人脉，国民党人才济济，轮不到马英九，但马英九赢他们的只有一条：那就是选票。在蓝营中，不喜欢、不情愿、不服气马英九的不计其数，但遍数国民党英雄谱，只有马英九一骑绝尘，有望帮国民党夺回“政权”，其他人连门都没有。

为什么非马英九莫属？

国民党要推出候选人，必须打破国民党的两个罩门：清廉和族群。这正是2000年台湾地区政权轮替时，民进党使出的撒手锏，一个“反黑金”，一个“爱台湾”，民进党高举这两面旗帜，一路战来摧枯拉朽、势如破竹。国民党这才意识到过去的“执政”并非自己的优势，反而是历史的包袱。几十年下来，在腐败的酱缸文化中，国民党官员即便不同流合污，也难以拒绝随波逐流。大家混迹其中，即便是自己屁股干净，也被熏出一身臭气。极少数有良心的国民党人才，就算“廉”可以做到，“清”却是难于上青天。

时代需要“小清新”的领袖，国民党能够站出来的只有马英九！马英九的履历如此干净，让人不得不惊叹。

马英九有廉到极致的洁癖。一名官员坚持不贪财，或许还容易做到，但连特权也不顺水推舟享受，则实属凤毛麟角。2004年，民进党市议员炮轰时任台北市市长的马英九交通违规，并多次由市政府代缴罚单。马英九答询说：在6年市长任内确有16次违规，除一张罚单提出申诉成功外，其他15张罚单都及时认缴认罚，自掏腰包累计上缴台币22000元。民进党透过私下渠道查证，发现市长座车的违规记录比马所说的16件多了7件，举报马有匿报之嫌，结果一仔细查证，才发现多出的7件却是前市长陈水扁的违规记录，而且统统在2000年4月28日予以“免罚”销单。

民进党“开枪”打“马”，却打到了“扁”，闹了个大乌龙。两相对比，更让人对马英九的自律叹为观止。故事的精华之处在于马英九并不是简单地认罚，他还认认真真地去申诉了几次，还成功了一次，证明马英九并不是为了作秀，不仅守法，而且维权。

当然马英九的履历也是有缺憾的，最大的硬伤就是他并非在台湾出生。在台湾地区，族群问题是最敏感的政治。如果说“二二八事件”是国民党在台湾的原罪，那么，作为外省人的后代且出生又不在台湾，则是马英九的“原罪”。曾经，“二二八事件”是国民党的关节炎，一到选举民进党就拿它说事，而国民党不肯、不愿也不敢直面“二二八事件”。

在外省籍国民党人士中，马英九最清楚抚平“二二八事件”创伤对国民党的意义，不回应历史的叩问，就无法获得未来。每一年的2月28日，马英九都会慰问“二二八事件”的受难者家属，年年鞠躬道歉，十几年坚持下来，马英九用他最诚恳的笨办法跨过了历史的仇恨。每一次民进党借“二二八事件”挑起族群议题，对国民党可能有效，但对马英九则没有杀伤力。

政治人物每一次的横空出世，其实都是历史的久别重逢。政治人物的履历表是写给未来的，要成为杰出的政治家，至少要从二十多岁就开始积累。问题是，每一个人都在积累，但你未必能够积累成未来需要的那一款领袖，这需要坚持，更需要判断。在国民党一党专政时期，台湾地区的官场文化就是靠背景、靠关系、靠站队、靠权术甚至靠政绩来一俊遮百丑。像马英九违章认罚、祭奠“二二八事件”这样的履历绝对是非主流的，但国民党最后还是靠了马英九这样微不足道的坚持，一战到底！

“天将降大任于斯人也，必先苦其心志，劳其筋骨。”这句话只说对了一半，多少人皓首穷经，却对接不了未来的谱系。那些在给未来写履历的人们，既要脱胎于今天的政治文化，又要造就未来需要的领袖，煮酒论英雄，得失寸心知。你准备好了吗？

节点二：政治人物的出场方式——“爸爸去哪儿”

序幕拉开，大戏开始。

政治人物第一次出场的象征意义远大于其实质内容，他的舞台、他的着装、他的台词、他的同台人物……绝不应是随便的选择。政治人物一旦登上高位，他的第一次讲话、第一次出行、第一个会议议题，都有着确定的舆论指向和无限的想象空间。回顾十年前、百年前政治人物的第一次出场，我们就会发现历史埋下的种种伏笔，意味无穷。

“爸爸去哪儿”——政治人物第一次出行将选择哪个地点，就是观察家与媒体的热点。

特朗普当选美国总统之后，大多数媒体人士分析推测，他首个出访地应该是邻国加拿大或墨西哥。但没想到，特朗普却打破惯例，首先选择前往中东地区。

其实，早在2012年，奥巴马就已经不按美国的常理出牌了。当时观察人士就纷纷猜测奥巴马连任后首次出访的国家，欧洲的可能性最高，理由是首选国家至少满足两个条件：一是美国的盟友，二是与美国的关系十分重要。

让专家们大跌眼镜的是，奥巴马选择的首访国家分别是泰国、缅甸、柬埔寨。在世界各国中，怎么可以绕过铁杆盟友呢？连菲律宾媒体都愤愤不平，奥巴马此行抛弃了“在亚太地区的长期战略安全盟友菲律宾”，“这在马尼拉引发了敏感的民族主义情绪”。

奥巴马是对的！他是传播天才！果然，奥巴马亲吻昂山素季的照片成为全世界无数媒体的头条，它让无数的总统照片黯然失色。想一想它蕴含的信息吧：男人与女人，黑人与亚裔，美国第一位黑人总统与缅甸“国父”之女，世界上最有权势的大国领导人与被忽略小国的反对派领袖，到处推销美国价值观的世界警察与将牢底坐穿的诺贝尔和平奖获得者……强者与弱者用亲吻——最炽热的情感表达符号，紧紧地连接在了一起。

强者必须与弱势群体相连接——奥巴马的东亚之行是弱传播成功的舆论经典案例。它让媒体兴奋，也让政坛不解；它让一些小国惊喜，也让某些大国不安；它赚足了眼球，也留够了话题……

政治人物的出场方式不可等闲视之。哪一部大片导演会忽视主角的第一次出场呢？一部影片前十分钟的主角如何登场，决定了影片的镜头节奏与叙事美学，也决定了人们有没有兴趣继续待在电影院。

如果说奥巴马的出访缅甸，是大秀美国价值观的神来之笔，那么，特朗普出访中东，则传播出美国新总统的新导向——问题在哪里，“爸爸”就去哪里。

政治人物选择什么样的出场方式，就是选择什么样的舆论方向、什么样的舆论武器。他种下的舆论种子，一定会发芽、开花、结果……

节点三：政治人物的花絮花边——移花接木法

政治人物作为政治大戏的主角，就免不了与花絮、花边打交道。

政治大戏不可能天天都上演庄严的会议、艰难的谈判、生死的对决等，它有无数的空当，等待上演花絮与花边。

舆论的轻规则告诉我们，花絮与花边是民众的所爱，也是舆论场的自然选择。政治人物要亲民，不仅要解决老百姓的生活困难，也要留意他们的喜闻乐见。

在台湾地区，政治人物非常重视更亲民的传播方式。马英九、连战都参加过台湾的娱乐节目《康熙来了》，他们知道上这样的节目会很尴尬，但那里有自己必须争取的选票，而他们传统的传播渠道并不能把声音有效地传达给这一部分受众。

政治人物要注重花絮，并不是要认同花絮的价值观，而是要让自己的价值通过花絮传递到更多的终端，以争取更多的民意。无论是连战还是马英九，不仅要争取《联合报》的读者，也要争取《康熙来了》的粉丝。

花絮不仅是拉近民意的捷径，也是处理问题举重若轻的手段。比如，国家突然出现危难，安全系数无法确认时，不应该冒可能失去国家元首的风险，第一时间将第一把手投放到最危险的地带。这是保护国家安全与稳定的必要措施。可是危难当头，一号人物如果只是签发命令、发表讲话，总不如一线总指挥在危难现场的表现吸引眼球、打动人心、塑造形象。这个时候，一号人物的“舆论主线行为”（亲临现场）被约束不能做，那么，善用花絮就可以是不错的选择。比如吃饭！

有一次国际危机，各种制约令美国总统不能第一时间亲临现场。美国总统并没有简单地签发命令，而是第一时间飞到即将派往危险地带的美国部队所在的军事基地。美国总统与即将出征的美国士兵（记住，一定不是指挥官，因为要和弱势群体相连接）一起在基地食堂排队打菜一起吃饭。“风萧萧兮易水寒”，这一幕打动了无数的美国民众。

这个花絮的优点在于：虽然是吃饭的花絮，但关涉重大事件，展示了领导人的决心与对士兵的温情，并且提示了所有人，一号人物才是事件的总指挥与总推动者。总统与士兵一起吃饭，是推动剧情往前发展且清楚可见的动作，有着温情而悲壮的戏剧场面，不像签发命令那样没有画面感与戏剧感。这时花絮的吃饭，就成了壮行的核心事件，是总统在第一时间内去到第一地点，做最重要的事情。

如果把画面再改变一下：指挥官把士兵集合起来，领导人在列队的士兵面前做出征前的动员。这样的画面可能更加壮观，但却把领导人与士兵隔离开了，甚至“对立”起来。一个发令，一个出征，舆论传播中他们不是一路人，而领导人与士兵们一起吃饭，他就“混”在了士兵中间，他们变成了一样的人，一起吃饭所传递的情感力量，远超过在士兵面前的誓师动员。

可见花絮并不是坏事，用得好比主线传播更有力量！

政治人物的一生需要花絮，却不需要花边。不过，花絮与花边往往如影随形。政治人物一旦成为政治大戏的主角，就像歌星影星球星，很难与花边完全绝缘。

马英九就曾经遭遇过这样的花边，他什么都没有做，就莫名卷进了一个绯闻。

2004年，刘德华的前女友喻可欣接受记者采访，表示不想结婚，却想拥有一个自己的小孩。记者追问如何拥有，她说可以借精生子啊。当记者再次追问要谁的精子时，喻可欣一枪射中三个男人：“我觉得像台北市长马英九、很有学问的蔡康永，还有律师帅哥谢震武，‘品种’都很不错啊。”

三个男人数马英九最为尴尬。马英九的前新闻发言人游梓翔告诉我，当时马先生十分委屈，他坐在办公室什么都没有干，却要面对一个从天而降的花边新闻。马先生还不能公开表达内心的真实独白，不能斥责媒体无聊或者艺人口无遮拦，因为台湾地区是“选举”政治，喻可欣、喻可欣的粉丝及无数爱读花边新闻的人都是马英九不能忽视的选票。

现在我们可以看看三个“品种”不错的男人如何回应。

谢震武接到记者电话，听到自己被相中为“捐精”对象，他尴尬地笑了几声说：“我可不可以不要回答这个问题？”

蔡康永刚听到这个问题，愣了几秒钟，不疾不徐地说：“应该愿意，只是我要把配套措施想好再行动，包括小孩的抚养方法及应得的酬劳。”

而马英九透过新闻发言人这样回应：马英九是台北市长，喻可欣是台北市民，市民当然有权利向市长提出任何服务要求，马市长也应该尽力呼应市民的各种要求，但非常抱歉的是，台北市长承诺的为市民服务的项目中，不包括提供精子这项内容，马市长愿意改进服务，更好地服务市民……

一个无聊的花边被这样化腐朽为神奇：当事人被尊重，媒体得到满足，围观者感到开心，而马英九的形象更加亲民而富有魅力……

游梓翔告诉我，他不能贪天之功，这个绝妙的回答是老板马先生自己的创意。

政治人物要记住，无论是花絮还是花边，都是花，用得好就可以花开富贵。怎样才能用得好？中国的古老传统给我们智慧，那就是舆论的“移花接木模式”。“花”是花絮和花边，“木”是自己的根本，也就是自己的职责、使命。比如，马英九市长把“借精”这个花边，嫁接到市长的职责——为市民服务，市长的使命——为市民排忧解难，市长的主题——为市民服务的项目。这样的移花接木，就让“山重水复”变成了“柳暗花明”。

这里不妨记住一首打油诗：

路边一枯树，
树上两个杈。
春来苔为叶，
冬至雪当花。

这首打油诗，前面两句属于腐朽，后面两句化腐朽为神奇。正如一个枯树可以通过青苔与雪花，变得生机盎然、美丽动人。

花絮与花边就是青苔与雪花，就看政治人物懂不懂得用了。

节点四：政治人物的高潮——风雨是英雄最好的背景

政治大戏需要将政治人物塑造成英雄，而英雄最好的背景就是风雨。

贵人出行多风雨，政治生涯风雨多。没有在风雨中历练的政治人物，是没有大出息的。

最经典的案例，莫过于1999年的台湾地区“九二一”大地震。当时几组“选战”

候选人当中，只有时任台湾地区行政管理机构负责人的连战能进入灾区施救。连战视察灾区时，一位农妇突然向他下跪，连战一下反应不过来，倒退了两步。这匪夷所思的倒退两步，被电视播放了出去，却使连战的选情不知“倒退”了多少个百分点。

如果为这个事件起一个评论标题，可以有三个：

《连战离台湾地区领导人，就差这两步！》

《跪下，站起来就是台湾地区领导人！》

《老妇一跪，历史改变！》

标题耸人听闻，却不无道理。但是这么简单的道理，却不断有人犯错。

历史不能假设。但如果当时连战见到农妇突然下跪，也一把抓住农妇的手，跪在泥水里，也许整个台湾地区的历史都会改写！

如何避免前赴后继地重蹈覆辙？政治人物要记住的是：在这场政治大戏里，表演位置与戏剧角色决定着你的剧目是悲剧还是喜剧！

●表演位置

政治人物的位置很重要！——没错，我说的就是“位置”，而不是“位子”，尽管在很多人看来，“位子”可能更重要。

政治人物的位置，同样不可小觑，他出现的地方，就像电影主角出现的场景，有着不同的指向意义。比如《007》《碟中谍》，如果导演不安排主角到雪域、沙漠、丛林去走一走，如何凸显其英雄本色？

危难时刻，政治人物的位置尤其引人注目。一场大风暴，人们第一时间就会想：此时此刻他在哪里？

2005年，“卡特里娜”飓风重创美国，超过1800人丧生。当时正在休假的小布什两天后才回到白宫，7天后才到灾区视察。飓风对美国造成的财产损失超过了800亿美元，但给反应迟钝的小布什带来的政治灾难，却难以用数字评估。

“不仅爱你伟岸的身躯，也爱你坚持的位置，足下的土地。”舒婷在《致橡树》中别具一格地表达了这样的“位置爱情观”。同样，“位置舆论学”也告诉我们，政治人物要赢得人们的拥戴和爱，请首先选择好脚下的位置。

政治人物的位置，就是政治人物的表演区。灾难来临，你还在度假，那你的表演区就是度假区。民众在灾区的表演区看不到他们想看到的人物，脑海里就不断在灾区的表演区和度假区的表演区来回切换，切换的过程就是对政治人物的舆论凌迟。

●戏剧角色

2012年美国大选前一周，奥巴马与罗姆尼的支持率仍然不相上下，“桑迪”飓风最终把他们拉开了差距。

选战，可以有两个男主角；但抗灾，却只能有一个男一号。当飓风袭击美国东北部时，尽管互相抹黑的选举广告一直未曾停歇，但吸引人们眼球的只有一个“连续剧”——铺天盖地的飓风新闻。在抗灾这个剧目中，在野的罗姆尼几乎没有表演的场景，他只能眼睁睁地看着对手奥巴马在灾难面前扮演钢铁般领袖的角色。为了不沦为毫无权威的旁观者，罗姆尼在俄亥俄州举办了一场赈灾活动，却仍被诟病有竞选集会之嫌，因为在整场活动中，现场反复出现的是他的竞选主题音乐。

风雨中的舆论舞台，最重要的不是谁在表演，而是如何表演。2005年，美国人的记忆是这样一幅画面：当全世界都意识到美国遭遇了毁灭性的灾害后，小布什才抱着他的多迪猎犬，一脸沮丧地回到华盛顿，草草发表了一个干巴巴的声明。2012年，美国人记住的是这样一张照片：在灾区，奥巴马紧紧地搂着一位妇女，它和那张奥巴马冒着大雨、表情凝重地大步穿过草坪紧急赶往白宫指挥的照片一起，经媒体扩散，感动了成千上万的美国人。

风雨中的舆论场，激荡的是民意的风雨。“谁能恢复供电，就把票投给谁”——中年女教师特蕾莎的表白道出了千万人的心声。奥巴马在回答一名记者提问时表示：“我现在不担心选举，我是担心飓风会给美国家庭、交通和经济等带来怎样的影响。”

是的，他真的不用担心，当政治人物真的担忧民众的疾苦时，他无须担心自己的前程，他已经把所有的担心留给了自己的竞争对手。

2012年大选，奥巴马赢在一场风雨。奥巴马赢的不是风雨，而是民意。

英雄最好的背景是风雨，诚哉斯言！

节点五：政治人物的退场——背影比亮相有戏

戏剧拉开大幕，最终还是要谢幕。

政治人物意气风发登场，就一定要准备好退场。

2012年的大选，奥巴马承认准备了败选讲演稿：“你总是要做两篇讲演稿的准备，因为你不能把所有事情想当然。”人们永远也不知道奥巴马准备的败选演讲稿会说什么；同样，我们也不知道罗姆尼当选了会说什么。

投票前，自信满满的罗姆尼自称，他只准备了一个版本的演讲稿，那就是长达1118个字的获选演讲稿，但命运只给予了他发表败选演说的机会。他在演说中祝贺奥巴马总统、第一夫人和他们的两个女儿后，一一感谢了自己的竞选伙伴、太太（他称之为一生的爱人，并认为若有机会，她会是一位很棒的第一夫人）、儿子和自己的竞选团队，最后他热泪盈眶地对选民说：“我多么希望我能够实现你们的理想，带领这个国家朝着一个不同的方向前进，但这个国家选择了另外一位领导人。所以，我与你们大家一起真诚地为他和这个伟大的国家祈祷。”

假如选举可以重来，听完两位候选人最后的演说之后，选举结果可能会不一样。

如果胜选者与落选者的演讲稿只能收藏一篇，我会毫不犹豫放弃胜选者的演讲稿。这不是因为我有妇人之仁。男人不懂女人，成功的男人更不懂女人，男人总想当然地认为只要事业上成功地打败情敌，就可以俘获美人心。但是，君不见李清照就是最好的典范，她才不稀罕刘邦那得势的帝王，让她泪流不止的只是“至今思项羽，不肯过江东”。

真正吸引我的是政治人物的背影。政治人物的出场只能看出未来的指向与可能性，而他的退场才能真正看出英雄本色和缺陷。“大风起兮云飞扬”是刘邦的出场，而“虞兮虞兮奈若何”才是项羽让千古豪杰唏嘘不已的英雄末路。

政治人物的背影，最能昭示政治人物的格局。2012年，蔡英文“竞选”落败。在败选演说上，蔡英文一句“你可以哭泣，但不要泄气”，让蔡英文的粉丝泪奔，但遗憾的是，蔡英文没有从一党之私的格局中超越出来。她仍然只是对着支持者喊话，她的主语仍然是“我们”：“挑战现任者本来就是一个很困难的事情，我们没有执政的优势，我们的资源也相对困乏，尤其是在中北部，我们在基层的根源还不够，但总体而言我们的努力是不够的。在诉求、策略、组织、文宣等工作上，还有很多地方我们都需要加强……有一天，我们会再回来，我们不会放弃。”

蔡英文的背影虽然维持了一个政治人物应有的尊严和气度，但是她的格局与4年前同样败选的谢长廷相比，却立判高下。谢长廷的败选感言中，主语突出的不是“一党之私”的“我们”，而是台湾：“我除了会兑现对败选的一切承诺外，也将持续守护民主、守护台湾，我的生命属于台湾，舍此无处可去，这是我个人的挫折，是民主的结果，不是民主的失败。”3月22日那一晚，在支持者们痛哭失声时，谢长廷——这位想改变却又被历史限定，想超越却又无法和历史切割的政治人物，没有流下眼泪，甚至眼角都没有泪花闪动，“今夜，请别为我哭泣”！

谢长廷用他令人肃然的风度，为历史留下回味无穷的背影。

背影永远比亮相有戏！谁是打不死的小强？谁是不肯过江东的英雄？每一次刘邦与项羽的故事，都给退场的人留下无数想象……

VII 艺人异于常人

艺人者，异于常人也。

艺人是舆论场特殊的存在，也是最大的舆论发源地。讨论舆论主体，离不开艺人。

本书很多章节都涉及艺人的舆论案例，如明星的绯闻、负面舆论危机等，这里重点讨论的是，如何认识与理解艺人这一特殊的舆论主体。

下面用一系列的提问来讨论艺人最容易引发争议的舆论现象。

●问题一：为什么艺人总是在时间问题上出状况？

迟到、闪退、缺席……艺人总在时间问题上出状况，其根本的原因是：时间是艺人最大的财富，也是演艺圈最大的政治。

全国两会艺人代表的缺席屡屡被曝光。一方面，艺人到没到场，最容易被发现；另一方面，是因为艺人特殊的工作性质，他们缺席的概率会更大。艺人是以身体为业的，身体不仅是工作的对象、工具，还是他工作的产品。以身体为业的职业有特殊性，那就是他的履职必须要求他本人到场。开两会期间，政府官员可以委托下属临时主持工作，班组长也可以请工友替班，但如果成龙去开两会了，他的剧组就只能停下来等他，找梁朝伟替换也不行。

艺人这个职业出售的就是时间，一年365天，卖不出366天，即便是发布会、签售会，也无法找经纪人或者别的艺人代班。催艺人候场等待，是一个非常痛苦的活。很多剧组人员觉得艺人特别不通情达理，大家都可以就地吃饭，为什么大牌艺人非得安排休息室？人们不理解，艺人的工作是要用身体呈现的，其强度非常人所能想象。照顾好他的身体，就是照顾好呈现给观众的作品。因此，不仅大牌艺人，所有的艺人都应该好好安排休息，特别是遇到年龄小的演员，更需要特别留意。摄像累了还能打打哈欠，但艺人不行，他的哈欠会被录进去。如果有剧情要求，即便是演员最累最困的时候，他也要表现出神采奕奕。

哪怕是电视台的工作人员，也未必理解艺人的工作特殊性。不少人认为，如果团队集中，应该是连主持人、艺人在内的所有演职人员，都要统一集中时间到场。这是技术主义领先的思想，要人等机器，而不是机器等人。他们忽略了主持人、艺人是以身体为业，他们不是机器，按下一个键，他们可以随时输出同样的功能。一个人休息不好，连说话的力气都没有，更不要说表演。大家将心比心，就可以理解为什么艺人对休息那么看重。艺人需要把身体保持在最佳状态，这样他才能灵感爆发、灵魂附体。真正有经验的导演和制作人懂得，让艺人休息好就是在投资。

艺人的身份是按时间计价的。一场戏、一个演出，艺人的报价都要还原它占用了自己多少时间。相应地，艺人的身份地位也是按时间来衡量的。谁单位时间内的报酬越高，谁的身份地位就越高。这就是为什么在录制现场常常出现“谁等谁”的冲突，归根结底是时间的比价。是导演等演员，还是演员等导演，是这个演员等那个演员，还是那个演员等这个演员，表面上是比谁大牌，背后则是时间含金量的较量。谁的时间更值钱，谁就拥有了让别人等的借口、习惯与规则。当身价压倒了辈分、次序、能力、人品，相互间的冲突就在所难免。

对艺人的时间问题，不能简单地从道德人品来评判，还要从艺人经济与艺人政治来理解。

●问题二：为什么艺人对酒店这么敏感？

和艺人打交道最麻烦的，一是价钱与时间，二是协调酒店。

谁住单间，谁住套房，又是一个身份政治问题。没有经验的人，把同等身价的明星，一个安排套房，一个没安排，那就等着风波烦扰；而有经验的人会搞定最大牌的那个，剩下的则依流平进，一切问题迎刃而解。

但有时候并不是身价问题，面对同等规格的酒店，有的艺人就是不乐意，非某个品牌的酒店不行。这背后的原因，一方面是前面提到的艺人特殊的工作性质，很多艺人由于生活不规律，神经衰弱，不容易睡好。一个习惯了的酒店，对他们来说特别重要。另一方面是所谓在家千日好，出门一时难。艺人在酒店的时间可能比在自己家的时间还多得多，他们常常会把对家的需求迁移到对酒店的需求上来，不像常人偶尔住酒店，忍一忍就算了。

新闻报道与评论常常对某些艺人在摄录现场要求有专门的休息区或房车颇有微词。其实，这并不是要大牌，艺人应该休息好。一些有议价能力的艺人提出这样的需求并不过分，他们没有侵占公共利益，只是增加了投资人的成本，所以，公共舆论也无须进行谴责。相反，一些剧组欺负一些老艺人朴实，没有提供应该有的条件，这才不厚道！

●问题三：为什么艺人爱耍大牌？

很多人认为艺人爱耍大牌，除了个人修养之外，还有几个原因容易被大家忽视。

第一，供需矛盾。明星需要面对数量庞大的粉丝，而他本人的时间和精力是有限的，一定无法满足每个粉丝对他的需求。粉丝希望共享甚至独享明星时间的欲望是无止境的。明星既要表示对粉丝的重视，又要确保自己的休息时间与工作时间，这里的切换就要有水平，必须学会拒绝的艺术。艺人以身体为业。艺人的麻烦就在于，如果他很红，身体就容易吃不消，不想病倒，就会冒耍大牌的风险。如果他不红，就会面临门可罗雀的境况。

第二，身份错位。明星如果搞不懂弱传播，在工作人员的口碑中就是差评。我在厦门卫视做总监时，签了台湾艺人陈亚兰（当时厦门卫视最大牌的艺人），发现所有的工作人员都夸她，连负责接送的司机也说她好话。原来，她每一次来厦门卫视录制，都会给接送的司机一个伴手礼。有一年台庆，她给厦门卫视所有员工一人一份小礼物，虽然礼轻，但是情意重！

第三，认知误差。媒体认为，没有媒体的曝光助力，哪有明星的辉煌；而明星认为，如果没有明星的作品，媒体哪有收视率与发行量。但明星与媒体的博弈，最后的输家一定是明星，不要瞧不起那些年轻的娱记，因为他们背后代表的是普罗大众。

归根结底，明星耍大牌，一定是在弱传播上出了问题。

●问题四：为什么艺人容易与拜金主义挂上钩？

艺人的产品、工具都离不开身体，身体就是他的生产资料，艺人的优势来源于这一特殊性，艺人的弱势也来源于此。

人们看不惯明星艺人的高调，穿名牌、戴名表，结一个婚也要大张旗鼓，但人们不知道，艺人的身体就是他的产品。建筑师装饰他的建筑物，商人包装他的产品，艺人也是同样，他需要包装、曝光他的身体，因为这就是他的产品。如果他的产品吸引力不足，他就会被大众淘汰。

或许有人说，也有艺术家走朴实路线的啊！这当然，就像市场里既有卖散装土鸡蛋，也有卖精装燕窝礼盒，这些都符合市场的需求。

大多明星艺人走的就是高端的商业路线，自然需要一身名牌。

明星群体支撑了奢侈品产业，这是世界经济的有机组成部分。奢侈品的代言人都是明星，但其购买的主要群体却不是明星，而是别人。除非取消世界所有的奢侈品产业，否则，就没有理由否定明星的一身名牌。欧美一直用明星战略推销它们的产品。如今韩国、日本也用明星战略，把它们的产品打入中国，打入世界。中国同样需要打造自己的国际级明星，把中国的高端产品打入世界。

明星穿名牌，不等于拜金主义，拜金主义是金钱至上。不能从反拜金主义走进反名牌这样的误区。

当然，明星也不能无底线地炫富，否则，就会走到目的的反面：只剩下奢侈，没有品了。

●问题五：为什么艺人容易爱上身边的人？

艺人爱上自己身边人的概率特别大，除了导演、制作人、出品人外，还有经纪人、摄影师、化妆师、健身教练……

根本原因就是艺人认不得多少人。

艺人高居金字塔尖，周围就没什么人。

明星必须与常人保持距离。如果人们天天在厕所看得见刘德华，谁会崇拜他呢？

明星也没有正常的生活，在外面吃个饭，逛个街，如果没有伪装好，不是被狗仔队盯上，就是被围观。

除了身边的人，围着明星的就是两种人：一种是有求于他们的人，如疯狂的粉丝，疯狂就意味着不是常人；一种是打他们主意的人，如不怀好意的商人。

艺人的生活圈，不仅小，而且特别没有安全感。

明星的工作，注定聚少离多，没有多少家庭味。明星更加敏感，更加脆弱，更加自我，可以爱的人，必须是理解与接受这种生活方式的人。

除了身边的人，艺人还有多少机会与幸运，可以爱上圈子之外的好人？

●问题六：艺人可以当“意见领袖”吗？

艺人当选人大代表、政协委员，备受诟病的除了经常缺席之外，另一个就是当花瓶。因为术业有专攻，艺人在政治、经济、法律、社会等事务方面，与其他行业的代表（比如律师、会计师、工程师）相比，确实存在知识储备不足的可能，但这并不意味着艺人在参政议政方面没有作为。

人大代表和政协委员是社会的“意见领袖”，但“意见领袖”也有不同的功能：有的侧重影响力，有的富有号召力，而有的只具有注意力。艺人的意见也许无法获得他人的认同，他们对社会的分析也无法洞若观火，但是艺人在引发注意力方面，却有独到之处。他们出现在哪里，镁光灯就聚集在哪里。艺人最可能挥霍也最应该珍惜的就是注意力资源。同财富分配的倒金字塔一样，世界上最多数人的注意力，总是被最少数人占有和控制，很多粉丝记不住自己奶奶的生日，却对明星的血型、星座如数家珍。

如果镁光灯照亮的是艺人本身，无论是德艺双馨，还是绯闻缠身，艺人提供的只是新闻与娱乐素材；但如果艺人能够把镁光灯的聚光点成功地转移到公共事务上，那么，艺人就能成为公共舆论的“意见领袖”。他不再是仅被照亮的对象，而是成为光源本身。

舆论学之父李普曼把报刊（媒介）比作探照灯：“它就像探照灯的光束一样，不停地照来照去，把一件又一件事从黑暗处带到人们的视域内。”艺人一旦参政议政，他就把自己从“镁光灯的模特儿”变成为“探照灯的打灯人”。

有时候，艺人的艺术作品就是这样的探照灯。2018年暑期，一部名为《我不是药神》的电影，不仅获得了30多亿的票房，而且得到总理的批示。其艺术、商业、社会的成功归结于一点，就是用探照灯照亮了一个黑暗—— 高价抗癌药，电影本身并没有解决这个问题，但更多人的关注推动着对这个问题的解决。

应该把什么样的东西从黑暗处带到人们的视域内，这是艺人超越艺人的关键所在。艺人参与公共生活，最简单也最难得的就是做减法，把艺人的“艺”字减掉，回到“人”这一个基本点。从人出发，感觉有人冷，有人热，有人哭，有人笑，看到有好多孩子没有鞋子穿，知道在寒风中的小贩需要一个安全的摊位，明白有好多人几十辈子也挣不到你一天的出场费，让自己移步底层，照亮那些监管的死角、媒体的盲区。有些问题，普通人需要采取极端行为才能引发关注，就让艺人的光照亮那些最容易被忽略的世界吧！

从人出发，关注那些也许司空见惯，也许无可奈何但必须改变的生存环境，关注地下水、呼吸的空气和餐桌上的大米，由此关注天空和大地。这不需要太专业的知识，只要你把目光投向那里，解决问题的方法自然会有专业的人士跟进。

评价一位艺人是不是一位称职的人大代表、政协委员，不是看他提出多少有洞察力的观点、可执行的政策，而是看他照亮了哪些黑暗。

有时他眼角的一点泪光，就可以把整个世界照亮。

雨果告诉我们，一位作家和伟大作家的区别，就在于他把什么样的黑暗照亮给世界。艺人和伟大艺人的区别，也在这里。

Ⅷ 新舆论主体：服务器改变舆论

2015年9月3日，正值北京举行中国人民抗日战争暨世界反法西斯战争胜利70周年大阅兵，没想到一个明星晒孩子照片的微博竟然可以形成舆论事件，这就是“范玮琪晒娃事件”。阅兵、晒孩子照片、爱国……一个明星的私生活进入了宏大的主流舆论叙事场，一切就不那么简单了，温馨的不再温馨，庄严的也不再庄严。

观点针锋相对，讨论抽丝剥茧。多种声音的存在，总比只有一个声音的存在要来得更好。但观点的尖锐对立，力的方向一旦稍微偏离，仍有可能造成机体的运动型扭伤，不利于一个民族的前行。

本文无意讨论“范玮琪事件”舆论双方的对错，我关心的是：这个事件为什么会发生？它是否可以避免？许多舆论事件的发生有历史的必然，也有无数的偶然。无风不起浪，“范玮琪事件”的风是谁？它从哪里吹来？

我们先看看观察者网特约作者关哲的观点，他在《阅兵与晒娃：看看二次元空间正在声嘶力竭吵什么》一文中这样分析道：

> 一个母亲在社交媒体晒娃本来无可厚非，虽然范玮琪微博上几年来满满的都是晒娃图片。作为晒娃狂魔，在朋友圈引起一些厌烦也正常，拉黑便是，但是小范在阅兵时间发出晒娃照，居然引来了4万多条评论，绝大多数是谩骂：“你不发阅兵的照片，居然发你儿子的照片！你不爱国！”“你不感动吗？你还是中国人吗？”“你不爱国，你滚出中国！”
>
> 无独有偶，当天在微博上晒了一瓶美酒的演员贾静雯也遭到不少微博账号的炮轰。据说，除了范玮琪，还有赵薇、林志玲、大S、S.H.E、蔡康永、何润东等艺人的微博下，皆是如此，即便没有说话，也会有账号冲过去说：“你怎么不表态？”
>
> 这种齐刷刷的攻击难免让人想到两个字——“水军”。正常人忙着看阅兵，哪有空管明星呢？

但关哲也认为，完全有可能不是水军而是真闲人干的，引用时政评论员雷希颖的观点，可能有人故意制造“脑残+爱国”的极端言论事件，然后顺理成章对爱国进行污名化。关哲在文中感慨道：“我们眼前展示的竟是一派网络‘无间道’景象，某些人自己树个靶子自己打，然后那些正愁没靶子的写手们也就蜂拥而上。”可惜范玮琪已经把那条微博迅速删除，所以人们无法探究参与此次舆论事件的那些账号到底是水军，还是普通网友。

仅靠推理和猜测是很难接近真相的，可能还是数据更加靠谱一些。从新浪微博官方对“范玮琪事件”的评论数据分析来看，可以给大家更有价值的信息。

数据一：恶意攻击用户中，可信用户（用户质量等级1级—— 最高）占比87%；较活跃用户（用户等级10级以上）占80%以上。

数据二：恶意攻击用户从学历、年龄、星座、机型和地域信息来看，分布基本与每日活跃用户一致，无明显特征。

可信用户、活跃用户比例如此之高，大致可以排除水军作祟的可能性。特别是从学历、年龄、星座、机型、地域信息的分布与日活跃用户的匹配度，也几乎可以排除是特定团体操纵舆论的可能性。特定团体可以操纵某些地域、某些群体、某些僵尸粉，但要做到4万评论中的恶意攻击用户和日活跃用户的特征相匹配，估计目前还没有一个机构可以做到。

舆论各方对这些用户都有自己的想象。微信公号“叔的刀法”的作者李方把这些恶意攻击的用户称为“网的P友”：

> 我觉得最滑稽的一件事情，就是有些人弄台电脑、弄部手机会上网、会上微博、会跟帖了，就必须被称为友—— 网友。古人说“同道为朋，同志为友”，我们跟那些喷子，网什么“友”啊，我们跟他们哪点志同道合了呢？

李方把这些人看作是乌合之众，鼓励艺人不要害怕他们：

> 范玮琪道歉无非是害怕损害个人商业价值，也就是品牌商不敢请她代言，电视台不敢请她上节目。这里我必须提醒一下品牌商，那些网的P友是你们的目标客户吗，他们买得起吗？这世界终究是靠脑子赚钱的，而他们没有脑子，因此，也别指望他们赚够钱买你们的东西。
>
> 我不相信一个那样乱喷的家伙买得起美特斯·邦威，也就配淘宝爆款。而这种一哄而上的乱喷无非也就是微博爆款，说客气点，你们不想当一辈子爆款的命吧。

不过，这次新浪微博的官方数据要让李方失望了，他们并不是一个特定的三低人群（低收入、低职位、低文化）。从接下来公布的数据可以看出，这些恶意攻击的用户正是具有消费力、让艺人和广告商不敢忽视的目标客户。

数据三：恶意攻击用户主要来源为iPhone各版本客户端，合计占比41.4%（跟全站iPhone占比接近），攻击用户的评论时间、注册IP、发布设备等基本服从正态分布，没有明显的批量特征。

这些恶意攻击用户超四成是用iPhone发送他们的评论的，显然他们不是全部使用廉价手机的那一群体。买得起iPhone的用户，不会买不起美斯特·邦威。特别是数据提醒我们：恶意攻击用户的iPhone持有比，跟全站iPhone占比接近，而且攻击用户的评论时间、注册IP、发布设备等基本服从正态分布，没有明显的批量特征，再一次表明了：这次的舆论事件不像是一个特定机构策划的群体行为。

李方不相信这些“网的P友”可以代表民意。但新浪微博的各种数据显示，他们恰恰是正常的用户。但为什么这些用户会出现不正常的反应呢？

还有一个反常也让人百思不得其解。那些攻击范玮琪不看阅兵晒孩子的人，应该对阅兵也很在乎的，他们怎么舍得放下阅兵直播不看，跑去喷范玮琪呢？这里存在一个悖论，如果该网友正专心致志地看阅兵，他又怎么知道人家范玮琪在晒孩子呢？

舆论场中不少大V也表达了类似的质疑：

> 我就纳闷了，看他们发帖子的时间，不都正在阅兵进行的时候，他们哪来时间刷微博、发评论？他们这种三心二意、不认真看阅兵的行为，是不是也不够爱国？

数据四：抽取@范范范玮琪、@黑人建州（陈建州）、@蔡康永（蔡康永）的五条微博下的评论进行数据分析，恶意攻击占19.41%，其中99.8%的评论用户不是博主的粉丝。

数据显示攻击用户99.8%不是该明星的粉丝，表明他们原来并没有关注这些明星，也不是第一时间直接得知范玮琪晒孩子。那他们从哪里知道范玮琪在晒孩子照片的呢？接下来这个数据透露了玄机。

数据五：范玮琪晒孩子照片的微博，9月3日10时29分推出，11点25分至12点25分上了新浪热门微博推荐的小时榜；随后又上了新浪热门微博推荐的24小时榜。

真相终于可以大白，合理的推论应该是这样的：

9月3日9点开始，举国上下大多数人都在看阅兵的电视直播。10点29分，范玮琪贴出晒孩子的照片微博，由于和粉丝的互动达到了一个小高潮，跟帖数“不幸”突破了新浪服务器设定的小时热门微博推荐的门槛，被机器自动抓取进入了新浪热搜的推荐界面，那些一边在看电视直播一边在刷微博的人，发现在热门微博推荐里，除了阅兵，居然有一个晒孩子的微博，非常醒目，极不协调，相当一部分人觉得很不爽。点进范玮琪微博，留言发泄不满，进而引起粉丝争论，造成微博跟帖数更多，其数据变化再一次被服务器抓取，进入了24小时热门榜，结果导致更多的关注和争议。不爽范玮琪的人，转而好奇其他台湾艺人这个时候在干什么，陈建州因为与范玮琪为夫妻关系被连带攻击，蔡康永等因其是知名台湾艺人也受到牵连。这一连串现象让“意见领袖”也觉得有话要说，纷纷下场，舆论由此升级和扩大。

有一个偶然因素要特别指出：由于政府集中精力组织阅兵，股市停开，娱乐节目禁播，几乎没有什么其他议题可被关注。换了平日，范玮琪的晒孩子微博可能被各种各样的新闻和议题淹没，它根本进不了服务器抓取的“法眼”。

如果真相就是如此，那舆论各方都对“范玮琪事件”过度阐述了。所有的不正常并非来自一个不正常的群体，而是源于一个非典型性的情境。比如，一个微信工作群，大家都在讨论学术，其中一个人老是刷她孩子的照片，大家可能也会不快：你爱孩子无可厚非，但可以在别的地方秀呀。同样，如果在学校校庆时，朋友圈都在围观校友欢聚一堂的场景，这时候有校友一直刷他的旅游风景照，也容易引起部分人的反感。如果没有这些拼接，桥归桥，路归路，井水不犯河水。上万恶意攻击用户也未必如有些人想象的那么“法西斯”，他们有过激的言论，但也源于有刺激言论的场景存在。

当然，这些情境绝不能成为任何人以爱国的名义去辱骂他人的理由，但无事生非跑到任何一个微博下面辱骂对方没有看阅兵，和因为明星晒孩子的照片居然在阅兵时间上了微博热榜而不悦开骂，二者的恶劣程度还是有轻重之别。

不妨假设一下，假如新浪没有设定这个微博热推的小时榜，那么，看阅兵的人们可以继续看阅兵，晒孩子的也可以继续晒孩子。崇高的继续崇高，温馨的自在温馨，两个舆论场互不交集，两个生活场各得其所。

是谁改变了这一切?

答案是服务器，更准确的表示是服务器的算法语言。

打“服务器”这三个字，跳出来的拼音首字母是FWQ，和范玮琪的拼音首字母恰好一样。我把范玮琪这次事件定义为“FWQ事件”，它标志着服务器正在改变舆论。未来的舆论战，是一个有服务器参与的舆论战!

服务器不仅改变着舆论，也通过舆论改变着世界。舆论学之父李普曼指出，虚拟的舆论世界可以通过人们对舆论的反应，从而改变现实的生活世界。这一次的“范玮琪晒娃事件”是平息了，可是两岸之间，或者两国之间，如果也因为服务器改变的舆论而引发战火，该如何平息呢？

记得在若干年前，两岸一度关系紧张，在远方的朋友担心住厦门的我是否已经躲进了防空洞。当时我跟他们解释：两岸很难打起来，美国不想打，大陆不希望打，台湾不敢打，理性的各方都不会推动战争。除了一个原因，那就是两岸因误读误判，擦枪走火。

舆论也害怕擦枪走火，人们有理性，可是服务器有理性吗？

在舆论的主体上，我们过去更多地考虑政党、政府、“意见领袖”、新闻媒体、利益集团等，现在我们不得不考虑另一个“人”——服务器！它没有人格主体，却拥有可能比人格主体更大的权力。确切地说，它是一个虚拟的人格主体。它悄无声息地存在，偶尔露峥嵘！

服务器表面上属于拥有者，理论上遵循程序设计者。它在程序上可控，但结果却不可控，而它最后的舆论效果更可能失控！

其实，人们早就被服务器所改变，微博、新闻客户端等自动生成的热门推荐、新闻，打开屏幕自动弹出的相关广告，都有一个服务器在悄无声息地改变着每一个人。

直到“范玮琪事件”，如果我们不揭开它的面纱，人们仍然不能从那个FWQ（范玮琪），认出这个FWQ（服务器）。

人们一直担心，未来机器人与人工智能会如何改变世界。如今，“范玮琪事件”带给我们最重要的一个启示：舆论已经进入一个服务器的时代。

本章小结

对舆论主体的不同认识产生了舆论学的最大分歧，其原因在于舆论主体被赋予了对舆论是否具有集合性进行背书的功能。其实，舆论的集合性未必来源于多数人的传播，也可能来源于向多数人传播或在多数人之间传播。这样舆论主体就得到彻底的解放。无论是个人还是组织，人类社会中的任何一个成员都可以成为舆论的主体。舆论主体的多元性带来的另一个结果，就是把舆论与民意区别开，使舆论与正义脱钩，舆论并没有普遍的正当性。只有在特定条件下，舆论才能成为民意的代名词。

最容易引起争议的是大众媒介、个人和政府是不是舆论主体。答案是肯定的。如果把它们排除在舆论主体之外，不仅是舆论学的遗憾，而且是舆论学的失败。这样我们就无法把握舆论战的复杂性，无法分析各舆论主体在舆论场里如何分工、结盟及相互争夺。

能够单独作为舆论主体的个人，就是能够针对多数人传播的那种人，他们就是“意见领袖”。过去对“意见领袖”的分类，主要以身份为参照系。但舆论战更着眼于实际运用，按照舆论战的效果分类，“意见领袖”分三种：注意力“意见领袖”、影响力“意见领袖”及号召力“意见领袖”。其作用的侧重点分别是引发关注、影响认同、改变行动。

对“意见领袖”的划分，还不能忽视对其舆论战法的划分。“舆论军兵种分析法”把舆论战作战人员放在一个类似军兵种的谱系中进行分类，看看他们是空军、海军，还是陆军，判断他们是装甲兵、炮兵，还是工程兵。从“舆论军兵种分析法”派生出“舆论战将分析法”。诸如狙击手式的舆论战将、爆破手式的舆论战将、火箭军式的舆论战将、表演式舆论战将……如果可以把“意见领袖”的战法类型分析，做到像光谱与色谱这样精准的水平，舆论研究的水平一定可以上升到新的量级。

舆论战将不管有多少类型，归根结底可分为两大类：一类是直接在战场中冲锋陷阵，另一类是运筹帷幄之中，决胜千里之外。冲锋陷阵的一般是舆论的“意见领袖”，运筹帷幄的就是舆论的操盘手。“意见领袖”负责直接向多数人传播，操盘手负责策划如何在多数人中传播。

舆论操盘手不是一般的顾问，他是舆论战的大将军。他必须对一把手负责，他的指挥层级必须足够高，否则，将一事无成。优秀的舆论战操盘手可遇不可求，一个具有远大理想的政治人物（商业领袖），第一个要寻找的就是既懂得舆论规律又熟悉政治（经济）行为的舆论顾问。他不是普通的幕僚，而是自己事业生涯横刀跃马的头号大将军，越早结识、越早磨合越好。商战选战，归根结底就是舆论战。千军易得，一将难求！舆论顾问的张三、李四，就是军事战争的粟裕、张灵甫。舆论战选错了大将，满盘皆输。

随着选举制度的格式化、媒体技术的现代化，政治选举也越来越像一场表演，成为一场争夺收视率的政治大片。政治人物，特别是候选人，就是这个政治大片的主演，而舆论顾问及其团队则是导演和幕后团队。这就出现了舆论的制播分离现象。同样政治组织的专长在执政，它的土壤很难适合传播人才的培养与生存，因此，最佳的方式就是制播分离。

新闻发言人是受组织机构（政府、公司、团体等机构）或自然人雇用，授权代表雇主露面发声，发布新闻或回应媒体的职业个人，其主体是个人，工作是露面，任务是发声，性质是职业，身份是雇用，职责是授权，是舆论主体中最职业化的个人。新闻发言人的种种误区可能就源于对新闻发言人定义的误解。

在现实世界里，政治人物高居权力金字塔的塔尖，但也是舆论场中最强势的弱势群体。英雄、冲突、压力、行动、悬念、结局—— 集全了一部大戏的标配，政治人物的序幕、开场、花絮（花边）、高潮（风雨）及退场，是分析与评价一位政治人物的重要节点。

艺人是舆论场特殊的存在，也是最大的舆论发源地。讨论舆论场生态，离不开艺人。艺人是以身体为业，身体不仅是工作的对象、工具，还是他工作的产品。艺人为什么往往有那么多毛病，为什么有那么多误解，都源于此。

在舆论的主体上，我们过去更多地考虑政党、“意见领袖”、新闻媒体、利益集团、文化名人等，现在我们不得不考虑另一个“人”—— 服务器！它没有人格主体，却拥有可能比人格主体更大的权力。它悄无声息地存在，偶尔露峥嵘！

Chapter 8 舆论的性别

* 一个女性的受害者具备更强大的舆论弹药
* 女生并非不懂道理，只不过不愿和你们臭男人讲道理
* 如果记不住弱传播的四大规律，不妨记住舆论的性别——女
* 舆论场里两派相斗，有小女孩者胜
* 电影可以拍《我的野蛮女友》，谁敢拍《我的野蛮男友》
* 谁最善于团结女同志，谁就最善于与舆论打交道
* 田朴珺的故事里什么都有，就是没有由南瓜和老鼠变成的马车
* “牺牲式传播”是舆论的“核电站”

Ⅰ 舆论的性别：女

如果对舆论的“四大规律”理解还不够到位，也许可以用一个更通俗易懂的方式来描述舆论世界的运行规律。

我想到的最简单的方法就是追问：舆论的性别是什么？

每一次填表，第一栏填姓名，第二栏就要求填性别。性别是人类所有属性中最重要的一种，是身份识别第一个要确认的标识。见到任何一个陌生人，人们首先的反应就是：对方是男人还是女人。

如果舆论也有生命，它在性别这个最重要的属性上，是男还是女？

我的答案非常明确，舆论的性别：女！

舆论是关注的表达与聚集。从舆论的定义与特征可以帮助推导出舆论的性别属性。认知神经心理学已证明：在表达方面，女性无论是在需要与欲望上，还是在能力与总量上都明显优于男性。女性是天然的舆论高手，她更需要制造舆论，更愿意也更善于制造大量的舆论。因此，舆论是属于女性的。

舆论的弱传播假说包括舆论的“四大规律”，都和女性的性别特征直接呼应。

弱定理：舆论场是女性的主场

舆论的弱定理告诉我们：舆论世界是强弱倒置的传播世界，现实中的强势群体就是舆论中的弱势群体。

女性本身就是弱势群体，但弱势群体的属性在女性身上表现为二重性，她们既是弱势群体，又是更弱势群体的保护人，比如妇女是儿童最直接的天然保护者。舆论是弱势群体的天然盟友，因此，妇女在舆论场具有主场优势。

性别具有染色作用。它几乎可以把所有的议题都转化为性别议题，它的染色性比族群议题更广泛。因为族群问题并不普遍地存在于人们的日常生活中，但只要有人的存在，就有性别差异，就可以产生性别议题。性别的染色又可以把所有议题都打上性别强弱对比的烙印，只要当事人是女性，就可能赢得更多的同情。

各类舆论事件的命名往往会特别突出身份，比如“保时捷撞人”。在交警来看，就是甲方的车撞了乙方的人，跟车子的品牌没有任何关系。可是到了舆论场，舆论事件的主语中为什么要强调车子的品牌呢？就是要区分出强者与弱者，有利于舆论天平的选择。因此，只要事件有女性当事人，舆论的命名就会特别强调性别。比如“孙志刚事件”[1]当事人是男性，事件的命名直接使用当事人的名字，不会加上当事人的性别，但是“昌平女法官被枪杀事件”“河南女孩王娜娜被顶替上大学事件”“和颐酒店女子遇袭事件”“甘肃永昌女学生跳楼坠亡事件”等，女性的身份就在舆论的主语里被特别强调。

在舆论世界里，一切关系最终都会转化为强弱的关系，现实世界的男强女弱正好为这种强弱关系提供了注脚。媒体对当事人性别的强调，可能是记者的下意识行为，也可能是有意地炒作，但都受着舆论弱定理或隐或现的影响。一个女性的受害者具备更强大的舆论弹药，如果你和她是一条战线的，要充分利用好这个舆论武器，但如果是对战关系，就千万不要掉以轻心。

所有的强者传播，都要特别注意相对方或相关方的女性。舆论战中，女记者、女律师、女当事人都比男记者、男律师、男当事人更不容易对付。

情感律：不要和女生讲道理

舆论世界是情胜于理的传播世界。舆论的情感律告诉我们：舆论是不讲道理的。

不要在舆论的世界讲道理，因为舆论是不讲道理的，正如不要和女生讲道理，因为大多数女生也是不讲道理的。看到这里，女性先别急着生气，这只是前半句，还有后半句：所谓的女生不讲道理，并不是不懂道理，只不过不愿意和你们这些臭男人讲道理！

---

[1] 2003年3月17日，湖北黄冈青年孙志刚因为未携带有效证件，被广州市天河区派出所民警作为“三无人员”遣送至收容所。3月20日凌晨，孙志刚遭同房间的8名收治人员轮番毒打，造成死亡。此事经媒体曝光后，在全国引起强烈反响。同年6月20日，国务院公布施行《城市生活无着的流浪乞讨人员救助管理办法》，原有的规章条例被废止。

朱德庸漫画里的名言：不讲道理的女人不可怕，可怕的是讲“道理”的女人，因为她的道理是没道理的加强版！

再说一个20世纪90年代初的小故事。

小两口结婚后第一次回娘家，女生说：“第一次回娘家，给我爸妈包个红包吧。”

男生说：“应该！包多少钱？”

女生说：“包2000块钱吧！”（当时人均工资每个月两三百块钱）

“包2000块？”男生大吃一惊，“怎么可以？孩子每个月的奶粉钱怎么办？下半年的房租还没有付……”

女生脸色一下子就变了：“我嫁给你时，我爸妈一分钱的聘礼也没有收，爸妈养我20多年，一年算100块钱，20年也要2000块钱吧！”

（话说到这个地步，男生就要小心了，这个时候如果还认不清，马上山雨欲来风满楼）

假如男生再嘟囔一声：“又不是卖女儿。”好吧，这下不吵个三天三夜不算完，所有陈谷子烂芝麻的事情都会被拿出来再炒一遍。

其实，这个故事还可以有下面这个版本。

女生说：“第一次回娘家，给我爸妈包一个红包吧。”

男生说：“应该！包多少钱？”

女生说：“包2000块钱吧！”

男生说：“包2000块？不行！包5000块！”

“包5000块？”女生大吃一惊，“那怎么可以？孩子每个月的奶粉钱怎么办？下半年的房租还没有付呢……算了，自己的父母最懂得女儿，还是包1500块吧！”

看吧，女生并不是不懂得道理，她只是不愿意和男生讲道理。对于该拿多少钱给自己父母，她早就有数，她之所以还要去问自己的丈夫，不过是想确认一下，丈夫是不是在乎自己。

女生对自己心爱的人最大的诉求就是两个字：**在乎**。换了三套衣服丈夫都没有注意，结婚纪念日老公也忘了，QQ头像换了男朋友也没有发现……这一个个细节，属于同一个问题：那个男人是不是在乎自己。

最要命的是女生这样的追问，永远没有结束。她会一遍又一遍地测试，一遍遍地确认。任何事情，她都可以转化为“是否在乎”这个选择题，随时随地，她都可能发出这样的追问。男生要明白，女生给你提出的任何需求，父母的、闺蜜的、同事的、老乡的，有时候琐碎得像鸡毛蒜皮，有时候难度系数比摘星星还难，都是在测试你在不在乎她。

特别是闺蜜的事情，有时要比她父母的事情还重要。因为大部分女生活在“闺蜜舆论圈”里，只要女朋友的闺蜜对你好评，全世界说你坏话都没有用。如果闺蜜差评，你在爱情的淘宝店里，卖不出一样东西。

遗憾的是，男生往往忽视了女生这样的情感诉求。像高仓健那样的男人，认为人生只要说一次“我爱你”就可以了，说第二次就是重复，就是贬值。男生永远无法理解：昨天我还拿了20万元给你父母买房子，今天单位分的一箱苹果，没有送给你父母，你就跟我怄气。20万元可以买多少箱苹果啊！

但女生就是女生，20万元只证明你曾经在乎，而一箱苹果说明你今天并不在乎。女生越是提出让男生觉得匪夷所思的需求，男生越是要清楚这不是“今日说法（理）”栏目时间，要学会立即把女生看似无理取闹的诉求，想象为这是软件自动弹出的一个对话框，对话框就六个字：你在不在乎我？男生要毫不犹豫按下确认键：在乎！否则，她就不进入下一个程序，甚至直接给你宕机！

舆论的脾气跟女生一模一样！

绝大部分的舆论危机处理，都是在“在乎”这个问题上栽了跟头。我们看到的往往是领导的就事论事，各部门的按部就班，听到的都是辩解、推卸与解释，全是一句句的道理，翻译成一句话就是与我无关，都是当事人活该。道理一箩筐，就是没有对生命的珍视，对死难的哀痛，对受害者的同情，对责任的歉疚。如果只知道一遍遍地讲道理，哪怕道理真的是在自己这一方，不懂得走到当事人身边，握着他们的手，看着他们的眼睛，表达对对方的在乎，不懂得按下在乎的确认键，舆论也会让你宕机。

生理科学表明，女生容易产生情绪，而且不容易消退，她们对情绪的反应更快，对情绪的识别也更敏锐。舆论也是同样。

朱德庸说：“男人没有女人就没有乐趣，有了女人就没有生趣。”懂得舆论的情感律，男人就可以把了无生趣变得充满乐趣！舆论的情感律证明，舆论的世界就是由女性主宰的世界。

轻规则：最不重要的才是女性觉得最重要的

舆论世界是避重就轻的传播世界。舆论的轻规则告诉我们：轻的东西最好传播。

女性在重要性的判断方面，的确与男性不一样。男性重视整体，女性更重视细节。比如挑选衣服，男生看中整体的感觉，女生更重视衣服的领子、袖子或装饰。领子不合适，不买！袖子有喜欢的图案，买！男生的衣服就这么几种款式，而女生的衣服千变万化，花样迭出。

女生在一切可以打扮的细节上下功夫。头有头饰，耳朵有耳环，脖子有项链，胸部有胸针，手腕有手镯，手指有戒指，甚至鼻子都有鼻环等，而且一旦重视起来，这些细节上花的钱，可能远远大于一身衣服。

世界的经济价值标准似乎是由女性决定的。对于人类，最重要的东西是空气、水与粮食，可这三种东西却是目前最不值钱的，而绝大部分奢侈品并不是人类必需品，不过是在做女性的表面文章。

对于男生来说，人体最不重要的东西可能就是头发，但头发对女生的重要性，甚至可以上升到生命的高度。因为不满学校对头发的管理，女中学生不惜自杀的悲剧不时上演。

没有人愿意这样的悲剧发生，人们的分歧只是如何避免悲剧的发生。这只有两种选择，要么学校不强迫学生剪头发，要么学生不因被强迫剪发而轻生。

我们应该说服谁呢？显而易见，我们首先要呼吁孩子珍爱生命，没有什么比生命更重要，无论是头发、衣服，还是恋爱、升学。但我们能否也反思一下，学校强迫孩子剪头发的重要性大到要付出生命的代价吗？

很多男人永远也无法体会，头发对于一个女孩的重要性。我女儿到了初三，忽然开始无比纠结于她的头发，以前对发型满不在乎的她一下子对自己的卷发非常不满意，哪怕身边人都认为她的自然卷十分青春可爱，她却固执地不认同，并用尽各种方法折腾头发，折腾到我最后只好“投降”。我不得不改变自己的审美观，帮助她实现“未遂”的发型。我发现只有和她在头发上结成统一战线，才能赢得她对我的认同，只有解决了她的头发问题，才能进一步解决她的学习问题，直至人生问题。

头发有这么重要吗？事实上，即使是成年女子，对自己头发的重视也让很多人匪夷所思。因为一个发型不愿意赴饭局，不愿意上班，甚至不愿见人的并非罕见。女生比男生更重视表面，只有深切认识这一点，男人才能理解镜子对女人的意义，理解免税店人头攒动的柜台为什么兜售的往往是女性的美容美发产品。

女性对世界重要性的判断，往往和现实世界相反，却和舆论世界相一致。现实生活认为很重要的，女性认为未必重要，现实生活认为不重要的，女性可能认为很重要。女性的价值判断往往可以超越世俗的功利性，女性对非功利性的审美追求，也往往比男性强烈。

男生往往用世俗的重要性取向来对女生进行传播。这种传播，就好比背着一袋地瓜向女生求爱："好姑娘，我给你送粮食来了！"可谁会爱上一个给自己送地瓜的男生呢，女生爱的是玫瑰！虽然玫瑰不能吃，过几天就会枯萎，地瓜可以养活人，保存期更长久，可是哪个女生会在乎呢？

遗憾的是，我们在舆论传播时往往忘记舆论的性别。那些自以为是的传播，其效果就如同给女生送"地瓜"，我们按照现实生活的重要性判断进行传播，结果恰恰适得其反。我们要吃很多"堑"，才能长这一智：舆论的世界是轻的世界，是按照"女性的违重感"标准建构的世界。

舆论的轻规则，就是女性的轻规则！

次理论：女生最爱小小的坏

舆论世界是主次颠倒的传播世界。舆论的次理论告诉我们：主旋律最不容易传播。无论是政治，还是商业，次主流舆论最容易传播，它拥有的传播基因就是：小小的叛逆。

小小的叛逆与女性到底有什么关系？娱乐界的投资人都知道，只有让女生喜欢的明星才能真正大红，最有商业价值的明星往往也是女性粉丝多于男性粉丝。既然女生对谁红谁不红拥有更多的决定权，搞清楚女生的喜好就可以发现传播的密码。

要搞清楚女性到底喜欢什么样的男性，不妨先搞清楚女性最不喜欢什么样的男性。女人对男人否定性的评价有两个层次，第一个层次：你不是个好男人！第二个层次：你不是一个男人！

第一个否定性评价，这个男人虽然坏，但好歹还是个男人。第二个否定性评价，这个男人连男人都称不上了。当一个女人对一个男人连性别都否定了，他在她心中已被删除。

什么样的缺陷，在女生那里会得出你不是一个男人的评价呢？

最简单的方法，就是做填空题。写这样一个句式："你怎么这样××，你不是一个男人！"然后把男人的各种缺点，一个一个填到打叉的位置，看一看这个句式能不能成立。

先看这一波：

你怎么这样邋遢，你不是一个男人！

你怎么这样懒惰，你不是一个男人！

你怎么这样不守时，你不是一个男人！

你怎么这样不上进，你不是一个男人！

你怎么这样爱赌博，你不是一个男人！

你怎么这样爱抽烟，你不是一个男人！

你怎么这样爱喝酒，你不是一个男人！

……

——上面的判断句好像都不太能够成立！

再看这一句：

你怎么这样花心，你不是一个男人！

——这个判断句更不对劲，花心似乎更像男人。

但如果把“小气”这个缺陷填上去看一看：

你怎么这样小气，你不是一个男人！

——这就对了，一个男人如果小气，真不是个男人。

可见“小气”在男人的一堆缺点中，虽然不是最坏的缺点，却是最没有男性气质的缺点，也是女人最鄙视、最难以接受的缺点。犯罪比小气严重得多，但是一个不犯罪却小气的男生，女生很难爱上他，反而一个很大气的罪犯，女生却可能爱上他。难怪一些父母不能理解，为什么自己的女儿会爱上一个犯人或一个混混呢。

女人会爱上的第一款男人：大气的男人。

并不是有钱才能大气，大气是一种气度，一种格局，一种待人接物、处事处世的态度与方法。女人对男人最不满的就是斤斤计较，不仅是在钱财上的抠门，而且是小事情上的念念叨叨。一点屁大的事情要啰里啰唆三天，有哪个女人愿意跟这样的男人过一辈子？

女人会爱上的第二款男人：有才气的男人。

女人喜欢有才气的男人，有着生物学的智慧。与聪明的男人结婚，生下的下一代基因可以更好，有才华的男人天然会吸引女人。才华不等于才艺，才华是天生的，才艺是后天学习的。才艺没有基因的成分，而才华是会“横溢”的——“横着”也要“溢出来”。

女人会爱上的第三款男人：有“匪气”的男人。

这里的“匪气”是一种不太准确的比喻，但似乎找不到更好的词代替。它准确的含义就是“小小的坏”。俗话说“男人不坏女人不爱”，要准确体会这个“坏”的含义，它包含着可爱的意思，有伦理的边界。它不能换成“男人不恶女人不爱”，更不能换成“男人不奸女人不爱”。这里的“坏”属于次主流舆论谱系，就是小小的叛逆，它绝不是大大的叛逆。匪气不等于土匪，土匪则属于逆主流与反主流舆论谱系。

女生不太喜欢的明星是很难持久走红的。这就可以解释为什么特别漂亮的女艺人，其实不太容易红，因为女生对这样的女艺人更容易警惕与反感，比如所谓的蛇精脸、狐狸精脸。反而那些有一点男孩子性格、大大咧咧的女艺人最容易红，大家可以从小S、姚晨那里清楚地看到“小逆模式”在起作用。

娱乐明星如此，政治人物也如此。那些具有“小逆模式”性格魅力的领袖，最容易得到女性选民的青睐。比如2008年台湾地区“大选”，有台湾名嘴评论，光女性粉丝马英九就铁定能够“当选”。

舆论世界弱传播假说中的“四大规律”，都可以用女性的特征进行解释。

女性有什么特点，舆论就有什么特点，两者的特征几乎一模一样。女性善良，舆论同情弱者；女性正义感强，舆论主持道义；女性敏感，舆论爱打听小道消息、名人八卦；女性爱哭、爱笑，舆论也是这样一个情感的世界。我常常在讲座里开玩笑，在这个世界里，谁最善于团结女同志，谁就最懂得应对舆论。

如果记不住弱传播的四大规律，不妨记住舆论的性别——女！

我一直强调要学习“花粉式传播”，不仅是花粉是弱的、轻的，也是因为花粉是雄性的，它的传播受体是雌性。

事实上，舆论的性别不过是一个比喻，用舆论的性别来讨论舆论的特点，只是为了更方便地解释舆论的世界。如果一个舆论现象没有任何现成的理论或定律可以解释，不妨就按照对女性的理解进行分析；如果一个舆论事件没有任何案例或模式可以借鉴，也不妨按照与女性打交道的逻辑进行推演。

这就是讨论舆论性别的意义所在！

我们可以把对女性打交道的得与失，运用到舆论世界的生存与发展；也可以用舆论世界获得的理论与方法，更好地建设一个性别和谐的现实世界。

II “舆论的小女孩”现象

哥哥问弟弟，如果杀死一个小女孩，整个世界就可得救，那么，可不可以这么做？

弟弟犹豫了一会，小声但坚定地说：“不可以！”

这是在网上流传甚广的陀思妥耶夫斯基的小说《卡拉马佐夫兄弟》中的一段话。虽然真实的小说中并没有这一段，纯粹是网友之间的以讹传讹，但它给人的震撼却是真实的。一个小女孩的生命与整个世界的拯救，如果命运将选择权交给了你，你会如何选择？

这段文字想传递的哲思是：一个生命与整个世界同样重要！不能以拯救整个世界为由，而随便牺牲任何一个生命！

当人们思考这个关于人性的哲学选择题时，往往忽视了它还有一个传播属性。为什么文本不直接写“杀死一个生命”，而是写“杀死一个小女孩”呢？

如果我们把“小女孩”换成“老男人”，可能有些人就开始犹豫了。

如果我们把“小女孩”换成一个“广场舞大妈”，可能有些人会说，快杀吧！能不能拯救世界都没关系。

小女孩、老男人、广场舞大妈三者都是平等的生命，但为什么在做选择时，符号一换，很多人的想法就变得不同了呢？

2016年“罗尔事件”里，如果文章《罗一笑，你给我站住》里的罗一笑不是一个小女孩，而是一个小男孩，还会激发这么多打赏吗？

舆论世界，要特别注意一种“舆论的小女孩”现象。有部影响很大的关于雾霾的纪录片，其前期预热，并不直奔雾霾主题，而是先从自费百万与女儿的肿瘤谈起，而且片子一开头，就是讲两个小女孩的故事。

在某些类型的影片中，我们会看到小女孩形象反复出现。特别是战争片、科幻片、动作片，总有一个小女孩像道具一样出现，如《星际穿越》《辛德勒的名单》等。当一部大片需要英雄的时候，就是最需要小女孩的时候。小女孩是英雄需要保护的对象，是英雄出生入死的动力，更重要的是，她为无法避免的血腥和可能出现的暴力系上了一个蝴蝶结。

同样，当传播需要敌人的时候，也是最需要小女孩的时候，哪怕是对抗非人格化的敌人，比如雾霾和贫困。很难想象如果没有那张大眼睛的小女孩照片，希望工程的宣传效果将会怎样。如果《白毛女》没有了白毛女，与杨白劳相依为命的人换成是他儿子，缺失了红头绳道具的“白毛男”想要激荡出像白毛女那样的爱和恨，怎么可能？此外，几乎所有电影里的大反派都是没有小女儿的。如果伏地魔一出场，一手抱着一个还在襁褓里含着奶瓶的小女儿，另一手牵着一个天真烂漫的小女孩，《哈利·波特》一定是另外一种结局。在《超能陆战队》里，当电影出现大反派卡拉汉教授居然有一个女儿时，则可以直接推断他不可能是十恶不赦的大坏蛋。果然，电影结尾大白不惜牺牲自己救回教授的女儿，这时大反派早已经让人恨不起来。

一切都告诉我们，舆论场里两派相斗，有小女孩者胜！

舆论战里，没有小女孩也要想方设法把“小女孩”制造出来和设置出来，这是舆论的弱定理在起作用。生活场中的强者在舆论场中会变成弱势群体，他重回优势的唯一途径就是和弱势群体相连接，他必须是弱势群体的支持者、保护者和代言人。

反过来，当舆论战的一方出现了一个小女孩形象时，另一方就要特别谨慎。这是“舆论的小女孩”沼泽，一旦踏上去，就难以自拔。

舆论的主要功能不是打击敌人，而是争取朋友。舆论战中，即便要打击，也要选择最恶毒、最丑陋、最老奸巨猾的对象打！

悲剧是把有价值的东西毁灭给人们看，现在还可以扩充一句话：悲剧是把楚楚可怜的小女孩“撕”给别人看！

III 女权主义传播当学圣雄甘地

女性在舆论场的优势地位非常明显，这与现实生活刚好相反。在现实生活中，女性仍是弱势群体，但在舆论场上，性别平等的议题话语权却掌控在女性手中。性别平等的议题几乎特指针对女性不平等的议题。在舆论场里，只有女权的议题，没有男权的声音。

在现代文明国家，任何敢于挑衅女权的精英人士都会付出惨重的代价。2005年，在一次经济学会议上，时任哈佛大学校长萨默斯（Lawrence H. Summers）语出惊人：女性之所以在理工科领域落后于男性，可能是因为两性之间天生的差异。麻省理工学院一位女科学家当场退席以示抗议，哈佛大学女教师委员会写信给校长：“你的行为给大学的名誉带来严重损害。”在舆论的压力下，萨默斯写信给哈佛大学女教师委员会道歉，但仍然难以平息舆论世界的谴责。最终萨默斯只能选择辞职，结束了历时一年之久的巨大风波。

这是非常典型的舆论规训与惩罚案例。在很多国家的舆论场，女权主义成功地建构了不能歧视女性的舆论禁忌。这不仅是主流舆论的一种表现形式，也是一种特权，体现了主流舆论的极端重要性。

主流舆论不仅用正向倡导的方式表达其认同的选择，引导一条条道路通向“罗马”，也通过反向禁止的方式表达其认同选择，设置一个个雷区与沼泽地。谁胆敢闯入，不是被炸得粉身碎骨，就是越陷越深不可自拔。

舆论禁忌是主流舆论另一种表达方式。这表明在一些舆论场，女权主义舆论已经成为主流舆论。主流舆论的极端重要性首先体现在它决定了一个舆论场的性质，其次是以它为基准设置舆论场的坐标系，最后它作为舆论场的磁场始终在发挥作用。但显然，女权主义舆论还没有达到舆论场性质的决定者、坐标系的设置者及磁场的提供者这样的地位，它在这三方面的表现都乏善可陈，更像是一个瘸腿的、残缺的主流舆论。

这样一个不完备的主流舆论形态，让女权主义的推动者陷入一个尴尬的境地。一方面，男女平等在舆论禁忌上达到了高峰；另一方面，它在舆论的普及上却并没有成为所有人的常识。不能歧视女性的舆论禁忌，只是对精英群体具有惩戒作用。普通的老百姓如果说出性别歧视的言论，并不会遭遇老鼠过街人人喊打的舆论围殴，反而有可能成为舆论的发泄与狂欢。

女权主义舆论并没有成为主流舆论的常识，只不过是主流舆论的禁忌，这让女权主义舆论推动者更加信任舆论的攻击力，女权主义开始在世界各地四面开花，攻击一切性别不平等的现象。

女权主义推动者树敌太多，没有抓住女权舆论最重要的标的。这个社会性别不平等的现象比比皆是，女权主义推动者在舆论战中眉毛胡子一把抓，见到什么都骂，这就没有形成一个有效的攻击目标。

仔细总结下来，最容易被女权主义攻击的有两种人：一种就是非常恶劣的男权至上者，第二种反而可能是最同情女性的人。剩余的大部分群体，因为舆论禁忌都选择了沉默。第二种人以为自己靠近女权，所以敢于发声，没想到一发声就被女权主义盯上了，批评他不够彻底，骨子里还是男权，最后他也不敢发声了。在如此这般的无差别打击下，只剩下女权主义舆论的正红旗高高挂起，其他原本可以成为女权主义的支持者们都在打击下或担心中选择了沉默。

女权主义舆论成了舆论场中的孤家寡人，就这样陷入了二律背反：因为现实生活的弱者地位，女权主义舆论才获得舆论场的优势地位，但是女权主义舆论过于强势的表达，却在争取认同上失去了优势。在舆论的竞争中，争夺关注时强者占优势，争取认同时弱者占优势，灭绝师太般的女权主义舆论会断送掉自己的舆论同盟军。

女权主义舆论的推动者应该学习圣雄甘地的舆论战法。圣雄甘地在南非反对另一种歧视—— 种族歧视。他既没有采取舆论禁忌的做法，也不是采取舆论攻击的方法，没有四面开花，也不到处撒网，他只抓住种族歧视中最不道德、最容易激起公愤的做法，进行抗议。他率领印度人向南非当局抗议非法取消了印度人选举权的提案，并号召印度人不向南非当局登记和按手印。

圣雄甘地反对使用暴力的方式进行报复，而是用自己的牺牲唤醒普遍的同情，不仅唤醒自己的同胞，更重要的是唤醒白人群体中沉默的支持者与同情者，甚至改变白人群体的中立者与反对者，从而形成更普遍而广大的舆论力量，集中起来反对最劣迹斑斑的种族歧视行为。

事实上直到今天，各种各样的种族歧视仍然存在，如果圣雄甘地当初也不管三七二十一，见种族歧视就反，一定达不到他想要的效果。

女权主义舆论应该学习“圣雄甘地传播法”，集中火力，争取同情！

●集中火力

女权主义推动者应该集中优势的舆论火力，烧向最容易引起公愤的性别不平等现象，而不是像现在这样树敌太多。当她们把男人一个个骂过去时，就是女权主义舆论最孤独的时候。

黑人最终的解放，需要有白人的觉醒；男女最终的平等，也需要男人的觉醒。女权主义推动者要学会传播策略，把最能够改变妇女命运的、最让妇女难以忍受的不平等现象，作为核心打击目标，并扩大同盟军。

女权主义推动者要分清谁是敌人，谁是朋友，团结性别平等舆论场的次主流、弱主流、外主流舆论，孤立逆主流舆论，重点打击反主流舆论。不要见到性别平等的非主流舆论就打，一方面浪费火力，另一方面容易失去同盟者。

2015年央视春晚，演员贾玲、瞿颖在小品《喜乐街》中演唱的一首《女神和女汉子》引发争议。有网友认为其中提到的“女汉子”“矮胖”等标签涉嫌歧视女性，并在网络上发起抗议春晚歧视女性的请愿书，最终征集了1300个签名要求中央电视台道歉。贾玲在接受媒体采访时，坦言很伤心："我觉得会把中国女性喜剧的路再给堵死。"

且不说贾玲的喜剧小品是否真的涉及歧视女性，即使是"女汉子""矮胖"这样的词语，最多是性别平等的非主流舆论，绝非罪大恶极的反主流舆论。在中国，更极端、更核心、更普遍的性别不平等问题显然不是它。贾玲的小品能够经过层层把关，即便是真的有性别歧视的因素，也应该是最不明显、毒性最小的一个。女权主义舆论推动者把它作为自己的火力扑杀点，非但打错对象，用力过猛，而且让很多中间群体反感女权主义者的上纲上线。毕竟，喜欢这个小品的观众要比1300个签名者大千万倍的人口数量，对这个小品一笑而过的观众群体则更不计其数。女权主义舆论在这样的舆论战中，失去的东西远远大于得到的东西。

●争取同情

女权主义推动者应该把争取同情而不是舆论打击作为最重要的舆论诉求，这才可以帮助女权主义争取到更多的同盟军。舆论最重要的力量是情感力量，情感的共鸣与情绪的弥漫。

真正的种族歧视者不怕反抗者的暴力，如果以暴制暴，种族歧视者有着无法企及的强大武器，他们最害怕的就是反抗者的不怕牺牲。

基督教的传播，首先得益于耶稣的受难。为有牺牲多壮志，"牺牲传播"是最好的唤醒民众的舆论武器。这也是女权主义推动者亟须学习的一点，要充分利用好舆论的同情心武器，而不要把自己变成不食人间烟火、有理走遍天下、无理也要缠斗的强硬形象。

女权主义舆论目前遭遇被污名化，出现这个结果不要只懂得愤怒，与其一味地责怪社会，不如好好地反思自己：为什么原本对我有利的舆论场，反而遭到污名化？本来舆论场就是女性的主场，电影可以拍《我的野蛮女友》，谁敢拍《我的野蛮男友》？

女权主义要好好珍惜上天赋予弱者的舆论武器，这是男女平等运动中最强大的武器。如何评价女权主义在传播上的成绩，不是看舆论场有多少代表了女性的声音，表达了多少女性的诉求，而是看争取了多少朋友，特别是男性朋友对性别平等的支持，这将是评价女权主义传播中最重要的一个尺度。如果声音发得越多，结果同盟军越少，恰恰就是女权传播的失败。

再次强调：舆论最重要的目的是争取朋友而不是打击敌人！

Ⅳ 项羽的马与灰姑娘的马车

在性别舆论中，比女权主义传播更尴尬的是“女强人传播”。

女强人被污名化为一种恐怖的动物，不仅男人不喜欢，也不招很多女同胞待见。女人是弱者，女性解放的目标不就是成为强者吗？那为什么女性一旦成为强者，反而全世界都不满意了呢？

女权主义者认为这是男权世界的阴谋，男权世界刻意要把女性打扮成男性的附属品，只有小鸟依人、巧笑倩兮的女子才能被男性世界接纳。

女强人的传播客观上面临着一种困境，女性本来是弱者，却以强者的形象出现，非常容易给人错愕、错位的感觉。不过，并非所有的反差都给人不舒服的感觉，比如小孩子学大人讲话，女孩子女扮男装，等等，同样是错位反差却让很多人忍俊不禁或者眼前一亮。为什么独独女强人从弱者转变为强者，就让人难以接受呢？

难道女性永远只适合弱者的形象吗？难道女性不能自立自强吗？为什么女性一旦自立自强，就会遭到形象的扭曲呢？

现实生活中就有一个非常典型的例子，女主角本来可以依附男性，但她偏偏不愿意，她所有的努力都是要摆脱男性的依附者形象，塑造一个独立自主、自立自强的女性形象——她就是田朴珺！

2008年汶川地震，王石的一篇博客让万科股价在不到一个月蒸发掉了300多亿元人民币。我曾经预言，王石还会在舆论场上栽跟头，理由就是迄今为止对“捐款门”的所有分析总结，王石并没有抓到他败笔的要害。“知道错了，却不知道错在哪里，所以，他还会再次犯错。”这是我的结论！

果然，若干年后，王石再次出事。

王石和宝能系的博弈并不稀奇，这样的故事，在商战中屡见不鲜。但稀奇的是，作为受害者的王石并没有受到普遍的同情，曾经的媒体宠儿几乎沦落到被人一边倒地“落井下石”。

王石和宝能系的争端在舆论场的实质，不再是企业与企业的故事，而是企业家与女明星的故事！

王石、田朴珺的故事最让人搞不懂的就是，作为爱打抱不平的舆论场到底同情谁？如果大家认为是王石在这一场婚姻中吃亏，为什么“你抢了年轻人的女朋友，年轻人抢了你的公司”这样的段子会走红？如果大家认为是田朴珺在这一场婚姻中吃亏，为什么网络上一众网友对田朴珺“心机满满谋取上位”表示不满呢？

一场不对称的婚姻必有吃亏的一方会获得舆论的普遍同情。但王石和田朴珺的问题是，两个人都被塑造成占便宜的一方，结果两个人都不讨好，都是舆论传播的失败者！

舆论为什么会两头吃？王石和田朴珺在舆论场中到底败在哪里？

好多人认为这是企业家找女明星的原罪，最有代表性的言论就是“民营企业家泡女明星必死”。传说中万通集团创始人冯仑预言：“凡是男性企业家开始追逐女明星，这家企业就离死不远了。”

显然，企业家与女明星的模式错位被舆论夸大了。多少女明星嫁入豪门后，男方的事业更加蒸蒸日上，为什么田朴珺就不行？男人创业成功后离异再婚的也大有人在，为什么王石却不行？不爱江山爱美人，每每被民间传为美谈，为什么王石、田朴珺不行？

王石的故事传播，有着非常好的剧情。爬山——挑战自我，哈佛大学——永远学习，“笨笨红烧肉”——普通人的欢乐，这些都是很好的心灵鸡汤、爱的故事，王石的率性和任性闪耀着人性的光辉。

本书一直在强调，只有和生命体验相连接的东西才最容易传播。王石的经历很好地验证了这句话，他所有大面积的传播内容几乎都和生命体验有关。不过，他也证明了另一点：最容易传播的未必是最好的传播，哪怕是和生命体验相关的！

王石的爬山求学、率性任性，在过去都是美谈，为什么跟田朴珺在一起后，就变成不务正业、经营不当呢？当王石四面楚歌时，人们很自然地把他所有的失败都归因于女人。红颜祸水论再次上演。

四面楚歌的鼻祖是项羽，但项羽越是倒霉，女生越是同情。“至今思项羽，不肯过江东”——隔了多少年，项羽依旧能打动女诗人的芳心，而成就霸业者刘邦却真的不是女人的菜。

王石舆论场的全部失败，可以通过与项羽的比较中找到答案！

同样是四面楚歌，舆论场上，王石到底应该从项羽那里学到什么？我们看一看项羽在垓下之围时留下的诗句：

> 力拔山兮气盖世，时不利兮骓不逝，
> 骓不逝兮可奈何？虞兮虞兮奈若何！

项羽在最后关头，关注的是四个东西：第一个是自己的力和气，第二个是时运，第三个是马，第四个是女人。

项羽的诗中没有刘邦，王石自己的舆论中却全是宝能！

我们可以理解，迫于舆论的压力，王石不太可能像项羽直呼虞姬那样，心疼地喊着自己的女人。这也是王石无法像项羽那般打动女粉丝的原因。

再看田朴珺的舆论表述，她所有的努力似乎都在与王石进行切割，想方设法地证明自己行！具体表现为：

在有王石前，我就很行！

有了王石，我不靠他也行！

现在王石没有我，他不行！

其一，“在有王石前，我就很行！”

无论是经商还是投资地产，众人都在猜测，这些成就究竟是田朴珺自己的智慧所得，还是依靠了王石的帮助。但田朴珺写文出来澄清：“姥姥教会我怎么使用钱。她说，‘盛世的翡翠，战时的黄金’，意思是经济好的时候，可以买些翡翠，价格总是会涨的。一旦打仗或经济衰退，一定要买黄金。是她告诉我，看经济兴衰，有时要看翡翠价格的起落。她跟我说这些道理时，我才上小学。但多年以后，她的‘钱经’还影响着我。”一句话，赚钱的本事是姥姥教的！

其二，“有了王石，我不靠他也行！”

田朴珺自称总结了一套具有独立人格女友应该做的“行为准则”，其中包括“不会小鸟依人腻在你身旁”“不会监督你的行踪”等，最重要的一条是“工作永远比男友或老公重要”。“我喜欢掌控自己、不依附他人的感觉，让我非常有安全感。”田朴珺说，“有他没他，我都能活。”

其三，“现在王石没有我，他不行！”

田朴珺撰文表达王石对她的依赖：

> 平日里，我和王老师各自忙工作，他时而英国，时而深圳，我时而美国，时而上海，能在北京相聚的时光显得弥足珍贵。一次恰好他回北京，只有两天时间，而我必须要去上海。我想争取当天往返，无奈约见的第二批工作对象次日上午才可以见面，一天半的时间眼看就要扑在了工作上，只好撇下王老师。
>
> 正在上海开会时，王老师的电话打过来：“我饿了，没有饭吃……”
>
> 开会时接电话本就已经不算礼貌，且是这种琐事，当着那么多工作对象

回答这样的问题，只能让我显得更加尴尬，于是，我把回复伪装得尽量像答复一件工作：“我发给你一个电话号码，你打这个电话应该可以解决。”

于是，我将家附近餐厅的订餐电话发给了他。

几分钟后，他的电话又打了进来：“刚刚问了，人家今天不送外卖了，该怎么办？”

我气得哭笑不得，只好压低嗓门说：“冰箱里有面包，自己拿了吃。我在开会呢，不要再打电话了。”

随即，挂线，关机！

田朴珺和当年的韩寒犯了同一个错误：那就是试图证明自己的成功与关系密切的人没有半毛钱关系。我把这种愚蠢的做法称为“舆论的徒痕切”（徒劳的痕迹切割）。韩寒试图证明自己的作品没有父亲的痕迹，别人如何会相信呢？同样，田朴珺试图证明自己现在的一切都是靠个人的努力，没有王石的痕迹，又怎么可能令人信服？在莎士比亚的戏剧《威尼斯商人》里，鲍西亚对付夏洛克一剑封喉的台词：“你可以割肉，但不能带一滴血。”拔出萝卜带出泥，一个和你关系密切的人，想要把他切割得没有任何痕迹，比登天还难。

田朴珺也好，韩寒也好，曾经有舆论大厦最好的建构机会，但他们都视而不见。结果，他们被舆论的另一方牵着鼻子走，一步一步陷进“舆论的徒痕切”的坑。他们费尽心机做的一切努力，就是试图在自己成功的大厦中切割掉父亲或男友的痕迹。殊不知，成功的大厦就是混凝土组成的。没有这些沙子、石头，就没有你。承认这一切并不可耻，反而证明一个人知道历史有源、人生有本。

田朴珺天天挂在嘴上的就是独立，独立，独立，甚至还得了“独立女性”奖。女性追求独立，的确没有错。但追求独立是一件事，拼命证明独立又是另外一件事，很可能走向目的的反面。

田朴珺本应是个传播高手，她爆出的每一个细节都能够被广泛传播，但遗憾的是，这些细节引发的效果往往走到了目的的反面。她不知道事事必言独立，处处证明独立，舆论的结果可能适得其反。生活的逻辑和舆论的逻辑并不一样。

田朴珺的问题到底出在哪里？那些嫁给成功男性的女人，难道只有一种选择，那就是躲在男人的后面不出来吗？不作不会死，说的就是她们吗？

田朴珺不妨学习一下马英九的夫人周美青。她在台湾地区的美誉度超过马英九，也不因为马英九政治地位的得失而改变她的公众形象，人们公认她是台湾地区最独立的女性。但她真没有天天喊独立，也没有要切割和马英九的关系，更没有天天说工作事业、财务独立，她只做了一件事就够了。在马英九当选台湾地区领导人后，她仍然坚持挤公交车上班！没有什么比这个更能证明女性独立的了。选举造势晚会上，她嫌马英九对支持者诚意不够，强压马英九的头向场下鞠躬，表现出她的强势，但好评如潮。因为周美青自己为马英九拜票时，也是对每一个人都90度鞠躬，连绿营的名嘴都看了心疼：这样拜票的话，腰是会受不了的……

一个女人爱上一个事业有成的男性并没有错。对中国城镇女青年影响最深的一部外国小说，可能就是《简·爱》。但她们不知道，《简·爱》是一部可以学着做，却不可以学着进行舆论表达的小说。

女性草根如何逆袭成为社会精英，公众传播最应该学的是一部童话作品——《灰姑娘》。

田朴珺真正的形象问题，错就错在不应该时时刻刻以“独立”作为自己的舆论诉求，这些都是误读《简·爱》小说给害的。要知道，灰姑娘从来不把独立作为自己的舆论诉求，她只需要表现自己一个优秀的品质就够了，那就是善良。

读《灰姑娘》的童话，人们最容易被那只水晶鞋吸引，却常常忽略了灰姑娘的马车，那是灰姑娘能够进入王宫的唯一交通工具，这个马车就是由一群弱势群体变成的：它们是老鼠和南瓜。在灰姑娘身边，永远少不了的人物就是那些弱者朋友，他们是小市民和小动物，灰姑娘对他们好，他们也对灰姑娘好！

真相终于大白，你发现田朴珺的故事里什么都有，就是没有由南瓜和老鼠变成的马车！王石、田朴珺这一对企业家和女明星，作为生活场的强者，他们导演的舆论大戏里，有弱势群体的好朋友吗？

王石、田朴珺的故事告诉我们，女强人并不是不可以传播，而是如何传播。如果在一个女强人的故事里，充满的都是强者的符号，从来没有由南瓜和老鼠变成的马车，从来没有和弱势群体相连接，那么，灰姑娘就变成了坏皇后的故事，人们看到的就是她和别人比美的魔镜。

本章小结

舆论并不是真的有性别。舆论的性别是女性，不过是一个比喻，之所以要用这个比喻，只是为了更好地解释舆论的弱传播假说。弱传播假说的“四大规律”，最后都可以统一到女性的特质。我们可以通过对女性世界的理解，来更好地解释舆论的世界；我们也可以从与女性打交道的得与失，来更好地学会在舆论世界里生存发展。任何舆论现象与舆论问题，都可以从对女性的理解及相处中找到灵感。一句话，谁最善于团结女同志，谁就最善于与舆论打交道。

“舆论的小女孩”现象是一个特别值得重视的性别传播符号。当人们需要英雄、需要敌人、需要动员的时候，“舆论的小女孩”就会如期而至。反过来，当舆论的对手出现“舆论的小女孩”符号时，千万不要掉以轻心。“舆论的小女孩”是一个可以与整个世界的价值相抗衡的传播符号，这是性别传播中的弱传播现象。

在性别传播中，有两个主体值得关注探讨，一个是女权主义传播，另一个是女强人传播。

女权主义传播本来拥有最好的舆论武器，为什么手握一副好牌却打得不如意呢？症结就是没有掌握舆论传播的秘诀。女权主义推动者成功地把性别歧视变为舆论的禁忌，这是性别平等进入主流舆论的标志，但遗憾的是性别平等并没有成为主流舆论的常识、背景与参照系。男女平等的实现有赖于更多男性的觉醒，甚至最终取决于男性的觉醒，而不是靠女性打赢一场对男性的舆论战争。女权主义传播者要学习借鉴圣雄甘地对种族主义的舆论抗争，集中火力，打到痛点，避免到处树敌。一个牺牲者的形象远比攻击者的形象更容易让世界觉醒。“牺牲传播”是舆论的“核电站”。

女强人的传播困境在于，女性本来是弱者，却要扮演强者示人。它之所以被妖魔化，就是因为女强人太想丢掉弱者的形象，与弱者形象相隔离，结果得到的恰恰是舆论的反效果。女强人并不是不能传播，而是如何传播。女强人并不是不能扮演强者，而是扮演了强者后，不要忘记还要与弱势群体相连接。特别是从弱者成长为强者的女性，要知道你是坐着“舆论的灰姑娘马车”通往强者之路的，千万不要丢掉“弱传播”这个武器。

Chapter 9 舆论的本体

* 有多少舆论危机，就有多少舆论专家在忽悠

* 多个认同性议题混合在一起的舆论事件，往往最难平息

* 没有名字的事件，都不是舆论事件

* 以日期命名的舆论事件是最容易重返当下的舆论

* 历史有时候要永远铭记，有时候要选择性遗忘

* 以人物命名的事件，要么淹没，要么成为全国性的大事件

* 命名是造物者的权力

* 亚当的名字是横空出世，还是来自上帝

Ⅰ 舆论的生命在于关注

本章的研究对象是舆论本体，舆论的本体论就是研究舆论本体特征的理论。舆论的本体是关注，所有的舆论现象都可以从舆论的关注找到解释，所有的舆论特征都可以从舆论的关注找到依据，所有的舆论规律都可以从舆论的关注推导出来。舆论的本体论，是舆论学基础理论的基础。

关注，是一种能量——这是舆论本体的能量性特征。能量必须可以测量——这是舆论本体的可测量性特征。关注是舆论能量的表现形式，它有大小、多少、强弱、长短和正负的差别。关注是可以测量的，测量单位就是关注度。

舆论是人类社会的生命现象，它有生命周期。舆论的生命周期体现在舆论的本体关注上。关注总是在一段时间里的关注，没有非时间的关注（我们将在第十章“舆论的时间”里，再深入探讨舆论本体的时间）。

关注也是有空间的，我们从两个维度来谈关注的空间。一个是关注对象的空间，一个是关注自身的空间。前者决定关注的大小，后者决定关注的多少。

关注对象的区别，决定了舆论的本质——这是舆论本体的区别性特征。我们说一场舆论跟另一场舆论的区别，主要是舆论的关注不同。而舆论的关注不同，主要是关注对象的不同。不同的人关注同一个对象，这些关注同属于一个舆论；同一个人关注不同的对象，这些关注属于不同的舆论。

关注的对象，决定着舆论之间的关系；关注对象的大小区别，就是舆论的大小区别；关注对象的种属关系，就是舆论的种属关系。比如，一个舆论关注的对象是欧洲，另一个舆论关注的对象是阿根廷的一个酒吧，那前者当然是大舆论，后者是小舆论。再比如，一个舆论关注中国教育，另一个舆论关注厦门大学，那后者就是前者的子系统。

几乎任何一个舆论，都是由更小的舆论组成的。且不说有关中国的舆论，是由大大小小与中国相关的舆论组合而成，就是一个小事件，比如“哈医大血案”[1]，它也是由医院管理的舆论、医生保护的舆论、医生待遇的舆论、患者对错的舆论和医患关系的舆论等各个舆论组成的。

一个事件不同的舆论关注点，既是这个舆论事件的组成部分，也是一个个独立的舆论点。比如“小悦悦事件”[2]，人们从教育、道德、见义勇为等不同的角度关注它，这些关注是这个事件的不同舆论关注点，其本身也是各个不同的小舆论，分属教育舆论、社会舆论、法治舆论等不同的舆论领域。

关注点的不同，形成了不同的舆论。新的关注点产生，既可以理解为一个事件增加新的关注，也可以理解为从原来的舆论转变为另一个舆论，甚至可以理解为旧舆论的死亡与新舆论的诞生。比如说，2012年的“陕西微笑局长事件”，本来是一个交通事故舆论，因为局长的不当表情，转化为官民对立的舆论。后来又从他戴的手表，转化为反腐舆论。舆论关注点的转移，其实是新舆论的诞生。

舆论关注在变化，就是舆论在运动。舆论的运动，本质上就是舆论本体的运动，是关注的变化过程。舆论的本体论，是舆论激聚术与舆论降解法的理论基础（这个我们会在第十二章“舆论的运动”中进行讨论）。

一个人的关注，并不是舆论。舆论是聚集的，其聚集就是关注的聚集。只有相同或相关的关注才会聚集。其相同并不要求百分之百一致，原本两个不同的舆论，只要其关注点有一点相同，就可以叠加；只要其关注点有一点关联，就可以链接。**关注的聚集是通过叠加与链接建构的**。舆论的关注，既是舆论的分子，又是舆论的分子键。所以舆论的结构特别复杂，只要任一关注点相同或相关就可以聚集，很像高分子链的结构。这种点的叠加与链接具有很强的线性关系（叠加其实也是一种特殊的链接）。舆论的关注是通过链接聚集的——这就是舆论本体的链接性。

关注的聚集，就是能量的聚集。一个关注，如果能够复制和链接越多的关注，其能量就越大。因此，舆论的能量大小表现在其复制能力与链接能力。

---

[1] 2012年3月23日下午，一男子因对医生治疗其家属的方式存在严重误解，以及对治疗效果也心存不满，于是持刀冲入医生办公室行凶，导致一死三伤的悲剧。

[2] 2011年10月13日，2岁的小悦悦（本名王悦）在佛山市南海黄岐广佛五金城相继被两车碾轧，7分钟内，18名路人路过但都视而不见，漠然离去，最后一名拾荒妇女陈贤妹上前施以援手，引发网友广泛热议。

舆论的复制能力，表现在它的站队效应。舆论是看立场、认身份、表态度的，舆论的认同影响关注。认同的对立会刺激更多的关注，这就是为什么越有争议的东西，它的舆论传播力就越大。它们的认同不一样，但关注却一样，靠关注的相关性（比如对立也是一种相关）结合在一起。

舆论的链接能力是比复制能力更加强大的传播力。舆论的叠加至少需要一个关注点相同，要让一个集合里的所有舆论满足这个条件，相对不太容易。但如果集合里的任意两个舆论有关注点相连，整个集合的舆论链接就可以实现，这就创造出无限的可能。比如，我们做成语游戏，如果规则要求每个人说出的成语，第一个字都要相同（相当于叠加的规则），游戏很快就会结束，因为第一个字相同的成语一定是有限的。但如果成语接龙的规则改成下一个成语开头的字必须与上一个成语结尾的字相同，游戏就可以持续很久。如果我们把游戏规则放开，下一个成语任何位置的字，只要和前一个成语任何位置上的字相同（相当于链接的规则），理论上这个游戏就可以无限地玩下去。

舆论正是通过这种类似成语接龙的链接，形成庞大的聚集。关注的链接，创造出无数的可能性。比如假新闻“上海女逃年夜饭事件”，涉及男女议题、贫富议题、城乡议题、婚姻议题、爱情议题、地域议题……使得这条假新闻可以持续刷屏长达十几天。而且每一个链接点都可以产生巨大的认同，引发更大的争议，从而创造更多的叠加与链接。因此，一个舆论事件包含着越多议题的可能性，其舆论的传播能力就可能越大，持续时间越长。议题多导致其关注的链接点多，舆论聚集的可能性就大。

多个认同性议题混合在一起的舆论事件，往往最难平息。假如一个事件既有阶层议题，又有族群议题，这个事件的舆论发酵与燃烧，就远比单一的认同议题要复杂得多。假如一个社会既陷入民粹当道，又陷入族群对立，那么，这个社会的分裂就很难弥合，比如台湾地区的舆论场。

目前中国舆论场最令人担忧的，除了舆论的底线屡屡被突破，再就是“选边站”的问题：几乎任何问题都可以分裂成两大阵营，无论是对历史事件、历史人物，还是对某个产品、作家、明星、国家，都可以划分出泾渭分明的两个派别。更可怕的是交叉“传染”，把一个个偶然串联成必然，由此变成“凡是敌人反对的我们就要拥护”，“信者恒其信，不信者恒不信”。

2013年我提出，未来中国最应该警惕的就是“群粹主义”的滋生与蔓延。群粹主义是我“发明”的一个概念，指的是民粹主义和族群主义的结合，它是未来30年中国舆论场最危险的敌人。民粹主义好对付，族群主义也易降解，最可怕的是二者的结合。我们从分裂的台湾已地区经看到它的苦果，要坚决防止它在中国大陆重演。

关注为什么要聚集？就是要放大舆论的能量。换句话来说，舆论是靠关注的聚集来增加能量的。舆论的能量虽然表现得千变万化，但万变不离其宗，都是“加”出来的。无论是关注的叠加还是关注的链接，都是用加法产生的。我们常说的微信文十万加、百万加，也是一个个加出来的。这里面就有个“数人头”的原理。舆论的能量不能完全依赖表面的数据，需去除重复的投票、服务器的造假。舆论真正的能量体现在数人头上，而且是具有统计学意义的人头上—— 这就是舆论本体的统计性特征（数人头）。舆论可以用数据进行分析，原因就在于舆论的本体是可以用数人头来统计的。

关注自身的空间决定着舆论的多少。舆论的数量常常被人误解为是无限的，可是只要进入数人头阶段，你就会发现，在同一时间舆论的数量是有天花板的。因为人们无法同时关注两个对象，假使全世界的人们都在同一时间关注同一个对象，那么其关注度也就是全世界总人口的关注总和。舆论对每一个人的影响力可能不一样，但在舆论的关注度上，每个人贡献的分值是一样的。正因为如此，舆论的关注度才可以用数人头的方式计量。

舆论能量的数人头现象，使得舆论在大众传播时代与选举社会最有表现空间。大众传播时代就是靠收视率、阅读率、流量等一个个“数人头”的手段，展现传媒的力量；而选举社会，同等价值的一张张选票，同样是在数人头。这也是为什么争取了舆论就是争取了选票，为什么选战就是舆论战，其奥妙就在这里。

关注多少的差别，形成舆论能量的强弱。舆论能量的强弱，又与支持者的多寡相关。生活的强者因为其突出，所以容易引发关注。如果强者与弱者之间不发生冲突的话，弱者容易聚集在强者周围，这就是“意见领袖”与名人明星的优势。但是一旦强者与弱者发生冲突，那么与强者的关注认同者毕竟是少数，与弱者的关注认同者当然是大多数。关注的复制能力，毫无疑问是弱者取胜。这就是为什么舆论世界是弱者的世界，为什么舆论的弱原理是舆论世界的公理。

简单总结舆论的本体的所有论述，除了第二章提到的有限性与表面性之外，还具有五大特性：能量性、可测量性、区别性、链接性与统计性（数人头）。

舆论的所有特性都来源于关注，关注是研究舆论的逻辑起点。所以，舆论是一门关于关注的科学。

舆论研究的光标，必须始终盯着关注。

II 舆论主语分析法

一个舆论区别于另一个舆论，是由舆论的本体—— 关注决定的；一个关注区别于另一个关注，是由关注的对象决定的。

每一个舆论都可以有一个或者多个名称来指代它，舆论的名称就是关注的名称。关注的名称跟关注的对象有关。关注对象的名称，就是舆论事件的主语（以下简称舆论的主语）。舆论的主语决定着舆论的命名。关注的对象影响着关注的名称，而关注的名称往往又限定或强调了关注的对象。舆论的主语，左右着舆论的发展。

就像一个人可能有多个称呼一样，比如姓名、乳名、字号、绰号，舆论的主语也可能有不同的名字。不同的舆论主语，产生不同的舆论。

问大家“李荞明事件”可能没多少人知道，但问大家“躲猫猫事件”，知道的人就多了，其实它们是同一个事件。

2009年，云南青年李荞明死在看守所，警方称其在玩“瞎子摸鱼”时不小心撞墙身亡，网民将“瞎子摸鱼”改为“躲猫猫”，创造了一个迅速走红的网络词汇，也顺理成章地用“躲猫猫”命名了这个事件。原本这个事件的命名最接近事件事实的应该是“云南省晋宁县看守所死亡事件”“李荞明（死亡）事件”或者是“瞎子摸鱼事件”，但这三个命名都没有广为流传。如果当时没有网民把“瞎子摸鱼”换成“躲猫猫”，如果这个事件名字不叫“躲猫猫事件”而是“李荞明事件”，它的传播一定不远。

舆论事件的名字跟关注的对象有关，但不等于关注对象本身，不同的命名导致的传播效果有着天壤之别。舆论的命名有客观性因素，却没有必然答案，运用“舆论主语分析法”，有助于发现舆论命名背后的传播规律。

“舆论主语分析法”是从舆论的命名为切入点，分析舆论传播的一种方法。其基本内容是：舆论的命名在舆论的传播中起着举足轻重的作用，不同的命名有着不同的舆论效果。舆论的命名是可选择的，有其偶然性，其与传播效果之间却存在着必然性联系。

以“山西黑砖窑事件”[1]为例，在整个中国的大背景下，其对社会的破坏性并不

[1] 2007年5月，山西省洪洞警方破获一起黑砖场虐工案，解救出31名民工，其中有部分童工，之后数百名失踪儿童的父母在网上联名发帖寻子，引起全国舆论关注，中央领导做出批示，事件被媒体称为“山西黑砖窑事件”。

是最严重的，却以省域命名；同一时期的“瓮安事件”[1]，破坏性更大，却以县域命名。命名的原因我们不清楚，但这样命名的舆论结果是：前者省长调离，后者县委书记下台。

2015年的“庆安县火车站枪击事件”[2]可以有三个命名，“庆安枪案”“绥化枪案”和“黑龙江枪案”，最后以县域命名，结果只有一个副县长被“人肉”搜索导致下台。同一年，福建的PX爆炸同样可以有三个命名——“福建PX爆炸”“漳州PX爆炸”和“漳浦县PX爆炸”，最后的命名却是“古雷PX爆炸”[3]。古雷是一个自然岛，最后只有涉事企业责任人移送司法机关，漳州市政府、古雷港开发区管委会等相关负责人受到轻微党纪政纪处分，市县党政主要领导无人下台。

还是2015年的“青岛天价虾事件”[4]，段子手对青岛极尽调侃之能事。青岛人民十分不满：哪一个地方没有坏人？哪一个城市没有宰客？这不过是一个叫“善德”的餐厅干的“好事”，又不是整个青岛餐厅都在宰客，为什么要叫“青岛天价虾事件”，而不是叫“善德天价虾事件”呢？一个人感冒，为什么要全市人民吃药呢？

更有意思的是，如果说舆论的命名非要往大里走，为什么不叫“山东38元大虾事件”呢？如果认为旅游事件的舆论命名到城市为止，那为什么“云南导游事件”[5]却是以省份命名，而不是用“昆明导游事件”呢？要知道，最后处理导游的执法部门就是昆明市旅游监察支队。此外，“三亚宰客门”[6]事件的命名又是城市啊！

---

[1] 2008年6月28日下午，因对初二女生李树芬死因鉴定结果不满，死者家属聚集到贵州瓮安县政府和县公安局上访，沟通过程中产生冲突，引发上千人游行、上万人围观，失控群众冲击县公安局、县政府和县委大楼，最终酿成严重打砸抢烧突发事件。无论从参与人数、持续时间，还是从冲突剧烈程度与造成的影响看，“瓮安事件”都是近年来中国群体性的“标本事件”。

[2] 2015年5月2日，黑龙江省绥化市庆安县农民徐纯合带着母亲和三个未成年孩子出行，在庆安火车站与警察发生冲突，将自己女儿扔向警察，并抢夺警械枪支，结果被警察当场击毙。

[3] 2015年4月6日18时55分左右，位于福建省漳州市漳浦县古雷岛的腾龙芳烃（PX项目）厂区发生爆炸。

[4] 2015年国庆期间，青岛一大排档向旅客兜售“天价”虾，一只普通的虾要价高达38元，整盘虾收费1500余元。

[5] 2015年5月1日，网曝游客四人参与“1元”纯购物团旅游，因购物少难以维持导游生计，导游在大巴车上大发雷霆，辱骂游客没有良心。

[6] 2012年春节，三亚被爆出游客吃海鲜被宰丑闻，结果该事件被推到舆论的风口浪尖。

有学者写论文，分析“哈尔滨天价鱼事件”[1]发现，互联网上存在两股“黑势力”，一股在“黑哈尔滨”，另一股在“黑东北”。我更感兴趣的是，人们黑哈尔滨、黑东北，为什么偏偏漏掉了中间的黑龙江呢？难道是因为黑龙江本来就有个“黑”字，所以它是自黑吗？

舆论除了用空间命名，还有时间命名。

前一段时间，一则信息在朋友圈引起很多人转发：

> 请大家一起为《贞子》票房为零做努力！日本拍的《贞子》3D将于5月12日在中国大陆上映，而5月12日是南京大屠杀纪念日。谁的群多，转一下。日本人说中国人不团结，爱国的就转发（是中国人就转，是懦夫的可以不转）。

之后在不同的微信群里我多次遇到过它，每一次都回复了类似这样的微信：“请爱国的中国人先搞清楚历史事实再转，南京大屠杀的纪念日是12月13日。”

这是一个非常明显的史实错误，为什么会以讹传讹这么久？要知道，犯这个错误的媒体人、企业家、艺术家等可是一大堆呀！

将心比心，如果上述微信将“南京大屠杀纪念日”换成是“马关条约纪念日”，我这个历史学博士也未必能一眼发现不对。

但假如这个微信文把“南京大屠杀纪念日”换成“‘九一八事变’纪念日”的话，绝大部分朋友会立即指出错误：“拜托！‘九一八事变’是9月18日，有点常识好不好？”

人们之所以记不住“南京大屠杀”“马关条约”的具体日子，是因为这些事件的名称就没有标注日期。如果都像“九一八事变”那样用日期标注事件，还有多少人会犯错呢？

那问题来了：为什么“南京大屠杀”和“马关条约”没有用日期命名？历史事件的命名规则到底是什么？

历史事件的命名非常没有组织性、纪律性。百年来，日本带给中国最痛苦的记忆，当属下列五个事件：“甲午战争”、“马关条约”、“九一八事变”、“七七事变（卢沟桥事件）”和“南京大屠杀”。它们的命名方式各不相同：两个以地点命名（“马

[1] 2016年春节期间，网曝常州一家人在哈尔滨旅游，吃了顿铁锅鱼后被饭店索要上万元。

关条约”“南京大屠杀”），一个以年份命名（“甲午战争”），一个以日期命名（“九一八事变”），一个日期命名和地点命名平分秋色（“七七事变”和“卢沟桥事件”，大家都熟悉）。

历史事件的命名为什么这么“随意”，可以留待历史学家去深入研究。舆论学感兴趣的是：这些不同命名的历史事件，进入当代舆论场时，会发生什么样的变化？

在“南京大屠杀纪念日”被设为国家公祭日前，上述五个大事件唯一能够年年进入当代舆论场的，只有“九一八事变”，而它恰恰是五个事件当中，唯一纯粹以日期命名的事件。7月25日（甲午战争）、4月17日（马关条约）、7月7日（卢沟桥事件）、12月13日（南京大屠杀）都没有成为当代中国的敏感日期。只有9月18日，一旦中日两国关系紧张时，上街游行的就是这一天！

“九一八事变”并非一开始就以日期命名，该事件最初还有两个名字——“柳条湖事件”和“满洲事变”，它们都是以空间命名。“满洲事变”是日本人的叫法，当然不被中国人接受，但“柳条湖事件”如今也鲜为人知。

“九一八，九一八，从那个悲惨的时候，脱离了我的家乡，抛弃那无尽的宝藏。流浪，流浪……”20世纪传唱全中国的《松花江上》，更加强化了“九一八事变”的日期记忆。

舆论的历史记忆和舆论事件的命名正相关，如果舆论事件是以空间命名，记忆导向的是记忆之树扎根的土壤；如果舆论事件是以时间命名，记忆导向的是记忆之树那一圈圈年轮。

如果舆论事件最后长成的不是记忆之树，而是一根骨刺，那么，历史会选择扎向苍茫的大地，还是滚滚东流的时间之河呢？“九一八事变”已经告诉了我们答案。

过去，每当某些日本人挑衅中国人有关“南京大屠杀”的敏感神经时，我就忍不住想问：为什么“南京大屠杀”没有像“九一八事变”那样用日期命名呢？

以日期命名的历史事件除了“九一八事变”，还有“二二八事件”。同一时期，比“二二八事件”更重大的历史事件是“台湾光复”，仅就事件的重要性而言，两者的历史地位不可同日而语，但今天，无论是台湾人还是大陆人，有多少人记得台湾光复的日子，又有多少人忘得了“二二八事件”呢？

以日期命名的事件，还有“七五事件”“9·11事件”……

这些以日期命名的历史事件穿越时间，年复一年进入当代的舆论场，潜移默化地影响着历史的进程。

命名改变舆论，也改变历史。

III 舆论第一战：争夺命名权

舆论主语分析法告诉我们：舆论的命名影响甚至决定着舆论的传播。因此，舆论的第一战，首先必须争夺舆论的命名权。

没有名字的事件，都不是舆论事件。每天发生成千上万的事件，绝大部分都是没有名字的事件，就像路人甲、路人乙。舆论，就是关注，你连名字都没有，人家怎么关注？关注聚集在哪里？

舆论的名字就像篮子，关注像鸡蛋。必须有篮子，一个个鸡蛋才可以装在同一个篮子里。舆论的名字不同，篮子的大小与形状也就不一样，装鸡蛋的数量也不相同。不同的舆论命名，严格上说是不同的舆论。

2015年，“东方之星号”轮船在长江中游湖北监利水域沉没。事件的命名至少三个——“长江沉船事故”“监利沉船事故”“‘东方之星号’沉船事故”，分别关联到航运的管理部门——长江航务管理局，沉船的事故发生地政府——监利（县级），事故的船只主体。有意思的是：船只的隶属单位重庆东方轮船公司没有出现在舆论主语里。最终，国务院调查报告认定的舆论主语是“东方之星号”客轮翻沉事件，最后事故处理的重心是船长。

舆论事件的命名涉及关注的范围、关注的关联、关注的重点，岂能不重视？岂能不争夺？

舆论的命名是舆论事件发生后第一个要做的事情，每一个新事件都是“时代计算机”创建的一个新文档，它要存进历史的硬盘，就会得到指令：请给文件命名。没有命名的文件，存不进历史的文档；而一旦忘记了文件名，连命名者都可能找不到文件。一个文件，如果在硬盘都找不到，如何可以进入视窗？

但文件的命名并非一锤定音，按下鼠标右键，就会弹出一个对话框：重命名。舆论事件也是如此，重命名这是你的权利，也是你的机会，只不过稍纵即逝。

舆论的第一战就在舆论的命名处打响。很多人根本不知道还有舆论的命名权或重命名权，直接放弃了最前沿阵地。要明白，舆论的第一落点并不是舆论的第一战，争夺命名权比第一落点更早！

舆论战命名应该从哪里入手？往哪个方向展开？这正是舆论主语分析法要进一步深入的问题。舆论事件的命名看似毫无组织性、纪律性，但仔细分析，仍有迹可循。我们可以把事件描述为一个完整的句子，里面主、谓、宾、补、定、状齐全，抽取任何一个要素，或者进行要素之间的组合，都可以成为舆论事件的名字。这样的要素命名法或要素组合命名法，几乎囊括了所有的舆论事件的命名。接下来我们重点讨论其中四个维度的命名，它们也是最常见的命名方法。

●空间命名法

如果碰到负面新闻，当地政府与当地人最讨厌、最糟心的就是空间命名。20世纪50年代的福建晋江假药案，曾经让晋江人很长时间抬不起头；如今的“莆田系”医院，也让莆田人很委屈；“打击河南籍犯罪团伙”的标语，则让河南人出离愤怒。

如果碰到负面新闻，回避不了空间命名，一个系统最优的应对方式，就是争取把命名限制到更小的子系统中。任何一个重大负面事件，一定有其最小发生地点。一个省爆出的重大负面事件，一定是发生在某个城市、某个区县或某个街道（村镇），理论上以任何一个大系统或小系统命名都可以，但以更小的子系统命名，就为上一级系统的危机处理赢得了主动权与回旋余地。

这种空间命名法可以推广到一切具有大小系统的企事业单位。如果一个议题是正面的向上的，那么，舆论主语的命名要尽量放大到更大的系统。在商业中，我们就会发现母品牌对子品牌的加持，比如大家熟悉的西门子品牌，带动了它各领域的产品推广。但如果出现负面事件，母品牌就要学会切割。比如“康师傅黑心油事件”，涉事的“精炖葱烧排骨汤面”产品是康师傅商标的授权产品，生产商其实是台湾味全公司。尽管康师傅早已卖掉味全的股份，但依然没有逃脱被味全“全面拖累”的命运。因为舆论的主语不是“味全黑心油事件”，而是“康师傅黑心油事件”。消费者不会理性思考“黑心油”产品与康师傅品牌的实际关联，而舆论的主语已经将“黑心油”与康师傅紧紧地捆绑在一起了。

好事情命名放大系统，坏消息命名缩小系统——这是舆论空间命名法对当事人理性优化原则最直接的启示。

空间命名的缩小系统并不是只有坏消息才可以运用，有时候正面传播不妨也可以运用一下。以论坛为例，名字取得高大上的比比皆是，但恰恰是小空间命名的论坛最容易传播，比如达沃斯论坛和博鳌论坛。如果这两个论坛改为瑞士论坛、中国（海南）论坛，名字虽然大气了，但反而不好传播。会议也是如此，古田会议如果改成龙岩会议，雅尔塔会议改成克里米亚会议，显然后者没多少人记得住。互联网大会的别称还是“乌镇会议”叫得响，假如换成更大的“桐乡市会议”，人们反而会不知所云。

现在国内很多城市都喜欢举办论坛，命名模式大都是城市名加论坛主题，其中有多少能让人产生记忆点，更别指望被广泛传播了。

地域歧视议题与族群议题，也特别喜欢采用空间命名，诸如东方与西方、伊斯兰地区、“中国猪”、“内地蝗虫”、“香港狗”等，用空间议题代替是非议题，不仅容易引发争议，而且把问题复杂化了。每一个空间都有好的和坏的，用空间命名法厚此薄彼，要么故意混淆视听，要么傻傻搞不清楚。

●时间命名法

时间命名一般不到四个字就可以把复杂的事件指代，从而方便传播。

时间命名法当前广泛流传，公安部门功不可没。惯性使然，公安最爱用时间命名：“七一九特大杀人案”“九一七特大入室抢劫案”……

时间命名古已有之，比如靖康之乱、永嘉之乱、甲午海战、辛亥革命。外国人也用，比如“9・11事件”。

“9・11事件”也可以命名为“世贸大楼事件”或者“纽约双子塔事件”，但都不如用日期命名传播更广。以日期命名对未来最直接的影响就是，9月11日这一天，美国的公众人物没人敢举办嘉年华或开派对。

据说，恐怖分子选择9月11日，是经过特别策划的，因为“911”正是美国报警电话的号码。幸亏9月11日还是一个普通的日子，如果这个恐怖袭击发生在美国国庆日或圣诞节，它对美国人民造成的伤害会更加无法估量……

时间命名法在传播上最大的特点，就是它方便把历史事件带到当代舆论场。如果你想隔一段时间就要纪念（重温）一下这个事件，那么最好的方法就是用时间命名。以日期命名的“五四运动”，年复一年纪念；甲午海战，则要逢五逢十年才被广泛提起。

如果想每一年纪念一次，那就用日期命名；如果想隔几年再被人着重提起，最好用年份命名；如果想每天纪念一次，那就用时刻命名。文化类的微信公众号，为什么“十点读书”名列前茅，其中重要的一点是名字取得好，“十点”加“读书”，每一天点到两次。

以日期命名的舆论事件，最容易重返当下的舆论。但是古往今来，大大小小以日期命名的事件数不胜数，有多少可以年复一年进入当下的舆论场?

能够被当下人记住的才是历史，不能被记住的是史实；正如活下来的是传统，活不下来的才进博物馆。

高居舆论生命力顶峰的，是那些可以影响未来一天的事件。换言之，一个事件如果不能成为未来的纪念日，并且反复被人纪念，就很难说这个舆论事件具有巅峰般的舆论生命力。

才影响一天？也许有人会觉得没什么了不起。但仔细想一想，一年一共365天，人们又可以容纳多少个纪念日呢？

一个历史事件，隔了百年千年，还可以年复一年进入当下人的舆论视野，在365天中占据一席，那是多么了不起的舆论生命力！反过来，今天无数叱咤风云、春风得意的个人，弱弱地问一句：你可以影响百年后的某一天吗？且不说年复一年的举国纪念日，哪怕是几百人偶尔的一天。

面对苍茫的历史，喧嚣的当下，人们要学会安静。

时间命名法带给我们另一个思考——人类是不是该记住所有不幸的日子？

追问历史上的今天，哪一天没有流血？哪一天没有发生悲剧？如果这些日子全部化成舆论之箭，飞越时空来到当代舆论场，那么每一天都是纪念日，每一天都是“9·11”。如果历史的灾难全部堆积到当下，每一天都凄风苦雨，每个人都将负重难行。历史有时候要永远铭记，有时候要选择性遗忘。

要让手机正常运转，就必须不断清理储存的短信。短信软件有这样的设计：超过多少天自动删除。人类的记忆有没有这样的软件？如果有，它的设置是多少？如果是50年，“二二八事件”“九一八事变”要不要记住？如果是100年，“四百万人同一哭，去年今日割台湾”，要不要记住？

时间命名法对人类最大的启示就是，如果希望一个事件不要成为被忘却的纪念，最好用日期命名。如果不准备或不希望这个事件年复一年像闹钟一样提醒人们它的存在，就最好不要用日期命名。

影响最深远的事件一般都用时间命名，但时间之河冷酷无情，大浪淘沙下，留给历史反复记忆的舆论事件屈指可数。用时间来命名事件，往往最简便也最冒险。

●人物命名法

每一个舆论事件都有当事人，以人物命名事件本应司空见惯，但实际运用中却并不常见。

人物命名法最容易遇到的问题是：当事人并不有名，当事人的名字很拗口，或当事人是几个人等。但人物命名的舆论事件一旦传播开来，都是惊天动地的大事件，比如“于欢事件”。

人物命名法最常见的是明星名人事件的命名，其往往是一个复合词组，比如“文章绯闻案”“王宝强老婆马蓉出轨案”。这是因为名人的舆论事件很多，只有复合词组，才能确定这是名人的哪一个事件。

普通人的事件以人物命名，往往事件已尘埃落定，比如“马加爵事件”。当事人一旦死亡，他也再弄不出什么大事件了。

值得思考的是，“庆安枪案”当事人也死亡，案子也惊天动地，为什么这个案件没有以时间命名，比如“五二事件”，也没有用人物命名，比如“徐纯合案件”，反而用了空间命名？

“庆安枪案”发生在公众场合，枪声一响，人们第一时间可以确认的是空间与行为（枪击），不知道是谁枪击谁，所以，无法采取人物命名事件。而率先传播的自媒体没有公安思维，也不会进行时间命名，最可能的就是空间加行为组合命名法。

一个恶性事件，如果被公安或政府第一时间掌控，最喜欢采取时间命名法；如果被公安或政府掌控前就广为人知，则往往由社会自动采取空间命名法；如果公安或政府失控，第一时间又没有广为人知，最容易采取人物命名法。比如“雷洋案”，最初知道的人不多，最后超出公安与政府的控制，演变成为舆论风暴。

采用人物命名法的恶性舆论事件往往有几个特点：一是当事人普遍为小人物，事件最初并不广为人知；二是事件的结果，当事人要么死亡或面临死亡，抑或生不如死；三是人物的悲惨命运跟权力有关，舆论的冲突演变成弱者与强者的冲突，人物的命运不仅被广泛关注，而且被强烈同情；四是事件疑点重重，权力方第一时间公布的信息不能服众，特别是死因无法解释，空白点很多，导致舆论倾向往阴谋、暗箱等方向想象。

舆论不轻易用人物进行命名。一个人物如果本来就默默无闻，用人物命名是很难传播的。那些能够在芸芸众生中凸显出来，让你像记住明星名人一样记住名字的事件，一定都是惊天动地的大事，或匪夷所思的怪事。

对于当事人或管理部门来说，如果一个事件以人物命名就要提高警惕，它很可能成为全国性事件。

空间命名的舆论事件，即使全国知名，也未必是全国性大事件。比如“青岛天价虾”，虽然舆论火爆，但仍然只是区域性事件。而人物命名的舆论事件，一旦传播开来，就一定是全国性大事件。比如“孙志刚事件”，直接导致一个全国性法规废除。

以人物命名的事件，要么淹没在舆论的汪洋大海里，要么成为全国性的大事件。

●特征命名法

时间、空间、人物是事件的核心要素，用它们来命名，无须特别的创意，选择一个就行。时间、空间、人物命名法是舆论事件命名的三大传统方法。除此之外，还有一类命名则是刻意突出事件的某一个特征，这种方式就是舆论的特征命名法。

特征命名法最喜欢突出的是事件当事人的身份特征。就以交通事故为例，“保时捷撞人”“成都女司机变道挨打”“外地车碰瓷”，分别突出了当事人的阶层、性别与地域。实际上，交通事故跟身份没有什么关系。不仅保时捷车可能撞人，拖拉机也可能会撞人，之所以突出这些特征，目的就是要把一般的交通事故演变为阶层议题、性别议题与地域议题。

族群议题与地域歧视议题最喜欢用特征命名：黑人、本省人、老干部、女司机……一个事件的命名如果特别强调身份特征，而身份又与整个事件的发生没有任何必然的因果联系，这样的命名十有八九就是想从事件的本身话题转移到族群议题或地域歧视等议题。

特征命名法的特点就是，选择事件的一个要素，换上一种更吸睛的表达方式，就特别容易传播。比如，提起“王兴正、程国荣、胡斌”这几个名字，大家都不知道他们是谁，但只要说出“俯卧撑、犀利哥、欺实马”，就马上反应过来：原来是他（们）啊！

另外一个有意思的现象是，在中文语境中，舆论事件的主语以三个字的组合最为常见。这可能跟中国人的姓名多用三个字有关。那用两个字行不行？不行，一是因为两个字很难概括一件事的特征，二是因为容易引起重复，无法有效区别。比如，一个事件叫“老虎”，谁能猜得出是什么事件呢？是老虎伤人，还是老虎脱逃？但只要变成三个字——“周老虎”，大家都明白了！三个字的舆论主语还便于网络搜索，表现力也超强。比如，舆论主语如果是“大蒜涨价”这四个字，肯定红不了，换成“蒜你狠”，立马刷屏！更厉害的是，这种组词方式可以无穷尽地衍生下去：“豆你玩”“糖高宗”“姜你军”“油你涨”“苹神马”……

三个字的舆论主语还尤其喜欢用叠字对舆论主语重命名：范跑跑、郭美美、周逃逃……而且形成连锁命名，诸如成都的“楼歪歪”、上海的“楼倒倒”、烟台的“楼脆脆”……这样的命名十有八九跟负面新闻有关。如果有一天，某人的名字或者行为突然被这样的“三字叠”所指代，他就等着应付舆论风暴吧！

上述四种舆论命名法，其舆论特点非常明显。

空间命名法命名的舆论事件最容易成为标志性事件。正如地理空间需要地标，用空间命名也容易成为舆论场的地标。只不过，这样的“地标”容易形成标签化的舆论行为。在舆论战中，一旦卷入空间命名的舆论战，往往就是一场混战。因为空间包罗万象，岂是一个地标可以完整概括的。

空间命名的舆论战，最忌讳采取全盘肯定或全盘否定的舆论战术，这只会把原有的问题搞得更混乱。而怀有其他目的的人却最喜欢用空间命名法进行舆论战，他不是为了还原真相，而是要把人们的思想搞混乱，他们才能从中渔利。无论是大到国家，还是小到一个区县，舆论都不应掉入以偏概全的陷阱中。

在舆论战中，也不要轻易全盘否定或肯定一个时代。同样是因为一个时代太大了，它可以装太多的东西。历史学家在任何一个时代都可以找到单个的例证，来证明它是好或是坏的时代。每个人对时代的记忆都可能不同，侧重点不一样。全盘的肯定与否定，容易造成分歧甚至分裂，谁也不容易说服谁，这就陷入简单的站队，各说各话。信者恒其信，不信者恒不信。

要把事情的是非问题弄清楚，最好的方法就是不要简单采取空间或时间命名，而是把其中事件、问题、观点、做法进行命名，这样的舆论战，才能够让是与非、黑与白真正交锋起来。

时间命名法命名的舆论事件最容易成为纪念性事件。纪念性事件特指反复进入当代舆论场的历史事件，其标志就是拥有纪念日，建党、建军、建国、沦陷、灾难、胜利等都容易形成纪念日。即便是普通人，其人生大事—— 出生、死亡、结婚，也需要用一个日子把它纪念下来，变成生日、忌日与结婚纪念日，年复一年对这份情感进行确认，对这个记忆进行重温。时间命名法，是一种“闹钟式传播”。只不过这个闹钟，往往一年闹一次，甚至十年闹一次。

无论国家，还是个人，一个事件如果必须永远铭记，那么，为了不被忘却的纪念，对它最好是以日期命名；而如果大家的共识是希望尽快翻过这一页，那么，放下历史包袱的最佳选择，就是对它不要用日期命名。

人物命名法命名的舆论事件最容易成为故事性事件。一个事件如果采取人物命名，事件本身就是一个强烈吸引人的故事。故事传播是最厉害的传播方式，它可以让受众超越自身的利益来关注它、认同它。故事最不容易被道理说服，也不需要反复复制，就可以得到广泛的认同与普遍的共鸣。故事传播是理性的敌人、情感的朋友。一个事件一旦用人物命名，就要面对故事传播所有的优点与缺点。

特征命名法命名的舆论事件最容易增加参与性。诉求身份认同的特征命名法，最容易造成族群分裂、阶层对立与地域歧视；而用创意特征命名的事件，则往往用游戏、娱乐的方式进行传播。无论是前者的分裂性站队，还是后者的游戏性效果，最需要也最容易得到广泛的参与。它引起的舆论风波来得快，去得也快，对现实的杀伤力不如前面三种命名法，也不容易成为大事件或标志性事件。

舆论场的命名权，往往是舆论战打响的第一战。争夺命名权，就成为舆论战各方斗智斗勇的第一波战场。太多的人还不知道有这个命名权，更遑论运用舆论战的规律去争夺命名权。当然，命名权也不是谁想夺就能够夺得过去的，需天时地利人和，其间又有多少变数令人击节叹赏或扼腕叹息。

IV 命名权：造物者的权力

舆论的命名是一种权力，但这种权力是舆论世界第一重要的吗？

“去问上帝吧！”

当人们无法回答某个问题时，常常用这样的玩笑话揶揄。

任何时代的困惑无法解决，最好的方法就是回望历史，而最彻底的回望就是追溯起源。这一次，我们不妨真的问一问上帝吧！

正如绪论中所提到的，上帝是最初的传播者，而一切的答案就可能储存在《圣经·旧约》第一篇——“创世记”！

“创世记”第一章有13个动词，其出现的频率并不同。频次分别为：created（5次）、moved（1次）、said（saying）（11次）、let（14次）、saw（7次）、divided（5次）、called（5次）、made（5次）、set（1次）、give（4次）、rule（3次）、blessed（2次）、fill（1次）。

在频率出现最高的动词组中，有一个词——“称（called）”特别引人注目，它一共出现5次，和“创造（created）”频次一致，两者相伴相生。它出现在“创世记”的最重要的前三天，而且是上帝每天工作的最后一个动作：

> 1:5 And God called the light Day, and the darkness he called Night. And the evening and the morning were the first day.
>
> 神称光为昼，称暗为夜。有晚上，有早晨，这是头一日。
>
> 1:8 And God called the firmament Heaven. And the evening and the morning were the second day.

神称空气为天。有晚上，有早晨，是第二日。

1:10 And God called the dry land Earth; and the gathering together of the waters called he Seas: and God saw that it was good.

神称旱地为地，称水的聚处为海。神看是好的。

上帝最重要的工作是什么？

只有一个答案的话，是造物；如果有两个答案的话，那就是造物与命名。

造物与命名——这两个最重要的工作，对上帝的意义分别是什么？

答案是：造物可能是上帝的使命，或者任务，或者目标，或者爱好……但一定不是上帝的权力，而命名却是一种权力。

上帝造物后，获得的第一个权力就是命名。命名是造物主的权力，而且是第一个权力。

现实社会，父母是孩子的造物者，所以，孩子的第一个命名权属于父母，除非父母离世或者放弃。英语的名叫“given name”，这清楚地告诉人们：名字是被动得到的，不是自己取的。至于姓（family name），就是父母也不能选择，这是祖先决定的。

一个有趣的问题：如果我们的姓名都是我们的前辈给的，那么人类的始祖，他们的名字是谁取的？

很遗憾，我没有看到相关资料。中国人认为的始祖伏羲、女娲，他们的名字是谁取的？

亚当和夏娃的名字又是谁取的呢？

让我们还是回到《圣经·旧约》“创世记”的文本。

在“创世记”第一章中，写上帝创造天地，命名昼夜，直到第六天上帝创造了人，但亚当的名字并没有出现。一直到“创世记”第二章第19段，当上帝把飞鸟走兽带到人类的始祖面前，“Adam”这个名字突然直接出现：

2:19 And out of the ground the LORD God formed every beast of the field, and every fowl of the air; and brought them unto Adam to see what he would call them: and whatsoever Adam called every living creature, that was the name thereof.

耶和华神用土所造成的野地各样走兽和空中各样飞鸟都带到亚当面前，看他叫什么。亚当怎样叫各样的活物，那就是它的名字。

这一段是至关重要的文本，结合上下文，其信息量极为丰富：

其一，这是Adam（亚当）这个名字在《圣经·旧约》中第一次出现，但没有说Adam是谁命名的。Adam这个名字是横空出世的，唯一合理的解释是，亚当是他自己命名的。

其二，所有的东西都是上帝造的，但并不是所有的东西都是上帝命名的。上帝命名了天地、昼夜等很多东西，但包括人在内的所有的生物他都没有命名。

其三，上帝先造了飞鸟走兽，再造了人（和进化论很相似）。但先造的飞鸟走兽，却是由后造的人类给予命名。

其四，是上帝把飞鸟走兽"带到"（brought unto）亚当面前，请他命名的。命名权不是亚当自然获得的权力和主动的行为。

综上所述，在基督教世界的文化基因里，人类拥有给自己命名和给万物（生物）命名的权利！同样，每一个人的姓名虽是自己的造物者（父母）给的，但每一个人都拥有重新改名的权利。名字的重要性不可等闲视之，它是你填表时第一个必填的信息。名字是你的符号，它可以指代你，也可以脱离你存在。表面上它与你如影随形，其实若即若离，即使你不存在了，它还可以存在。长生不老，做梦！千古留名，可能！

舆论世界是人类创造的世界，人类是舆论的造物主，因为拥有对各种舆论的命名权，所以才会出现对命名权的争夺。就像电脑的鼠标右击文件，可以弹出重命名的对话框，舆论世界也有这样的鼠标右键，就看你有没有意识、有没有能力、有没有运气对舆论进行重命名。

命名权是天赋人权！

本章小结

舆论的本体是关注，舆论的世界是由一个个关注构成的。舆论也是由关注用叠加与链接的方式聚集而成。

关注的产生，就是舆论的产生；关注的消失，就是舆论的消失。

复制与链接，是舆论野蛮生长的自然力量。一个舆论如果能够创造越多不同的链接点，其生长的力量就越大。超级舆论事件，往往有不同的议题叠加，能够链接引发链接，并不断自我复制，形成舆论的庞然大物。为什么人们追求舆论的病毒式传播？就是看中病毒的自我复制性与传染链接性。

舆论的一切问题都可以从关注中找到答案，关注是舆论研究的逻辑起点。如果你不懂如何利用舆论的原理与方法，最简单的方法就是从关注入手。思考下列问题：这是一个什么样的关注？多大规模的关注？针对什么的关注？谁会对它关注？为什么会对它关注？不同的人关注的点是一样的吗？别人的反应会扩大关注还是创造了新的关注？该怎样增加关注或减少关注？……顺着这样的逻辑思路一直思考下去，你就是舆论学专家。

舆论学的研究对象就是人类的关注，舆论学是研究人类关注的社会科学。

关注不同，舆论就不同。不同的关注，需要不同的命名，这个命名跟舆论关注的客体相关，但并不等同于舆论的客体。同一个客体可能产生不同的命名。不过严格地说，一旦舆论的命名不同，舆论的本体与客体都会发生相应的变化，成为不同的舆论，其传播效果也会发生改变。

舆论的名称，就是关注的名称。关注的名称，就是舆论事件的主语。舆论主语的不同，其传播方式与效果也会发生改变。“舆论主语分析法”是一种舆论学的分析工具，从舆论的命名为切入点，其基本内容是：舆论的命名是可选择的，虽然存在偶然性，但命名与传播效果之间的关系却是必然的，我们可以从中找到舆论传播的规律性。

舆论主语的命名有四种主要的方法：时间命名法、空间命名法、人物命名法与特征命名法。它们分别对应四种舆论传播的模式：纪念式传播、标签性传播、故事性传播与参与性传播。如果你要人们反复记忆某个事件，最好采取时间命名法。如果你希望人们不要纠缠于某个事件，最好不要用时间命名法。好的事情，最好放大舆论主语的命名空间；反过来，坏的事情，最好缩小舆论主语的命名空间。如果你需要舆论的传播走情感线，用故事打动别人，最好用人物命名。如果你想让更多的人参与到舆论战来，最好用特征命名法—— 无论是刺激人们身份认同的特征采集，还是激发人们游戏精神的特征表达。

舆论战的第一枪，就是争夺舆论的命名权。命名权是造物者的权力。在这个人类创造的舆论世界里，你如果没有参与或者没有能力去争夺舆论的命名，就丧失了“上帝的权力”。

Chapter 10 舆论的时间

* 时间是最好的舆论降解液

* 枪声随时都会响起，等不及你进入战壕

* 99.99%的负面事件都沉默在历史的汪洋大海里了

* 当事人必须第一时间反应，但未必要第一时间回应

* 100天，一个影响了几千年的传播密码

* 死是事实，死给你看是传播

* 天天表达，表达贬值；从不表达，永远遗憾

* 除夕和清明，脉动的是中华民族血管的舒张压与扩张压

I 舆论的时间律

所有的舆论都是时间的，都是线性的。

舆论始于关注，终于关注。

舆论的时间就是关注的持续。

一切的关注都发生在一个时间段上。除了时间必须是连续的、舆论可能是断续的之外，时间有什么特点，舆论就有什么特点。

关注是时间的产品。时间不能储存，关注也不能储存。

可以储存的是人类的记忆，它不是关注，当然也不是舆论。人类的记忆要变成舆论，要通过内存把硬盘中的记忆调入到视窗。视窗是不能储存的，重新打开的视窗，就是新的视窗——新的关注。

时间消失，关注也随之消失；关注持续，是因为时间也在持续。新的关注产生，是因为有新的时间产生。

关注表面上是无限的，实际上是有限的。所有的关注，都分配在各个时间段上。时间是关注的分母，这个分母不能为零，也不可能无限大。一天的关注就是24小时，一年的关注就是365天。

关注不仅是数人头的战争，也是与时间的战争！

舆论永远在竞争，每一天、每一分、每一秒都在竞争！

一个舆论事件，如果在这一秒钟仍被关注，那么它活着；下一秒钟，没人关注了，它就死了；再一秒钟重新被关注，它又复活了。

没有永不消亡的关注，但有蛰伏的舆论。蛰伏的舆论一旦苏醒，本质上就是另一个关注，是新的舆论，只不过它与原来的舆论有着关联而已。

没有用坏的产品，只有淘汰的产品。舆论的关注就是这种与时间竞争的产品。所以没有维修或保修的明星，只有过气了的明星。

舆论没有过不去的坎，不可能存在着一个连续不断的舆论。因为迄今为止，舆论世界没有产生过一个永恒的关注。

人类对一个事物的关注往往以秒计算，超过一小时的注意力，要靠逻辑、利益与文化等支撑，超过一天的关注属于稀有事物，连续几天还没有衰退的关注极为罕见。那些一两个月还在持续发酵的关注，不是当事人自己作死，就是有人操纵。

绝大部分舆论危机都是自然痊愈的，时间是舆论创伤最好的医生。一个舆论不仅会被淹没在关注的大海里，而且会随时间的潮水一起退去。舆论风暴下的人们，只要扛过这段时间，不用做任何动作，舆论就会消失。因为在舆论世界里，天然就有其他关注要占领新的时间。

时间是关注的杀手，关注一达到最高点，谋杀关注的就是时间，因此，时间也是最好的舆论降解液。危机事件里，挺得住时间，就挺得住舆论的风暴。

反过来，时间也是舆论制造者最大的敌人，所有的舆论推动者都在与时间抗衡！

研究舆论的时间，就是研究舆论的生死：如何让一个舆论活？如何让一个舆论死？一个舆论可以活多久？一个舆论如何死去活来？……舆论的时间律，可以回答这一系列的问题。

舆论的时间律概括起来就是：舆论存在于时间，它始于关注，终于关注。时间是关注的分母，这个分母不能为零，也不可能无限大。时间是舆论创伤的医生，它治愈绝大部分舆论危机；时间也是舆论的杀手，活下来的舆论永远在与时间抗衡。时间是舆论的play（播放）键，也是舆论的stop（停止）键与reset（重启、清零）键，但舆论没有pause（暂停）键。

接下来，本章将在舆论的时间现象里徘徊，重点论述舆论的第一时间、舆论的时间轴密码以及舆论的生命周期与节庆传播。

II 舆论的第一时间

春秋时期就有一个迂腐的宋襄公，非要等敌人渡过河、布好阵再开战，而今天舆论战中的“宋襄公”比比皆是。

越来越多的机构感受到了舆论的可怕，纷纷展开舆论应对培训，培训的一个重心是模拟新闻发布会，如何布置会场，如何着装，如何回答提问，专家们也讲得头头是道。但这些年来，真正栽在新闻发布会上的人屈指可数，而在舆论战里躺枪的人却不计其数。

舆论战第一个要记住的就是：枪声随时都会响起。等不及你进入战壕，摆好姿势，布好阵脚，枪战已经开始。

那么，第一枪枪响了，要第一时间回应吗?

舆论培训中，听到最多的专家意见就是：舆论必须第一时间回应！没有人质疑它的科学性。

中国约有3000个县级行政区划单位，共计约13亿人口，概率上每天全国至少有上万条的负面舆论导火索，但能够成为新闻线索的不到一百条，最后能引发全国舆论反应的更不到一条。如果负面事件的当事人都听了专家的意见，第一时间进行回应，本来大家不知道或者没关注到，结果一回应就全知道了。

负面事件，不等于负面新闻；负面新闻，不等于舆论事件。极端地说，没有舆论广泛传播的都不叫事件。

汶川地震由于舆论的广泛传播，我们知道了“范跑跑”“猪坚强”“可乐男孩”“警察妈妈”。而1970年1月5日，云南省通海县也发生了7.7级的大地震，死亡15621人，伤残32431人，由于报道“低调”，几乎没有任何人物进入时代记忆。

可以这么说，99.99%的负面事件都沉默在历史的汪洋大海里了。

舆论的世界不是历史的汪洋大海，而只是大海的海平面。只有少部分的舆论事件呈现在海平面，可以卷起舆论的巨浪更少之又少。如果本来可以沉没在海底，为什么要翻在水面上呢?

大部分负面事件，在舆论世界里是自然沉没的，或者被人遗忘的。如果没有被舆论惦记，事件造成的伤口几乎都是自然痊愈。有人说，死于疾病的人1/3是吓死的，1/3是治死的，剩下的1/3才真正是死于疾病。这话偏激又缺乏依据，无非是表达对医生的不满，但借用这个句式来说舆论却有几分道理：在舆论战中阵亡的人，1/3是自己作死的，1/3是被自己人害死的，只有1/3是真正被舆论对手整死的。

面对一个负面舆论事件（负面舆论事件不等于当事人有错，只是舆论不利于当事人），当事人到底要不要回应？可以从如下三个层面进行讨论。

第一个层面，舆论本体学。

舆论的本体就是关注，舆论是一连串关注的反应与再反应。任何对事件的回应，都提供了引发更多反应的素材，从而扩大了对负面事件的关注。它只有两种结果：一种是放大关注后终止或平息，另一种是放大关注后引发更多反应。任何回应导致舆论终止只是可能，但放大舆论却是必然。因为即便是终止，也不是自然痊愈，而是像柴火一下子被全部点燃，虽然火暂时更大了，但很快就把柴烧光了，于是火很快就熄灭了。

回应就是放大，不管效果是正面还是负面，都是对原来舆论的放大；回应就是继续，不管后续是终止还是蔓延，也都是对原来事件的舆论延续。对事件的回应如果不能做到一锤定音，或者马上止血，那么，回应的后果一定是放大负面舆论。

第二个层面，戏剧学。

提出“质朴戏剧”（poor theatre）的耶日·格洛托夫斯基认为，戏剧的核心是对峙：“戏剧是一种对峙，演员的总谱是由人和人联系诸元素组成的，即‘授与受’。”戏剧是需要角色的，准确地说，只有一个角色的戏剧不是戏剧。即使是所谓的独角戏，仍然有虚拟的其他角色存在。

戏剧需要冲突，尤其需要角色的冲突。就像所有的大片都需要有坏人，所有的英雄都需要有敌人。要毁掉一部大片，只要做出一个限制就可以了，那就是不准有反派。没有反派，哪有大片？

中国有句话，一个巴掌拍不响。记住，结果是响不响，而不是痛不痛。因为一个巴掌是可以拍得痛的——拍别人，别人会痛；拍砖头，自己会痛。痛是事实，响却是舆论，是传播。至于响不响对谁有利，那是另外一回事。

有人可能会提出异议，即使当事人不出来回应，舆论照样满城风雨。道理其实很简单，在最大的坏蛋出来之前，电影再惊心动魄，都不是高潮。电影最初的风雨是事件本身随身而带的风雨，跟最大的反派出不出场没有多大关系，而电影的高潮，一定是在最大的反派出场之后产生的。

在真实的舆论世界，这样的案例也比比皆是，比如“江歌案”[1]里刘鑫（江歌闺蜜、室友）最后决定见江歌母亲，冲突双方的两个当事人同时出现在了戏剧的“舞台”上，这才把一年前就发生的血案推向了舆论的最高潮（详见“舆论的运动”章节里对江歌案的分析）。

第三个层面，新闻学。

新闻，无论怎么定义，都无法回避“新”这个特征。

新闻不能日复一日报道重复的东西。如果事件没有当事人的回应，新闻只能在事

[1] 2016年11月3日，就读于日本东京法政大学的中国留学生江歌，被闺蜜刘鑫前男友陈世峰用匕首杀害。

件本身打转转。一直转到事件本身再也没有新的事实或后续，新闻的陀螺也就停了。

如果没有新的事实或后续，绝大多数媒体只有两种选择：第一种就是转发已有信息—— 这是有影响力的媒体不愿意做的；第二种就是评论，这是进一步扩大传播面的唯一路径，而评论也需要更新，不能一直炒冷饭。

评论最喜欢的情况就是负面事件双方发生争论，一旦争论就会产生新的东西——新证据、新说法，可以在媒介上不断地进行传播。当事人的回应给了媒介后续报道绝佳的素材与机会，这样才能成为舆论的连续剧，王宝强与马蓉事件就是如此。一个明星的绯闻绝大多数会轰动一时，然后就烟消云散，很少像王宝强事件这样持续这么长时间，其最重要的原因就是当事人的互掐，不断回应（“撕”）的结果，最后导致舆论的持续升温，路人皆知。

一个敏感事件发生后，媒体多么希望当事人进行回应，只要一回应，它就可以把原来的不方便公开报道或者不愿意重复报道的内容，作为事件的背景再报道一次。结果这个事件本来不能公开报道，或者本来只有一家媒体首发，其他媒体转发，变成了所有媒体争相报道的内容。

当事人的回应，就是抽向新闻陀螺的那条鞭子。它除了会延续舆论的生命周期外，还有一个作用就是推动舆论的升级。前几年，某大学教授发生负面事件，最开头只是在网络上闹得沸沸扬扬，所有的传统媒体急得团团转，闻到了“血腥”，却不敢扑上去报道。因为信息源单一，内容还无法核实，万一报道失误，不仅有损媒体信誉，还有可能惹上法律官司。就在这个时候，网络出现了该教授所在院系对事件的公开声明，这下所有的传统媒体马上跟进报道，因为院系的回应是已确定的事实。原来那些捕风捉影的传闻一时无法核实，此前不敢报，现在却可以理直气壮地把它作为院系回应事件的背景材料介绍出来。当所有的传统媒体都没有后顾之忧地扑过来时，事件自然就演变为全国舆论事件。

三个层面三种学科得出同一个结论：**发生负面舆论事件**，**当事人必须第一时间反应**，**但未必要第一时间回应**！面对舆论的第一枪，不是第一时间回应，而是第一时间判断要不要回应！

判断的依据：一个前提，四个评估。

一个前提就是法律法规。如果法律法规要求回应，没有选择，必须回应。如果该前提不存在，进入评估程序。

第一，可不可止得了？可以息纷止争，回应！

第二，能不能扛得住？扛不住，回应！

第三，是不是天下闻？如果已经天下皆知，舆论效应到了极致，不如回应。

第四，有没有新后续？如果预判还有新事实、新反应出现，抓紧回应！

除此之外，不妨让子弹再飞一会儿。

当然，还有一条最重要的标准：如果不回应，摸一摸良心，过不过得去？

如果过不去，回应！

III 100天：传播的时间密码

传播是有时间轴的。

在这个时间轴上，隐藏着一些重要的传播密码，在传播的通关大道上，破解了这些密码将如虎添翼。

100天，就是传播时间轴里最重要的传播密码。

之前我一直隐隐约约感觉到有这个神奇的密码，但始终不知其所以然，直到有一天置身罗马斗兽场，得知斗兽场建成时古罗马人狂欢了100天！这个数字突然变成了一束光，把我的脑海照亮了。此前的偶思断想、灵感碎片一下子全部串联起来。没错，就是它——100天，一个影响了几千年的传播密码！

100天大约是一个季度，把“季度”的“季”与“传播”的“播”抽取出来，组成一个新的词组，那就是“季播”。

季播，就是传播时间轴的传播密码。

如今，季播已成为电视媒体的专业名词。殊不知，其渊源可以追溯到古罗马，至少在2000年前，人类已经开始运用“季播”的模式进行传播。

电视节目的季播特指“每年一次，一次一季，一周一集”的播出模式。据说最早开创电视“季播”模式的是美国电视网，广告和收视率都大幅度提升。在中国，让人们第一次领教季播模式超强威力的是湖南卫视的《超级女声》。

此前，国内电视歌手赛最牛的是中央电视台《青年歌手大奖赛》（简称《青歌赛》），当时万人空巷。《青歌赛》同样有海选，只不过没有播出；也有投票，只不过不是短信；也有两人对战，只不过不叫PK。《青歌赛》与《超级女声》最大的不同是每种唱法它只直播决赛，最多加上半决赛，而《超级女声》则把赛制拉长，采取了季播的方式。

我把这种只播一场的传播方式戏称为“一夜情传播”（简称“一夜传播”），其最大的特点就是：可能有舆论高潮，但未必有记忆，甚至第二天连名字都记不住。

一夜情说好就散，没有情感积累，没有千回百转，更没有魂牵梦绕，自然少了离别感伤，因此传播主体与传播受体的情感黏性不足。《青歌赛》的优胜者虽然红遍全国，但没有严格意义上的现代粉丝，无法创造像李宇春那样的“玉米”，自己的日常生活被明星格式化，为她哭，为她笑，为她不眠不休，为她千里追随。

电视的季播为了吸引观众，赛制设计得跌宕起伏，悬念一定留在最后。当喜欢的明星（选手）不断失利、待定或复活时，观众就参与到了整个选秀的过程。不是明星一个人在比赛，而是观众也在陪着他一起比赛。明星的命运变成了观众的命运，当观众和他患难同行时，他们就融为一体。

这就是为什么季播节目往往收视率特别高的一大原因。很难想象，《中国好声音》如果只播出一集，人们还会那么喜欢看吗？

这可以和足球相比。看射门集锦是培养不了球队粉丝的，只有在跟着赛制看直播的过程中，当你的快乐与痛苦完全取决于球队的胜负时，你和球队就有了生死与共、生死相依的情感。

世界杯共进行64场比赛，如果一个粉丝只关心自己的球队，而且这个球队最终进入决赛，那么他必看的赛事是：小组赛6场（每一场都关系自己球队的排名）、1/8决赛2场（看自己球队那一场以及可能成为下一个对手的那一场）、1/4决赛2场（同上）、半决赛2场（同上），决三、四名比赛或冠亚军决赛1场（只看自己球队那一场，二选一），加起来是13场，正好与电视季播节目13周13期相吻合，标准的季播模式。

如果世界杯只播出（只准看）最后一场决赛，世界就没有世界杯了。

生活中有非常多的“百日传播”现象：孩子出生的百日宴，亲人去世的百日祭，高考前的百日誓师大会，总统大选的百日冲刺（大选季）……用季命名的也有很多：打折季、演出季、赛季、毕业季……恋爱更是存在季播现象，很多电影、电视剧、戏剧的剧名直接就叫“恋爱90天”（恋爱100天）。

建构需要100天，重构也需要100天。俗话说，“伤筋动骨一百天”，大自然的时间规律，不能不察。

也许有人会问，既然“一夜情”的传播方式难以积累情感，为什么要止步在百日呢？可不可以延长时间，比如扩大到半年、一年呢？这样积累的情感不是更深厚吗？

如果世界杯的赛制改为一年，或者《我是歌手》变成每周播放的固定节目，会更好吗？

超过100天的传播，就要提防另一个词，那就是“换季”！

换季，对于旧货，就是打折季；对于新品，就是下一个传播季。

人类的心理，很难把一段激情持续燃烧到一年。人们对一件事物的关注，也很难持续保持一年。

百日季播的传播密码，是各个领域通用的通关密码。它既是舆论的分析工具，也是舆论的实战工具。

●政治传播

所有的选战，一定要记住季播的概念。而执政后的百日新政，也是重要的传播期。百日维新，为什么止步在百日？说明慈禧太后非常懂得传播，如果让“戊戌变法”超过百日，完成了季播，旧势力就控制不了局面了。

政府的大型活动最容易陷入“一夜情”的传播模式。各种纪念会、联欢会，各种旅游节、文化节往往兴师动众、大张旗鼓，虽然活动当天现场气氛热烈，表面上高潮迭起，但后续没有涟漪，老百姓没有情感投入，更不会有粉丝产生。

还有一些政府宣传预案，似乎也强调了宣传周期，规划了预热器、升温期、高潮期、延展期，但这仍然不是真正的季播。真正的季播没有预热，一开始就是高潮，每一步都是生死关头，譬如世界杯和超女选秀，是热门，而不是预热；是节目本身，而不是节目的花边、花絮与背景。比如《爸爸去哪儿》，每一集都要精彩，它为下一期铺垫，但本身每一集又是独立的高潮，所以才有高潮迭起。

把宣传周期做成预热的模式，都是做给上级看的，归根结底还是“一夜情”的模式，目的就是要烘托最后的那一场。哪一个粉丝、球迷看一场赛事是为了预热？他们每一场都热情似火，每一场都感觉可能是偶像的最后一次。只有这样的传播才是真正的季播，才能培养出真正的粉丝。

●商业传播

企业首先要分清楚，自己的各种传播活动是为了一时的产品促销，还是为了品牌塑造。如果是为了产品的促销，无须形成品牌黏性，那么大可以进行“一夜情”的传播模式。但如果要让品牌长期地获得粉丝，除了日常的节日外，一定要想方设法在旺季或者淡季，进行季播的促销或推广活动。

很多企业花大气力做各种盛典，自以为是在做品牌推广，表面上热热闹闹，其实只是把平时谈好的项目、积累的订单集中在一天展示，并没有产生粉丝黏性，仍然是

“一夜情”的传播。

在商业传播中，电影的推广值得我们特别关注。目前电影的营销一般集中在上映起7天，因为电影属于一次性消费，很少有人会反复去看同一部电影，所以目前市场上的电影推广都采用“一夜情”的模式，它似乎不需要影迷的情感黏性。但电影的推广者千万不能忘了，粉丝的情感黏性是可以带动其他人的，观众会推荐自己的亲朋好友来观看，特别是系列电影，比如“星战系列”“漫威宇宙”等，哪一部不是靠粉丝黏性来获取票房的?

因此，电影营销也完全可以借鉴季播的模式，打破只有7天宣传周期的规律，创造出一种全新的传播模式。

●文化传播

以大学为例，学生活动花样繁多，大多以“征文比赛”“校园歌手大赛”等方式命名，形式大同小异，识别性差，基本上也是一场比赛或者一场大会就结束，标准的“一夜情”的传播模式，没有情感黏性，没有传播涟漪。

厦门大学有一个学生活动特别引人瞩目，叫作“中文有戏”的演出季活动。活动名称取得好，一语双关，朗朗上口，还容易记忆。“中文有戏”每年在同一个礼堂演出十几场，形成一种季播模式，培养了一批批忠诚的学生粉丝。不少同学毕业后，不远万里相约回校看师弟师妹的戏。8年活动组织下来，观众人次达50多万，其中部分戏剧还拿下包括中国戏剧奖最高奖在内的各种大奖，成为厦门大学校园文化的一张名片！季播模式就是其成功的秘诀之一。

●爱情传播

我曾经半开玩笑半认真地告诫同学：如果不小心爱上一个渣男，你要痛下决心在100天内把他解决，否则，你就与他完成了一次季播。这样的季播之后，你不仅要处理如何与一个渣男分手，还要处理与他产生的情感问题和记忆问题。你与他待过的咖啡店，吃过的冰激凌，听过的歌曲，看过的电影，都会刺激你的情感，你要割舍就没有那么容易。因为你割舍的不单是一个人，而是要割舍你的整个恋爱季；你不仅要告别一个人，还要和自己的过去告别。这个季播空下的记忆磁带，不可能用其他记忆覆盖。挖下的肉，即便再生长出来，也留下了疤痕。

那万一超过了100天，才发现对方不是适合你的人，有办法解决么?

答案当然是有，只不过处理起来要复杂得多，周期也更长，效果也容易反复。恋爱是建构的产物、传播的产品，反过来，处理一个必须否定的恋情，用解构的方法就好。恋爱时用什么样的传播模式建构起来，失恋了就用反向的传播模式进行解构。如果我们可以用传播的理论与方法，塑造一个明星让大家喜爱与记忆，为什么不可以用传播的理论与方法，把一个渣男丢进情感的回收站，模糊掉对他的记忆呢？在解决爱情问题方面，舆论传播学可以大有作为。

“一夜传播”与“百日季播”是两种不同的传播模式，没有哪种模式绝对的好，只有哪种更加适用。

在生活和工作中很多领域，有时不需要产生情感黏性的粉丝，就可以大量使用“一夜传播”，而且“一夜传播”也有顶级的成功案例，比如春晚。为什么它能够成功？这就牵涉舆论时间律的另一个重要内容：节庆传播。

IV 拉链式传播：节庆传播的功能

“新年好！”

发出这个问候时，也许你未必知道，你其实在进行着一种特殊的传播，它叫作节庆传播。

节庆传播属于历史传播学的研究范畴。历史传播学是笔者提出的新学科概念，它是一门研究历史的传播现象与传播规律的科学。笔者将在另外一本专著中讨论这个有趣的新学科。这里先选择历史传播中最突出的传播现象——节庆传播，一试身手，窥斑见豹，领略一下历史传播学的魅力与价值。

每个人都离不开节庆传播，但未必懂得节庆传播。

到了教师节，一些微信的师生群里仍然静悄悄的，但只要一发红包，一个个就都冒出来了。学生们并不是不尊重老师，而是对节庆传播没有概念。不过，一旦这个群里有一个同学首先发出“教师节快乐”，他就从一群学生里脱颖而出！

节庆传播没有什么技术含量，可是掌握了它，你就获得传播的竞争力，拥有这种竞争力的人，就是未来出类拔萃的人！

节庆的存在就是为了表达在乎

无论是“新年好”，还是“教师节快乐”，这样的问候对传播者而言，时间成本与物理能量几乎为零；对于接受者而言，也带不来什么实质价值。那为何这样的传播游戏，千百年来人类乐此不疲呢？

节庆传播从表面上看，既不可能为友谊续费，更不可能为爱情充值，但是一年一次的传播，却代表着认同的确认、关系的重温，更重要的是：在乎的表达。

为什么每逢佳节倍思亲？思亲是一种常态，到了佳节则会翻倍。在那一天，“独在异乡为异客”——认同需要确认；“每逢佳节倍思亲”——关系开始重温；“遥知兄弟登高处，遍插茱萸少一人”——最后的落脚点就是在乎的表达。

每一个节庆都有一个在乎的对象。护士节表达在乎护士，母亲节表达在乎母亲，劳动节表达在乎劳动者……所有的张灯结彩、节日礼物，都是为了表达在乎。

在乎是关注的最高级形式，舆论传播不能忽视节庆传播。

最懂得节庆传播的群体是商人。销售的旺季与淡季几乎都是根据节日来区分的。如果不懂节庆传播，且不说卖东西，买东西都会变得愚蠢。

懂得根据节日进行传播已经了不得，能够创造一个节日进行传播，那就更加不得了。除了马云，还有哪一个企业家创造出一个全民狂欢的新节日？对于马云的“双十一”购物节，从舆论传播的角度来分析，无论怎么高度评价都不过分！马云改变了中国，也改变了历史。

唯一心存的疑问是：马云创造的这个节日可以支撑多久？能够超过30年，挺过100年吗？

节庆传播是人类的智慧

节庆传播是“一天的传播”，它最大的特点是每年一次，在固定的时间周而复始。

“一天的传播”不是说只传播一天，而是说只在这一天有效。就像政治竞选投票日，不能提前也不能推后，前一天支持与后一天支持都无效，只有投票那一天的支持才算数。

节庆传播除了表达在乎，它年复一年的特性就是为了向人们反复强调。有人也许会疑惑：既然是强调，为什么不更频繁点呢？换句话说，节庆可不可以每天都有？答案是否定的，天天强调等于没有强调。

那么可不可以不强调？天天都要爱母亲，干吗要设置一个母亲节？难道不是母亲节就不要爱母亲了吗？

持有这样的观念的人还是不懂：死是事实，死给你看是传播。

节庆最重要的内容，就是要表达在乎。在乎早应该存在，只是需要表达。

天天表达，表达贬值；从不表达，永远遗憾。

节庆传播就是人类的智慧，用一个日子表达一年的情感，一年表达一次还不够，所以必须年年一次。

因为一年只有一天特别表达，所以情感可以适当放纵。每一个国家都有自己的狂欢节，原因就是平时太规矩了，如果没有一个节日放纵一下，就会被压抑坏了。中国古代的闹洞房，也是这样的情感设置。在封建礼教社会，男女授受不亲，但在闹洞房那一天却可以突破，甚至可以去捅人家洞房的窗户纸。这样的放纵只能在节庆中被允许，第二天谁还敢捅？第二天捅，就要抓流氓了。

平时节庆传播属于一种拉链式传播。所谓拉链式传播指的是这样一种传播方式：它传播的链条大部分时间是拉开的，但每隔一段时间，它就会把拉链短暂拉紧，随后又拉开。如此周而复始，使得传播的链条既不连续，也不断链。它不是永久的缝合，无法分开；也不是临时的针脚，而是预留了连续排列的链牙，方便随时可以啮合。它有一整套程序，到节点就会自动启动，时间一过，又恢复正常。像人类的闹钟，定时就会响起。

拉链式传播，有不少种类，除了节庆传播外，宗教的礼拜也是拉链式传播。

拉链式传播是人类的智慧，它有效地解决了天天传播与从不传播各自的死结，对人类文化的传承居功甚伟。

中国的除夕与清明，堪称拉链式传播的典范。

除夕与清明，中国文化的重启键

节庆传播这场大戏，核心是剧场。在中国，有两个节日的剧场特别醒目，一个是除夕，一个是清明，乃至创造出最波澜壮阔的人口大迁徙景观。

我们先聊除夕。在很多人眼里，除夕和春节是同一个节日，但本质上它俩是不同的，一个属于“家”，一个属于“社会”（狭义）。

除夕这一天，除了家庭身份，中国人的其他社会身份暂时失效。你不再是老板、员工或学生，而是父亲、妻子或孩子。你可以在任意一个节日进行社会化的聚会，比如中秋同学会、端午老乡会、元旦战友会……甚至在大年初一，你都可以呼朋唤友去娱乐。但是除了不能回家的人以外，你发一个除夕朋友聚会帖试一试?

除夕的节庆传播，演出的剧场就是家，这个家特指直系血亲。哪怕在其他亲戚家过除夕，仍然有在别人家过年的感觉。除了自己的家，你待在哪里都不对。

除夕的这场演出，演员就是家人，观众就是家人。

闽南人把除夕叫作“围炉”，指的是一家人围在餐桌前一起吃年夜饭。极端地说，除夕的剧场就是餐桌，就算是除夕回到了家，如果没能和家人一起吃年夜饭，都不算过了年。到了大年初一，就可以按照远近亲疏开始对外拜年。我老家湖南流行一句：“初一崽，初二郎。”初一是分家过的儿子回来拜年，初二是女儿和女婿回来拜年。除夕是“我”的，春节是“我们”的。

初一开始，那些在除夕那天退隐的社会关系逐渐展开，重现江湖。直到元宵，才从熟人社会完全进入陌生人社会。

元宵晚上，节庆传播的剧场从家转移到露天的公共场所。不仅待在家里是“可耻的”，甚至待在别人家里也不行，有屋顶的东西都不属于元宵！元宵灯会，在遥远的过去，这是少女鲜有的大面积地见到陌生男人的机会。在不少有关元宵的诗词里，陌生男女青春期的躁动溢于言表。看灯是假，看人是真。不丢一块手绢、捡一个发簪，算是白白过了一个元宵。

元宵过后，人的社会关系进一步扩大，从家乡的地域扩大到整个世界。打工的出外打工，上学的回校上学。没过元宵就外出，是家人永远的遗憾。我父亲年轻时有一次没过元宵就被迫外出做生意，在他的回忆录《记忆》[1]一书中，那一次的雪地出行令他耿耿于怀。

这样的节日设计，每年都是对家庭和社会关系进行一次巨大的调控。除夕之前像一个大于号，各种各样的社会关系到除夕全部趋零，只剩下家庭关系；而到了春节之后，则像一个小于号，各种社会关系又依次恢复，直到完全放开。

除夕和春节，不仅调控社会关系，还改变空间关系。在除夕这一天，人们唯一的合适位置就是待在家里，即使远在天南地北，也要想办法赶回家过年；而从春节结束后，人们又开始慢慢从家里出发，直到越走越远。

这就是极具中国特色的人口大迁徙，它造成了无数社会难题，比如春运，比如物流暂停，等等。有经济学家呼吁：中国人应该改变除夕回家这个“陋习”，要培养人

---

[1] 邹洪安：《记忆》，海风出版社2008年版。

们就地过年的“新风尚”，从而能大幅度节约经济开支和社会成本。在这些经济学家看来的社会负担，在历史学家眼里，却恰恰是财富。世界五大古文明之源最后都断流了，独有中国有一个不曾中断的华夏文明发展史。中国也有暴君、瘟疫，也有外族统治，但所有的外力都未能摧毁中华文化的生命力。这个生命力的存续或许和中国的节庆设置不无关系。

中国还有一个节日，引发中国人口的大迁徙。

它就是清明节。

除夕人口的大迁徙，目的地是家：父母在哪里，家就在哪里。

清明节人口的大迁徙，目的地是乡：祖坟在哪里，乡就在哪里。

为什么余光中的乡愁和坟墓有关？把家和乡合起来就是家乡。华人华侨回乡祭祖，万里距离瞬间转化为家族百年，任你换了国籍、变了身份、隔了几代，似乎只有回到这个原点，才能确认你从哪里来，又往哪里去。

在中国文化中，祖坟从来不只是死者的安息之所，它和活着的子孙有着命运共同体般的连接。所以，挖祖坟被认为是最恶毒的手段，不只是对死者的不敬，也往往断了活人的后路。如果有人突然飞黄腾达，民间的俗语也通常是：这家伙祖坟冒了青烟。

祖先崇拜的汉民族其实是一个空间的民族，善于把一切历史要素转化为空间元素：祠堂、祖屋、族谱、祖坟……走进其中一点，人就可以和祖先对话。这使得去世的祖先仿佛离人们并不太远，他们在另一个世界，却似乎和子孙共享一个空间。一个人不单要有一个现实的家，还该拥有精神的家乡，因为人们需要知道自己的源头，唯有知道从哪里来，方能往哪里去。

不知道自己从哪里来，就是患了失忆症的人。除夕的节庆传播，让人们在乎家；清明的节庆传播，让人们在乎乡。中华民族年复一年地用这两个节日进行传播，提醒所有的中国人自己的根在哪里。

现在你就可以明白，为什么中国有一个不间断的文明史。如果每一年，这个民族的每一个人，都回到自己最亲近的血缘关系人身边，都回到自己出生成长的地方，这样一个回到源头并重新出发的全民族活动，年复一年地无一例外地进行两次，你想中断这个民族的历史谈何容易？

除夕、清明这样的节日设置，同时也是一个巨大的社会复原工程。

除夕像一个重启键，把所有不幸和不满归零后的重启系统。中国人碰到不好的事情，都祈望它早早过去，“新年好”不仅仅是简单的问候语，也是中国最了不起的心理医生。人们在外面无论受过多少委屈，到了除夕的家里就发现，你是家人最记挂的那个人，而最挂记你的人就等着和你在一起。无论外面的世界多么混沌，都可以找到“我”的归宿和出发点。让我的除夕，温暖我们的春节！

清明则像一个对话框，打开了人们和另外一个世界的对话系统。本来死亡是恐惧的，生死是隔绝的。幸运的是，清明节成了两个世界互动的媒介。祖先与后代相互扶持，对在天的祖先，后代要为其挂烧纸钱，供奉祭品；祭祖的同时，后代又请祖宗保佑子孙升学、全家平安等。祖先就和后代一起，相互保佑成为命运共同体。这样一个连接了生死的节日，不仅让人们懂得感恩，学会祈祷，而且让人们看淡了生死。死去的人们，不过是到了另一个世界，虽然彼此看不见，但可以相互感应。他们可以接受我们的祝福与请求，我们也减少甚至解决了对死亡的恐惧。

除夕和清明，脉动的是中华民族血管的舒张压与扩张压，它让文化的静脉血回到心脏，又重新输出充满活力的动脉血。再强大的力量都改不了这一血脉的正常跳动，因为不断重启，不断新生，所以生生不息！

所有节日都是传播的设置！这种拉链式传播，让人类的个体自由可分，又让人类的共同体随时扣紧！

V 看不见的手：节庆传播的设置

一个国家或民族重要的节庆有十个左右，节庆传播最值得追问的就是，谁可以占据这个国家（民族）的一天？

节庆传播—— 时间通行证

节庆，其实分两类，一类是节，一类是日。节是传统的或政治的；日是纪念日，源于历史事件或历史人物。当然，这种区分并不严格。很多国家的节日既是传统的，又是政治的，还是历史的。但综合分析下来，节庆传播是三股力量在博弈：传统、政治与历史。

●传统

传统的力量是可以突破与超越政治权力的。美国总统很牛，他可以制裁这个，攻击那个，但他禁止人们过圣诞节试一试？同样，中国古代皇帝权力至上，他可以让这个生，让那个死，但谁可以取消人们过年呢？一些传统的宗教节日，比如开斋节，本身就不是一个国家的专属，当然更不受国家政治的控制。

●政治

一些节日虽然是权力组织设立的，但政治力量却受到多方制衡。

一个有意思的话题是：为什么在相当长的时间里只有护士节，而没有医生（师）节？如果护士节致敬的是救死扶伤，那医生不同样参与甚至贡献更大吗？

这就涉及节日要传播什么。

节庆传播有一个内在驱动，那就是补偿，补偿那些平时付出更多牺牲更多的群体。所以，军人、消防人员、劳动者、母亲……这样的对象，特别容易诞生节日。相对而言，同样是牺牲，护士的物质回报比医生更少，护士比医生更容易得到舆论的补偿。护士节早于医师节先设立，就不足为奇。

因此，节庆是对牺牲的补偿，用致敬表达在乎！

懂传播的政治力量，会采取弱传播的方式进行节庆传播，它尽可能对牺牲者进行补偿，这将帮助它巩固合法性的基础。

●历史

每年的纪念日传播是历史的产物，又是当代的选择。历史通过纪念日，获得了在当代传播的特权。这个特权令历史有了专属的视窗，在节庆这一天堂而皇之地重返当代舆论场。

所有的纪念日，都是历史的返场。但更准确地说，历史纪念日只是拥有了那一天的冠名权，它传播的主题可能仍是当代的信息。拥有了冠名权的纪念日能够时刻提醒当代人它的存在，甚至改变人们对于历史与当下的看法。

传统、政治、历史是节庆传播背后的力量，但它们最终都要接受时间的考验。时间是节庆传播背后那只看不见的手。

如果天天都是节庆，就没有节庆。一年最多二三十天，可以把节庆的视窗留给人类。人类记忆的硬盘，信息接近无穷大。只有沧海一粟的信息可以通过节庆年复一年走进当代，这是舆论传播中最残酷的竞争。那些可以进入节庆传播的人类信息，就是人类记忆里的特权集团。他们拥有特别通行证，可以对抗时间的洗刷，年复一年，闯进人们的当代视野。

没有什么证件，比节庆传播的“时间通行证”更了不起！

节庆传播——国家主流舆论的舞台

节庆传播中，传统、政治、历史三股力量到底谁大谁小？每一个国家都不一样。节庆传播是国家的主流舆论场，我们可以通过一个国家的节庆设置，了解这个国家的主流舆论。

朝鲜的节假日大多和金日成家族有关，这表明金日成家族对这个国家的影响力无与伦比。领导人的生日就是一个国家的庆典，这并不是朝鲜的专利。英国国王的生日就是该国国庆，不过，这种至高无上的权利在君主立宪制下还是打了不少折扣。比如，现女王伊丽莎白二世的生日为4月21日，由于伦敦四月气候欠佳，故改在6月份的第二个星期六作为“女王官方诞辰日”。而且新的国王一旦继任，国庆日也就随着新国王变更。反观朝鲜，金正日的爷爷、奶奶的生日、忌日都成了国家固定的纪念日，除了金氏家族，朝鲜的国家纪念日几乎看不到其他任何历史文化名人。

美国的国家法定节庆跟政治人物相关的只有总统日。总统日原来为纪念开国总统华盛顿而设，后来又加上了对林肯的纪念，如今成为美国人民向所有美国总统表达敬意的一天。美国以人名命名的国家法定节日只有两个，一个是探险家哥伦布，他开创了美洲大陆的新历史，另一个是民权运动领袖马丁·路德·金，不仅因为他黑人的特殊身份，还包括他用生命诠释了美国梦的精神。

美国为数不多的国家纪念日（大约10个），还有两个有关普通人的纪念日，作为国家的主流舆论导向值得特别观察。它们分别是阵亡将士纪念日和退伍军人节，都和军人与战争有关，但美国并没有建军节，只有退伍军人节，它由第一次世界大战停战纪念日演变而来。比起现役的军人，美国对于英勇战死和退役的军人更心怀崇敬。战争与和平，牺牲与奉献，其间的意味值得人们细细琢磨。

美国的节庆还有一个有意思的现象：美国居然没有一个与法有关的节日，而朝鲜有，12月27日是朝鲜的宪法节。

节庆可以说明很多东西，但不能说明一切。

俄罗斯的节庆传播特别值得借鉴，他们智慧地将历史包袱与传承巧妙地剥离，后人没有因为对列宁、斯大林的评价存在分歧，而把十月革命、红军、卫国战争一股脑地全盘否定。

俄罗斯的国庆是6月12日，1990年俄罗斯苏维埃联邦社会主义共和国最高苏维埃通过并发表了主权宣言，宣布俄罗斯联邦在其境内拥有绝对主权。俄罗斯作为一个国家历史悠久，但国庆日的设置，确立了独立后的俄罗斯才是新的国家认同。

有意思的是，新的国家并没有采取完全否定历史的做法。1991年苏联解体，俄罗斯将苏联的红军节改为俄罗斯建军节；将苏联时期的卫国战争胜利纪念日改为胜利节，每年依旧举行隆重的集会和阅兵式，庆祝反法西斯战争取得的胜利。特别值得一提的是，11月7日原本是庆祝十月革命胜利的苏联国庆节，现在仍作为传统节日保留了下来。虽然取消了有组织的庆典活动，但民间的各种庆典活动，依旧让莫斯科红场每年人山人海。

历史的评价有着复杂的体系，且不说历史的偶然与必然、个人的恩怨与民族的悲欢，仅仅在历史符号化过程中，个体记忆和集体无意识就千差万别。特别是对已经成为某种符号的历史事件、历史人物和历史时期，有时候无法简单化地全盘否定和全盘肯定。林肯在美国人民中享有崇高地位，但美国南部的一些州一直没有把林肯诞生纪念日作为法定纪念日，他们就是其他州不共戴天的敌人吗?

对未来的选择进行争论值得鼓励，对现实认识产生的分歧也应该包容，但源于历史评价所造成的分裂，却要十分警惕。把未来的道路作为标杆，产生不同的学派是可以理解的，但把过去的事情作为“试金石”，而分裂不同的族群则是十分愚蠢的。为已经翻过去的一页而撕裂一个民族，没有什么比这更令人悲哀的了。

节庆传播——时间之河上的纪念馆

莫言获得诺贝尔文学奖后，老家的高密政府坐不住了，觉得原有的莫言文学馆地方太小，决定重建莫言纪念馆。

空间的纪念馆易建，时间的纪念馆难立。节庆便是人类建立在时间之河上的纪念馆。从一个国家时间之河上的纪念馆，可以读出到底什么样的文化进入她的骨髓，流淌在她的血液。

一个作家对于一个国家的影响力有多大，国家纪念日是一个很好的观察切口。作家的一个日子，能否成为百年后整个民族共同的日子，看起来易，做起来难。

美国没有一个作家可以享受这样的殊荣，这并不奇怪，但英国也没有，这却令人深思。莎士比亚高居英国文学史甚至世界文学史的巅峰，却做不到像英国女王那样，和国家的一个节日相联结。虽然英国有一个国际莎士比亚节，但不过是在莎士比亚故乡举办的一系列的戏剧活动而已，并没有成为全国性的节日。

1995年，联合国教科文组织宣布4月23日为“世界读书日”。这一天是莎士比亚出生和去世的纪念日。莎士比亚终于在国际上影响了世界一天！

6月6日是俄罗斯诗人普希金的诞生日，也是俄罗斯一个重要的节日—— 诗歌节。为什么是普希金而不是其他作家拥有这至高无上的地位？单从文学成就来看，普希金未必高居俄罗斯文学的金字塔顶尖。可从舆论传播学的角度分析，似乎有了答案，普希金对俄罗斯的影响力没有一个作家能出其右。俄罗斯儿童的第一个阅读对象，最有可能的就是普希金的作品，是普希金的作品陪伴着他们成长。

在中国也有这样一位诗人享有这至尊的荣誉，他就是屈原。每一年端午节，这位诗人的名字就被人们念起。知道屈原的中国人可能有10亿，知道李白、杜甫的就未必。即便是秦皇汉武、唐宗宋祖，在世时登峰造极，也仍然做不到像屈原那样，可以年复一年拥有未来的一天。

从端午节和屈原的关系中，可以解读出无数历史和舆论的信息：比如，诗歌在中华民族的地位，楚文化的生命力，忠与奸作为中国文学的母题……

节庆传播—— 主流舆论的传播密码

主流舆论往往是常识，是最不活跃的舆论，但借助节庆传播却可以把主流舆论年复一年地重温。人们感恩祖国，感恩军人，感恩劳动，感恩母亲……主流舆论的价值在节庆传播中一年一次地确认，一年一次地提醒，一年一次地强调。

平时不太活跃的主流舆论，为什么能在节庆中风生水起呢？

节庆传播的设置，告诉了我们主流舆论传播的密码。

密码一：一年一次的传播

主流舆论应该学习节庆传播的传播方法。不要以为重要的东西就是可以天天念经似的进行传播，天天强调的恰恰就是没有强调，天天传播的最终让传播对象厌烦。节庆传播一年一次的设置，是人类智慧的选择。

密码二：在乎的传播

主流舆论应该向节庆传播学习如何表达在乎。一些主流舆论的传播之所以让人觉得冷冰冰，很大原因就是它没有表达在乎。在乎需要通过认同的传播表达出来。你过什么节表达了你的身份及认同。你过春节代表你就是中国人，或者认同中国文化。你过复活节，表示你信仰或接受基督教文化。

节庆传播同时还是关系的传播。节庆传播一定会提醒与传播对象的关系，是同事，还是同学？是师生，还是朋友？没有身份认同与关系确认的传播，就不是节庆传播。没有表达在乎的传播，也不是节庆传播。

密码三：仪式的传播

主流舆论的传播要学习节庆传播的仪式。一些主流舆论的传播之所以被诟病为大道理、空概念的灌输，很大原因在于缺乏仪式感。节庆传播，主流舆论凝结在一个个仪式上：节日祭祀、晚餐、礼物、祝福、歌曲……

极富仪式感的传播，把人带进与日常生活不同的舆论场，它不怕重复，把价值认同形式化。

密码四：戏剧的传播

主流舆论的传播要学习节庆传播的戏剧化。节庆传播是历史在当代的一场演出。它有特别的舞台（张灯结彩），有服装道具（圣诞帽、圣诞树），并有经典的剧目（划龙舟、做灯笼）……

节庆传播的戏剧化，让身份认同、关系确认和在乎表达都变成了戏剧行动，人们写心愿卡，发红包，拿压岁钱，吃团圆饭，赏月……把价值认同变成一个个行动。人人都是演员，人人都是观众。在戏剧行动中，人们的情感得到了释放。但一些主流舆论的传播，想象力仍限制在发社论、开讲座、集中学习等类似的方式，结果导致传播对象始终处于被动状态，缺乏场景和动作，传播效果自然不理想。

主流舆论除了要借鉴节庆传播的做法，还要学会利用节庆进行传播。这方面中央电视台春节晚会是成功的典范，它成功地把中国人的春节习俗从贴春联、包饺子、放爆竹、吃年夜饭四大项中又加了一项：看春晚。

春晚的成功，最重要的是符合春节的节庆传播的剧场特点。除夕晚上，是中国人待在家里的人数最多的一天。人们除了围炉吃饭，还需要一个围观的对象，电视春晚正好满足了这个要求。虽然春晚的审美疲劳越来越大，但迄今为止，仍没有一个节庆传播的剧目可以代替春晚。虽然人们开始有更多的选择，但是没有第二个选择可以望春晚的项背。

新媒体的快速发展，令传统电视媒体尽显疲态，很多人认为它将彻底取代传统媒体，但还没有出现一个可以跟春晚相抗衡的春节新习俗，也还没有诞生可以替代春晚作为中国人除夕围观的新剧目。什么时候新媒体诞生了一个节目，可以替代春晚成为中国人除夕围观的对象，那才是传媒电视媒体最后的终结。

反过来，如果有一天，新媒体彻底解构了春晚，却没有新的春节习俗与节庆传播剧目替代春晚，是中国文化的悲剧。

除了春晚，人们在节庆传播上还有无数的领域可以开疆辟土。所有的“密集”都是传播学应该关注的。节庆、人群密集、关注密集，这正是传播的大好时机。2016年11月8日的记者节，就在各大传统媒体在言论平台几乎失声的时候，有一个连新媒体都称不上的APP——“饿了么”，居然发了一篇记者节社论，文章的标题是《但愿你心有所持，温和坚定》。这篇钻了传统媒体记者节社论真空的文章一时间在互联网刷屏，它没有花一分钱，却创造了千万级广告价值的传播量。这也是商业传播巧用节庆传播的一个经典案例。

节庆传播这个工具真的很好用！关键是，你会用吗？

VI 舆论的生命周期

舆论议题的生命周期，指的是舆论议题被持续关注或反复关注的时长。

人们谈论人的生命周期，可能最关心的问题是：如何能长寿？为什么会死亡？

同理，对于舆论学的生命周期理论，最需要直面与解决的是：为什么有的新闻一天过后就没人再提及，而有的舆论事件则持续发酵，一波接一波？

舆论的时间律告诉我们：关注是舆论的生命。关注的开始，是舆论的诞生；关注的结束，是舆论的消亡；而沉寂之后的再一次关注，则是舆论的复活。

一切的答案在关注。关注的类型，即人们常说议题的类型是解答舆论生命周期长短的最好切入口。

舆论议题大致可以按照两大参照系进行分类。

第一个参照系：关注的对象

以关注的对象为参照系，所有的舆论议题又可以分为两大类：一类是事件性议题，另一类是话题性议题。

●事件性议题

事件性议题，它的生命周期取决于事件本身的生命周期。一般来得快，去得也快。

但也有例外。有的事件本身就跨度长，比如“周老虎事件”，持续一两年。这是因为事件本身没有结束。

有的事件看似已经沉寂，其实是在蛰伏，只要风吹草动，它就会死灰复燃，代表性的就是“朱令事件”[1]。

复旦研究生黄洋遭投毒一经媒体曝光，舆论中很快出现了另一个生僻的字眼——“铊”，这个刺痛人们记忆的字，褪掉了它的金属偏旁，换上了“虫”的部首。于是，一条蛰伏了近20年的蛇，吐着信子，游进了2013蛇年的四月……

清华大学学生朱令的铊中毒案，曾作为互联网的一个标志性事件轰动全国，但随着案件侦破不了了之，舆论的触觉像朱令身体的知觉一样，慢慢钝化，偶尔的几次舆论反复，只不过掀起些许微澜。直到这次的“复旦投毒案”爆发，朱令的悲剧命运再一次令全国人民唏嘘。

可以预见，“马航事件”[2]同样因为事件的真相没有大白，它现在的沉寂不是死亡，而是蛰伏，还有复活的那一天。

所有的历史事件，只要没有盖棺论定，或者盖棺论定后再出现新的证据，就可能复活。

还有的事件，已经盖棺论定，但是它就像关节炎，每到气候变化就会发作，比如台湾地区的“二二八事件”。为什么会这样？这就跟下面的分类有关。

●话题性议题

话题性议题特指非事件引出的议题，比如剩女议题、啃老议题。“话题”的“话”，本身就是舆论存在的一种形式。

一般来说，话题性议题普遍比事件性议题生命周期长。原因有二：

一是每天都会产生大量的新事件，人们通常喜新厌旧，对新事件的关注势必造成对旧事件关注的死亡。因为人的关注是有限的，但产生的新话题却不多。

二是对事件性议题容易喜新厌旧，对事件性议题最大的否定就是过时。但人们对话题性议题喜欢老生常谈，一个话题，可以讨论到死。

事件性议题的生命在于新，谁新谁赢；话题性议题的生命在于纠结，谁被纠结谁存在。两者的生命周期长短，一目了然。

---

[1] 清华大学学生朱令在校期间离奇出现铊中毒的症状，导致身体健康遭到极大的伤害，最后得助于互联网才被确诊和救治的事件。

[2] 2014年3月8日，马来西亚航空公司MH370航班与管制中心失去联系，机上共239人下落不明。

事件性议题必须转化为话题性议题才能持久。因此，判断一个事件性议题能否持续长久，关键是看它能不能成功地转化为话题性议题。事件性议题的生命要在话题中延续。

有经验的脱口秀节目策划人明白，选择讨论一个新闻事件的唯一标准，不是它的轰动性，而是它的话题性。一个没有话题的新闻事件和一个没有新闻事件的话题，脱口秀节目会毫不犹豫选择后者。一个事件舆论再火，如果它缺乏话题性，还是不会被脱口秀节目选中。不过，一个事件之所以火，往往就是它有足够的话题性。

事件性议题更容易火爆，而话题性议题更容易持久。但也有例外，远的例子有大家熟悉的《实践是检验真理的唯一标准》一文，轰动全国。近的例子是题为《我为什么不买iPhone 7》的微信文章，收获千万加的浏览量与十万加的点赞数，其正文就一个字：穷。二者都是典型的话题性议题。

在话题性议题上，最值得借鉴的是易中天的公众微信号。易中天自谦其新媒体写作是“一个移动互联网时代弃民的生产自救”，但他的公号文章动辄十万加、百万加的阅读量让很多微信大号都自叹不如。其中除了少数几篇像《血性男儿哪有罪》是追逐事件性议题的文章外，绝大部分都是话题性议题的文章，比如《龙华寺做“填空题”》《乡愁就是外婆的味道》《曾经的大哥叫苏联》，几乎篇篇皆经典。

第二个参照系：关注的目标

以关注的目标为参照系，舆论议题还可以分为两大类：一类是诉求性议题，另一类是认同性议题。同样前者生命期短，后者生命期长。

●诉求性议题

诉求性舆论议题指的是表达诉求的舆论议题，其舆论关注的目标就是问题的解决。它一般源于某个事件或一个问题，由此产生中短期舆论诉求，比如，请愿某人下台，要求公布真相，呼吁严惩凶手，上书修改政策等。指向明确，诉求清楚，问题一旦解决，舆论迅速平息。

诉求性议题有的在当时可能会觉得大得吓人（比如，让某个独裁者下台），可置于历史的长河中，其仍然属于容易解决的问题。相对于基督教文明与伊斯兰教文明的冲突，一个王朝的覆灭就是短时间的问题了。

生命周期短的诉求性议题，大多数集中在民生问题，一般诉求比较明确，容易短时间内解决，而那些长时间也无法解决的民生议题，因为解决起来遥遥无期，也就不容易形成大规模的舆论。

还有些诉求性议题，随着时代的发展，问题自然消失了。比如20世纪90年代，装电话要初装费引发舆论热议，但是随着电信技术的进步，很快轮到电信部门要用送话机的方式促销了，初装费的舆论议题也就消失了。

还有一些诉求性议题，虽然问题并未解决，但时过境迁，聚焦没有意义。比如，香蕉滞销，可能一时形成舆论大幅度关注，但随着香蕉过季，关注已没有意义。

另一些诉求性议题，最初人们普遍关注，但随着事情的久拖未决，也就被人遗忘了，毕竟舆论是喜新厌旧的。比如，凤凰古城门票收费项目，当时闹得满城风雨，天下抱怨，但最后不了了之。

无论是问题的解决、遗忘、消失甚至是无望，都会阻止诉求性议题的生命延续。了解这一点，就知道很多政府部门面对舆论采取“拖字诀”，未必就是愚蠢，而是他们在切身的体会中，尝到了“拖”的甜头。

不要责怪舆论的势利，舆论中同情的爆发与冷漠的积淀，都和舆论的正义无关。舆论是一种“动物”，它有着自己的丛林法则与行动轨迹，不被人控制，但又被许多力量所左右。一个舆论议题到底有多长的生命周期，很难用数学模型来精准计算，但一个舆论在沉寂后又突然爆发，一定是冥冥中有一股力量。念念不忘，必有回响。

舆论的真正高手绝不会只关注眼前的舆论战，他一定懂得蛰伏在地下的舆论议题，哪些需要唤醒，哪些需要防范，哪里是它的矿藏，哪里是火山口……

●认同性议题

认同性议题指的是表达认同的舆论议题，其舆论关注的目标是自我的认同。它们因在认知上的难以统一，在情感上的不能共鸣，以及在评价上的无法一致而长久地被人关注。认同性舆论议题，往往源于人们在情感、观念和价值的分歧，只有这些分歧达成一致，或不再值得关注，才会终止和消失。

而人们在情感、观念和价值上要达到统一，谈何容易。要人们一时转移对某种情感、观念和价值的关注，可能可以，但要人们永远忘记，不太可能！

2016年春节，上海篱笆网一篇题为《有点想分手了》的帖子刷爆朋友圈。发帖人称：楼主正宗上海人，1988年生，长相一般，在外企做HR。她不顾父母阻力来到江西农村男友家过年，男友家的第一顿晚饭让她想吐。吃完这顿饭就逃离了江西，宣告分手。

此帖子后来被证明是虚假信息，但热点持续了一周以上。舆论传播学要研究的是：为什么这样一个并没有离奇情节也没有重大恶果的事件会这么火爆，而且持续燃烧时间这么长？答案就是它属于认同性议题，而且是“叠加型”，即在同一个事件里，同时叠加若干种认同性议题：男与女，贫与富，父母与子女，城市与农村，上海与江西……每一组关系都会引发认同性争议，出现不同的认同性代入。这种议题不火才怪！不久才怪！

当各种认同性议题重叠在同一个事件或话题上，就具备了舆论燃爆与持久的基本条件。

认知的问题、情感的问题和评价问题，无法像事件性议题那样，用问题的解决、遗忘、消失甚至是无望来短时间解决。比如，拆了蒋介石的像，“拥蒋派”会心甘情愿而“倒蒋派”会就此罢休吗？再比如，陈水扁当选，泛绿就会偃旗息鼓，撕裂族群的议题就不会再出现吗？显然，认同的歧异，如同历史难以愈合的伤口，一有风吹草动，它就会隐隐作痛，而它的每一次发作，往往都是揭开伤疤并撒上盐，为下一次发作埋下伏笔。

同样是纪念日，“二二八事件”为什么比“台湾光复事件”更频繁地进入台湾地区当代舆论场？正是因为前者触及的是台湾地区内部的认同性议题，而后者则仅仅被当作一个简单的胜利符号，而且这个符号，国民党并不懂得运用。

认同性议题中，最容易发酵、放大并持续的是政治文化议题。纯粹的政治议题难以长久，如政府的改革议题、人事的任免议题，而纯粹的文化议题却难以进入舆论中心，如古迹保护议题、传统艺术存活议题等，这些议题由于缺少了政治的推波助澜，也难以被民众所切身感受而广泛关注。只有那些既关乎政治又指向文化的议题，由于政治利益和权力的争夺，再加上文化冲突的长期性和广泛性，使之成为舆论长期关注的暴风眼。

跟政治有关的文化或者跟文化有关的政治，就成了进入话语中心又被长期关注的舆论议题。比如，“台湾人/中国人”的认同，便兼具了政治和文化的双重属性，成为台湾地区舆论场长期关注的焦点。据大数据统计，2015年度台湾地区热门话题“高中课纲调整争议”高居榜首，远超第二名的“八仙乐园派对粉尘爆炸事故”。高中课纲议题既是政治的，也是文化的，它的话题争议性很强且生命周期长，因此积累了最多的口碑数。

运用认同性舆论议题这一分析工具，可以解读政治素人特朗普为什么能够当选美国总统。复盘特朗普在选举里抛出的所有议题，绝大部分都是与政治、文化有关的认同性议题，如移民问题、贫困蓝领问题。他把文化的分歧（族群议题）、利益的分配（阶层议题）全部转化为政治选举的认同性议题，从而把选“谁是更好的领导人”的择优议题，变成“谁才是自己人”的认同议题，希拉里不输才怪。

其实，希拉里与特朗普都在使用认同性议题，而且都在抢占舆论的制高点。希拉里的制高点是族群平等、救助难民、国际义务、输出美国价值观、做全世界的领导者。特朗普的制高点是美国利益第一、劳工利益第一。两个人的制高点到底谁家强？

舆论战在打认同性议题，胜负取决于舆论场的场地与人数。

先说场地。如果是在联合国，希拉里的政治正确可能比特朗普的票数多，因为美国利益第一，美国也只有一票。可是在美国舆论场，美国利益第一，就远比国际义务第一的舆论海拔更高。因为，美国舆论场里全部都是美国人，美国总统的选票是由美国人给的，联合国给不了希拉里总统选票。

再说人数。认同性议题不能把认同的群体锁定在金字塔尖。越往下沉，群体的基数越大。而且在金字塔底层的人长期被忽略与被歧视，一旦强者表达对他们的认同，他们的情绪就特别容易被调动。当特朗普打出最底层的劳工利益第一的旗帜时，高高在上的希拉里不输才怪。

从特朗普的议题选择，我们再一次看到了弱传播的思维。

在接下来第十一章的“舆论的空间”里，我们还会更加详细讨论有关舆论制高点的谁胜谁负问题，这涉及另一个舆论的分析工具：舆论海拔分析法。

本章小结

舆论是有时间的，舆论的时间律告诉我们：舆论存在于时间，它始于关注，终于关注。时间是关注的分母，这个分母不能为零，也不可能无限大。时间是舆论的医生，它治愈绝大部分舆论危机；时间也是舆论的杀手，活下来的舆论永远在与时间抗衡。

舆论的时间律第一个可以解答的问题就是舆论要不要第一时间回应。大部分专家说要第一时间回应，否则，没有好结果。这些专家的依据，都是出事了的案例。但把已出事案例放在所有可能出事的案例中进行对比，就会发现出事的不过九牛一毛。绝大部分可能出事的案例最后都是无须反应而自然痊愈的，因为时间是治愈系的。

如果把舆论比作陀螺，当事人的回应，就是抽向它的那条鞭子。发生负面舆论事件，当事人必须第一时间反应，但未必要第一时间回应！面对舆论的第一枪，不是第一时间回应，而是第一时间判断要不要回应！判断要做四个评估：可不可止得了？能不能扛得住？是不是天下闻？有没有新后续？一票否决的是两个因素：法律与良心。

要牢牢记住，舆论是有时间轴的。要学会用时间的方法处理舆论。一个舆论方案，没有时间这一轴，肯定是有问题的。在舆论的时间轴上，隐藏着一些重要的传播密码，“百日传播”就是传播时间轴里最重要的传播密码。

“百日传播”就是季播，打折季、演出季、赛季、毕业季，百日冲刺、百日新政……一个活动持续一个季，就容易产生情感黏性，培养忠诚粉丝。与“百日传播”相对应的就是“一夜传播”，它可以达到高潮，却不容易形成记忆，也难以培养粉丝。这两种传播模式，没有哪种模式绝对好，只有哪种更加适用。“百日传播”不能用力过猛，超过一百天的传播，那就是“换季”！

预热型的宣传周期不是“季播”的模式，季播没有预热，它每一档都是高潮，每一次都是最后一次！

舆论的时间传播一个极为重要的现象就是节庆传播，节庆传播是“一天的传播”，它最大的特点是每年一次，在固定的时间周而复始。“一天的传播”不是说只传播一天，而是说只在这一天有效。节庆最重要的内容，就是要表达在乎。在乎早应该存在，只是需要表达。天天表达，表达贬值；从不表达，永远遗憾。节庆传播就是人类的智慧，用一个日子表达一年的情感，一年表达一次还不够，所以必须年年一次。

节庆传播属于一种拉链式传播。它传播的链条大部分时间是拉开的，但每隔一段时间，它就会把拉链短暂拉紧，但随后又拉开。如此周而复始，使得传播的链条既不连续，也不断链。它有效地解决了天天传播与从不传播各自的死结，对人类共同体的建立与历史文化的传承居功甚伟。中国的春节与清明节，就反复提醒这个民族的家在哪里、根在哪里。

节庆传播是一个很重要的分析工具，它可以分析一个国家的主流舆论是什么，它在乎什么、强调什么。历史通过纪念日，获得了在当代传播的特权，堂而皇之地重返当代舆论场。那些可以进入节庆传播的人类信息，就是人类记忆里的特权集团。它们拥有特别通行证。节庆是人类建立在时间之河上的纪念馆，从中可以读出到底什么样的文化进入她的骨髓，流淌在她的血液里。

节庆传播也是很重要的实战工具，它是一年一次的传播，也是在乎的传播、仪式的传播及戏剧的传播。节庆传播可以帮助主流舆论价值一年一次地确认，一年一次地提醒，一年一次地强调。懂得根据节日进行传播已经了不得，能够创造一个节日进行传播，那就更加不得了。

舆论时间律可以推出舆论的生命周期理论，它需要直面与解决的是：为什么有的新闻一天过后就没人再提及，而有的舆论事件则持续发酵，一波接一波？一切的答案在关注。关注的类型，也即议题的类型是解答舆论生命周期长短的最好切入口。舆论议题大致可以按照关注的对象与关注的目标两大参照系进行分类，前者分为事件性议题与话题性议题，后者分为诉求性议题与认同性议题。事件性议题与诉求性议题其生命周期相对较短，话题性议题与认同性议题其生命周期相对较长。区分不同的议题，对舆论战的价值意义重大，它不仅关乎舆论生命的长短，也涉及舆论战场的选择。在下一章“舆论的空间”中，我们还要继续讨论议题的选择，因为，有什么样的议题，就有什么样的战场。

Chapter 11 舆论的空间

* 舆论战归根结底不是要打击敌人，而是要争取朋友
* 舆论战的战场不是为公众设置议题，而是为对手设置议题
* 舆论场争夺的是关注，舆论战的战场争夺的是认同
* “客厅里的战争”指的就是那种“怎么打都是自己亏”的战争
* 如果法力无边，却不爱人类，那就是魔鬼
* 爱，是人类最伟大的舆论旗帜
* 生活中几乎所有的美好字眼，都是舆论的制高点
* 设置什么议题，就是选择了什么战场

Ⅰ 舆论的空间律与跨舆论场传播

本章的研究对象是舆论的空间，第一节将讨论一些重要概念与理论，它将有助于读者更好地理解和实际运用。

所有的舆论，都发生在一个空间。时间有时间单位，空间也有空间单位，空间的单位叫作“场”。舆论的时间单位是等量的，一秒钟与另一秒钟完全相等；而舆论的空间单位却并不等量，一个舆论场与另一个舆论场并不相等。

法拉第在牛顿力学的基础上最早提出了“场”（field）这个物理学概念。在物理学看来，“场”指的是“某种空间区域，其中具有一定性质的物体能对与之不相接触的类似物体施加一种力。”[1]随着迪尔凯姆、考夫卡、勒温、布迪厄成功地运用“场”的概念来解释社会心理现象，“场”慢慢在社会科学领域被普遍接受。

有关“场”的概念，社会科学最熟悉的定义是布迪厄的界定：“一个场域可以被定义为在各种位置之间存在的客观关系的一个网络（network），或一个构型（configuration）。”[2]舆论学有关舆论场的定义，中国舆论学界比较接受的是刘建明的定义：“所谓舆论场，正是指包含若干相互刺激因素、使许多人形成共同意见的时空环境。”[3]

社会科学运用“场”的概念，很容易简单地把“场”当作一种时空环境。在物理

---

[1] [英]艾伦·艾萨克斯主编：《麦克米伦百科全书》，郭建中等译，浙江人民出版社2012年版，第422页。

[2] [法]布迪厄、[美]华康德：《实践与反思：反思社会学导引》，李猛、李康译，中央编译出版社1998年版，第133～134页。

[3] 刘建明：《社会舆论原理》，华夏出版社2002年版，第36页。

学看来，“场”不是能量作用的环境，而是能量作用的结果。比如电磁场，它是电磁波能量的存在形式，而不是电磁波能量的环境，就像一个房间有电磁波，房间是电磁波所在的环境，但这个房间却不是电磁场。同理，舆论的场（舆论形成的环境）不等于舆论场。虽然大多数舆论学者都注意到了“场”与能量有关，也认识到舆论场是各种社会力量的博弈，但往往把舆论能量与舆论场分割出来，认为舆论场不过是舆论能量的一个环境，这样理解是狭隘的。

把舆论场当作舆论的场，舆论就变成了盒子里的东西，而舆论场就变成了一个盒子。特别是，这种思维很容易简单化地把舆论环境当作舆论场。

舆论场的研究要回到舆论的定义。

舆论是关注的表达与聚集。舆论场的形成与关注有关。

物理的场与能量有关。舆论场也跟能量有关。舆论作为一种能量，它的能量大小是和关注的多寡相关的。舆论世界是在争夺关注、争取认同与争抢表层中建构的世界。在争夺关注中形成一个个舆论场，不同的舆论场组成的就是舆论的世界。

争夺关注是在关注的聚集地中进行，关注的聚集地就是舆论的空间。争夺关注，意味着在一定条件下关注是一个恒量。这个“一定条件下”，首先指的就是舆论的空间。

在一个空间范围内，人头有限，每一个人的注意力按时间划分也有限。正因为注意力是恒量，所以必须争夺，你多我就少，是零和游戏。

并不是所有的舆论空间都会形成争夺，只有出现争夺，才会出现舆论场。比如，中国与美国是一个大的舆论空间，但一般来说，中国人的注意力并不与美国人的注意力形成争夺，中国人关心的，美国人可能并不关心，注意力不会出现此消彼长的现象，因此，中国与美国并不是一个舆论场。中国舆论场和美国舆论场，不是因为它们是两个不同的国家，所以分属两个不同的舆论场，而是因为它们分属两个不同的争夺关注的空间，所以它们才是两个不同的舆论场。

并不是所有的舆论空间都是舆论场，它们只是舆论的场。只有注意力此消彼长的空间，才是舆论场。没有注意力争夺的空间，可能是舆论的空间，但不是舆论场。

这样我们就可以对舆论场下一个定义。舆论场指的是：舆论主体互相争夺关注、注意力此消彼长的特殊的舆论空间。

这个定义表明舆论场有几个特征：一是舆论场的能量是恒定的；二是舆论场的能量是竞争性的；三是舆论场是零和游戏的舆论战场。

舆论场同样遵循着能量守恒定律（energy conservation law）。

物理学的能量守恒定律，即“热力学第一定律”，是指在一个封闭（孤立）系统的总能量保持不变。

舆论场的能量守恒定律指的是：舆论场是舆论空间的一个封闭（孤立）系统，其注意力的总能量保持不变。

舆论场的能量守恒定律就是舆论的第一空间律。舆论场的注意力可以分配，可以变换为不同形式，但总能量不变。

两个不同的舆论场，也可能出现能量交换，从而打破封闭舆论场的能量守恒。

两个不同的舆论场一旦出现能量交换（注意力交换），就可能出现第三舆论场。第三舆论场是两个不同的舆论场争夺关注、注意力此消彼长所形成的新的舆论场。比如，台湾地区、大陆分属两个舆论场，在大陆舆论场和台湾舆论场之间，还存在着第三个舆论场，即“两岸间舆论场”。两岸间舆论场包括6个子系统：对台舆论（大陆舆论场的舆论主体针对台湾舆论场的传播），大陆舆论场涉台舆论，大陆舆论场关于两岸关系的舆论，台湾对大陆舆论（台湾舆论场的舆论主体针对大陆舆论场的传播），台湾舆论场涉大陆舆论及台湾舆论场关于两岸关系的舆论。

这样的第三舆论场还有很多，如中美间舆论场、中日间舆论场、韩朝间舆论场……

第三舆论场的定义是：两个不同舆论场相互针对、彼此涉及、共同关注所形成的“两场间舆论场”。

当第三舆论场构建出两者彼此认同的主流舆论时，它就变成了两者间的共同舆论场。比如，大陆与台湾地区曾走过相互妖魔化的历史，至今仍处在陌生化的当下，两岸有责任也有义务共同营造一个彼此包容、相互对话、充满善意的两岸间舆论场，共同营造一个同大于异、通优于堵、解多于结的两岸间舆论场，共同营造一个不忘记历史、着眼于未来、更关怀当下的两岸间舆论场。当“一个中国认同”成为两岸间舆论场的主流舆论时，就建构了“两岸共同舆论场”。

这里要特别提出两个新概念，那就是跨舆论场传播与跨舆论场传播学。

跨舆论场传播指的是：分属不同舆论场的各要素之间、要素与场中间、场与场之间的舆论传播。简言之，跨舆论场传播指的是涉及两个不同舆论场的舆论传播。

跨舆论场传播学指的是研究涉及两个不同舆论场的舆论传播现象的学科。

跨舆论场传播与跨文化传播有交集，但并不相同。跨文化传播学是由美国人类学家、跨文化研究学者爱德华·霍尔在20世纪50年代建立的一门学科，其英文表达为“intercultural communication”或“cross-cultural communication”，在我国也翻译为“跨文化交际学”或者“跨文化交流学”。它指的是处于不同文化背景的社会成员之间的人际交往与信息传播活动，以及各种文化要素在全球社会中迁移、扩散、变动的过程。

跨舆论场传播学与跨文化传播学的根本不同在于两点：其一，一个是研究舆论的竞争性传播，另一个是研究文化的交流性传播；其二，一个是侧重研究场域之间的传播，另一个研究的领域对场域的传播没有特别限定。

跨舆论场传播学与跨文化传播学都是传播学的分支。跨舆论场传播学归属于舆论传播学，跨文化传播学归属于文化传播学。

II 客厅里的战争：舆论战的主客场

舆论场不等于舆论战的战场。

舆论场争夺的是关注，舆论战的战场争夺的是认同。

关注等待聚焦，认同点燃战火。舆论场里不是所有的地方都有战火，但燃起战火的地方就是舆论战的战场。

为什么舆论战的战场是争取认同的地方？它不应该是攻击敌人的地方吗？

舆论战与真正的军事战不一样。军事战以消灭（包括俘虏）或驱逐（驱逐后就可以占领）敌人有生力量为目标，舆论战没有办法真正消灭或驱逐敌人，最多让对方沉默，而沉默未必就是战败。即便是攻击的舆论战，比拼的也不是你攻击了多少人，而是你的攻击有多少人认同。舆论战是打不死人的，你骂一千句对方该死，对方还是不会死，把对方骂一个狗血淋头，他也不一定输。只有支持你骂比反对你骂的人更多，才算是赢。如果倒过来，反对你的人更多，那是你输。

舆论战归根结底不是要打击敌人，而是要争取朋友。

舆论战的胜负靠的是点人头，认同你的人超过反对你的人，那你就赢了。如果你攻击对方是坏蛋，认同的人加上不反对你的人超过反对的人，你赢！这时候，认同的数人头，从“认同对方是坏蛋”的人数，扩大到“认同对方疑似坏蛋”的人数。

有时候，攻击对方是特嫌，比攻击对方是特务的打击还要大。因为特务还有可能被平反，而特嫌则似乎永远没有被平反的那一天。

舆论战争取朋友的另一种表述，就是减少敌人。

舆论战的争取认同有以下几个层次：认同你的人、接受你的人、不反对你的人、不强烈反对你的人、反对你敌人的人、不接受你敌人的人、怀疑你敌人的人、不介意反对你敌人的人、不介意怀疑你敌人的人……以上任一人群的扩大，都不同程度增加了舆论战制胜的可能性。

舆论战的战场就是议题。舆论战的战场法则，就是要选择“自己被认同”大于“敌人被认同”的可能性的议题来开战。

美国传播学者麦克姆斯、唐纳德·肖最早提出议题设置理论（the agenda-setting theory），认为大众传播媒介虽然不能直接决定人们怎样思考，但可以为人们确定哪些问题是最重要的。舆论战的战场理论与议题设置理论相关却不同，它们都是舆论议题学的组成部分，后者强调的是大众媒介设置议题的重要性，前者强调的是舆论主体在议题选择中的主观能动性。舆论战的战场不是为公众设置议题，而是为对手设置议题。

设置什么议题，就是选择了什么战场。

战争最值得分析的就是战场、战器、战法和战将，它们分别对应于在哪里打、用什么打、怎么打和谁来打。其中，战场的选择关乎全局。战场错了，满盘皆输。

用舆论战的战场理论指导舆论战，不是一针见血，而是一剑封喉。

一旦发现战场选错了，其他都不用再分析了。不管是战器、战法和战将，都不能力挽狂澜于既倒。因为一打就错，一错就死。经典的案例，就是方舟子等人质疑韩寒“代笔门”[1]。

客厅里的战争

方舟子打韩寒，打得有章有法，经典的“方式狙击手打法”，参见本书第七章“舆论战将分析法”。

而韩寒，一开始就打错了，甚至根本不要打。

如果韩寒是代笔，这场舆论战他不能打，也不必打。唯一的选择就是认错、道歉，重新做人。

如果韩寒没有代笔，最大的问题就是战场选错了。当他选择了与对方就代笔这一议题开战，他的结果只有两个：打赢了，不过证明自己没有代笔，方舟子无伤大雅；

[1] 2012年1月15日，麦田在网络发布博文《人造韩寒：一场关于“公民”的闹剧》，之后方舟子加入话题，指出韩寒作品有“代笔”“水军”“包装”的嫌疑。韩寒被迫自证清白，并提起诉讼。

打输了，身败名裂，而方舟子英雄凯旋。

问题是证明自己没有代笔，是一个很难打赢的战争，因为“自证”是最难的，而“证无”是难上加难。证明自己干了什么，只需要一个证据就可以了，而要证明自己没有干什么，则需要无数的证据。已知是有限的，好证明！未知是无限的，如何证明？证明自己曾经说过一句话，只要提供当时的录音或者在场的其他人证就可以了。但要证明自己从未说过一句话，谁有能力证明？任何人都不行。

韩寒要证明自己没干这事，就要举无数的证据，而证据一旦有瑕疵，比如，时间、地点、人物不够准确，或前后冲突，都会授人以柄。韩寒最幼稚的回应就是他坐在一个地板上，地板上铺满自己写作的草稿。人家一句话就可以把韩寒怼回去：这个草稿你可以重新抄啊。一个绝顶聪明的青年突然一下子“智商掉在地板上”，就好像幼儿园小朋友为了向老师证明自己很乖，就把小身板挺得端端正正的。其实不是韩寒“智商一下子掉地板”，而是与对手在这样的战场开战，就会产生这样的结局。开始错了，满盘皆输。

我有一个“客厅里的战争理论”，它是舆论战“战场学”的一个实战工具。

什么叫“客厅里的战争”？那就是舆论争议的所有标的物都是仅与自己相关的战争。因此，舆论战的战场不到万不得已，千万要避免“客厅里的战争”。

江湖斗嘴打架，常会说一句：“走，到外面去打！”为什么要到外面打？理由可能有三：一是打架场面不好看，怕吓到了家里的老婆孩子；二是万一打输了，还可以回来跟老婆孩子吹牛，自己打赢了；三是如果是在自己家里打，家里的坛坛罐罐难免遭殃，最后还是自己吃亏！

“客厅里的战争”指的就是那种“怎么打都是自己亏”的战争。“方韩大战”就是最好的案例，舆论争议的标的物仅涉及韩寒，打赢了充其量就是还自己一个清白，打输了那就是跳进黄河也洗不清了。

舆论战场上，观众经常能看到事件当事人义愤填膺、慷慨激昂，不断证明自己、解释自己的行为，最后变成越描越黑，陷入舆论的沼泽。马云对“乌镇饭局”的辩解即是如此，真正出席“乌镇饭局”的当事人，一个个沉默，笑看马云不断解释，在自家的“客厅里”，把坛坛罐罐撞得乒乒乓乓，身体也青一块紫一块。

远的案例就是台湾地区2000年“大选”，李登辉一手策划的宋楚瑜“兴票案”[1]，

---

[1] 兴票案是一件因台湾地区“领导人选举”而起的诉讼案，结果候选人之一的宋楚瑜蒙受冤屈，却让陈水扁胜选。后来全案侦查终结，法律还了宋楚瑜清白，但该案已经造成对宋楚瑜的伤害。

宋楚瑜在这个"客厅里的战争"被打得遍体鳞伤，眼看着选票一张张丢失，等到一年后法院还了他的清白，可是谁可以还他的选票呢？

万一不幸碰到了这样难缠的"客厅里的战争"，又该怎么办？答案很简单：想办法跳出客厅，到外面打。

回到"方韩大战"，韩寒的客厅外面是哪里？

方舟子质疑韩寒的父亲为其代笔。舆论战的要素分别为：方舟子、韩寒、作品、父亲。这几个要素不同的关系组合，就是不同的议题，即不同的战场。

"客厅里的战争"议题的连线是韩寒与作品的关系。"客厅外的战争"议题的连线有两个：方舟子与韩寒的关系、韩寒与他父亲的关系。这就是三种不同的战场。

韩寒与作品的关系，争议的标的物是有没有代笔。舆论的战场是"代笔门"。

韩寒与方舟子的关系，争议的标的物是两个人的恩怨。舆论的战场是江湖恩怨。

韩寒与父亲的关系，争议的标的物是父子关系。舆论的战场是代际冲突。

舆论战的战场法则告诉我们：舆论战要选择自己被认同的可能性大于敌人被认同的可能性的战场开战。

三个战场里，韩寒与作品的关系是最难获得人们的认同，因此也是最不利的。如前所述，首先，韩寒很难自证自己没有代笔，人们对造假的痛恨普遍存在，在宁可信其有不可信其无的前提下，更容易取向怀疑。其次，对于韩寒的一夜成名不服气者众，妒忌的更是大有人在。最后，即便是不妒忌的较为客观的中间群体，他们也希望韩寒能拿出有力的证据。

三个战场里，最容易引起争议的是两个人的恩怨，但方舟子的舆论战打法非常聪明，他几乎从来不扩大化，对事不对人，锁定在事实与是非层面，不太容易与他打出江湖恩怨的舆论战，更何况韩寒与他之前并无交集。（参考本书"舆论的运动"中"江湖恩怨法"有关章节）

三个战场里，韩寒最容易争取认同的是父与子的关系。这才是韩寒最应该开辟的战场。

假如时光可以倒流，韩寒只需写一篇有关自己与父亲的文章就可以了，还原自己与父亲真实的关系，是亲密还是冷漠，是无话不说还是无话可说，把自己从叛逆到反思，从误解到了解，甚至至今仍然存在着种种纠葛的过程写出来，写出自己对父亲的认识与理解、感激或不平……父亲与孩子是最容易刺激人们代入的关系，父子之爱是人类普遍认可的情感。韩寒不需要用他的才气，只要把细节如实写出，让真情流露就可以打动天下人。

遗憾的是，韩寒当时的所有回应，对自己的父亲避之唯恐不及，不仅失去了最好的情感认同战场，而且徒劳的切割反让人家觉得不真实。一个少年的作品怎么可能没有父亲的影响？一个大厦的建立，有多少人的汗水，要集合多少材料？一个作品的大厦，也同样可以看到不同人的影响（古代的、现代的，直接的、间接的）。你要想证明自己的作品大厦，没有水泥、木材、石材等各种建筑材料，都是自己“万丈高楼平地起”，谈何容易！

韩寒无须害怕自己的作品有父亲的影子，无须证明自己的作品没有受到父亲的影响，就是有影响，那又怎么样？影响不等于代笔，如果一个人的作品受鲁迅影响，难道这就证明鲁迅在为其代笔吗？一篇现代散文，可以看出陶渊明的影子，难道它是由陶渊明代笔的吗？更何况，一位父亲对孩子的影响是各式各样、潜移默化的，甚至有时候父亲是用负面的方式影响孩子，而孩子则用叛逆的方式反映父亲对自己的影响。比如我父亲，为什么对孩子那么民主？就是因为我爷爷对我父亲比较专制，让我父亲从小就发誓自己以后当爸爸，一定要给孩子自由。我还没有出生，爷爷就已去世，若干年后，我陪父亲回到阔别几十年的老家，看到爷爷留下的货郎担上有“邹石恒”三个字，这是我30多岁第一次见到爷爷的笔墨，笔法跟父亲的字一个模板，简直就像父亲写的一样，父亲一头跪在爷爷的坟头，哭得一塌糊涂。后来父亲对我说：“奇怪，你奶奶对我最慈爱，为什么我在你奶奶的坟头哭得没有那么狠？”我深深懂得，爷爷用特别的方式影响了我的父亲，当然也影响了我。

从证明父亲对儿子有影响到证明父亲为儿子代笔，中间需要的证据链，还差着十万八千里。韩寒可以否认父亲代笔，但无须否认父亲的影响。即便是父子隔阂，儿子叛逆，父亲对儿子的影响都无孔不入。做儿子的无法切割父亲对自己的影响，就如同《威尼斯商人》中那著名的一磅肉，你要切割却不能带一滴血，这怎么可能？

如前所述，这种“徒痕切”（徒劳地将痕迹切割）的舆论战法，同样发生在田朴珺的舆论战上。田朴珺与韩寒的诉求完全一样，证明自己是独立的，打法也是一样的，那就是切割和自己最密切的人的关系。韩寒是切割父亲，田朴珺是切割王石。拜托！一个刚刚出道的少年，一个身价与王石悬殊的演员，你们的成长与发展，怎么可能与自己至爱的人没有任何关联，你们的生命就在一起，如何切割得干净？

韩寒与田朴珺越是切割，人们就越是不相信，越是质疑他的人品。为什么不反其道而行之呢？一个少年直接或间接地得到父亲帮助有错吗？一个女人主观或客观地得到自己至爱的支持有错吗？你怀着谦卑的情感、感恩的心态（弱传播），这样不是更容易得到人们的认同吗？

回到“方韩大战”，三个战场的优缺点一目了然。借用足球比赛的概念，舆论战也有主场与客场的区分。三个战场中，很明显，韩寒与作品的关系是方舟子的主场，围猎是方舟子的拿手好戏。韩寒与方舟子的关系，是第三战场。而韩寒与父亲的关系是韩寒的主场，为什么韩寒要跟着方舟子随风起舞，放弃自己的主场，去打自己赢取认同概率最低的客场呢?

舆论战的主客场

舆论战的主场与客场的区别，标准就是认同的概率。足球赛的主场，地点不是最关键的问题，而是看台的人群，看台上认同自己的人数多就是主场，看台上认同对手的人数多就是客场。

舆论战的主场指的是：自己被认同的可能性大于敌人的战场（议题）。

舆论战的客场指的是：自己被认同的可能性小于敌人的战场（议题）。

舆论战的“战场法则”可以简化为：舆论战要尽可能选择自己的主场作战。

这句话看起来简单，却没有多少人真正明白，而且越是大人物，越是大事件，越是容易在这个方面出错。

比如所有的选举，看起来有无数议题，但归结起来是四条：政见议题（政策议题）、形象议题（候选人形象、政党形象）、族群议题与阶层议题。这就是选举的四个主要战场。

2016年美国总统大选，特朗普仅仅在形象议题上略输希拉里，政见议题毁誉参半，而在族群议题与阶层议题上却遥遥领先。很明显，形象议题上希拉里是主场，政见议题是第三战场，双方各不占优，而族群议题、阶层议题则是特朗普的主场。

你看特朗普在哪个战场发力，你就知道为什么希拉里会输了。当特朗普提出，要在美国与墨西哥边境造墙，希拉里阵营都把它当成笑话，嘲笑特朗普的荒诞。一直在猛打特朗普造墙的预算、设计是否靠谱，特朗普果然前后矛盾、漏洞百出，让希拉里阵营觉得这是证明特朗普疯狂不靠谱的绝佳舆论战战场。可他们不知道，虽然夸父逐日是荒诞，精卫填海也是荒诞，但谁能不被夸父与精卫感动呢？当希拉里阵营被特朗普编织到他编剧的故事之中时，故事传播的传播属性早就免疫了特朗普故事的荒诞性，而希拉里却陷进族群议题、阶层议题不可自拔。希拉里高高在上、胸怀全球，尽管政治正确，但哪里打得赢把美国利益第一、美国劳工第一挂在嘴上的特朗普呢。毕竟美国大选不是在联合国，而是在美国，而美国的底层才是大票仓啊！

选错了战场的希拉里，在选择的那一刻，就已经输了！

再看台湾地区，族群议题一直是民进党的主场，也是民进党的超级提票机，但舆论战的主客场并不是永恒不变的。2012年台湾地区“大选”，舆论战发生了巨大的转折，两岸议题从民进党的主场逆转为国民党的主场。

民进党的蔡英文最初主要在阶层议题与族群议题上来回切换，但真正收获红利的是阶层议题，靠“三只小猪”等议题（案例详见“舆论的轻规则”章节）追平与马英九的民调差距。如果当时蔡英文乘胜追击，把“三只小猪”的阶层议题一直打到选举最后一天，也许2012年的台湾地区就是民进党的了。

在选举的最后关键时刻，蔡英文迷信族群议题中的两岸议题才是民进党的“神主牌”与“超级催票机”，遂放弃阶层议题，掉过头来打两岸议题，提出所谓的“台湾共识”。马英九接招拆招，也趁势将这一次选举定位于选择“九二共识”和不选择“九二共识”的决战，定位于需要两岸和平还是不需要两岸和平，是需要台湾地区稳定发展还是不需要台湾地区稳定发展的决战。

选战的最高决策者一定要注意，你可以打出好多议题，激战无数战场，但是到选举的最后关头，一定要让选民回到自己的主场，将注意力集中到做选择题，而且是二元单项选择题。曾记否，2000年“大选”，李远哲为陈水扁的“选战”就提供了一个选择题：是提升还是沉沦？诱使选民进行选边站，帮助陈水扁一举拿到大位。而这一次，马英九的团队也提供了这样一个选择题，让台湾省人民一下子明白：拥有，可能无感；失去，才会珍惜。提出这个选择题，马英九已经赢了！

舆论战的主场就是那么有用与有效。唯一的问题是，当事人可能不了解自己与对手的主场究竟在哪里。更重要的是，舆论战的主场会随着形势的变化而发生变化。

2016年台湾地区“大选”，两岸议题没办法继续给国民党提供主场优势，而民进党也吸取了教训，牢牢主打阶层议题这个主场。“三只小猪”议题继续出发！

攻守之势异也！

III 舆论的海拔

舆论是有海拔的。

舆论的空间学研究，除了研究舆论的场域，还要研究舆论的“地形”。一些舆论现象，有的像河流，有的像湖泊，有的像草原，有的像戈壁……它们就是舆论的地形。

其实，人们早就在运用舆论的地形，就像舆论学专家个个都在说，要抢占舆论的制高点。舆论的制高点，就是舆论的一种地形。不过，如果对方也在抢舆论的制高点怎么办?

军事战争中，交战双方都会抢占制高点，但一百米高度的制高点与一千米高度的制高点肯定是不一样的，所以，舆论学也不能停留在口号层面，需要进一步深化分析。如果舆论战双方都在抢占制高点，怎样的制高点才是舆论战更有利的地形?

这就要引进一个新的概念：舆论的海拔。

物理世界的海拔指的是高出平均海平面的垂直高度，即高程或绝对高程。舆论的海拔概念来自舆论世界的定义。舆论世界是在争夺关注、争取认同与争抢表层中建构的世界。舆论的高度出现在舆论的认同度层面，它由舆论价值取向的认同度高低所决定，只有在价值判断上认同度高的，才会产生舆论的高度。舆论的海拔指的是舆论价值认同度的高低水平。舆论海拔的海平面，就是价值认同度为零。

舆论的海拔来自认同度，这决定了舆论的海拔是可变的。随着时代的变化，人们的认同度也会发生变化。不同的时代，同一舆论标的物海拔是不一样的。同样，不同的舆论场，舆论的海拔肯定也不同，这是因为认同度的范围不一样。

舆论的海拔概念，诞生了舆论学一个新的分析工具，那就是“舆论海拔分析法”。舆论海拔分析法指的是用舆论的海拔高度分析舆论现象的一种方法，它的主要内容是：舆论是有海拔的，不同的舆论场，舆论海拔不可比较，舆论的海拔高度等于它所在舆论场认同度的高低，认同度高的舆论海拔拥有更高的舆论势能，舆论战要抢夺有利地形，就要争夺舆论海拔更高的舆论制高点。

曾经，中国舆论场舆论海拔最高的符号就是“革命”，最坏的符号就是“反革命”，两者之间有着过渡的谱系。比如革命、比较革命、同情革命、害怕革命、反革命等，“革命”成为衡量舆论的最重要的标准。

改革开放后，“改革”又代替了“革命”，成为中国舆论场新的最高海拔。允许改革失败，不允许不改革。舆论的海拔出现这样的阶梯：成功的改革、失败的改革、不改革、不反对改革、反对改革。

日常生活中，人们也早就在不经意地运用“舆论的海拔”进行价值选择。比如，“放下屠刀，立地成佛”，就是宽容的舆论海拔高过了复仇的舆论海拔。又比如，“虽然/但是”句式，“虽然我不漂亮，但是我善良”，“但是”的舆论海拔就高过了“虽然”的漂亮；还有“宁愿/不要”句式，“宁愿坐在宝马车里哭，不愿坐在自行车后面笑”，用更极端的表现方式强调某个舆论的海拔制高点。

生活中几乎所有的美好字眼，都是舆论的制高点：平等、效率、廉洁、富强、自由、美丽、平安……人们往往以为抢占了一个舆论制高点就可以了，殊不知，有无数的舆论制高点等待你，也等待别人去抢占。

无论个人还是组织，都要反思：是否因为对手的原因，导致我们作茧自缚地把一些美好字眼当作禁语，将它们排除在自己的舆论战之外，从而把制高点拱手相让？

舆论场常看到互掐的两派，一派自称或被称为“爱国派”，因为他们常常高举“爱国”的大旗；一派自称或被称为“民主派”，因为他们常常高举“民主”的大旗，殊不知双方在这样的舆论口水战中，彼此都把原本应该争取的舆论高峰拱手相让，最后导致了这样的一个舆论结果：爱国的就是不要民主的，民主的就是不爱国的。表面的正确、投鼠忌器的放弃，恰恰走向了自己目的的反面。

主张爱国的为什么不能同样高举“民主”的大旗呢？反过来，提倡民主的，为什么要反对或放弃“爱国”的旗帜呢？

为了进一步说明舆论的制高点也有高低，我们不妨沙盘模拟，测试一下“爱国”与“民主”这两个舆论高峰，哪一个舆论的海拔更高？

我们选择美国与中国两个舆论场分别进行比对。

中国舆论场

五四运动后，“德先生”（democracy）与“赛先生”（science）被引进中国舆论场，立即成为绝大多数知识分子与知识青年认可的舆论最高峰。他们普遍认为，当前中国最缺的就是民主与科学，它们是治愈中国“东亚病夫”的最佳良方。

主张“德先生”与“赛先生”第一的人们自己都没意识到，他们主张“民主与科学”第一，其实自己的潜台词都不是第一。在他们的话语体系下，“民主与科学”的重要性不过是置于解决中国问题（治愈“东亚病夫”，实现国家富强）的框架中才被凸显出来的，因此，它们的价值是工具性的，而不是目的性的。“民主与科学”的价值通过富强的价值才能体现，或者极端地说，如果“德先生”与“赛先生”不能实现富强的目的，或者影响了富强的实现，又或者另一种方式可以更好地富强，“民主与科学”是可以放弃的。

显然，中国另一个舆论高峰就是富强！富强有着鲜明的爱国特点，它的主体就是国家，是国家要富强。实现国家富强是爱国主义在中国的具体化。

民主与科学对比富强，到底哪个舆论海拔更高？

如果民主与科学是舆论的最高峰，那么，舆论海拔的对比结论就是：即便国家不富强，也要推行民主科学。极端的表述就是：假如一个民主制度不能带来中国的富强，也要实行民主制度；或者一个科学发现，对自己的祖国不利，但真理第一，也要承认科学的真理。

假设富强是舆论的最高峰，那么，舆论海拔的对比结论就是：如果民主科学不是国家富强最迫切的工具，那么，民主科学可以暂缓；如果民主科学不能带来国家的富强，那么就应放弃民主科学；如果民主科学是国家富强的对立面，那么就应该反对民主科学。

历史清楚地告诉我们，中国优先选择了富强。随着列强对中国的侵蚀，特别是日本对中国的侵略，“德先生”与“赛先生”被搁置，“富强”与“爱国”的舆论大旗被高高举起。

大敌当前，民族危难之际，没有什么比爱国富强的舆论能得到更高的认同度了。

一个典型的例子：抗战时期，国民党与共产党之间政党信仰不同，甚至一方欠下血债，但为了抗日，两党可以结成统一战线。爱国的舆论制高点超过了两党不同信奉的分歧。当时的知识分子对蒋介石国民党的专制十分不满，但当蒋介石宣布抗日，他们还是拥护他做抗日领袖。

举一个更极端的例子：一般情况下，一位遵纪守法的学者或作家和一位杀人越货的土匪，舆论的偏向不言而喻。可是一旦抗战，学者或作家担任敌伪政府的官职，土匪却奋起抗日，舆论的天平立即颠倒。比如，学者、作家周作人最后落得千夫所指，《红高粱》塑造的土匪余爷爷，却被视为民族英雄。

和平时期，生命是舆论的制高点，杀人要受到法律的制裁，也被人人痛恨。可是民族危亡的时刻，一个杀人犯一旦抗日牺牲，也是抗日英雄！抗日的舆论制高点，就超越了法律的舆论制高点与生命的舆论制高点。抗日，高居舆论海拔的最顶端！

民主与科学在民族危亡的大背景下，只能被搁置，它们被重新提起成为舆论的制高点，已经是五四运动过去近60年后的改革开放时期。

美国舆论场

美国常被提及的身份是扮演世界警察，一直在世界范围内推行其民主自由的价值观，人们往往忽视，美国还有一个价值观被反复提及，那就是美国利益。在美国的一些大片里，不时听到主角这句台词："保护美国的利益"。这也是美国政府新闻发言人常说的一句话。

推行美国价值观与美国利益优先，是美国舆论场的双重舆论制高点。美国的价值观认为：人民有自由迁徙的权利，这是向全世界推广的价值。不过，对不起，向全世界推广并不意味着全世界适用。自由迁徙，不是适应全世界的权利，只是适应每个国家内部的权利。如果你认为美国支持在全世界可以自由地迁徙，你自由地迁徙美国试一试？在美国的出入境，没有美国的价值观，只有美国的利益优先。

美国的双重舆论制高点，在与其他国家的外交谈判、贸易谈判、环境保护谈判等各领域，都可以清楚地看到。比如，广为人知的电影《拯救大兵瑞恩》，瑞恩必须是美国人。美国不会随随便便去拯救其他国家公民的生命。

过去人们一直以为美国的双重舆论制高点，舆论海拔是一样高的，甚至从表面看来，美国价值的世界推广比美国利益第一的舆论海拔更高，因为前者喊得更频繁、更响亮，也被国际舆论所熟悉。美国舆论海拔的双峰制，几乎很少相互冲突。历来的美国总统，几乎从未把二者当作对立的选项。对比中国的外儒内法、外圆内方，表面冲突，实际上不冲突；美国的舆论双峰连表面都不冲突，似乎两者天然就相辅相成。

只有到2016年美国大选，出现特朗普这样让美国主流舆论跌破眼镜的另类，才抛出美国价值的世界推广与美国利益的优先这种二选一的议题。贸易困境、劳工低薪、非法移民、中东和平、反恐议题等，所有的议题都提醒美国人民选择：要世界，还是要美国？要价值，还是要利益？要政治正确，还是要国土安全？

最后，美国人的选票告诉了世界：民主、自由、人权、悲悯、解救、国际义务……所有的美好的字眼，都比不上美国利益，美国第一！

世界舆论场

中国与美国的舆论场都表明，爱国是舆论海拔的"珠穆朗玛峰"。这是偶然的案例，还是必然的选择？用舆论学的理论能否解释这一个舆论现象？

也许只有回到舆论海拔的定义，才能理清楚其背后的舆论逻辑。

舆论的海拔指的是舆论价值认同度的高低水平。认同度总是对应一个确定的舆论场。因此，两个不同的舆论场，不存在同一个认同度，如果出现了，那么，这个认同度对应的就是两个舆论场形成的第三舆论场。举例说明，认同度只有中国舆论场的认同度或者美国舆论场的认同度。如果中美两个舆论场出现了同一个认同度，那么，这个认同度对应的就是第三舆论场——中美间舆论场。认同度一定是在而且只有在一个确定的舆论场，才有存在的可能与价值。

对于一个确定的舆论场，“爱本场共同体”一定是这个舆论场最容易取得认同的舆论价值。如果一个舆论场是国家，那么，没有什么舆论的价值高度可以超越爱国，当然不排除有些人会认为个人的价值比国家更重要，可是这样的舆论取向是不可能得到整个国家舆论场普遍认同的。对于一个国家的舆论场，爱国一定是这个舆论场全体人员的最大公约数。在国家舆论场，没有任何舆论价值可能超越爱国！

明白了这一点，就可以解释特朗普把“美国第一”与“拯救世界”对立起来的舆论议题，为什么可以得到这么多人的支持。因为美国选举是在美国的舆论场发生的，非法移民、墨西哥人都没有选票；而美国价值观的世界推广，却是全世界的议题，全世界人民支持还是反对都不会影响特朗普的当选。在美国的舆论场高呼美国的利益第一，特朗普的支持率当然超过希拉里的国际议题。

这个道理非常简单。打个比方，一所大学里某个班要竞选班长，有两个候选人，一个人念念叨叨“我爱大学”，另一个念念叨叨“我爱我班”，肯定后者更容易得到同学的支持。因为班级的选举，面对的是班级这个舆论场，“爱班级”才是这个舆论场最大的认同度。换成选校学生会主席，那么，舆论场就变成了整个大学的舆论场，如果候选人还在喊“我爱我班”，当然无法获得全校学生的最大认同。这个时候，“我爱大学”就成为大学舆论场最高的舆论海拔。

现在，不妨把舆论场放大到整个世界，看一看世界舆论场里什么样的舆论价值位居全人类的舆论最高峰。

我们发现，各种舆论场的最高峰都有一个共同的字眼——爱！

无论是民主自由，还是富强发展，所有美好的字眼都比不上“爱”。

所有的宗教，都是靠“爱”起家，都抢占了“爱”这个舆论制高点巅峰。

所有宗教信奉的神都有两个共同的特点：一个是法力无边，另一个是爱人类。如果法力无边，却不爱人类，那就是魔鬼！无论是上帝与你同在，还是佛光普照，宗教传播为什么要反复宣示神对人间的爱？神因为爱人类，才能得到人类的爱。

无论是民主自由，还是富强发展，在世界舆论场这个范围内，所有美好的字眼都比不上“爱”。爱，是人类舆论的最高价值，也是人类舆论认同度的最大公约数。爱自己、爱家人、爱朋友、爱世人、爱家乡、爱祖国、爱生活、爱上帝……爱，是人类最伟大的舆论旗帜，没有什么可以超越它。

无数舆论现象由此豁然开朗。为什么百老汇的《歌剧魅影》，一个杀人犯却可以成为人们喜欢、同情、悲悯的对象？就是因为魅影最终证明了爱可以超越一切，可以牺牲，可以成全。为什么电影《罗曼蒂克消亡史》这么好的创作团队，最终票房不尽如人意？就是因为电影相爱相杀否定爱情的主题，让它丧失了舆论的最高峰，放弃了舆论认同度的最大公约数。

本章小结

舆论场指的是舆论主体互相争夺关注、注意力此消彼长的特殊的舆论空间。舆论的第一空间律就是舆论场的能量守恒定律：舆论场的注意力可以分配，可以变换为不同形式，但总能量不变。两个不同的舆论场一旦出现能量交换（注意力交换），就可能出现第三舆论场，即两个不同舆论场相互针对、彼此涉及、共同关注所形成的两者间舆论场。分属不同舆论场的各要素之间、要素与场中间、场与场之间的舆论传播，就是跨舆论场传播。

舆论场不等于舆论战的战场。舆论场争夺的是关注，舆论战的战场争夺的是认同。舆论战归根结底不是要打击敌人，而是要争取朋友。

舆论战的胜负靠的是数人头，认同你的人超过反对你的人，那你就赢了。舆论战争取朋友的另一种表述，就是减少敌人。舆论战的战场就是议题。舆论战的战场法则，就是要选择“自己被认同”大于“敌人被认同”的可能性的议题来开战。

设置什么议题，就是选择了什么战场。舆论战的战场不到万不得已，千万要避免“客厅里的战争”，即舆论争议的所有标的物都是仅与自己相关的战争。万一不幸碰到了怎么办？答案很简单：想办法跳出客厅，开辟新战场！

舆论战也有主场与客场的区别，标准就是认同的比例。舆论战的主场指的是：自己被认同的可能性大于敌人的战场（议题）。舆论战的客场指的是：自己被认同的可能性小于敌人的战场（议题）。舆论战的“战场法则”可以简化为：舆论战要尽可能选择自己的主场作战。不过，舆论战的主场会随着形势的变化而发生变化。

舆论战要利用地形，而最重要的地形就是舆论的制高点。人人都知道要抢占舆论制高点，但鲜为人知的是不同的舆论制高点，其舆论的海拔并不同。舆论的海拔指的是舆论价值认同度的高低水平。舆论海拔的海平面，就是价值认同度为零。舆论海拔分析法指的是用舆论的海拔高度分析舆论现象的一种方法，它的主要内容是：舆论是有海拔的，不同的舆论场，舆论海拔不可比较，舆论的海拔高度等于它所在舆论场认同度的高低，认同度高的舆论海拔拥有更高的舆论势能，舆论战要抢夺有利地形，就要争夺舆论海拔更高的舆论制高点。

日常生活中，人们也早就在不经意地运用“舆论的海拔”进行价值选择。生活中几乎所有的美好字眼，都是舆论的制高点：平等、效率、廉洁、富强、自由、美丽、平安……人们往往以为抢占了一个舆论制高点就可以了，殊不知，有无数的舆论制高点等待你，也等待别人去抢占。

无论是个人还是组织，都要反思：是否因为对手的原因，导致我们作茧自缚地把一些美好字眼当作禁语，将它们排除在自己的舆论战之外，从而把制高点拱手相让?

在一个舆论场里，有时候会出现“双重舆论制高点现象”。但归根结底还是只有一个珠穆朗玛峰，只要双方一PK，就可以看出端倪。在中国舆论场，“爱国与富强”的舆论海拔高于“民主与科学”；在美国舆论场，“美国利益第一”的舆论海拔高于“美国的世界价值”。

对于一个确定的舆论场，“爱本场共同体”一定是这个舆论场最容易取得认同的舆论价值。如果一个舆论场是国家，那么，没有什么舆论的价值高度可以超越爱国。同理，当一个舆论场是家乡或者学校，爱乡与爱校，就是其所在舆论场的最高海拔。

各种舆论场的最高峰都有一个共同的字眼——爱！爱，是人类舆论的最高价值，也是人类舆论认同度的最大公约数。这面人类最伟大的舆论旗帜，在舆论海拔的制高点高高飘扬！

Chapter 12 舆论的运动

* 真相还没有出来，谣言就在做填空题了

* 越简单的结构越容易传播

* 新媒体的标题尽可能不要出现单位名称或者产品品牌

* 在现场可能有人落泪，可是一出现场就没人转发

* 要红很容易，只要胆子大，形象变人渣，再红也白搭

* 知乎上的所有问题似乎都是在做一种工作，那就是让某某“出列”

* 要么别发声明，要么就一锤定音

* “事实”没有“是非”抢眼，“是非”没有“恩怨”畅销

I 舆论运动的三大规律

舆论的运动律研究的是舆论的发生、增大、变小、转移和终结的变化规律。它与舆论的生命周期理论有点接近，但两者的侧重点不同，一个是研究舆论的时间，而另一个是研究舆论的变化。

舆论的运动律催生了舆论战的两个实战工具：舆论的激聚术与舆论的降解法。

舆论的本体是关注，舆论的运动就是关注的运动。

关注的运动，就是关注的变化，它分两种：一种是关注对象的变化，另一种是关注数量的变化。

关注对象的变化，就是关注的生与死。当关注对象发生了根本变化，就是新的关注产生，旧的关注终结了。但有时候，我们把关注对象内部侧重点的变化，也叫作关注对象的变化，其实准确地说，它应该称为关注的转移。

关注数量的变化，是舆论在生与死之间的运动。舆论的放大与缩小，就是关注的增加与减少。

舆论运动的第一规律：舆论的区隔律

研究舆论的运动规律就是研究关注的变化规律，而要研究关注的变化规律，首先要研究关注的特点。

关注的存在，是以不关注为前提的。人们只有不关注A，才能关注B。当人们关注B时，是以不关注A为代价的。

把所有不受关注的A看作一个集合，再把所有受关注的B看作是另一个集合，舆论的本体论告诉我们，B集合具有如下特点：有限性、表面性、片面性、聚集性。反过来看，A集合是无限的、深藏的、全面的、分散的。

舆论世界的运动就是不断地从A集合筛选突出分子进入B集合，并从B集合淘汰平庸分子进入A集合的过程。

一个事物要得到关注，就必须从庞大的不关注集合里逸出，如果不能游离出来，就会被不关注的“黑洞”吞噬。

这就诞生了舆论运动的第一规律，也叫舆论运动的发生律（舆论的区隔律）：舆论的关注是在区隔中产生出来的，它天然向着与众不同的相对物方向运动。

● 单车理论

有一个段子，美国总统新闻发言人宣布：“昨天我们枪杀了3000个伊拉克人，和1个骑单车的人。”所有的记者最关心的问题都是：“那个骑单车的人是谁？”

这是一个经典的寓言式的案例。从实际层面出发，最重要的当然是被枪杀的3000个伊拉克人，这可是3000条生命，但为什么媒体与舆论忽略了3000条生命，而把关注点落在1条生命（骑单车的人）上呢？

舆论运动的区隔律告诉我们：舆论关注的运动方向绝不是一个队伍，而是这个队伍“出列”（区隔）的人。

骑单车的那个人就是从3001个被枪杀者队伍中，向前三步走“出列”的人，让所有的目光都集中在他身上。

一个乐团，最醒目的是指挥；一个合唱团，最抢眼的是领唱；一个阅兵方阵里，最吸引眼球的也是领队。当然，指挥、领唱、领队本身就重要，但“出列”的方式也很重要。如果我们放弃“出列”，让指挥、领唱、领队回去混杂在整个队伍里，可以吗？当然不可以！重要性和区隔是互为因果的。因为重要，所以区隔；同样因为区隔，所以更显重要。当新闻发言人让1个骑单车的人从3000个伊拉克人中区隔出来，所有的记者都被暗示：这个骑单车的人，可以和3000个伊拉克人相提并论，而且分量更重。

这就是舆论运动区隔律推导出的“单车理论”，也可以称之为“出列理论”。它作为舆论战的工具，简单！好用！

舆论的激聚术可以运用这个工具，比如要引发人们对某事物的注意，就不能简单罗列它的3000个优点，而要从3000个中区隔出1个来，只有那个“1”才是最容易吸引眼球的。

你想推广一个产品，想说服对方爱你，想让面试官录用你，首先就要搞清楚，

"骑单车的人"在哪里。

同样，舆论的降解法也可以用到这个工具。如果枪杀了3001个人，你想要把公众的注意力引向不重要的地方，你只要把3001个人，变成3000个人与1个"骑单车的人"就够了。舆论怎样建构，就可以怎样降解。

舆论激聚术是反向的舆论降解法。反过来，舆论降解法也是反向的舆论激聚术。

可惜这么简单好用的舆论工具，绝大部分人却不会用。比如，绝大部分旅游目的地的推广手册、单位网站或个人求职简历，都是在诉说自己的"3000"个优点，而看不到那个"骑单车的人"在哪里，这样的推广当然无法很好地传播。

一到自我推广，人们就会感觉篇幅不够用：我有3000个优点啊，哪里说得完？可是，旁人看着你把3000个优点组成方队整齐划一地走过来，似乎令人目不暇接，但还是记不住！

运用舆论的"单车理论"还要避免一个误区，那就是：想方设法找到了那个"出列"的人，却忘记提及或刻意不提及原本的队列。出列的人只有和整个队伍在一起比较，才会醒目。如果美国的新闻发言人说"昨天我们枪杀了1个骑单车的人"，这和他宣布"昨天我们枪杀了3000个伊拉克人，和1个骑单车的人"相比，效果会是一样的吗？

指挥要在乐队里才有权威，领唱要在合唱团里才被凸显，领队要在阅兵方阵前才有风采，单独整出来的特点起不到"单车理论"的舆论效果。

舆论的运动规律是相对论的规律，只有在比对与区隔中才更容易被关注。"骑单车的人"要和3000个伊拉克人在一起，才有超乎寻常的舆论效果。

●盖楼理论

从舆论运动的第一规律还可以推导出一个实战工具，那就是"盖楼理论"。

某城市一非中心城区，区领导一直想打造一个城市的后花园，让本市市民周末到那里休闲。他们选中了一座山，遍地开花，木栈道一直修到山顶，几任官员前赴后继，花了十几个亿，但效果很不理想。该城市类似的休闲公园有很多，而他们开发的项目与景点，没有一个是人们非去不可的。

问题就出在他们不懂得"盖楼理论"。开发一个产品，要做一个选择题：你是想盖山还是盖楼？如果是盖山，十几个亿分解到山上山下，平均每平方米不过百来元预算，根本就做不出标志性的产品。如果是盖楼，那就要盖可以天下闻名的岳阳楼、滕王阁，这根本不需要花十几个亿。一座楼可以吸引无数的人去，等人流量大了，地盘容不下，再用赚来的钱继续开发与楼配套的项目。

盖楼理论指的是用集中资源、收缩战线的方式，打造出第一或唯一的可传播产品，形成“出列”的品牌效果。有一个省级广电集团，大约5000多人，有十一二个频道，不管是卫视还是地面频道，每一个频道都是300到500人，看人力分布就清楚他们没有传播战略。可见一把手就是在盖山，而不是在盖楼。

所有的推广传播都要自问一句：我是在盖山，还是在盖楼？我的滕王阁在哪里？岳阳楼在哪里？

舆论运动的第二规律：舆论的链接律

从舆论的产生到终结，它的主要运动就是关注的大小变化与方向变化。关注的大小靠数人头。舆论本体论的链接性告诉我们，关注的聚集主要靠链接而不是复制。

舆论运动的第二规律，就是舆论的链接律：如果A关注与B关注有链接联系，A关注与C关注有链接联系，则B关注与C关注也存在着链接联系，A关注、B关注和C关注属于拥有共同关注的同一个舆论，由此形成关注聚集。

一个集合里，任意两个关注可以通过任意一点相链接，就形成共同关注，这两个关注就属于同一个舆论。集合里这样的关注越多，共同关注产生的舆论也越大。舆论的壮大与减少，是通过增加或减少关注之间的链接实现的，而舆论的运动沿着链接的方向进行，链接停止，关注难以长期持续，舆论走向终结。

舆论的扩大与转移都是通过链接实现的，链接是舆论运动的形式，也决定着舆论运动的方向，链接是舆论生命的成长模式。

生活中有很多人利用舆论的链接律进行扩大传播。比如，一家餐饮店的店名有一个“黄”字，店家发告示：姓黄的或穿黄衣服的人，消费可以打折。这样的传播非常有记忆点，不仅链接了姓黄的人与穿黄衣服的人，而且每个人都可能联想到自己的姓氏与衣服颜色。

舆论的链接律还可以解释很多舆论现象。比如：

现象一：为什么政府不及时回应关切，会出现舆论的啸叫？

因为事件语焉不详，甚至政府根本不回应，留下的空白会创造无数可能的链接点。没有标准答案，就有很多答案；答案选项越多，舆论的关注也越大。

现象二：为什么政府不及时回应，舆论往往从负面方向运动？

如果政府不及时提供链接点，那么，留下的空白就由非政府方提供。非政府一方往往是朝着怀疑政府的方向提供链接点。政府若无瑕疵，为什么遮遮掩掩？于是，阴谋、黑幕和内幕等一系列链接点呼之欲出。

现象三：为什么谣言比真相走得更快？

因为真相还没有出来，谣言就在做填空题了，真相自然跑不赢谣言的传播。谣言总是耸人听闻、制造矛盾，而且谣言的链接点一定比真相多。舆论的热点往往就是真相扑朔迷离，结果悬而未决，过程大起大落，是非争论不休，立场针锋相对和价值见仁见智的事件。

现象四：有时候当事人及时回应，舆论为什么也不降反升？

每一次回应，都给原来的关注提供了新的链接点，理论上都是加大了关注。如果这些新的链接点放大关注之后，不能达到一锤定音、釜底抽薪的效果，那么，舆论当事人的反应就一个结果——进一步扩大对舆论的关注。

现象五：如果出现负面舆论，当事人的声明要注意什么？

首先，要评估这个声明将带来多少新的链接点；其次，评估舆论会在什么方向对新链接点进行链接。比如，“北京红黄蓝幼儿园事件”的官方声明中，声称监看录像的硬盘突然坏了，不仅创造了更多的舆论链接点，引发了又一波的舆论高峰，而且这份声明的链接方向直接导致了对官方的不信任。

现象六：人们常说的舆论炒作究竟是什么？

炒作不过是比喻说法。舆论炒作的本质就是针对特定的对象，不断人为地制造关注的链接点，从而实现关注的激增与延续。

为什么人们说炒作，而不说蒸煮呢？同样都是加热，舆论靠蒸煮是热不起来的，因为蒸煮是一头热，一热到底。舆论的热，必须是翻炒，翻炒的原理，就是创造新的链接。当事人你一个声明，我一个回应，媒体就有新的报道素材，“意见领袖”就有新的评论对象，网民就有新的谈资。

现象七：为什么一些典型宣传红不了？

因为这些宣传往往高大上。高大上除了容易失真外，最大的缺陷就是没有什么链接点。主事者在抓典型宣传时，重点都在挖掘细节、提炼主题和升华高度，却很少研究舆论传播的链接点。一个典型人物、典型事迹，到底可以创造多少链接点？没有人过问，所以这样的典型宣传，就是一次性消费。再加上传统的典型宣传模式就是一篇（组）通讯外加展览或事迹报告团，在现场可能有人落泪，有人感动，可是一出现场就没人议论，没人转发。这在舆论的运动上，就属于“见光死”。

回想这么多年来，中国推出了大大小小多少个典型人物，到底有哪些被深刻记忆、反复传播？哪些不过是过眼云烟的？从舆论运动的链接律就可以看出端倪。

根据舆论运动的链接律，可以推出舆论的链接点理论：舆论的传播能力，与舆论客体的链接点数量相关—— 链接点越多，越容易传播。没有链接点的舆论客体，很难传播。

舆论运动的链接律可以被一切舆论主体，包括主流舆论的推动者所运用。

舆论运动的第三规律：粒母律

生物界中最具有传播力的是病毒。舆论学可以从它的身上获得不少有益的启示。

病毒（virus）是由一个核酸分子（DNA或RNA）与蛋白质构成的非细胞形态，是一种介于生命体及非生命体之间的有机物种。它既不是生物亦不是非生物，目前不把它归于五界（原核生物、原生生物、真菌、植物和动物）之中。病毒可以利用宿主的细胞系统进行自我复制，但无法独立生长和复制，它们可以感染几乎所有具有细胞结构的生命体。[1]

病毒有以下特点：

第一，病毒很小，需以纳米为测量单位，又叫“滤过性病毒”，它小到可以通过细菌滤器。越小的东西越好传播，这跟舆论的轻规则完全一致。

第二，病毒结构简单。为了方便传播，它只保留两个最重要的东西：一个是作为核心（core）的遗传信息，另一个是包裹遗传信息的衣壳（capsid），即核酸与蛋白质。前者负责遗传，后者负责保护与帮助遗传。舆论的传播要向病毒学习，越简单的结构越容易传播。

第三，病毒寄生性严格。自身极简的结构带来了寄生性，它只有一个程序与储存介质，没有能源与动力装置，其能量来源于宿主。病毒只能利用宿主活细胞内现成的代谢系统合成自身的核酸和蛋白质成分。这和舆论又非常相似。舆论关注的客体是没有能量的，舆论的能量来自关注的主体，即舆论传播的受众，受众是舆论能量的宿主。舆论离开了受众这个宿主，就无法存活。宿主越多，传播也就越大。

第四，病毒介于生命与非生命体之间。病毒离开宿主细胞，能以无生命的生物大分子状态存在，长期潜伏，并始终保持其侵染活力。而它一旦吸附到宿主，就以核酸和蛋白质等“元件”的装配实现其大量繁殖，显示典型的生命体特征，所以，病毒是

---

[1] 杨洲：《病毒的自白》，《家庭用药》，2014年第2期，第78页。

介于生物与非生物的一种原始的生命体。舆论的特性也是同样，一个议题如果没有人关注，可以长时间以无生命的方式蛰伏。任何一个时代，只要被众人再次关注，它就可以复活，变成热点舆论。

第五，病毒的传播是靠宿主完成的。一旦遇到宿主细胞，它会通过吸附并进入宿主细胞，从而复制、装配和释放子代病毒。这跟舆论的传播机制几乎完全一样。舆论的议题吸引（吸附）受众，引发受众关注（进入），受众对议题的信息进行复制、加工（装配），再进行表达（释放），形成新的子议题。

病毒对舆论学的启发是巨大的。病毒的传播能力与它的结构有关，不同结构的病毒，传播能力大相径庭。

目前流感病毒名字都有H和N两个字母，后面各带一个数字，比如H5N7。那么，H和N分别代表什么？

病毒由其核心（core）与衣壳（capsid）组成。核心和衣壳合称核心壳（nucleocapsid）。像动物病毒这样较复杂的病毒，如流感病毒，其核心壳外还穿着一个从宿主细胞身上偷来的“布料”做成的外套（脂质双层膜）。这个外套不仅与病毒对宿主的专一性有关，还影响着病毒的侵入功能。有的外套还长得特别有个性，头上长角（突起），生物学把这个突起的附属物叫作刺突（spike）。

有意思的是，生物科学家与医学家也是“外貌协会”的，他们根据病毒的表面结构来对流感病毒命名。他们辨别病毒包膜上的两种刺突来确认该种病毒的亚型，一种是红细胞凝集素（hemagglutinin），代号当然就叫H；另一种是神经氨酸苷酶（neuraminidase），代号自然就是N。它们都属于糖蛋白，但功能不一样，一个负责加盟，另一个负责解放。血凝素的作用是让病毒能够结合宿主细胞，神经氨酸苷酶的作用是让已经自我复制的病毒从细胞中释放出去。

由于这两种糖蛋白很容易发生变异，结果有好多兄弟姐妹，人们根据其变异的情况，将H分为16个不同的型别，将N分为9个不同的型别，不同的H和不同的N就组成一个个具有不同抗原性和致病性的流感病毒，专业术语称之为流感病毒亚型。

病毒的高致病性跟病毒的基因有关，但高传染性（传播）则跟病毒的刺突有关。一个是核心，另一个是表面。这让我们联想起弱传播理论反复强调的观点：舆论的世界就是表面的世界，舆论学是关于表面的科学。弱传播理论不仅得到物理学的支撑，也得到生物学的印证。

由此，真相终于大白。病毒的传播能力不是跟病毒的核心有关，而是跟病毒的表面有关；不是跟病毒千差万别的遗传信息有关，而是跟普遍的糖蛋白有关。红细胞凝集素与神经氨酸苷酶，是任何基因都可以穿上的外套。不同的基因，理论上都可以选择最有传播能力的糖蛋白传播。

这是一个伟大的发现！

病毒的传播机理启示我们：信息可以传播，但决定信息传播能力的不是信息本身，而是信息之外的东西。千差万别的信息，理论上都可以找到舆论通用的传播工具，都可以穿上适合传播的“外套”。传播是有普遍性、有规律、有方法的。一个好的传播学理论，不仅可以指导政治传播，也可以指导经济传播；不仅可以指导国家传播，也可以指导个人传播；不仅可以指导宗教传播，也可以指导爱情传播。传播是人类的另一种人权，不因基因、肤色、性别和地位而不同。人人有传播的权利，而且可以拥有好的传播方法。

过去许多传播专家认为，传播的信息不同，传播的效果是千差万别的。有的信息天生就有传播能力，它们具有一种类似传播基因的东西。这些专家不去研究适用一切信息传播的普遍规律，而是热衷筛选哪些信息具有传播基因，把传播学变成了“种子学”。

现在我们明白，传播基因并不等于信息基因，信息基因指的是需要复制传播的信息，而传播基因指的是信息之外帮助信息传播的传播元件，信息基因类似病毒核心的DNA或RNA，传播基因则类似病毒的刺突。

借鉴病毒的刺突原理，我们发现舆论也有两个刺突，一个是推动吸附注意力的链接点，另一个是刺激受众表达欲的表情包。一个由此及彼，像按扣把一个个表面锁在一起；另一个由里到外，仿佛是浇灌每个人心中块垒的酒杯。

我们把舆论世界中像病毒一样传播的东西叫作舆论传播因子（简称传播因子），传播因子的核心是传播信息（信息基因），传播因子的外围就是舆论的刺突（传播基因）。舆论刺突由链接点与表情包组成，根据链接点的性质、强弱、多少、结构的不同，以及表情包的属性、形式、结构、功能的不同，将舆论刺突划分为不同的类型，并分别进行数字编号。链接点的英文是link point，链接点的代号就是L，表情包的英文是emoji package，表情包的代号就是E。就像流感病毒用H与N编号一样，我们可以用L与E的不同数字组合，把传播因子进行编号。链接点的英文link point与表情包的英文emoji package，合成一个单词，叫作linkemoji（英文简称limo），中文名粒母。这样传播因子的刺突组合就叫作传播的粒母。传播的粒母，就是传播的基因。

现在我们可以推出舆论运动的第三规律，即舆论运动的粒母律：舆论的运动速度、规模与半径都和舆论本体的传播因子有关，但传播因子的传播能力不是由内部的传播信息（信息基因）决定的，而是由外部的舆论刺突决定的；不同的链接点与不同的表情包，组合为不同的舆论刺突，构成不同类型的传播粒母（传播基因），形成舆论运动的不同模式。

接下来我们就用若干案例，具体解读舆论运动的三大规律及相关理论。

II 舆论的激聚：谁是中国最有互联网思维的大学

我一直想尝试“直播式”的教学方法，因为老师不能一本讲义讲10年，课堂要看到时间的影子与时代的变化，要随时能够分析与解释正在发生的社会事件或传播现象。于是2015年春季，在给研究生第一次开“舆论学方法论”课时，我做了一个特别的直播实验。

●实验缘起

4月26日，我在这门课组建的微信群“欢迎加入舆论学方法论”发了这么一个帖子，全文如下：

各位同学：

在给你们上“舆论学方法论”课时，虽然我用自己的“邹氏理论”解释和分析舆论现象时，同学们都很感兴趣，但是，我感觉大家兴奋的眼光隐隐约约有这样一种怀疑：老师您总说这样炒菜好吃，那样炒菜不好吃，您能不能自己炒一个菜试一试？

为此，我决定做一个舆论实验，接受同学们的挑战。

为了检验自己的方法论，我答应进行极限挑战。

方案如下：

任务：推广厦门大学

形式：移动新媒体客户端

目标：24小时内微信文章阅读达到十万加

时间：4月27日上午8:30—4月28日上午8:30

条件限制：

限制一：主旋律、正能量

限制二：不借助新闻事件，也不制造新闻事件

限制三：不借助名人明星效应

限制四：不炒作负面新闻

限制五：不搞三俗绯闻

限制六：不搞惊天爆料，所有素材都是已经公开的信息

限制七：不靠广播、电视、报纸、杂志等传统媒体推荐

限制八：不花一分钱，也不拿赞助

限制九：不找一个托，也不找水军

检验：

4月28日（星期二）上午公布实验结果

如果成功：分享经验

如果失败：总结教训

最后

请为你们的老师祝福，不要为你们的老师打赌！

● 实验说明

问：为什么要在4月26日提前在研究生微信群里公布挑战方案？

答：不给自己留后路。保险起见，我完全可以悄悄先做实验，万一成功就公布结果，一旦失败就只字不提。但这样做，信用一定大打折扣。学生们聪明得很，他们还不知道你玩什么小九九？

为了进一步断自己的后路，我一不做二不休，干脆把这个帖子转发到厦门大学新闻传播学院的老师微信群里，得到老师们大量的鼓励。其中，最有代表性的观点就是："邹老师，不管结果如何，你敢于这样挑战，你已经赢了。"我知道这句话的潜台词，那就是你肯定（八成）不可能赢，先给你解一个套，让你下台阶。我们学院好人多啊！

我还在"中国微信500强"的微信群里提前公布了方案，新榜很感兴趣，答应免费给我做数据跟踪。

问：为什么要限制为主旋律、正能量？

答：舆论的次理论告诉我们，主旋律、正能量最难传播。这个实验如果成功，就证明了主流舆论也有传播的方法。如果可以这样正面而有效地传播一所大学，那就同样可以正面而有效地推广一个产品，推广一个城市，推广一个国家。

问：为什么要限制不借助新闻事件，也不制造新闻事件？

答：人们常常面对没有事件也要推广的要求。而制造一个新闻事件，很容易被诟病为炒作。比如找一个美女跪着给乞丐喂饭，这样的炒作虽然很红，却不得人心。

问：为什么限制不借助名人明星效应？

答：很简单，太贵！明星有效应，但贵啊！靠撒钱来做传播，谁不会呀？

问：为什么限制不炒作负面新闻？

答：我可以写一篇文章《厦大某教授炮轰厦大》，24小时肯定十万加，但是厦大完了呀！

问：为什么限制不搞三俗绯闻？

答：我可以当天晚上在校园裸奔。第二天，文章《厦大某教授在校园裸奔》很快十万加，但我完了呀！

要红很容易，只要胆子大，形象变人渣，再红也白搭！

问：为什么限制不搞惊天爆料？

答：我可以搞这样的惊天爆料："厦门大学地下埋了三百万两黄金，是1949年国民党撤退时埋在厦门大学的。为什么厦大最近老是修路？就是在找这个黄金啊！"

这样肯定很快也十万加，但公安局就要来找我了，造谣啊！

为了做极限挑战，我不但不搞惊天爆料，甚至什么爆料都不搞。所有素材都可以在互联网上找到，我只是做一个信息"搬运工"。

问：为什么要说这句话"如果成功，分享经验；如果失败，总结教训"？

答：说句心里话，其实没有底，还是给自己留了一个台阶。

不过，虽然留了这个台阶，其实我也清楚，一旦失败，我在同学们心目中的"江湖地位"就没有了。学生会说：老师，你那些所谓的舆论学方法论工具，也不过是纸上谈兵，最多算事后诸葛亮，分析人家头头是道，轮到自己，还是不行！

●实验结果

4月28日8点30分，实验结束。经过了6小时10分46秒，这篇文章就达到十万加。

下图是新榜的监测数据：

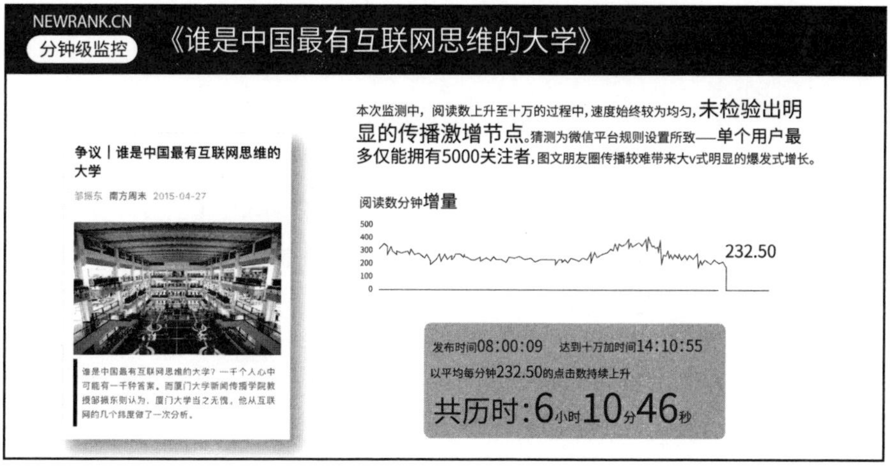

监测数据显示，文章在27日08:00:09推出，以平均每分钟232.5的点击率持续上升，达到十万加时间为14:10:55。在攀升至10万的过程中，速度始终较为均匀。

数据监测特别强调：未检验出明显的激增节点。这就排除了托儿、水军、服务器造假或大V推荐转发等各种可能性。在进行实验复盘之前，请大家先花几分钟阅读这篇《谁是中国最有互联网思维的大学》（见本章附录第342页）。

●实验复盘

这次实验检验了我的一个舆论方法体系，那就是舆论的激聚术。

舆论的激聚术指的是把握舆论的运动规律，运用特别的传播方法与手段，实现舆论的快速激发与聚集。

这次实验，我运用了“石头理论系”中的一个工具叫作“舆论的丢石头”（以下简称“丢石头”），该工具试图解决这样一个问题：如何丢一块石头让平静的湖面泛起涟漪？

在做这个实验前，厦门大学的水面非常平静，当时既没有傲人的新闻值得人们关注，也没有急需降解的负面新闻缠身。就连当时的中国整个教育舆论场也是一片湖水，波澜不惊。

打破这个平静水面的正是我的实验作品（以下简称《大学》）。

●石头

首先要问的是：这篇文章丢出的“石头”是什么？

答案是五个字："谁是中国最……"（以下简称"谁是"）。

舆论运动的区隔律告诉我们：舆论的关注是在区隔中产生出来的，它天然向着与众不同的相对物方向运动。舆论关注的运动朝向绝不是一个队伍，而是这个队伍的"出列者"。

"丢石头"这个工具要做的就是：让厦门大学从中国的大学中"出列"。

读者们从整个大学队伍里，突然看到一个大学出列，人们的惊讶、好奇油然而生，而认同与争议也就开始蔓延。

试想，如果我只是"讴歌"厦门大学做了什么，而不是让她"出列"，会有十万加的效果吗？肯定没有！

怎样出列？方法就是"谁是"句式！

"谁是"是知乎的标准句式之一，还有很多其他类似的句式，比如，"如何评价……""如何解释……""为什么是……""最讨厌（喜欢）的是……"，等等，知乎上的所有问题似乎都是在做一种工作，那就是让某某"出列"。所以，知乎在中国舆论场最主要的功能就是"丢石头"。知乎本身人气并不火爆，因为它没有水面，集聚不了水汽。但它会"丢石头"，丢在别人的水面上，结果却引发涟漪甚至舆论风暴。知乎常常是舆论的风暴发起人，它丢出一块石头，微信或微博等当接盘侠，舆论一下子剧增。

知乎在2010年12月开放，它前后出生的"难兄难弟"，比如，凤凰博主、腾讯微博都没能撑下去，而它却活了下来，"丢石头"是它的护身符。

是不是只要出列，就可以博得大量关注？是不是只要提出"谁是"句式，就可以吸引眼球？当然不是，否则，如何解释知乎里大量的问题也不过是哑炮。根本的原因就是：丢石头要丢在湖面，才能泛起涟漪，如果丢在水泥地板上，那么最多发出几声脆响，但如果砸到沙堆里，可是连声响都没有的。

●湖面

"丢石头"工具，除了让议题主体出列，还需要一个配套的受体，那就是原本平静的湖面。如果不是平静的水面，而是瀑布或漩涡，你把一块石头丢进去也不会有涟漪。

舆论的刺突理论告诉我们：舆论的传播能力跟舆论的两个刺突有关，一个是推动吸附注意力的链接点，另一个是刺激受众表达欲的表情包。这两个刺突就是可以泛起涟漪的湖面。

● **链接点**

我们首先看一看《大学》一文，有没有第一个刺突——吸附注意力的链接点？

《大学》一文开篇就是编辑的开场白：

谁是中国最有互联网思维的大学？一千个人心中可能有一千种答案。而厦门大学新闻传播学院教授邹振东则认为，厦门大学当之无愧。他从互联网的几个纬度做了一次分析。

所谓“互联网的几个维度”，就是要提供链接点。

《大学》一文提供了非常多的链接点。比如，厦门大学对学生很贴心，免费的就有米饭、矿泉水、厕纸，图书馆免费出借的雨伞，宿舍免费的保险柜。其他大学往往是食堂优待教工，厦大倒过来，教师到学生食堂吃饭，要比学生多付20%。有些大学学生宿舍至今没装空调，厦大早已经换第二代空调了……

任何一位在读或毕业的大学生，都可以从自己的亲身经历中，找到与《大学》一文的链接点：啊！我的大学没有免费米饭、没有保险柜、没有空调……或者，厦大有什么了不起，我们大学也有不少免费的啊……同样，任何一位想报名厦大的学生也可以从《大学》一文中找到自己梦想的链接点——你想上的大学，你想过的大学生活。

呈现一个个这样的链接点，是作者的目的，但并不是最终目的。链接点数量的多寡，当然是影响关注人数的关键要素，但链接点的属性与结构，是决定关注更重要的基本要素。

《大学》一文不是要罗列这些链接点，而是要把这一个个链接点串成一条线、一个面、一个立体结构。厦门大学服务学生的种种做法，涉及的是一个常常被大学忽视却人人有感的问题：一所大学到底要与学生建构一种怎样的关系？

当一所大学对它的学生小里小气、锱铢必较，只想到收费，无视学生的需求与欲望，害怕他们给自己惹麻烦，只关心校园不要出事，不关心学生未来的前途……这样的大学与学生的关系显而易见，那就是纯粹的金钱与权力的关系。而如果一所大学把自己的学生看作财富，看作学校的未来，那么，她对学生的做法，就自然而然像互联网思维那样，把免费推到前台，把服务做到极致，一切以用户为中心，学生就是自己的粉丝……

其实，无论是互联网思维，还是厚待自己学生就是厚待学校未来的理念，仍然不是作者想要抢占的舆论最高峰。从“舆论的空间”章节中，我们知道“爱”才是舆论海拔的最高点。厦门大学从“校主”陈嘉庚开始，就有爱学生的传统。爱学生是一所大学最高的价值观。

《大学》一文先通过厦大服务学生的一个个做法，布局出一个个链接点；由此提出一所大学应该如何对待她的学生，将一个个链接点串联成一条链接线；进一步追问一所大学与她的学生应该建构什么样的关系，将链接线拓展成链接面；最后提出爱学生才是一所大学应该传承的传统，这样的舆论海拔就把链接面打造成链接体。

《大学》一文为“丢石头”舆论工具提供了一个多么宽广的平静湖面，我们每一个人都是或曾经是一所学校的学生，一所学校应该与学生建构什么样的关系，每个人都有自己的经历与体验、认识与感悟，当厦门大学与众不同的细节与超凡脱俗的精神像一块石头一样被丢进这个湖面，湖面不泛起一层层宽广的涟漪才怪呢！

●表情包

建构了链接点未必能够形成广泛的传播，不要忘记舆论运动的粒母律中还有另一个刺突需要我们重视，那就是刺激人们表达欲的表情包。

为什么有了链接点还不够？最简单的测试方法就是换一个标题，我们把上面的内容按照链接点、链接线、链接面与链接体依次推出不同的标题，看一看是不是只要链接点到位，传播就一劳永逸。

链接点的标题：《厦门大学推出一系列优惠学生的政策措施》（参考标题：《大陆近日又推出一系列惠台政策》）

链接线标题：《厦门大学千方百计为学生创造良好舒适的学习生活环境》（参考标题：《某某市千方百计为企业家排忧解难》）

链接面标题：《厦门大学以学生为本》（参考标题：《某某市：农民工也是城市的建设者》）

链接体标题：《厦门大学有爱学生的优良传统》（参考标题：《洪灾无情人有情》）

显然，上述标题，就算是达到了链接体高度，传播力也是乏善可陈。原因就是标题不是人人愿意转发的表情包。上述标题缺乏语言的叛逆：厦门大学推出政策、厦门大学创造环境、厦门大学以人为本、厦门大学富有传统……这样的组合毫不新鲜。

没有新鲜组合的标题，就不是人人都爱的表情包。没有表情包，就没有广泛的传播力。

在本文出来之前，“互联网思维”和“大学”未曾组合过。互联网思维本身就是一个新词，最初听到的组合就是互联网思维的公司、互联网思维的商业、互联网思维的创新等，还没有人想到把互联网思维与大学挂上钩。与《大学》一文类似的标题组合还有《最孤独的图书馆》，该文转发量很大，这同样是一个新鲜的组合。一般人们想到的图书馆与形容词的组合都是最美的图书馆、最大的图书馆、最古老的图书馆等。人们从来没有想到，孤独可以和图书馆联系在一起。

易中天微信文章有一个标题叫作《曾经的大哥叫苏联》。“大哥”这个词很常见，苏联这个词也不新鲜，但“大哥”与苏联联系在一起，就前所未有，与众不同。过去与苏联联系在一起的是“老大哥”这个词，把“老”字一去，立即化腐朽为神奇。

那么，《大学》一文的标题换成《厦门大学是最有互联网思维的大学》可以吗？答案还是不行！

无论是传统媒体还是新媒体，都有所谓的“标题党”，只不过标题党的功能不一样。传统媒体的标题党，是因为人们往往只看标题不看正文，所以要尽可能把重要的信息放在标题上；而新媒体的标题党，是因为人们看了标题才会打开，如果标题不吸引人，他就不会再打开了。

传统媒体的观看模式是围观，新媒体的观看模式是分享，新媒体的浏览量的增长要靠转发来完成。因此，新媒体的标题必须要刺激读者转发。传统媒体要尽可能把产品的名称或单位的名称放在标题上，因为人们错过了标题，就错过了一切。新媒体的标题则尽可能不要出现单位名称或者产品品牌，一是会限制人们去打开的好奇心，二是会误认为这是广告，导致人们不愿意打开，更不愿意转发。

《大学》一文的前10分钟有9000的阅读量，这是它的第一波读者，他们完全是冲着标题点击打开的。他们一定好奇：这个最有互联网思维的大学究竟是哪家？会不会就是自己的大学呢？

如果把标题改为《厦门大学是最有互联网思维的大学》，不仅限制了人们的想象，而且会让人们误以为这是软文。更重要的是，这样就把链接点缩小到只对厦大感兴趣的人，而不是扩大为一个讨论大学与她的学生应该建构什么样关系的链接面，这样的标题直接就把文章构建的湖面变成了一个小水塘。即便丢出一块石头，也泛不起多少涟漪。

值得引发人们深思的是，有太多的领导都希望自己的名字或单位产品的名字出现在大标题上，他们以为这是重视，这是直截了当，殊不知恰恰是这样，反而限制了新媒体时代信息的传播。

当单位或产品的名字出现在标题上，文章就不可能成为人人爱转发的表情包，而是专属某人的泡着枸杞的保温杯。这个保温杯怎么可能成为浇灌人人心中块垒的酒杯？谁又会喜欢使用别人的保温杯呢？

那么，怎么样才能变成表情包呢？

答案是：观点吻合，情感合拍，表达特别，转发便捷！

比如，人人都会遭遇离别，离别的情绪又都想表达，但大部分人没有足够的文学才华，或者没有足够的时间，或者干脆就懒，于是一些诗句就跃然纸上或屏幕上：

> 劝君更尽一杯酒，西出阳关无故人。
> 莫愁前路无知己，天下谁人不识君。
> 何当共剪西窗烛，却话巴山夜雨时。
> 遥知兄弟登高处，遍插茱萸少一人。
> 但愿人长久，千里共婵娟。
> 海内存知己，天涯若比邻。
> ……

这些诗句就成为人们表达感情的共用表情包。它们或在别前或是离后，或不舍或放达，或思念或想象，总有一款适合你。这些表情包的图像，有酒，有月，有风，有雨；场景或在窗前，或在码头，或在山顶，或在旅店，等等。这些图像、场景、文字，构建出人人心中皆有、人人口中却无的一个个独特表情包。它们千百年来不断被人们转发，这样的历史传播，使这些经典的离别诗句成为一代代人最熟悉的案头语、口头禅和儿童的启蒙教材。人们一旦身临其境，这些诗句就像表情包那样脱口而出，人人都能理解，人人都能感应。这其实跟现代人日常微信群里常使用的“发红包的好帅”“萌萌哒”表情包功能一样，都是让人不费功夫、信手拈来地表达情感。

在今天的日本，为什么杜甫的“国破山河在，城春草木深”是当代最红的诗句？就是因为它成为战后日本人表达国破却草木都不长的最佳表情包。

不能成为跨代表情包的诗句，它的历史传播能力是有限的！

为什么《大学》一文可以得到广泛传播？就是因为它运用互联网思维，重新把大学的价值做了一个新的表情包。当人们用“互联网思维”这个新名词去解读大学的传统时，发现所谓的互联网思维，其实早已为之，互联网思维把大学的价值重新演绎，其结构的表情包就成为人们乐见的新表达。

《大学》一文至少可以成为三种表情包。第一种是表达情感共鸣的表情包，主要是由厦大校友使用。第二种是表示价值认同的表情包，即使那些认为自己学校才是最有互联网思维大学的人，也用这个表情包作为模板来表达自己的争议，而一争议，阅读量更大。第三种是借题发挥的表情包，醉翁之意不在酒。有些读者拿《大学》作为吐槽自己学校的范本。他们把文中提及厦大的种种细节（链接点）与自己的学校一一对比：厦大宿舍有保险箱，我们为什么没有？厦大厕所有厕纸，我们为什么没有？……这样的对比转发，是《大学》一文在24小时后阅读量仍然大幅度增加的关键动力。《大学》一文丢出的这块石头，可能长久地在一些人、一些大学中泛起涟漪。

最后要补充两点。一是一篇文章无论多少转发量，与一所大学的价值相比，都是九牛一毛。如果不是厦门大学一代代传承“校主”陈嘉庚爱学生的传统，我无论设置了多大的湖面，都扔不出厦大这块石头。一句话，如果没有厦门大学做得好，就没有《大学》一文。二是我本、硕、博都是在厦大读的，如今工作的单位还是厦门大学，我对厦门大学的感情与感恩是无与伦比的。没有一份对母校的深厚情感，光靠一些传播方法与技巧，是写不出《大学》一文的。

《大学》一文，一般的本科生是写不出来的，不是厦大毕业的记者，也是写不出的。这就是为什么几乎所有的写作课都强调真情实感。但只有真情实感还是不够用的。人人都爱自己的母校，但人人写出具有传播力的文章，谈何容易？

传播要强调真情实感，但传播学老师只教真情实感，是远远不够的。

III 舆论的起伏与蛰伏：甲申三百年

舆论的起起伏伏，常常看花人眼！

人人知道舆论有起有伏，但何时起何时伏，为何起为何伏，却没多少人可以说出子丑寅卯来。

要了解舆论的起，最好了解舆论的伏，就像死亡是对生命的最好理解一样！

舆论的伏，最有代表性的就是舆论的蛰伏。舆论的时间律提道：没有不消亡的关注，但有蛰伏的舆论。一个议题看似在某个阶段的关注消失，可是它在下个阶段又被关注，这说明该议题在此前并没有走到舆论生命的终结，只不过是进入了生命的蛰伏期。

用舆论的运动律来解释舆论的蛰伏，也许更加透彻。

舆论的传播因子就像病毒，介于生命与非生命之间。当病毒以化学大分子的状态存在时，它没有任何生命迹象，像死亡一样。可是它的侵染活力始终存在，一旦吸附到宿主，就可以复活，甚至无限地复制繁殖。舆论的传播因子蛰伏起来，仿佛也没有任何生命迹象，但一有契机，它就可能起死回生。

理论上，任何舆论在平息后都可能重新点燃，或者极端地说，舆论没有死亡，只有蛰伏。

舆论的运动律告诉我们，舆论就是一个不断从蛰伏到爆发的循环往复的过程。有的舆论可能只有一个循环，那么，它就是永远蛰伏，或称之为死亡。尽管这样的死亡无限多，却不能宣告其中任何一个是永远的死亡，因为它只要被任何一个时代关注，就可能复活。舆论的死亡都是暂时的，只有蛰伏可能是永远的。

比如大学教授性侵女学生的案件，虽然最后舆论都会平息，可是每一次新的类似案例发生，那些曾经的案例又会在舆论中被点名。舆论平息不是舆论的终结，而只是冬眠，它随时随地可能苏醒！

问题是：为什么舆论会苏醒？怎样才能苏醒？

舆论运动的链接律告诉我们：舆论的壮大与减少，是通过增加或减少关注的链接实现的。舆论的运动沿着链接的方向进行，链接停止，关注停止，舆论终结。

舆论的蛰伏就是链接的停止，舆论的苏醒就是形成了新的链接。蛰伏的舆论要苏醒，关键在其传播因子中有没有一个新链接点在一个新的时间点形成。

比如，1644年3月19日的“甲申事件”，李自成进京，崇祯皇帝上吊自杀。当时全国舆论轰动，随后蛰伏。偶尔有人忆起，不过是民间传说；不断有人研究，也只是学术传承，都没有形成大舆论。可是到了1944年3月19日，300年后的节庆传播时间点，一篇题为《甲申三百年祭》的文章将明朝因腐败而灭亡和李自成因骄傲而失败这两个链接点，分别变为对国民党的暗喻与对共产党的警醒，把历史与时代缝合在了一起。

这个缝合的“裁缝”是舆论的“意见领袖”郭沫若，而舆论的操盘手则是毛泽东。在1944年的舆论场，正是毛泽东对郭沫若发现的发现，“甲申事件”的苏醒形成了共产党的《新华日报》与国民党的《中央日报》的舆论大战。

国民党宣传机构对郭沫若的文章反应激烈，《中央日报》总主笔陶希圣起草社论《纠正一种思想》，抨击《甲申三百年祭》是“出于一种反常心理，鼓吹战败主义和亡国思想”，指责郭沫若“为匪张目”，“将明之亡国的历史影射当时的时局”。紧接着《中央日报》又发表了《论责任心》的社论，指责《甲申三百年祭》“渲染着亡国的怨望和牢骚”。

毛泽东则把郭沫若的《甲申三百年祭》作为整风文件传达至全党，“甲申事件”由此进入共产党的主流舆论场。1949年共产党执政前，毛泽东重提“甲申事件”，要求共产党人进京赶考，“不要学李自成”，“甲申事件”在中国主流舆论场再次苏醒。

国民党与共产党对于同一个历史事件、同一篇历史文章截然不同的表态，让人们看到了国民党对历史教训不知反思，对问题不愿反省，对知识分子不懂尊重（上纲上线），对抗日统一战线的另一方则肆无忌惮地妖魔化。与此同时，也让人们看到了共产党对历史教训深刻检讨，对自己的问题时刻警醒，对知识分子十分尊重。特别是共产党并没有直接攻击国民党，而是正人先正己——这种自我批判的精神赢得了民意的普遍赞誉，占据了舆论的制高点。当国民党含沙射影直指共产党是李自成那样的流寇，毛泽东一句“决不做第二个李自成”，轻松把对手的妖魔化化解，既教育了团队，又打消了知识分子对重演李自成式农民起义的担心。

共产党在《甲申三百年祭》事件的舆论传播，堪称舆论战的经典案例。共产党在对外传播方面，既打击了敌人，又塑造了自己；在对内传播方面，既凝聚了共识，又教育了团队。用一个舆论行动，同时打赢对内对外传播是很不容易的。有些对外传播，一旦“出口转内销”，没做到内外有别，会出现反效果。而有些对内传播，则不能拿到公共舆论场。非常多负面舆论事件的起因就是单位内部的邮件、同行的微信群、朋友间的聊天，被传到公共舆论场，结果酿成舆论灾害。

一个蛰伏的历史事件要链接到当代舆论场，需要历史的线、现实的针，还需要裁缝，针线就是历史与当代的共同链接点，裁缝就是“意见领袖”与舆论操盘手。但历史的布料要缝合进当代的服装，最方便的还是纽扣，不同的时代，因为相同的日子，锁扣在一起，可见节日的日期本身就是一个链接点。不过，同一个日子，发生了无数的事，为什么唯独某件事可以日复一日走进当代舆论场？同样，每一天都可能发生无数的事，为什么只有有限的日子可以成为节庆？显然，相同的日子作为连接历史与今天的时间链接点，不是决定性因素，只是催化剂。事件本身的链接点，比如“甲申事件”的腐败与骄傲，才是主导历史进入当代舆论场的核心要素。

舆论事件的壮大，只要一个链接点相通就可以了，但舆论事件的复活，却需要链接点形成特殊的结构。比如“国破”“山河”与“草木”的三元结构，将杜甫诗句与战后的日本链接在一起；又如教授、女学生、性侵的三元结构，将一个个类似的大学丑闻链接在一起。同样，“明王朝/腐败/灭亡”“李自成/骄傲/失败”，这两个事件的链接点与时间链接点所构成的三元结构，将三百年后国民党、共产党的选择链接在一起，让这段历史又重回新的舆论场。

舆论的蛰伏与苏醒，往往是自然生成的，但这并不意味着人们无所作为。舆论的伏，是能量的存储与集聚；舆论的起，是能量的爆发与释放。历史舆论突然苏醒，往往是自然发生的，积蓄着百年或千年的能量，它是洪水猛兽，还是水力发电，就看当代的人如何处理这舆论能量的运动！

IV 舆论的热点与高潮：江歌案的事故与故事

舆论起伏中，最重要的观察点是热点的形成与高潮的兴起。它们与链接点的数量、属性、形状、功能、载体、要素、结构和形式等密切相关。

江歌案是近年罕见的大面积发烧的舆论事件。江歌案最有价值的问题不是它为什么会这么热，而是江歌案为什么会出现这样的起伏，为什么杀人的事件没有在第一时间形成舆论的热点，为什么舆论的高潮要滞后一年后才出现。

关注聚集的地方，就是学术聚焦的地方；关注流动的方向，就是学术跟踪的方向。让我们循着江歌案的热点与高潮曲线，一步步分析江歌案的舆论起伏。

●认识论只有一个真相（真理），价值论却有无数个选择

一个事件，是否成为舆论事件，要看它是否引发足够的关注。

关注的多少，跟事件引发链接点的数量有关。链接点的数量越多，可以串联的关注就越多。成语接龙的游戏提示我们，链接点的多少，跟链接的规则有关。

链接点的属性不同，就会形成不同的链接规则。舆论关注的对象有两种，一种是认识论的对象，另一种是价值论的对象。两种关注形成两种不同的链接点，其属性不同，链接的规则也就不同。

认识论层面的链接规则：这个事件的事实是什么？真相是什么？真理在哪里？

在认识论层面，真相（真理）只有一个。桌子就是桌子，椅子就是椅子。即便事实有双重性，比如一个硬币有两面，但真相还是一个，它是一个硬币。一般来说，舆论事件在认识论层面很难形成舆论风暴，形成了也很难持续，一旦真相水落石出，认识结束，舆论消失。

但价值论层面的链接规则就不一样了。价值论必有参照系，随着参照系不同，价值判断就不同。明天会不会下雨，这是认识论层面的问题，答案就一个，链接点也就

一个。但如果换成明天下雨好不好，每个人的价值判断就不一样了，自然也会产生不同的链接点。

舆论事件最容易在价值论层面发酵。每个人的立场、角度、身份、出发点不一样，链接点越多，价值的争议越容易出现。

不过，在特殊情况下，认识论层面也可以卷起舆论大潮，当事实不清不楚、真相扑朔迷离、真理难有结论时，舆论照样发酵。江歌案恰恰两者都具备，不仅价值论层面争议不断，认识论层面的事实也不断填空。陈世峰为什么杀人？刘鑫为什么不打开门？到底发生了什么？每一个事实的新补充，都可能让舆论的链接点转弯，或让舆论的链接点加剧。

●爱情+友情+亲情，我们只需要一个酒杯

除了认识论与价值论的多重链接这两把火，江歌案还有一把火，那就是情感层面的代入。情感层面的代入，涉及的就是链接点的形状。

爱情、友情、亲情，任何一个都是人类情感与艺术永恒的主题，江歌案罕见地在一个事件里，同时叠加了这三种感情，而且都是极致地出现——爱情的仇杀、友情的背叛、亲情的死别。每个旁观者都可以在这个事件中找到自己的情感代入点。

在情感代入方面，人们有的是自己的块垒，缺的只是别人的酒杯。情感代入的酒杯就是舆论链接点的形状。这个由爱情、友情与亲情链接面形成的“三情”链接体打造出来的江歌案酒杯，几乎可以浇灌所有人的块垒。

接下来的问题是，为什么江歌案那么容易就可以被制作成酒杯呢？

●我猜，我填，我编编编

江歌案有无数的疑点，可以变成猜谜游戏，我猜我猜我猜猜猜！

江歌案有太多的空白，可以变成完形填空，我填我填我填填填！

猜谜的侦探角色，填空的智力游戏，已经让人兴奋不已。更重要的是，江歌案还是一个故事。猜谜与填空只有一个标准答案，但故事却可以有无数的版本。

江歌案有明确的事实：人物（四个人）、行为（杀人）、场景（家门口）……

江歌案还有无数的空白：关系、背景、动机……

每个人都可以从这些素材里，选择以谁为主角，选择哪些作为情节。于是江歌案有了咪蒙的故事版本，有了和菜头的故事版本……

不同类型的链接点，链接点功能不一样。猜谜型、填空型、故事型的链接功能都

来源于答案的开放性，猜谜型、填空型链接点答案不确定，故事型链接点干脆没有标准答案，是链接王国的超级百搭！

●江妈——把事故变成故事

江歌案，本来是一个事故。

在江歌的人生旅途中，不幸在那一天发生了“车祸”。江歌遇难，肇事者陈世峰被缉拿归案，等待审判；同行的幸存者刘鑫躲过了死亡的车轮，却在道德的碾轧中无法幸免。

这是一个标准的人生“交通事故”，适合上中央电视台的《今日说法》节目。但另一个人物出现了，一切发生改变。

她就是江歌的妈妈。

江妈把这个人生“交通事故”的三个当事人，重新与她建构了联系：

陈世峰——血债血还！

刘鑫——逼问良心！

江歌——讨还公道！

原本已经结束的情节，开始复活。

故事开始了！

●《局面》：把故事导演成戏剧

英国戏剧家彼得·布鲁克在《空的空间》一书中这样写道：“我可以选取任何一个空间，称它为空荡的舞台。一个人在别人的注视之下走过这个空间，这就足以构成一幕戏剧了。”[1]

当江妈在人们的注视下走来，戏剧就开始了！江歌案绝不是波兰戏剧家格洛托夫斯基提出的“质朴戏剧”，它不是只剩下观演关系的“贫困戏剧”，而是从亚里士多德《诗学》引申出来的“古典戏剧”。古典戏剧推崇的“三一律”，要求戏剧创作在时间、地点和行动三者之间要保持一致性。把江歌案导演成“三一律”戏剧的，正是新京报的新媒体栏目——《局面》。

江歌案作为新闻事实，发生在一年前，江妈与另外三个人的故事也进行了一年，但为什么一直没有火？这个原因新闻理论解释不了，传播理论也解释不清，一用戏剧

---

[1] [英]彼得·布鲁克：《空的空间》，怡恼译，中国戏剧出版社1988年版，第3页。

理论，就一下全明白了：原来是之前的情节没有进入到经典戏剧的“三一律”结构。当导演促成刘鑫与江妈见面，故事里的两个人物终于在同一时间、同一地点完成同一个戏剧行动：和解。见面真的成就了“局面”——戏剧的大局面！

整部戏剧连主角也换了。在人生事故里，杀人是主情节，陈世峰与江歌是主角，而在见面大戏里，和解是主情节，主角变成了江妈与刘鑫。

从故事到戏剧，链接点的载体发生了质变！

● 人物角色：经典的3+1戏剧结构

在《红楼梦》《三国演义》《水浒传》《西游记》四大名著中，《西游记》水平不是最高，为什么却是被国内外改编最多的作品？答案就是《西游记》有一个经典的四人结构。

有的人说，《西游记》里的四个男人，就是天下男人四种类型的模板。

《西游记》的四人结构形成一个经典的3+1模式。剧中几乎任何分类，都会形成1∶3这样的不对称张力。比如身份关系，一个师父对三个徒弟；勇敢冲动、火眼金睛，孙悟空对另外三个人；好吃懒做、吹牛可爱，猪八戒对另外三个人；老实本分、最少台词，沙和尚对另外三个人；最没本事、最爱讲道理，唐僧对另外三个人……这样的划分，可以一直持续下去。

《中国好声音》的评委也是四个人，如果它采取三男加一女的3+1的《西游记》模式，它就成功。如果它非要采取两男两女的2+2模式，那收视率就等着瞧！

江歌案也是《西游记》这种3+1的人物结构：

施害人：陈世峰。受害人：江歌、江妈、刘鑫。

死者：江歌。活着的人：刘鑫、陈世峰、江妈。

人物关系的连接人：刘鑫。陈世峰是前男友，江歌是闺蜜，江妈是闺蜜的妈妈。

行动的主导者：江妈。陈世峰、刘鑫、江歌分别是她复仇的对象、逼问的对象、慰藉的对象。

为什么江歌案可以改编成那么多故事版本？以谁为主角，以什么内容为主题，四个人可以演变出千变万化的故事。

“3+1”，最适宜改编的链接点结构！

● 她欠他，他欠她，她又欠她

在链接点的要素上，江歌案也非常具有传播性。

情杀、背叛、救赎、误解、宽恕、冤魂……疯狂的爱情、错置的友情、无法落地的亲情，一切的一切都是电影大片的传播点。

情节也是如此：本来要杀的没杀，不该出事的出事，最应回报的没报……

但江歌案真正的主题，用一个字来形容，那就是：债！

刘鑫欠陈世峰的——情债（？），陈世峰欠江歌的——血债，刘鑫欠江歌的——义债，刘鑫欠江妈的——良心债，陈世峰欠刘鑫的——幸福债。

所有的债化成江歌案的主题曲，就是：恩怨。

恩怨，是舆论江湖的主题歌。

●“事实”没有“是非”抢眼，“是非”没有“恩怨”畅销

在新闻传播里，事实是最重要的要素。

在价值传播里，是非是最重要的要素。

在故事传播里，恩怨是最重要的要素。

人们往往来不及看完整的事实，就想直接知道谁对谁错；人们往往不在意谁对谁错，而被恩恩怨怨吸引。

这是人类的可悲之处，但也是人类最真实的表现。

如何做好传播，大家都说要讲好故事，但很少有人说要讲好事实或讲好道理。

从传播力来看，故事传播当之无愧排名第一。从链接力来看，恩怨的链接点效果排名第一。

●故事传播，减弱了舆论的现实杀伤力

当一个舆论事件变成一种故事传播时，它与真实世界就有了一层看不见的膜，有了边界。

江歌案无论掀起多大的舆论风暴，它对陈世峰的判决影响甚微。

故事传播会让舆论对现实世界的杀伤力减弱，但它的传播力却会坚挺而持久。就像舞台上用鼓风机把红布条吹起的“火”，虽不能灼伤人，但“燃烧”得更加抢眼。

江歌案的故事版本还会继续，唯一令人唏嘘的是，这个故事的所有人物都是真实的存在，它比虚构的戏剧故事更悲剧！

关于江歌案最后想说的是，请大家在编各种故事的时候心存敬畏，不要忽略了故事里最悲剧的人物江歌。不仅仅因为她是唯一的冤死者，而且她也是唯一无法再说话的人。

V 舆论的转换与转移

舆论的导向是很难把控的，有时候风向一变，烧的是自己。

“山西黑砖窑事件”中，舆论的火是洪洞县警方自己点燃的。洪洞县警方解救了被黑砖窑主非法限制人身自由的“包身工”后，把这个作为公安战线的战绩向媒体进行通报，没想到报道一出来，风向变了，火朝着山西政府部门烧起来了，火势蔓延，最后烧到了省长。

舆论的导向，就是舆论的风向，就是舆论运动链接线的方向。一些人把抓舆论导向等同于舆论管控，方法就是删帖、封站、抓人，但这不是用舆论应对舆论，而是用权力管制舆论。舆论应对与应对舆论不同，舆论应对是用舆论的方式与舆论打交道，应对舆论是用非舆论的方式与舆论打交道。非舆论的方式越多，越证明自己不懂舆论规律。

舆论并不是坏的，否则，怎么有主流舆论？舆论是生活的空气，人们可以应对雾霾，但有谁听说过应对空气呢？

人们一想到舆论引导，就想到乐队的定音鼓。但舆论场不是交响乐队，它没有指挥，也不听指挥的。舆论引导不是做官样文章，或发一篇社论就可以一锤定音。一锤定音，就是舆论的终结，哪里是舆论的引导？

舆论虽然不听指挥，但舆论可以引导。只不过引导不是靠定音器或对表。你自己的工具可以统一音准，自己的队伍可以校准时间，但舆论场却不行。

舆论的运动靠的是链接点的链接，一个关注有多少链接点，就有多少运动方向。舆论的链接点就像给封闭的水箱戳洞，哪里有洞，水就从哪里流出。

真正的舆论引导是给舆论场提供链接点，并且是提供对自己有利的链接点！当舆论顺着对自己有利的链接点运动，舆论引导就成功；反过来，当舆论朝着不利于自己的链接点运动，舆论引导就失败。

但不管是成功还是失败，舆论的转换与转移就是舆论的引导。

舆论战的大兵团作战，打的是战略——舆论的转换；舆论战的短兵相接、贴身肉搏，打的则是战术——舆论的转移。舆论的转换与转移，就是舆论战的兵家必争之地。

在1944年的舆论场，郭沫若发表《甲申三百年祭》，提供了一个万众瞩目的关注对象。这个对象有非常多的链接点，毛泽东用“不做第二个李自成”这个新链接点，把舆论牢牢地链接在最有利于共产党的方向，行云流水般引导舆论，并高高地占据舆论制高点。

舆论引导靠的不是谁声音大或者权力大，而是能不能提供有利于己方的、更有吸引力的链接点。

所有的舆论反转也都是靠提供新链接点而成功，而不是听某个人的命令，用步调一致或者靠大量水军成功的，只有提出新的事实、新的证据、新的角度，才能完成对舆论的逆转。

某种意义上说，所有的舆论反转都是舆论引导，只不过引导的手是看不见的手，那就是新链接点。

舆论的反转是舆论运动的特殊形式。舆论的运动是关注在运动；舆论的转向是关注在转向。关注的转向有两种：从一个对象转换到另一个对象，即关注的转换；从一个对象的某个侧重点转移到另一个侧重点，即关注的转移。当关注的转向成为一种趋势，就是舆论的反转。用更形象的比喻来形容：一座山的山火熄灭了，另一座山的山火起来了，这叫舆论的转换；一座山的山火本来要往东边烧，但突然烧向西边，这叫舆论的转移。

舆论的转换，跟风没有关系；舆论的转移，往往跟风有关。

A城市厂房倒塌，一下子压死十几个人，市领导战战兢兢，害怕媒体的问责与舆论的放大。正当他们如临大敌准备应对媒体的时候，B城市发生大爆炸，死了几百人。媒体与舆论马上转向，A市领导心里一块石头落了地。这个时候，大爆炸才是新闻，厂房倒塌不是。A市厂房倒塌的链接点中断，新的舆论产生—— 这是舆论的转换。

某地发生特大交通事故，本来应聚焦事故本身的前因后果，但视察现场的官员表情让舆论从人员的死亡、事故的责任追问等，转移到对“微笑局长”的“人肉”搜索。舆论的链接线从车祸、官员、表情、手表一路下来，车祸事故发起的链接点没有断过，但舆论的重心被转移了。

从某种意义上说，任何一个火爆的舆论事件（包括灾害事件），客观上都帮助了一批原本有些小麻烦的丑闻、绯闻渡过难关。台湾地区一些舆论操盘手就很懂得这个道理，比如，一个丑闻拖了很久不出最后的结论，就是担心结论一出，又产生一波舆论高潮。结果等到台风大灾来时，就赶紧对丑闻做个了解。在大灾大难面前，一个丑闻就算不了什么了。

“周老虎事件”的法院审判，就不懂这个舆论规律，偏偏要等到2008年6月29日召开新闻发布会。这个时间点正好是汶川地震刚过、奥运会即将开始之前的舆论空当，结果又产生一波负面舆论。

这也是为什么说不能随便浪费舆论资源。因为舆论的探照灯照到的海面毕竟有限，一个亮了，周边的就暗了，而且舆论轻重倒置的特性，可能恰恰把最重要的东西遗忘了。反过来，作为舆论场的管理者，也不要把注意力大包大揽，分散注意力是减少负面舆情、降解社会震荡的有效手段。

舆论的转换往往要靠天意。每一次讲座讲到这个问题时，我都会半开玩笑半认真地说："很多人向我请教一旦遇到舆论麻烦，有没有办法可以脱困，我的回答很明确，当然有。最简单的方法就是马上向上天祈祷，隔壁邻居出更大的事情！"

问题是，邻居出更大的事情，这要运气，绝大多数人没有这样的运气，怎么办？

答案是：如果没办法实现舆论的转换，就想办法实现舆论的转移。如果不能断掉舆论的链接线，就想办法链接新的链接点，让舆论运动的方向转弯。

"成都女司机别车遭打事件"，最早的新闻标题大致是这样的：《成都男子拖出女司机暴打 35秒内4脚踢中脸部》。那时候遭"人肉"搜索的是男司机。直到后来，女司机别车的监控视频流出，人们恍然大悟，原来是女司机挑衅在前。新闻标题马上变成这样的：《女司机先强姿态挑衅 又以弱者面目博同情》。而新闻评论中甚至出现"文明是打出来的"的字眼，乾坤大挪移，又轮到女司机遭网友"人肉"搜索了。

打人的男司机本来在劫难逃，但新的舆论链接点如同马路上的"掉头"标志，让舆论事件的运动方向彻底掉了一个头。本来是施暴者和被打者的关系，立即被网络舆论变形为混蛋和傻子的故事："成都别车那事，混蛋打了傻子一顿，挺好的。让傻子知道这世界上有混蛋能治你，让混蛋知道这世界上有法律能治你。"

为什么舆论会出现这种逆转？就算一个是"混蛋"，一个是"傻子"，为什么网络民意似乎更同情混蛋，而一边倒地骂傻子呢？

变道是违规，打人是违法，是犯罪，但为什么一个更严重的犯罪行为比一个交通违规更能得到民意的同情和理解呢？舆论的价值判断和法律的价值判断为什么会走向彼此的反面？法律难道不该是民意的最终体现吗？当民意和法律的判断每一次出现偏差，法律人的痛苦就开始，我到底要听谁的？法律还是舆论？

法律和舆论有关联，但它们有着各自的发展规律和运行逻辑。舆论像一个顽皮的孩子，它有时候贴着法律，偶尔又站在法律的对立面，但更多的时候是和法律若即若离。千万不要将舆论与法律简单画等号，而要搞清楚舆论的怪脾气。

我们不妨先分析一下这一次舆论是怎样变脸的。

如果一个视频显示一部车连续两次违章变道，另一个视频则是一个男人暴打女人，只要他们不是同一个当事人，舆论的谴责毫无疑问是指向暴打者，这正是别车事件第一个视频流出时引发的舆论现象。违章变道视频在网络上举不胜举，都没有引发舆论围观，但暴打女司机的视频一出现，立即就引起普遍的愤怒。可见事件的第一时间，舆论的逻辑和法律的逻辑是一致的。可是当这两个视频指向同一对当事人时，舆论的车轮就出现侧翻了。各媒体的民调都显示，超七成的人都站在男司机的那一边，认为女司机挨打是活该！

产生舆论逆转的关键，是恩恩怨怨替代了是是非非。一个大是大非的打人视频，因为另一个小是小非的别车视频，构成了这样一个因果链条的恩怨故事：一个本分的男人载着妻女安分守己地开着车，突然一个蛮不讲理的女人打破了平静，她不仅违章变道，而且两次故意别车把男人逼入绝境。幼小的女儿受到惊吓，保护妻女的责任重于泰山。如果忍气吞声，就会放任女司机对其他无辜的生命进行伤害。是可忍孰不可忍，该出手时就出手，应该让一切不文明的行为付出代价……

有意思的是，当高大的父亲复仇的时候，啼哭的女孩在舆论的故事里合理地消失。她是父亲要保护的对象，怎么能让她看到父亲对一个弱女子暴力相向？

当是非判断转化为恩怨判断，舆论发生转移后，男事主就成功地从舆论的困局中脱身。

VI 舆论的脱困术：江湖恩怨法

新热点出现，新视频流出，证明舆论的转换、转移是一种立竿见影的舆论脱困术。但新的事件或事实链接点并不是你想有就有，它们的出现，毕竟要靠运气。当一个负面舆论缠身的当事人，既没有别的热点事件可以转换议题，也没有新的证据自证清白，除了束手就擒以外，还有什么解决办法吗？

舆论实战工具“江湖恩怨法”或许能破解这种舆论困局：如果条件限制，不能提供一个“新的事件”或“新的事实”链接点，能否通过提供一个“新的视角”链接点，同样可以让舆论运动转弯呢？

下面我们对三个案例进行舆论复盘，分别涉及政治圈、商业圈与娱乐圈。

政治圈：台湾“王金平关说案”

2013年9月，时任台湾地区立法机构负责人的王金平被曝为民进党党鞭柯建铭向司法部门关说，陷入舆论风暴，政治生涯岌岌可危，史称“王金平关说案”。

事实清楚，证据确凿，这就是一个是非问题。舆论质问王金平：你这样做对吗？在是非问题上，王金平无话可说。假如在美国，众议院或参议院议长就具体的案件私下打电话给司法部门，不管他说了什么，查出来就要下台。因为这就是关说司法，连暗示都不行。

是非问题的舆论战，无过错的那一方应该怎么打？很简单，用机构来打！

一个人违纪违法，应由纪检监察进行调查，司法机构组织破案，审判机关宣布判决，监狱实施惩罚。除了机构以外，任何人都不行。不仅领导不行，就是受害人也不行。一个被强奸的女孩，如果罪犯让她来判决或执行，就算该犯罪有应得，在法治社会里也不是正义。

只有机构出面，正义才有基础。对于无过错方，是非的舆论战不仅要避免当事人介入，而且应该避免所有的个人介入。具体到“王金平关说案”，马英九就算对王金平有一千个不满，一万个看不惯，都要强忍住怒火，让“有司”去处理。

一个再简单不过的黑白问题，可马英九偏偏要自己跳出来兴师问罪，大声质问：这不是“关说”，那什么是“关说”？很明显，这是眼里容不得沙子的马英九的本能反应，如果马英九懂得权力斗争和政治算计，他应该躲在后面，把别人当枪使。换了李登辉、陈水扁，他们的做法一定是悄悄把相关证据透露给有心人爆料。这样既打击了对手，又不至于引火烧身。

当马英九迫不及待跳出来后，“王金平关说案”顺理成章地就换了一个舆论主语，叫“马王之争”。“王金平关说案事件”的主体是嫌疑人与有关机构，舆论战是嫌疑人与机构的战争。换成“马王之争”，事件的主体就换成马英九与王金平，舆论战变成两个人的战争！

与马英九的傻乎乎形成鲜明对照的是王金平的老辣。王放低身段，采取“尊马拥党”的策略，他始终不打马，矛头只对准特侦组，缩小打击范围。有名嘴曾经放话，说王金平会发动万人罢免马英九。但他如果采取这种硬碰硬的做法，本来有案底在身，如何打得过马英九？

王金平的“低”其实就是舆论战战法的高，他摆出无辜的姿态，将“关说”置换为“关心”，用江湖义气模糊司法议题，对马英九以德报怨，把自己的受难解读为特侦组的滥权。尽管“国民党党部”要对他开铡，但他坚称是国民党永久的党员，决不退党，从而广泛地争取党内的同情与民意的谅解。

王金平懂弱传播！

据台湾《联合报》的民调显示：67%的民众认为撤销王金平党籍的处分过重，仅有19%认为该处分恰当；虽有33%的民众认为王金平意在“关说”，但认为他只是“关心”的却占41%；马英九虽然一再强调挥泪斩王是为了捍卫司法正义，但高达66%的民众认为这是国民党党内的政治斗争，仅有19%认同马英九。王金平的舆论战术果然四两拨千斤。

台湾地区舆论这是怎么了？犹记一年前，台湾地区的民调还把“贿选”“请托关说”及“送红包”列为民众最诟病的腐败行为。为什么面对这只涉嫌请托关说的“王老虎”，马英九的棒子刚高高举起，民意却想轻轻放下？

王金平的弱传播策略巧妙地将舆论关注的链接点从是非转到恩怨，舆论开始转弯。但为什么法律的是非问题，一变成江湖的恩怨，马英九就占下风了呢？

在台湾省人人皆知，王金平没有敌人，而马英九没有朋友。讲恩怨，没有朋友的马英九哪能打得赢没有敌人的王金平呢？那些得过王金平好处的人，那些被马英九“不粘锅”吃了闭门羹的人，这个时候联合成一股强大的力量。台湾地区舆论场纷纷耳语：人家王金平在马英九竞选台湾地区领导人时，出钱出力，等到马英九当选了，却被恩将仇报，惨遭落井下石！

这场舆论战的结局是：正义在握的马英九遍体鳞伤，民调下滑，把柄在身的王金平却转危为安，笑傲江湖！

商业圈：“农夫山泉标准门事件”

2013年，农夫山泉被指产品有害物质的限量甚至宽松于自来水标准。水的质量问题，本来是一个黑白问题。尽管质疑农夫山泉的媒体不止一家，但农夫山泉最后却只单挑了《京华时报》，指其连续27天、用67个版面批评自己，“开辟了一家媒体批评一个企业的新闻纪录”；随后有爆料称，《京华时报》与某公司合作经营桶装水的销售业务。黑白问题最后演变成一家企业和一家媒体的恩恩怨怨。

无独有偶，2015年商场舆论战第一枪，打法也是“江湖恩怨法”。

2015年1月23日，国家工商总局网监司发布《2014年下半年网络交易商品定向监测结果》，剑指淘宝。四天后，淘宝官微转发“淘宝小二”的一条微博：“我们接受神一样的存在，但我们看不懂的是，屡次抽检和报告中，不同的标准和神一样的逻辑。”并点名国家工商总局市场规范管理司司长，直言“避免黑哨对市场无比重要”。

28日上午，总局披露针对阿里巴巴的“白皮书”，指出其存在五大突出问题，告诫阿里系主要高管要克服傲慢情绪。

28日下午，淘宝在官微上发表官方声明，“针对（工商总局网监司）刘××司长在监管过程中的程序失当、情绪执法的行为”，决定向国家工商总局正式投诉。

整个事件令人吊诡的是，对淘宝发难的并非个人，而是机构。为什么淘宝要避开总局网监司这个机构，而单挑司长一个人呢？

当淘宝杠上工商总局一个司长，大戏拉开的是江湖的恩怨，还有多少人会去认真关注事件本身的是非呢？

娱乐圈：艺人文章出轨案

2014年3月28日晚20点16分，《南都娱乐周刊》主编谢晓发布了一篇微博：“为了顺利签片，我下午关机拒绝了一切人情电话。”并称“记者也拒绝了巨大的利益诱惑”，暗示周一将会有重磅消息发布。

艺人文章出轨案引发围观，众多网友纷纷在文章和姚笛的微博留言：“周一见”（《南都》为每周一出刊）。“周一见”由此成为网络热词。

艺人文章首先应对：“自己咎由自取，愿日后再不负人。”之后再@陈朝华@谢晓两位领导：“我错了，全是我一个人的错！你们都为人父母，请问何时可以结束？要玩跟我玩，别涉及任何人，我陪你！我贱命一条，陪你们到底！”情绪激动，但舆论效果一般！

厉害的是马伊琍与其父亲先后发声，其舆论脱困术堪称经典。

先说马伊琍，一句“恋爱虽易，婚姻不易，且行且珍惜”给对方留了面子，让自己形象不俗，对过去有个说法，对未来有了想象。赢得满堂喝彩！“且行且珍惜”也立即成为网络红词。

马伊琍的舆论打法叫“伤害降解法”，它出自“伤害相对论理论”。舆论的危机，往往根源于伤害，而伤害一定有受害方。舆论的降解法，首先可以做的就是降解伤害，尤其是降解最直接受害方的伤害。

外遇是有伤害的，但它最主要的是对家庭的伤害。外遇属于私生活范畴，不是公共事件。如果是公共利益事件，比如“青岛天价虾事件”，伤害的就不只是当事人，而是全体消费者，因为它挑衅了整个社会。艺人文章出轨，受伤害最大的就是马伊琍。但马伊琍宽容丈夫，寄望未来，直接把事件的伤害度大幅度下降。这一波舆论降解，至关重要。

艺人文章出轨，第二受伤的就是马伊琍的父母。欺负了女儿，老父亲是可以报复的，但马父随后发声：女婿已经认错，全家已经原谅，不想事情扩大。马父的表态，把文章外遇的伤害度降到最低限度。

可圈可点的不是马父的发声，而是他发声的方式。

马父可以向女儿发声，也可以向女婿发声，还可以向公众发声，但他选择的是向《南都娱乐周刊》两位领导——陈朝华和谢晓发声："你们这么做的目的是什么？是要逼他们夫妇离婚，还是要为民除害吗？""大凡中国家庭发生这种事，只要夫妻感情在，都会用息事宁人、包容的方法处理。""我们老夫妻俩，最后请求你们放过我们家，放过我们的孩子。"

马父的这个舆论战打法非常妙，把自己与陈朝华、谢晓当成事件主角，轻松把文章、马伊琍、姚笛边缘化。更重要的是，婚外情本来也是一个黑白问题，经过马父对陈、谢二人"想干什么"的追问，是非问题变成马家和陈、谢之间的恩怨。一边是不顾当事人家庭已经谅解、宁愿往伤口撒盐也要坚持新闻专业主义的媒体领导，另一边是忍辱负重、无论如何都要保护家庭幸福的老父亲。舆论支持谁？显而易见！

在是非问题上，对真相穷追不舍的媒体人，占据正义的舆论制高点。但在恩怨问题上，一个为了发行量不顾当事人家庭感受的媒体就可能被指冷血，而一下子丧失正义高地。

马家父女应对舆论战策略之高，令人叹为观止。

事实有对错，恩怨无是非。三个案例，从政战到商战，再到娱乐圈，舆论的注意力毫不犹豫放弃了黑白，选择了恩怨。

快意恩仇是舆论江湖的主题歌。是非属于道理，道理谁不懂，谁要听你说？可是恩怨有故事，故事谁不爱听呢？

骨子里对江湖的喜爱，已经成为中国人的文化基因。为什么金庸红遍整个华人圈，在欧美却不太红？欧美人很难理解金庸小说中的英雄，他们大多杀人如麻，按照法治社会，枪毙他们数次都没问题。这些好汉大多"是非不分"，不管是正教还是魔教，只要你救过我，就是好人，我就可以帮你杀人。这些在法律上的杀人犯，因为有情有义，成为男人的偶像、女人的最爱。

舆论的逻辑和艺术的逻辑非常相似，快意恩仇往往超过是非分明。法律严格禁止动用私刑，一个坏蛋杀了某人父亲，即使他是法官，也要回避，即使他是法警，也不能让他执行死刑，这就是法律的正义。但在《基督山伯爵》中，英雄最大的理想就是向仇人复仇，给恩人报恩。无论是中国功夫还是美国大片，电影的高潮，往往就是复仇者与大坏蛋的生死对决。如果换成复仇者文质彬彬地对恶棍说："根据当事人回避原则，我请我的同事将你绳之以法。"这样弱爆了的电影，谁看呀？

舆论的江湖规则讲的是情义，而不是黑白。当你陷入舆论漩涡的时候，将是非变成恩怨，是一种可行的舆论脱困方法；反过来，如果对方无理，试图用"是非"变成"恩怨"来脱困，你就不能傻乎乎跟到"恩怨"里，而要想办法回到"是非"上来解决。舆论这种不问是非、只爱恩仇的逻辑，很容易被人为操作，这就是舆论的特性，你没法指责它，你只能适应它、运用它，从而改变它。

也许读者会问，你这不是让我们对舆论绝望吗？不！舆论重恩仇轻是非的逻辑，并不是没有条件，没有底线。回到"成都别车事件"中，女司机的违章变道，固然让男司机修理女司机有了恩怨的理由，但男司机如果将女司机直接打死，抑或是捅刀子、脱裤子、泼硫酸，你看一看舆论又会往哪边倒。

舆论就是这么奇妙的东西，你以为它离正义很近，有时候却很远，你以为它离正义很远，有时候却很近，甚至它本身就是正义！

特别要强调的是，舆论的参与者必须对正义心存敬畏，读懂舆论的脱困术与江湖恩怨法并不能为所欲为，如果一意孤行不惜玩火，甚至居心叵测、不怀好意，搬起石头的结果就是砸自己的脚！

同时，善良的人们要擦亮自己的眼睛，洞察舆论背后的真相与手段，不被舆论的障眼法所蒙蔽。

VII 舆论的降解

舆论的降解是舆论运动的另一种趋势，与之相对的就是舆论的激聚。

降解的概念源于自然科学，指的是聚合物在相关外界因素作用下，发生了分子链的无规则断裂、侧基和低分子的消除反应，致使聚合度和相对分子质量下降。

舆论的降解与之类似，关注链接点的断裂及关注比例的下降就是舆论的降解。

聚合度下降可以是分子的减少，也可以是分母的增加，所以舆论的降解有一种方法就是“平衡舆论法”，即如果没有办法减少或转移对自己不利的链接点，就通过增加相关链接点的方式，相对地稀释对自己不利的舆论。表面上是增加选项，平衡报道，其实就是稀释舆论。

还有一种稀释舆论的方法是舆论归因多元法。负面事件的当事人最忌讳把全部或主要的责任归于他一个人身上。比如，西安交大博士生杨宝德自杀，其女友将杨自杀的原因70%归因于杨宝德的博士生导师，导致舆论对该博导“人肉”。假如一个负面事件，最后舆论的归因出现多元，找不到一个“冤大头”，这也是另一种意义的舆论降解。舆论监督事件最害怕电视主持人语重心长地说：“我们呼吁全社会重视……”“希望有关部门……”“应该齐抓共管……”这就意味着该事情没多大希望解决。全社会重视就是没人重视；有关部门解决就是没有部门解决；齐抓共管就是没有人在抓，没单位在管。

俗话说冤有头债有主，如果一个舆论事件冤有多头，或债不知其主，大都不了了之。“责任多因法”或“责任不确定法”，都是舆论降解的方法。

自然科学有一种观点认为，降解物最终要被分解成二氧化碳和水才能称为降解。它对舆论战的启示就是：将有害变成无害才是真正的降解。一个负面舆论不需要减少它的分贝，也不需要转换或转移链接点，更不是被动地靠稀释或不确定来降低负面评价，而只要把负面舆论变成无害舆论就可以了。

狭义的舆论降解指的就是将负面舆论变成无害舆论的过程。

大自然对有害物质的降解，往往要几十年、几百年甚至成千上万年。有害变无害的降解过程何其漫长。同理，负面舆论变无害舆论的降解也是异常困难的，它极端地考验负面舆论当事人的舆论智慧。

遇到负面舆论，如果不能一劳永逸地采取舆论转换法，人们就会想到舆论转移法，但如果转换与转移都不行，就会被迫采取舆论归因多元法进行稀释。

问题是：如果上述方法都不行怎么办？

唯一的解套方法，就是狭义的舆论降解法。这是硬碰硬地打舆论正面战，不过这个正面战不是为了打击、消灭敌人，而是化敌为友，或者化敌为路人。这也是舆论战水平最高的超限战，我将这种需要“超人”的舆论战法，称为“舆论碳水法”，意思是把有毒的舆论，变成像二氧化碳与水那样的无毒物。

在本章第二节“舆论的激聚”里，作者提出过“丢石头”的舆论实战工具，即如何丢一块石头让平静的湖面泛起舆论的涟漪。其实，舆论的“石头理论系”还有一个“舆论的放石头”工具，即如何放一块石头让流淌的河流激起舆论的浪花。

“庆安事件”揭出某官员亲戚吃空饷后，北外教师乔木联想起明星何炅也长期具有该校编制却未上班，便在网上提出质疑：何炅是否也涉嫌吃空饷？一直以来，何炅的生活像一条按着惯性流淌的河流，直到乔木给他放了一块大石头，由此引发轩然大波的“何炅吃空饷事件”。

乔木虽然是舆论事件的挑起者，但一直都控制着底线，就事论事。何炅虽然是舆论的受伤者，但这一次也因祸得福，验证了他平时的好口碑与好人缘。两人此前没有个人恩怨，不是蓄谋已久，没有置人于死地的动机，也没有死缠烂打的倾向，这就为舆论的脱困创造了良好的前提。

事件刚发生时，我就给研究生们发了这样一条微信：“各位同学，‘何炅吃空饷事件’是一个典型的明星舆论困局。假如你们是何炅的舆论顾问，请思考，如何帮他应对这场舆论战？下堂课，我们将在‘舆论的降解法’这一讲中，讨论这个案例。虽然我还没有教你们‘舆论的降解法’相关分析工具和解释工具，但是你们可以通过之前我教过的其他舆论工具，先进行推导。老师当然也准备了一套方案，到时候一起比稿。”

舆论有激聚，就需要降解。有良心的舆论传播者都应该希望河流碰到石头不要出现漩涡，而是激起漂亮的浪花。那些唯恐天下不乱的舆论传播者是我不齿的对象，所以我对我的研究生特别强调伦理底线。因为舆论是工具，也是武器，可以帮人，也可以杀人，掌握舆论利器的人尤其要谦卑和悲悯，追求善意传播。

我在中国微信500强等朋友圈里提及这个模拟教学，各地很多朋友表示了好奇，希望可以旁听这堂课。既然有那么多的人关心这个事件，而且每个人都有可能碰到这样那样的舆论困局，教人“舆论脱困”比教人“舆论攻击”更适合公开传播。在这里不妨把我的思考向大家请教，就算是“舆论学方法论”课程的一次公开教学。

一般来说，“舆论脱困术”有四类方法：舆论转换法、舆论转移法、舆论稀释法、舆论降解（分解）法。我们一个个来比对。

●第一类脱困术：舆论转换法

负面事件的脱困首选是舆论转换法，如果舆论主体开始关注另一个对象，原来的链接点自然断裂，这样的舆论转换可以一劳永逸地解决问题。但这个方法显然对何炅不适用，他在娱乐圈人气极高，粉丝数量也是千万级的，要什么样的热点才能够压得住他的风头？我想大约只有这几类可能：重大政治事件、重大自然灾害、严重伤亡事故、极端暴恐事件、更恶劣的娱乐圈负面事件。这些都是极小概率的事件，而且那段时间也没有发生。

名气在事业上是优良的资产，在负面舆论上却是负资产。何炅的吃空饷事件可能客观地帮助了其他负面事件暗度陈仓，但何炅的名气却帮不了自己，反而被名气所累。

●第二类脱困术：舆论的转移

在不能进行舆论的转换的情况下，排位第二的方法是进行舆论的转移。如果能够提供新的链接点，使得人们的注意力从负面情绪点转移出来，同样可以达到脱困的目的。

从事件的复盘看，何炅选择了“舆论转移法”，请看他的第一次回应。微博全文如下：

> 我1997年毕业，留校任职到今天，学校前后安排的不同岗位的工作都努力做好。从18岁入学成为北外人，这么多年的感情和责任，初心不曾改变，只要我的存在能为北外增添一点光彩，为学生奉献一点力量，我都愿意，从来都是！抱歉让大家费心了，谢谢大家。

何炅的第一次回应，明显在进行舆论的转移。他提到了感情、责任、初心、增添光彩、奉献力量……就是没有提吃空饷。这样链接点太空泛，没有新的事实证据，没有特殊的表达，没有受众更感兴趣的话题，自然没有办法将人们的兴趣从吃空饷这个链接点转移出去，这样的回应是没办法化解危机的，反而加剧了舆论的不安情绪，迫使何炅进一步应对。

下面是他的第二次回应：

> 从2007年调整岗位开始我的工资都是返还学校的，没有再拿过一分钱，也从没有以北外教师名义在外谋取私利。原本希望北外以我为荣，如果我留下让学校受争议我可以离开。不在编也会为母校继续尽心尽责，我永远是北外人！

第二次回应明显比第一次好很多，仍然采取的是舆论转移法。

第一，第二次声明提供了新的事实链接点：“2007年调整岗位开始我的工资都是返还学校的，没有再拿过一分钱。”

不过，这个新链接点还是不能把受众的注意力从吃空饷的链接点转移出去，舆论会问：2007年后没有拿钱，那么，2007年前拿了没？如果拿了，算不算吃空饷？

我一再强调，要么别写声明，要么就一锤定音，止纷息争，否则，所有的声明都是提供了新的链接点，让舆论升温。写声明，千万不要再留白，一留白就给人更多的新链接点，把舆论继续炒热。只写2007年之后的行为，而对1997年毕业到2007年之间的信息只字不提，这样的声明根本就不能出笼。就好比一个女生逼问彻夜未归的男友到底去哪里了，如果男生这样回答：我深夜一点前都在男同事家打牌呀。女生最本能的反应就是：那深夜一点以后呢？

第二，第二次声明提供了新的话题链接点：辞职。

这属于舆论止血法，不过只是中止了舆论进一步发酵，吃空饷这个伤口还是暴露在外。辞职只表明以后吃不吃空饷都没了可能，而且为过去付出了代价，对舆论做出回应值得肯定，但仍然没有解答自己到底有没有吃空饷的舆论困惑。

第三，第二次声明提出了新的表述："原本希望北外以我为荣。"

这是一个糟糕的回应，新的表述的确创造了新的链接点，但对何炅的形象没有加分，而是减分。实事求是地说，这句话本身没错，何炅的确值得母校以他为荣。北外可以为培养了优秀的外交官为荣，也可以为培养了优秀的主持人为荣。但舆论的弱传播告诉我们，自己说自己好是非常容易起反效果的，哪怕它是事实。这种把自己的地位看得过重的表述是反弱传播的。作为学生，正确的表达应是自己"以母校为荣"，而类似"母校以学生为荣"的表述更应该出自校方。如果学生非要表达"母校以自己为荣"，只能用于宣誓承诺，否则，不管他是总统还是诺贝尔奖得主，都会遭到舆论的吐槽。

第四，第二次声明抢占了一个舆论制高点："我永远是北外人！"

这个制高点本身没有问题，但制高点必须有基石，否则，就会悬空。只是呼口号是没有用的，它不能解决人们对吃空饷的疑虑。舆论的制高点很重要，但并不是可以"包治百病"的灵丹妙药。

两次声明，何炅都尝试用舆论转移法改变舆论运动的导向，可惜都没有成功。舆论的"石头理论系"中的"舆论的放石头"工具，可以很好地分析何炅的舆论困境。

何炅的河流是被乔木放的石头才激起浪花的。因此，首先要搞清楚那块石头是什么。

石头就是吃空饷。一个字概括：钱！空饷就是钱，钱的问题必须用钱来回应，否则，舆论仍然有所期待。但何炅的回应一直避免谈钱，他试图从这块石头绕过去，来模糊处理危机。可是就算绕过了石头，石头仍然在那里，舆论的浪花还是会被一波波地激起，产生一个个新的漩涡。

何炅其实还有一个方法，就是把这块石头搬走，搬走石头的方法，就是要用钱来回答钱，归结为一个动作：要不要退钱?

何炅面临着两难的困局：第一种，坚持不退钱，那么，他就要负举证责任，证明自己的确为母校付出了足够的工作时间，做了很多事，而且这些事符合教师身份与职责，符合国家与学校管理规定，并且有详实的在岗记录。但这个方法不可行，有些事可以做，却不可以说。就好比夫妻吵架，当一方历数自己对另一方的种种付出时，都不会有好结果，甚至会造成新的伤害。况且该事件时间跨度漫长，举证难度极大。第二种，退钱了事，这些钱相对于何炅的收入来看，可以忽略不计，所以数额不是问题。但这种处理方式更不能做，一旦退钱，就等于承认了对方的指控，坐实了自己的不清白。

何炅似乎没办法用钱来处理钱的问题，没办法搬走乔木放下的石头。他只能在那块石头边绕来绕去，但绕来绕去的舆论转移法并没有奏效。石头还在那里，如鲠在喉!

他似乎还有第三种选择，那就是舆论稀释法。

●第三类脱困术：舆论稀释法

在无法改变、转移舆论关注点的前提下，舆论稀释法通过增加负面新闻分母的基数，降低对分子的关注比例。

问题是何炅的粉丝不会答应，他们对偶像的受辱群情激奋，爱之心切，做不到和稀泥式的息事宁人，他们要为偶像讨一个公道！树欲静而风不止，何炅没有退路。

舆论脱困术的前三种方法检讨下来，要么用不了，要么用不好，要么没法用。何炅进退失据、左右为难，唯一的方法似乎就是等待时间的治愈，靠熬时间来平复舆论。

事实上，何炅最后选择的就是时间疗法。相对而言，吃空饷毕竟不是大事，即便是真的，也不会伤筋动骨。

但何炅真的没有招了吗？答案当然不是。

让我们回到“石头理论系”的“舆论的放石头”工具，其实何炅还有第四种选择。如果第一种选择是绕过石头，第二种选择是搬石头，第三种选择是不理石头，第四种选择就是漫过石头。

如果乔木放的石头被何炅的河流漫过去，乔木的石头就变成了何炅的河床，石头仍在，但浪花不再!

漫过石头，不就是舆论制高点吗？何炅不是做过了吗？

何炅原来占据道德的制高点，是悬空的舆论制高点。钱那块石头还堵在那里，浪花依旧。而漫过石头的舆论制高点，必须以石头为基础，水流是贴着石头而过的，而且水势要极大，漫过去以后，水平如镜，看不见石头。

这就是第四类舆论脱困术：舆论降解（分解）法。

●第四类脱困术：舆论降解（分解）法

狭义的舆论降解法，就是舆论分解法，目的是要把有害的关注点分解为无害的关注点。

“何炅吃空饷事件”归根结底，还是要直面“吃空饷”这块石头，要用钱来处理钱的问题。但前面已经详细分析过了，无论是退钱还是不退钱，都是无解。这时候，我们必须换一个思路来思考，一个系统无法解决的问题放到另一个系统或许能够迎刃而解。

在钱这个问题上，其实古今中外都有两个系统，一个是道理系统，另一个是情感系统。市无二价、公买公卖、亲兄弟明算账、礼轻情意重、生意不成情意在……这些成语或谚语都表明人们在计算金钱的时候，既可以用道理系统，也可以用情感系统。即便是具体的欠钱还钱，也有情债这一说。人们常说，要算金钱账，也要算情感账，还钱、还债、还人情都是一个动词：还。

把道理与情感两个系统一区分，就清楚了：陷何炅于两难困局的一直是道理这个系统。道理系统要分清是非，但他与母校的工作契约却属于灰色地带，合情未必合理。在道理这个系统谈钱，对何炅来说永远是死胡同，因为道理这个系统只有是非。不过，即便是乔木针对何炅吃空饷也没有上纲上线，他并没有说何炅不该拿工资，只是追问这算不算吃空饷？他要的就是一个说法。

何炅舆论脱困的唯一路径就是把道理系统切换到情感系统。

也许有人问，之前他不是一直在这样做吗，谈他与母校的情感？

何炅的切换不是切换系统，而是切换问题。他依旧在回避钱，只谈情。在道理这个系统谈钱解决不了，就换一个情感系统不谈钱。可是，这样仍然没有解决钱这块石头，属于绕开石头，而不是漫过石头。要记住，切换系统和切换问题有本质的区别，不是从钱的问题换成情的问题，而是从道理这个系统谈钱，切换到情感这个系统谈钱。切换的目的，不是回避钱，而恰恰是直面钱。钱这块石头是绕不开的，所以必须直面，只是用水漫过去。

一旦切换到情感这个系统谈钱，钱这块石头就不再是让何炅左右为难的拦路虎，而是他抢占舆论制高点最好的基石，原因就一个：情感系统的舆论标准不再是“是非”，而是“强弱”。

早在何炅事件刚发生时，我就模拟他的身份写了一份应对声明稿，全文附下，供大家批评：

也许是因为挚爱，也许是因为纠结，也许是因为模糊，也许是因为误解……也许是因为一切的也许，我的一个小小的身份引发了母校的困扰和社会的争议，巨大的不安让我意识到，争论只会加剧对立和伤害。目前，我能够想到的最好的办法，就是立即辞去北外的教师身份，尽管我对这个身份有自己的理解和一万个不舍。

辞去教职解决了以后的问题，但仍然留下了对过去的困惑。因此，我决定把毕业以后所有从北外领到的工资连同利息，全部捐给母校—— 打住，“捐”这个字眼，是我个人的理解，未必是所有人的认同，那就把它改成“还”吧，我愿意把毕业后所有从北外领到的工资连同利息全部“还给”母校。无论如何，一个人一生当中，总有某些人是你一定会欠她的，比如母亲，比如母校，你永远还不清她的债。过去，我一直在还，现在，请允许我继续还吧。

此外，我愿意将上述工资连同利息，按照一比一的比例，再捐同样的钱给母校，为所有需要帮助的学生提供奖学金—— 现在可以放心地说“捐”了吧！其实，这一部分钱仍然是“还”，作为曾经的北外教师，我没有用更多的时间来陪同学们，是我欠他们的，尽管金钱买不了时间，但总可以帮助他们一点点吧。

我真诚地感谢乔木老师，感谢所有的批评者，感谢粉丝，感谢你们善意地提醒我：模糊的事情尽量少做，正确的事情尽快去做。现在就开始，永远去努力！

我原来以为，人生最值得骄傲的身份是当母校的员工。现在我明白了，人生最美好的身份是做母校的义工，我愿意做母校永远的义工……

对这个声明，需要特别说明几点：

第一，每个人的声明都有自己的特点，有自己的用词习惯与表达方式。这只是我模拟当事人的身份，站在他的立场，代入自己对母校的情感撰写的，目的就是提供大家一个讨论的模板。

第二，也许有人会认为，你这些设计是不是鼓励虚情假意？我的答案是：否！从目前掌握的各种信息来看，上述的话，即使不是何炅的本意，也基本符合他的初心。从后来包括乔木在内的舆论各方对何炅也没有苛责，可以看出何炅对母校的情感是真情实意的。

第三，也许还有人认为，这样的设计是不是模糊了是非，鼓励了虚伪？对此我不敢苟同，该事件一开始就可以定义为合情不合理，如果既不合情也不合理，何炅是很难全身而退的。此外，如果该舆论事件能这样平息，是皆大欢喜的：对于乔木老师，由于他放了一块石头，社会的秩序得到了尊重，人心不再难平；对于北外，她得到一笔捐助，虽然少了一个员工，却得到一个义工；对于社会，挤压了灰色地带，发扬了反哺情结。

第四，目前社会的戾气太重，为什么不鼓励善意的传播呢？许多明星的负面新闻不断，给社会很不好的示范作用。如果一个明星愿意追求正确的价值观，为什么不乐见其成呢？善意传播可以让道理更加明白，让情感更加真挚！让人们明白，情感对的事情，道理未必对。回归道理后，也别忘追求情感。

第五，所有的声明都是修辞，代替不了真情实感。如果一个人只有修辞，没有真情实感，再花言巧语的修辞也会被人戳穿，终将被人唾弃！

第六，仅仅依靠真情实感是不够的，否则，所有的传播学、舆论学，只要教“真情实感”四个字就可以了。现实世界中多少父子情深，最后反目为仇？多少夫妻情切，最后遍体鳞伤？伤害你最深的人往往是最爱你的人，而世界上非常多的悲剧，都是好人干的。俯拾即是的惨痛案例提醒我们，我们不仅需要真情实感，也要学习更好地传播。

第七，舆论的脱困术不是对所有人有效。如果是十恶不赦的坏蛋，无论使用什么修辞、什么舆论工具，都无法最终脱困，他们会永远被钉在舆论的耻辱柱上，无法解脱，无法超度！

第八，这些舆论工具会不会被坏分子所利用？答案也是否定的。舆论最可怕的武器，比如舆论的核武器，舆论的大规模杀伤性武器，还有舆论的化学武器，本书都有意屏蔽了，目的就是不要被舆论的恐怖分子所利用。即便坏分子使用舆论作恶，人们也可以通过学习后，一下子鉴别出来，识破其舆论伎俩。

本书的初衷是帮助大家学习运用舆论这把菜刀，来做好舆论这道菜。菜刀的价值在于做菜！如果真的有坏蛋用菜刀“砍人”，难道这个世界就不生产菜刀吗?

更重要的是，作为好人，我们为什么不能比坏人更好地学习弱传播呢？由此，更懂得看穿假的传播，更能够应对恶的传播，更有效地推动善的传播。

好人先学弱传播！

本章小结

研究舆论的运动，就是要探讨舆论忽生忽死、忽大忽小、忽东忽西的问题。舆论的运动律就是舆论的发生、增大、变小、转换、转移和终结的变化规律。它由舆论运动的区隔律、链接律与粒母律三大律构成。

舆论运动的第一律是区隔律，指舆论的关注是在区隔中产生出来的，它天然向着与众不同的相对物方向运动。

舆论运动的第二律是链接律，指如果A关注与B关注有链接联系，A关注与C关注有链接联系，则B关注与C关注也存在着链接联系，A关注、B关注和C关注属于拥有共同关注的同一个舆论，由此形成关注聚集。

舆论运动的第三律是粒母律，指舆论的运动速度、规模与半径都和舆论本体的传播因子有关，但传播因子的传播能力不是由内部的传播信息（信息基因）决定的，而是由外部的舆论刺突决定的。不同的链接点与不同的表情包，组合为不同的舆论刺突，构成不同类型的传播粒母（传播基因），形成舆论运动的不同模式。

舆论的本体是关注，舆论的运动就是关注的运动。关注的产生、增加、减少、转换、转移、终结、复活，就是舆论运动的不同方式。所有的舆论战，其实都是在想方设法改变关注的运动方式或运动状态，都是在围绕关注这个光标做文章。

舆论的运动律催生了舆论战的两个实战工具：舆论的激聚术与舆论的降解法。舆论激聚术，就是刺激“关注”突然产生与快速壮大的舆论方法论。秘诀就是“出列”，只有从队列中向前三步走，才能凸显出来。要害是向前三步走，而不是向前百步走，百步走就“出格”了。“出列”与“出格”的区别在于是在画框里还是在画框外。出列仍然属于原来的队伍，出格就是两个不同的队伍。一个是凸显，另一个是对立。一些舆论炒作为什么让人们反感，就是因为走向了“出格”的恶俗。

舆论的“单车理论”也好，“盖楼理论”也好，都是通过间隔的方式，运用人们的关注更容易向与众不同的方向运动的原理，实现关注的激聚。反过来，舆论的激聚术也是舆论的降解法，用“单车理论”与“盖楼理论”逆向操作，就可以实现舆论的降解。

舆论的运动是通过关注的链接实现的。舆论运动能量的增减，表现在关注链接的增加与减少，舆论运动方向的改变，表现在关注链接的转换与转移。链接是舆论运动的形式，也决定着舆论运动的方向。

无论是“丢石头理论”，还是“放石头理论”，无论是江湖恩怨法，还是舆论归因法，都是在链接点上做文章。

舆论运动律对现实的指导最直接的就是三个：如何走红，如何脱困，以及如何引导舆论。

如何走红？舆论的传播能力，既与舆论客体的链接点数量相关，也与舆论表达的表情包质量相关。没有链接点的舆论客体，很难传播。缺乏刺激人们表达欲的表情包，传播力有限。

如何脱困？一个负面舆论事件，当事人的每一个反应，都是在创造新的链接，如果这个链接不能把链接的接龙终止下来，每一次当事人的回应都是扩大了舆论。一个事件要不要回应，如何回应，答案都在链接上找。

舆论的脱困术有四种类型：

第一类脱困术：舆论转换法。

负面事件的脱困首选是舆论转换法，如果舆论主体开始关注另一个对象，原来的链接点自然断裂，这样的舆论转换可以一劳永逸地解决问题。

第二类脱困术：舆论转移法。

在不能进行舆论转换的情况下，排位第二的方法是进行舆论的转移。如果能够提供新的链接点，使得人们的注意力从负面情绪点转移出来，同样可以达到脱困的目的。

第三类脱困术：舆论稀释法。

在无法改变、转移舆论关注点的前提下，舆论稀释法通过增加负面新闻分母的基数，降低对分子的关注比例。

第四类脱困术：舆论降解（分解）法。

狭义的舆论降解法，就是舆论分解法，目的是要把有害的关注点分解为无害的关注点。我称之为“舆论碳水法”，意思是把有毒的舆论变成像二氧化碳与水那样的无毒物。

如何进行舆论引导？人们一想到舆论引导，就想到乐队的定音鼓。但舆论场不是交响乐队，它没有指挥，也不听指挥的。真正的舆论引导是给舆论场提供链接点，并且是提供对自己有利的链接点！当舆论顺着对自己有利的链接点运动，舆论引导就成功；反过来，当舆论朝着不利于自己的链接点运动，舆论引导就失败。

附录

谁是中国最有互联网思维的大学

导读：

谁是中国最有互联网思维的大学？一千个人心中可能有一千种答案。而厦门大学新闻传播学院教授邹振东则认为，厦门大学当之无愧。他从互联网的几个维度做了一次分析。

●免费——怎么可以吃饭也免费

互联网思维第一要义就是免费。厦门大学，在这点上可谓贯彻到底，连米饭也可以免费。厦大学生只要拿校园卡往读卡器一刷，稀饭和干饭，想吃多少都免费。不仅吃饭免费，菜汤也免费。再穷的学生在厦大不仅读得起大学（免学费），而且绝不会饿肚子。几十年前，我读大学的时候还没有这个福利。班上有学生早上买10个馒头，中午和晚上就不再买饭买菜了，现在好了，连馒头的钱也不用付了，吃饭管饱，还有菜汤。需要说明的是，这种特权只属于学生，教师没有。

校园里还为学生提供免费的矿泉水和免费的厕纸。这样，最基本的吃喝拉撒都不用花什么钱了。免费提供厕纸，不怕有人偷吗？在美国，每一个公共厕所都有免费的厕纸，有谁偷呢？据说校长此举是希望所有来厦大读书的农村孩子，不仅在大学学到知识，还感受文明，他们毕业了，就会想：什么时候能够让自己家的农村公共厕所也能够用上免费的厕纸？只要培养出一个立志改造家乡的学生，厕纸的投资就值！

校园还提供几千部免费的自行车，从图书馆到食堂、宿舍，这些叫“小绿”的自行车没有锁，学生随时可骑，不用租借，只是不可以骑出校园。下雨了，没关系，图书馆的雨伞免费借。考虑到现在学生有手机、相机、电脑等贵重物品，所以学校免费给每个学生配备保险柜。这样不仅吃喝拉撒免费，连行得方便，住得安全，都贴心考虑了。

●得“屌丝”得天下——对学生比对老师更好

我重返厦大当老师，第一次用校园卡到食堂吃饭，明明标价是8块钱，刷出来的数字却是9块6。我以为是机器有问题，但接下来每一次刷卡，跳出来的数字都比标价高，一问才知道，我们拿的校园卡和学生的不一样。教师的校园卡，不仅没有什么特权，反而在食堂消费要比学生卡多付20%。厦大虽然也有教工食堂，但是自助餐，起价就是20块钱。想便宜一点，可以到公共食堂，但对不起，要比学生多付钱。

学校里谁是“屌丝”，当然是学生。但是在厦大，学生很多地方比老师更优惠。游泳馆，周一到周五只对学生开放，周末教师要去，对不起，学生2块钱，教师5块钱；高尔夫练习场也是，只有周末对老师开放，同样，打一盒球，学生2块钱，老师5块钱。而高尔夫球培训课，学生免费。

我唯一感受到教师的校园卡比学生的校园卡优越的是在图书馆借书，本科生普通外借图书的借期是30天，教师和研究生是60天，但2015年3月23日厦大图书馆公告调整借阅规则：“本科生普通外借图书的借期由30天调整为60天，满50天后可续借一次30天，与教师和研究生一致。”这彻底击碎了我对教师校园卡仅存的优越感。

每一次到食堂刷卡，看到刷出来的数字都比标价要高，心里都会跳一下，但暗暗地还是会竖起大拇指—— 一个敢于公开对学生比对教师还要贴心的学校，真应该为她点赞！

得“屌丝”者得天下。全中国高校没学生，厦大都会有学生！

●极致——超出客户（学生）的预期

本科生4人一间房，硕士生2人一间，博士生1人一间。厦大在全国高校最早给学生安装空调，到现在差不多已到更新期，目前在全部更换新空调，只要有条件的宿舍，一律安装淋浴热水器，宿舍楼有洗衣机。相当一部分比例的学生宿舍都是海景房。有些助教哭了，他们租的房子，还不如学生。

翔安校区五星级图书馆，今年开始向学生免费出借电子书阅读器kindle。同样五星级的还有太阳能恒温游泳池。高大上啊！

厦大新闻传播学院大堂有一架钢琴，我以为是新闻学院独家，后来才知道，厦大在很多公共空间都放了钢琴，方便学生们可以随时弹一曲。许多不是音乐课的教室也放置钢琴，甚至是三角钢琴。我上通识课所在的教室，上课前就可以让同学即兴弹一曲，然后老师再来讲哲学、文学或者经济学。

厦大追求极致是有传统的。“止于至善”的校训，翻译过来，就是追求极致。

厦门大学1921年建校，1922年7月，在福州、上海等7地同时招生，仅录取新生152名。可是你看厦大的历史建筑布局，就可以感受到陈嘉庚当时的气魄。陈嘉庚对厦门大学的校园蓝图和远景规模是这样设想的："面积数千亩校园，可容纳自全国各省和东南亚各地的学生数万人，而操场越大越好，本校或本省开运动会时，可容纳十数万观众。"

每一次读到这段文字，我对嘉庚先生的崇拜就如滔滔江水。嘉庚先生，你怎么知道70年后，中国高校都要扩招，校园会不够用?

无独有偶，20世纪50年代初，陈嘉庚的女婿李光前捐建厦门大学南大礼堂，设计座位可容纳5000人，成为当时全中国最大的单体礼堂。那个时候，人民大会堂还没有建呀！要知道当时厦大学生一年才招700多人，光前先生，你怎么也知道，40年后，中国高校都要扩招呢?

有人会说，看来厦大是土豪呀，有钱就任性，难怪有人批你们是贵族办学。其实，做到极致，并不是厦大特别有钱，厦大也没有多收学生一分钱学费，重要的不是钱多钱少，而是怎样分配手中的钱。调进厦大，我就听到不少教师抱怨，厦大教师的待遇不太好。朱崇实校长在欢迎新教师入职时也说："我知道我对教师的欠账很多，所以每一次测评，学生满意度越来越好，教师满意度却逐年下降。因为钱有限，要把钱先花在学生上，花在教学上，花在基础设施上，请老师们理解。"

朱校长欠我们老师的，他懂!

●需求（刚需）——为学生服务

学生想什么，什么就是刚需。

厦大教授必须给本科生上课，这是刚性要求，否则，博士生再多，学问做再好，科研成果再优秀，考核还是不及格。厦大不允许出现这样的现象：本科生大学四年，见不到教授，只有助教讲师给本科生上课。

厦大给每一个本科生都配指导老师，指导老师为此有一小笔补贴，可以喝咖啡，但这是老师请同学喝咖啡的钱，不能挪用。

厦大让有条件的每一个学院都设咖啡屋或者茶室，除了老师可以在这里进行学术交流，最重要的是，可以有空间让老师和学生一起喝咖啡教学相长。

所有的安排只有一个目的，不能让学生见不到老师，见不到教授!

学生不仅要见到教授，还要见到校长。厦大每一个月要安排校长和学生代表共进早餐，在全校范围内邀约20名本科生，挑选学生的方法不是辅导员、团委书记推荐，而是网络报名进行抽签。

最近的一次校长和学生共进早餐，有一个校园新铺石板路的争议。下面是关于这个故事的报道：

> 要求匿名的爆料学生说，昨天他们到达集合地点后，朱崇实也骑着他那辆二八自行车到了。随后，他邀请学生在早餐会之前和他一起骑行石板路。学生们说，骑车的老师不只校长，还有学生处、团委的负责人。
>
> 这一特殊的骑行队伍骑了厦大的三段石板路，从学生们抱怨最多的芙蓉路开始，接着到群贤路，最后还到厦大年代比较久远的石板路——国光路逛了一圈。
>
> 随后在例行的早餐会上，朱崇实开门见山，直奔石板路话题而去。
>
> 朱崇实说，他收到学生写的邮件抱怨说，学校新修的石板路颠得自行车快散架了。有的则说，骑完芙蓉路，放在自行车篮子的快餐全被颠出快餐盒外。
>
> 在骑行后，朱崇实问学生：是不是颠到已经无法忍受的地步？难道那三五百米的距离，就让人这样无法忍受？
>
> 有学生写信说：以后迟到就不要怪我哦！但朱崇实明确回复：不要把迟到怪罪到石板路上！
>
> 朱崇实意味深长地说："学校对于学生永远是最宽容的，但是，如果把宽容当成任性，当你到社会上，还是一味任性，不理智的话，可能会吃亏，甚至摔得鼻青脸肿……"

但新闻报道好多天后，我看到有工人在石板路上把凸出的石块凿平。

教育学生不能为迟到找借口，但不平的路，还是要整平。

●一切以用户为中心——爱学生的传统

对学生好，没有理由，只有细节。

经济学院的教授回忆当时考研究生的时候，他们的老师送货上门，轮流到学生宿舍的走廊，搬一个板凳，坐在那里方便学生随时提问，一时没有学生提问，就自己看书。"这样的风景永远留在我的脑海里。"陷入回忆的教授，泪光闪动。

厦大1964级学生王泉生回忆，他当时参加学生会俱乐部工作，国庆活动要经费，听说凡是钱都要校长批，就和同学去找了王校长。"学生活动要钱怎么可以直接找校长？”秘书挡住了他们。王校长闻声出来，和善地问明缘由后对秘书说：“他们是学生，不懂手续。不要从财务那边开支了，就从我的钱里面拿吧。”让秘书当场就把钱给了学生。

爱学生，还要注意细节和方式。比如说免费米饭，就有人提出，只有真正穷的学生才在乎米饭免费，他们的比例并不太高，为什么要花这么大的代价给全体学生的米饭免费呢？从经济学的角度，完全可以专门设一个免费米饭的窗口，让贫困学生凭证打饭呀！但校方的考虑是：这样做虽然省下了钱，但会让贫困学生难为情的。当大家都刷卡米饭免费，贫困学生就没有任何心理负担。爱学生，还要尊重学生。

厦大这一传统，来源于陈嘉庚先生。在陈嘉庚最困难的时期，借不到钱来维持厦大开支，陈嘉庚把留给儿子的大楼卖掉。这就是著名的“宁肯卖大厦，也要支持厦大”的故事。

清华大学校长梅贻琦说：“所谓大学者，非谓有大楼之谓也，有大师之谓也。”这句被广为引用的话，我不太认同，我坚持认为“教育之道，学生为本”。有多少没有大师的大学，培养出大师级的栋梁之材呢！所以，我愿意改为：“所谓大学者，非谓有大楼之谓也，亦非谓有大师之谓也，乃有大学生之谓也。”大学之大，大在学生，只有学生大了，才能成就大学之大。

在大学，学生最大，一切学校资源应该向学生倾斜；一切工作重心，应该围绕学生展开；一切教育目标，应该服务于学生的身心健康和全面发展。

拷问一所大学是否有良心，不是看它如何对待权贵，也不是看它如何对待富豪，甚至不是看它如何对待大师，而是看它如何对待自己的学生。

厦大，不一定是最好的大学，但一定是最有良心的学校。

●“粉丝”经济：厦大校友，全中国最爱母校的

厚待自己的学生，就是厚待自己的未来。

在厦大，大学生将受到双重教育，除了专业知识，还有陈嘉庚精神的感召。每一个受到过陈嘉庚“倾资兴学，厚待学生”洗礼的厦大学子，走出这个校门，都会许下这个心愿，如果将来学有所成，一定要用各种方式回报母校。

在厦大，到处可以看到乡亲、校友捐赠的建筑物。每一年的校庆，都有校友捐赠。过去捐赠比较多的是海外老华侨，现在高考恢复后的校友成为捐赠的主力军。

我不知道厦大是不是全国高校有最多校友捐赠的大学，但我可以肯定，在厦大毕业的学生，他如果想做慈善捐款，第一个想捐赠的大学一定是厦门大学。

厦大校友对母校的爱可以在网络上看得见，厦大即便有负面新闻，厦大校友也一定力挺厦大。不是他们不明是非，而是他们一定会表明他们爱厦大。

在网络上，经常看到有某些学校的学生骂自己的大学，这在厦大校友圈几乎看不见。他们会批评厦大的某人某事，但却舍不得说母校一句坏话。

（本文仅代表作者个人观点，与《南方周末》无关）

作者有话说：

第一，每一个人心中都有一所最好的大学、最好的母校、最有互联网思维的大学。我只读过一所大学，并没有到全国所有的大学进行考察，上述判断，纯属主观感觉，并无权威数据支持。

第二，若你不同意我的观点，与其对我吐口水，不如拿起笔或敲下键盘，写写你认为最有互联网思维的大学。

第三，教师写厦大，有一面之词的风险。如果你有兴趣，请查看厦大学生所写的文章《厦门大学十大标配》。

Chapter 13 今天你弱传播了吗

* 承认舆论世界的特点与规律，不需要智慧，只需要勇气
* 老子是弱传播理论的鼻祖
* 水是“弱传播”最好的形象代言物
* 怕老婆的老公，其实大部分是在“扮弱传播”
* 一个弱者还美丽，那就是传播的宠儿
* 刘姥姥进大观园，是“卖弱传播”的经典案例
* 会撒娇的女人最好命
* 真正的强者就是与弱者共生

人类的每一次巨大进步，都需要巨大的勇气

本书是一本哲学书，尽管它很不像一本哲学书。因为它研究的对象，就不怎么“哲学”。本书研究的是舆论哲学，舆论，过去很难入哲学家的法眼。最有可能面对的质疑是：舆论还有哲学？听都没有听说过！

作为或许是全世界第一本舆论哲学著作，本书之前的全部努力，不是为了分析一些现象，解剖几个案例，提供一套工具，验证若干方法，而是为了解释一个世界。

尽管舆论的现象分析、案例解析、工具展示、方法实验，在前面的章节随处可见，但它们在本书的功能，不过是划往那个世界的船或者桨。

我们一直在划着船，向那个彼岸奔去。很难说已经到达彼岸，更可能是在无限接近彼岸世界的过程中，稍微更靠近了一步。

但仅仅是这一步，也让我们惊喜。似乎本书已经摸索出舆论世界大致的轮廓，也更加确认了舆论世界是按照不同于现实世界的规律在运行，甚至可以大胆地描绘出舆论世界的基本规律，同时在不自量力地力图去证明它。那就是书中念念叨叨的“弱传播假说”。

但弱传播假说所得出的一系列结论，却是令人沮丧的。弱传播假说告诉我们：现实世界的强势群体就是舆论世界的弱势群体，舆论是不讲道理的，轻的东西最好传播，主旋律传播最不容易。舆论世界强弱倒置，情胜于理，轻重不分，主次颠倒。舆论常常把最重要的东西当作不重要的东西，谣言比真相传播得还快，“事实”没有“是非”抢眼，“是非”没有“恩怨”畅销……

我们生活在两个世界，舆论世界是现实世界之外的另一个世界。舆论世界对现实世界的反映：绝对是有限的，基本上是无序的，偶尔是本质的，往往是片面的，永远是表象的。因此，“舆论世界可以全面、真实、本质地反映现实世界”完全不可能做到，“人类可以建构一个理性的舆论世界”根本就是幻想！

舆论世界的特点与规律，可以从舆论与舆论世界的定义直接推导而出。舆论是对任一对象关注的表达与聚集。舆论世界是在争夺关注、争取认同与争抢表层中建构的表面世界。它由人类每个个体时时更新的“关注视窗”链接而成，它朝三暮四，喜新厌旧，瞬息万变，无组织无纪律……

承认舆论世界的特点与规律，不需要智慧，只需要勇气。

其实，每一次人类的巨大进步，都需要巨大的勇气。人类的一个个进步台阶，就是在人类的一次次自我否定中完成的。曾经，人类一直以为自己是宇宙的中心，但日心说、进化论、精神分析学……一次次把人类从神坛拉回到现实，我们不断痛苦地发现：自己并非居于宇宙的中心，不是上帝的作品，有着难言之隐的潜意识……人类在一步步地去中心化的过程中，逐渐用清醒的头脑理解自己的来源，认清自己的位置，审视自己的本能，从而更深刻、更自主地把握自己的命运。

对舆论世界的清醒认识，如果不是人类最后一个去中心化的自我否定，至少应该是下一个自我否定。

人类必须打破对舆论世界科学化、理性化、正义化的幻想。舆论中有正义，也有民意，但舆论从来不是正义的化身，也不是民意的代言词。舆论一直在争夺，始终在争抢，从来未停止竞争，它就是一个竞争性传播的世界，是人类各种力量博弈的产物！

把舆论等同于民意，是近几个世纪人类最大的谎言，尽管有时候，这是善意的谎言。无论是统治者，还是知识分子，都喜欢把舆论当作民意，他们各取所需，各为所用。舆论成为他们的工具，有时候是统治的工具，有时候是对抗统治甚至推翻统治的工具。

舆论不是神圣的。它本来就是一个工具，一个竞争性传播的工具。舆论不仅是我们生活的世界，也是我们竞争权力与利益的工具。所有的人都在使用，每一个人都必须面对。

在双方各取所需的推波助澜下，舆论被不约而同地标签化为正义与民意的化身。双方都在用舆论来背书自己的合法性，无论是统治的合法性，还是推翻统治的合法性。

舆论也可能成为“皇帝的新衣”，这个“新衣”叫作民意。

纳粹就是舆论的产物，希特勒就曾经打扮为民意的化身。

我们必须撕下舆论这个“皇帝的新衣”，把民意与舆论剥离开来，才能认清舆论的本质。我们必须意识到舆论主体的复杂性，才能分析哪些力量在舆论的世界中角逐。我们必须认识到舆论世界不以人的意志为转移，才能捕捉与发现舆论世界的特殊规律。

舆论的合法性外衣与难以捕捉的本性，共同阻碍了人们对舆论世界的探索。

其实，在人类的思想史上，一直有着对舆论正义性怀疑的传统。从黑格尔到李普曼，不断有哲人提醒：舆论是荒诞的；舆论是抓不住的；舆论是靠不住的；舆论的探照灯并不能照亮全世界，它只能照亮海面，而且还是海面的一个局部。遗憾的是，太多“质疑派”在发现舆论的这些缺点之后，往往把它丢弃一边。殊不知，只有肤浅的理论，没有肤浅的研究对象。越是表面的，往往越是深刻的。人类对世界所有的深刻认识都是从表面入手的，只有认识到舆论世界的表面性，才能够推测它的深刻性。舆论在它混乱无序的表象背后，仍然有着特殊的运行规律。

弱传播假说试图描述舆论世界的特殊规律。它发现舆论世界是一个完全与现实世界不同的世界，现实世界是一个“强世界”，而舆论世界是一个“弱世界”。“强世界”是按照强逻辑运行的世界，“弱世界”是按照弱逻辑建构的世界。在舆论这个“弱世界”里，一切关系都转化为强弱关系，一切认同都按照强弱来站队。弱者是舆论王国的国王，弱是舆论世界力量的来源、合法性的标签、最大多数的群体及最强大的通行证。

只有弱的东西，才最好传播。现实世界只要进入传播，就是弱的世界。

舆论世界是弱传播的世界！

弱传播，是舆论世界的世界观，也是舆论行动的方法论

认识到舆论是一个弱传播的世界，人类并非束手无策、无所作为。我们既不要蚍蜉撼树，也不必妄自菲薄。舆论世界的各种倒置，不是荒诞，恰恰是一种规律性的表现。接受与理解这种倒置，就可以帮助人们进一步掌握这种倒置，运用这种倒置。就像人类认识到地球不是世界的中心，人仅仅是万物中的一种之后，人类对世界的发现、对自我的认识、对资源的开发、对宇宙的探索反而更进一步了，人类变得更加自信与强大！

人类每一次清醒的自我认识后，都创造出了更多的工具，更好地改变世界。

同样，弱传播假说也可以帮助人类更好地认识舆论这个世界，运用舆论这个工具。我们由此看到舆论的制高点是可以用海拔测量的，舆论的战将是可以用战法分类的。我们还可以认识到舆论的武器是各式各样的，舆论的空间是可以打运动战的，而舆论的时间是有传播密码的。我们可以发现，仅仅是一个舆论的主语，就能改变舆论的效果。一个极其细微的细节差异，比如一个命名、一个微笑、一个表情，甚至一种

表达，都可以改变整个舆论的走向。

在无数的看似偶然中，我们发现舆论背后隐隐存在的规律，而这些规律则催生着一个又一个舆论的分析工具、解释工具与实战工具。比如："小逆模式""舆论的小女孩现象""沉默的道理""百日季播""一夜情传播""客厅里的战争""盖楼理论""单车理论""石头理论""灰姑娘马车理论""三只小猪理论""江湖恩怨法""舆论主语分析法""舆论战将分析法""舆论海拔分析法""舆论军兵种分析法""舆论转换法""舆论转移法""舆论稀释法""舆论降解（分解）法"……

这个工具单还可以一直生成下去，它们与"舆论的弱原理""四大规律"（舆论的弱定理、舆论的情感律、舆论的轻规则及舆论的次理论）和"三论三律"（舆论的性别论、主体论、本体论与舆论的时间律、空间律、运动律）共同组成舆论的弱传播假说理论体系。

弱传播假说是关于舆论世界的哲学。

舆论世界里所有的问题，都可以回到也应该回到弱传播假说这个源头进行解释。当我们在舆论世界中遇到匪夷所思、难以理解的现象时，用弱传播假说来解读，一切就能迎刃而解。

弱传播，是舆论世界的世界观，也是舆论行动的方法论。

在舆论世界里所有的成功，都可以从弱传播里找到原因。反过来，舆论世界里所有的失败，也都可以从弱传播里找到答案。

为什么你在舆论世界里如鱼得水？因为你弱传播了！

为什么你在舆论世界里到处碰壁？因为你没有弱传播！

无论你想推销产品，还是扩散信息，无论你想传播信念，还是推广信仰，我们都可以弱弱地问一句：你弱传播了吗？

弱传播，一个世界的定语，也是一种生存的智慧

弱传播智慧，指的是用弱传播的观念、思维与方法为人处世的人生智慧。由于人类生活在两个世界里，它不仅是人类在舆论世界里的传播智慧，也是人类在整个世界的生存智慧。

弱传播智慧，可以在古今中外无数哲人的思想光芒中找到影子，可以从人类千百年流传下来的各种文化传统里找到种子。

其中一束最耀眼的光芒，来自老子的哲学。

王弼本《道德经》（下同）共有5280字（不包括文章标题章节），其中“弱”字出现10次，“强”字出现21次，再参考多次出现的“柔”或“坚”，可以推断：“强弱”是《道德经》极为关注的一对哲学概念。难怪易中天教授说，《老子》（同《道德经》）是“弱者”的生存宝典，尽管我的观点更倾向于《道德经》是强者的生存指南。但无论如何，“强弱”是《道德经》判断事物属性极为重要的切入点。弱传播假说认为：“在舆论世界里，强弱是最重要的属性与最核心的关系，所有的属性与关系都可以转换为强弱的属性与关系。”弱传播假说与《道德经》对“强弱”的认识是一致的。

老子认为天下最强与最弱的是什么？《道德经》第七十八章写道：

> 天下莫柔弱于水，而攻坚强者莫之能胜，其无以易之。弱之胜强，柔之胜刚，天下莫不知，莫能行。是以圣人云：“受国之垢，是谓社稷主；受国不祥，是为天下王。”正言若反。[1]

天下莫柔弱于水，显然，“水”是最弱的东西。可是，在老子的“强弱观”里，水却是“莫之能胜”者。最弱的东西，超过了一切原本最强的东西，变成真正的强者。老子的强弱观与世俗生活的强弱观刚好倒置。这与弱传播假说认为的“舆论世界的强弱与现实世界的强弱刚好倒置”非常类似。二者的不同在于：老子的强弱观，是整个世界的强弱观，强弱倒置的是老子的观念与世俗的观念；而弱传播假说的强弱观是舆论世界的强弱观，强弱倒置的是舆论世界与现实世界。

《道德经》提到“水”这个字，只有3次，其中两次是在第八章：

> 上善若水。水善利万物而不争，处众人之所恶，故几于道。居善地，心善渊，与善仁，言善信，正善治，事善能，动善时。夫唯不争，故无尤。[2]

仅有的3次提到水，都与最高级的定义相关。一次是与强弱的最高级相关，用否定的两个“莫”字，强调了水从至弱到至强的转变。另两次与“善”的最高级相关，直接用了“上”这个字，肯定了“若水”是最高的“善”。

---

[1] 老子：《道德经》，岳麓书社2014年版，第245页。

[2] 老子：《道德经》，岳麓书社2014年版，第33页。

“善”在《道德经》中出现52次，是出现频率最高的字之一，尽管在《道德经》里的不同语境中，“善”表达的意思未必一致，甚至词性也不同，但仍然集中地表现出老子的价值选择。如果说，强与弱是老子认识论中的核心概念，其所描述的是现实世界的胜负规则，那么，善与不善（恶）则是老子价值论中的核心概念，其所描述的是人类行为的竞争能力。如果说强与弱是世界观，那么，善与不善则是方法论。

《道德经》里，世界观与方法论的最高层次都和“水”这个物质联系到一起。天下最强的强者是原本最弱的“水”，而为人处世最佳的方法则是“若水”。

方法论是来自世界观的，既然天下最厉害的东西是由至弱转为至强的水，那么，人生最高级的智慧当然就是要像水一样！

一个“若水”的“若”，暴露了《道德经》的立场。若水，说明主体本来就不是水。《道德经》的目标读者，并不是本来的弱者，而是本来的强者。老子不是教本来的弱者如何生存，而是教本来的强者如何真正地强大。《道德经》不是弱者的生存宝典，而是强者的生存哲学。《道德经》不是弱者的启蒙读物，而是强者的教科书！

那么，从弱到强，水的智慧到底是什么？《道德经》一言以蔽之：“利万物而不争。”水对万物都有利，从来不争地盘，不闹独立，它可以在青草里存在，也可以在老虎身体里存在，它对老虎与青草都有利。只要想到人体约70%是由水构成的，就知道水是多么的伟大，水是多么的有力量。

强者不是万物，万物不是强者。要成为万物之上的强者，就要有利于弱者，就不能跟弱者争。因为不争，所以无忧。

《道德经》8次提到“不争”，第六十六章专门解释了为什么越不争，就越没人争得过它。

> 江海所以能为百谷王者，以其善下之，故能为百谷王。是以欲上民，必以言下之。欲先民，必以身后之。是以圣人处上而民不重，处前而民不害。是以天下乐推而不厌。以其不争，故天下莫能与之争。[1]

有意思的是，在老子解释“不争”的时候，“水”的形象再一次出现了。不过，这时候的水变成了百川之王的江海，它正是水最为强大的形式。而“水”的智慧，也更加明确地强调是王的“智慧”，是“圣人”的智慧。这个智慧就是“善下之”，

---

[1] 老子：《道德经》，岳麓书社2014年版，第215页。

善于处在别人之下。不仅身子要处下，连言辞也要谦下。“是以欲上民，必以言下之”，要想当强者，必先弱言之。“言”就是传播！“言下之”就是弱传播。

老子是弱传播理论的鼻祖！

孔子说：“智者乐水，仁者乐山。”[1]弱传播，也是儒家的智慧！

弱传播理论来自中国，但它也是全世界的。

弱传播理论不单是中国舆论世界的哲学，而且是人类舆论世界的哲学。它不仅可以解释中国的舆论现象，也可以解释全世界的舆论现象。本书有大量的例子来自全球：特朗普、奥巴马、小布什、梅德韦杰夫、马丁·路德·金、甘地、苏格兰公投、美国大选、日本原子弹、朝鲜节庆、迪士尼、好莱坞、百老汇……不能解释中国的现象，称不上舆论世界的理论；只能解释中国的现象，也称不上舆论世界的哲学。

《道德经》对传播学最了不起的启示，就是把“水”作为“上善”的比喻物。世界上最容易传播的物质，就是光、电、风、水。它们无一例外都是弱者。光好传播，星球不好传播；电子好传播，质子不好传播；风好传播，山不好传播；水好传播，石头不好传播。弱，是传播最自由的主体，最方便的介质，最可接受的形式。

如果说宇宙传播的代表符号是光的话，那么，地球传播的代表符号就是水。水是地球表面体积最大的物体，也是地球表面中面积最大的部分。水，它可以凝固成固体，也可以蒸发为气体，是除风之外，我们见到的最容易流动的物体。水的传播，比光更灵活，方向更千变万化。更重要的是，水是无生命的，却是生命的存在形式。人类在判断其他星球是否有生命迹象的第一个标准，就是那里有没有水。

“流必向下”——这就是水的传播！所以，水是“弱传播”最好的形象代言物。最弱的水，一旦它们聚集起来，就是巨大的力量，它可以形成漩涡、波浪、瀑布、暴雨、山洪、雪崩、海啸、汪洋大海……而这些摧枯拉朽的力量，无一不是在传播中形成的。舆论风潮、舆论漩涡，我们早就在用水来形容舆论毁灭的力量。舆论风暴，表面上是风，背后还是水。

弱传播，是人生的智慧！

这个智慧就表现在必须打上弱的印记，才能最好地传播。要么你的传播主体是弱者，要么你的传播受众是弱者，要么你的传播内容是弱的，要么你的传播形式是弱的。一句话，所有的传播要素中，至少有一个要素必须具备“弱”的属性，这样，才能够“弱传播”！

---

[1] 孔子弟子及再传弟子编撰：《论语》，中华书局2013年版，第80页。

强者的弱传播

弱传播理论是否可以得出这样一个结论：现实世界的强者注定是舆论世界的弱者？

答案是错误的。

舆论世界的弱势群体，并不等于舆论世界的弱者。舆论世界的强势群体，也并不等于舆论世界的强者。舆论世界真正的强与弱，取决于你是否懂得弱传播。

不懂得弱传播的人，即便属于现实世界的弱势群体，在舆论世界里仍然还是弱者。而懂得弱传播的人，即便他在现实世界属于强势群体，在舆论世界里仍然继续成为强者！

老子的“上善若水”告诉我们，王者并不是真正的弱者，而是善“弱”的强者！现实世界的弱势群体，虽然在舆论世界中成为强势群体，可并不是这个群体的每个人都能够成为舆论世界中的王者。弱传播是改变世界的工具，但未必人人能够成为改变世界的主人。只有懂得弱传播的人，才能成为舆论世界的真正强者。有意思的是，原本现实世界的弱势群体，一旦通过弱传播在舆论世界中成为真正的强者，他就改变了自己的命运，最终也成为现实世界的强势群体。在新的循环中，他就会沦为舆论世界的弱势群体。

无论你在现实世界属于强势群体还是弱势群体，在舆论世界中，唯一的王道就是弱传播。舆论世界的王者，都是善于使用弱传播的人。

弱传播理论绝不能推导出这样的结论：因为现实世界的强势群体，就是舆论世界的弱势群体，所以现实世界的强者要成为舆论世界的强者，就必须把自己变成弱者——这是对弱传播理论最大的误解。这个结论不符合老子的“上善若水”，要知道上善不是水，而是若水。

弱传播理论不要求现实世界的强者必须变成弱者，而是教现实世界的强者学会在传播中与“弱”发生各种联系。国王不必变成平民，只需善待平民。

弱传播理论对现实世界强者的启示，最重要的一句话就是：强者必须跟弱的属性相链接。

下面简单介绍一下，在舆论世界里，强者如何与“弱”画上各种链接线。

● “爱弱”

“爱弱传播”，是弱传播的最高境界，是“宗教传播”“领袖传播”最喜欢的传播方式。越是强大的力量，越是需要爱弱者。上帝不爱弱者，就是魔鬼。领袖不爱弱者，就是暴君。爱是弱传播最高的舆论制高点，是弱世界的珠穆朗玛峰。

"爱弱传播"的弱传播最值得观察的是"牺牲传播"模式。几乎所有的革命，都有牺牲传播，或者来源于牺牲传播，甚至归功于牺牲传播。没有牺牲的传播，革命几乎是不可能成功的。

一般来说，牺牲者都是弱者，他们为了更崇高的目的以及更强大的力量，成为祭祀的牺牲品。可是，一旦强者自愿选择牺牲，强者的牺牲，就是舆论的核武器，甚至成为永不衰竭的核动力。基督教的耶稣受难，就是强者牺牲的传播典范，它无坚不摧，是基督教舆论合法性的基石，是基督教最大的舆论核动力装置，也成为基督教艺术永恒的一个主题。

● "为弱"

"为弱传播"，是弱传播最大的智慧，是老子眼中的"上善"，是政党传播、政治传播最喜欢的模式。"为弱"，按老子的话来说，就是"利万物"。"普度众生""全心全意为人民服务""他是人民大救星""人民的公仆"……都是"为弱传播"。所有的英雄大片，都必须有"为弱传播"。因为英雄存在的价值，就是为弱。为了大多数，才能获得大多数。

"为弱传播"是要争夺舆论制高点的。为弱强调的是出发点，而不是客观的效果。一切主观为自己、客观为别人的传播，不是"为弱传播"。商业传播不可能是"为弱传播"，因为商业传播不可能宣布没有自己的利益。但政党传播可以这样表达：除了人民的利益，没有自己的利益。

"为弱传播"有三种：救世者传播、代言人传播与受托人传播。例子分别为：蜘蛛侠的传播、议员对选民的传播、政府为纳税人服务的传播。

● "利弱"

广义的"利弱传播"，指的是所有的弱传播，因为它们最终都要有利于弱者。狭义的"利弱"，指的是让弱者感到有利的传播。这是商业传播的灵魂。商业传播如果不能够让利给用户，不能让用户感到有好处，它的传播就是失败。发红包、打折、量身定做、限量款……都是在进行"利弱传播"。如果商业传播让人家看出它唯利是图，损害消费者利益，就是商业传播的大忌。

"利弱传播"与"为弱传播"都涉及关于"利"的传播，但有两个不同。

第一个不同是"为弱传播"的有利弱者，强调的是目的；"利弱传播"的有利弱者，强调的是客观效果。第二个不同是“为弱传播”不能互利，而“利弱传播”可以互利。

“为弱传播”的传播主体不能够有自己的利益，至少出发点不能有自己的利益，如果“为弱传播”暴露或被证实传播主体有自己的私利，就是“为弱传播”的失败。而“利弱传播”不否定传播主体客观上也在获利，即便指证其有利于自己也无妨。它的命门只是无视对方的利益或牺牲对方的利益。

● “示弱”

“示弱传播”，是本来强大，有意低头，它是领导力的表现。优秀的演讲者为什么在演讲开始，往往要开自己的玩笑？就是因为演讲者是强者，而自嘲就是示弱。演讲者居高临下，一人对众人，容易形成压迫感。一开场就自嘲示弱，可以消解这种压迫，减少对方的戒备或疏远，从而争取最有效的传播。

● “扮弱”

“扮弱传播”，是强者扮成弱者。扮是一种表演，弱是表演给你看。“扮弱传播”，是夫妻之道的传播秘诀，是女强人的传播宝典。怕老婆的老公，其实大部分是在“扮弱传播”。

● “装弱”

“装弱传播”，是强者伪装成弱者，是狼披着羊皮。民进党“执政”以后，还经常打悲情牌，就是“装弱传播”。

“装弱传播”与“扮弱传播”的区别是什么？两者都是强者装扮成弱者，但“扮弱传播”是玩角色游戏，强者故意扮成弱者，游戏的各方是知道的，正如丈夫表现出怕老婆，老婆其实知道丈夫是强者的，只不过大家共同玩这种心照不宣的游戏。而“装弱传播”则是刻意藏匿自己的强者身份，试图在舆论场把自己定义为弱者。比如民进党即便“执政”，仍然要在舆论场装出被外省人欺负、被大陆打压的悲情形象。一句话，“扮弱传播”是扮成弱者的姿态，“装弱传播”是装成弱者的身份。

● “怜弱”

“怜弱传播”，是强者对弱者的同情，是“危难传播”的利器，是弱传播的底线。强者一旦突破这个底线，就会在舆论漩涡里万劫不复。“怜弱”，常常是强者的传播词典里最容易忽视的词汇。在各种危机传播中，最缺少的传播就是“怜弱传播”。强者急于撇清责任，他有着无数的道理与理由，就是没有眼泪，没有对弱者的眼泪。

强者的泪光，有时候可以照亮整个宇宙。面对生命的死亡，几乎所有新闻发布会、声明或道歉信的传播失败，都是因为没有这种泪光。

●“同弱”

“同弱传播”，是强者特意选择在某个时段、某个方面与弱者趋同，尽可能在衣食住行等生活方式上，与老百姓打成一片，比如穿打补丁的衣服，打赤脚，穿雨鞋，吃便当，坐公交车，骑自行车，步行，住老百姓家里……这些媒体或传记津津乐道的东西，都是在进行“同弱传播”。

“同弱传播”最巧妙的方式是采取弱者的语言。学习使用群众的语言是拉近与群众距离的捷径。江湖上，当高高在上的领导突然对你开口说“他妈的”，你心里会一荡：“哥们儿！”

马英九在2008年“大选”时，采取“长住”（long stay）的方式，跨过浊水溪，争取台湾中南部的民意。不仅民进党，连国民党内部也普遍不看好，他们的理由是：你马英九到中南部一个村庄，最多住两三天，讲的是蹩脚的闽南话，哪里比得上谢长廷天天就住在中南部，母语就是闽南语！没想到，中南部的民众就吃这一套，原本在电视上才能看到的高高在上的人物，和自己天天吃住在一起，结结巴巴地学自己说话，那个开心啊！那个好感啊！——这就是“同弱传播”的效力！

●“容弱”

“容弱传播”，是让弱者和自己共处一个空间，同享基本的权利。“容弱传播”表达的是对弱者的包容。进城务工人员、城中村、外来子弟学校、残疾人通道、拆迁户、讨薪、摊贩……这些容易引发舆论风潮的议题都是“容弱传播”的领域。

“容弱传播”要特别借鉴一下闽南的智慧。

看一个地方的传统文化，我的观察角度是看这个地方的人们如何对待死人。他们如何对待鬼神，就会如何对待活人。中国传统文化是祖先崇拜，祖上与后代建构着一个互利共赢的共同体。一方面，活着的后代，要给死去的祖先烧香送钱；另一方面，祖上在天之灵，也要保佑后代升官发财、平安健康。如果一旦没有后嗣，就断了香火，变成孤魂野鬼，成为鬼神界里的弱势群体。好比现在城市的外来人口没有参加社保，既然没有保障，就会出来闹事，鬼魂一闹事，人间就“闹鬼”。

我的祖籍湖南，他们对待“闹鬼”的方法就是请道士，杀鸡画符驱鬼。驱鬼的功能就是把鬼赶到别的地方去，要闹事到别的地方去闹。湖南人是斗争哲学，吃得亏、霸得蛮、耐得烦。与天斗、与地斗、与鬼神斗，其乐无穷。

闽南人却不同，他们有普度，每年七月是鬼月，普度活动一般带有以下三个目的：一是祭奠先祖亡魂；二是荐享无主冤魂；三是超度新死亡鬼。他们在祭祀自己祖先的时候，也顺带祭祀孤魂野鬼，相当于给进城务工人员也建立医保社保，享受城市户口的待遇，这样一来，鬼神界的弱势群体就不会到处闹事了——这就是闽南人的智慧！

●“敬弱”

“敬弱传播”是弱传播的大智慧。很多人做得到爱弱、为弱、利弱、怜弱、容弱，却做不到敬弱。对待弱者，尽管不薄，但方式仍然是居高临下，身份仍然是救世主。

这里，要再一次提到闽南人的智慧。

闽南习俗“送王船”又称“烧王船”，通过祭祀海神与海难者，祈求海上靖安和渔发利市。这里的“王爷”，不是真正的王爷，而是海上的遇难者与死亡的外地军爷，这些弱势群体没有后人供奉，闽南人却将其当王爷祭祀起来。在金门和曾厝垵都有娘娘庙，娘娘庙供奉的并不是真正的娘娘，没有皇亲国戚血统，而是海上无名的女浮尸，被闽南人在海上遇到，怜其孤苦，哀其飘零，就把她的尸骨捡到船上，带回陆地好好安葬，并香火祭祀，且尊称为娘娘。

这就是闽南人的智慧，不像某些人做一个慈善还要大显摆。闽南人对于弱势群体，即使救助，也不用“嗟来之食”进行施舍，而是放低身段，敬对方是王爷、娘娘。为什么闽南会出倾资兴学的陈嘉庚？福建在中国的GDP称不上老大，为什么福建人在中国的慈善榜中排名数一数二？就是源于这种闽南“敬弱”的智慧。

●“救弱”

“救弱传播”，是慈善传播最常用的方式。慈善所有的行为，都被解释为（传播为）一个动作，那就是“救”，救的对象就一个，那就是“命”。慈善传播要记住，只要你做慈善，不管捐一块钱，还是捐一万块钱，都是救命。

救命，就不能按照商业逻辑，不能按照市场原则，不能进行等价交换。因为命，无价！救，永远不够！

一个人在超市买了3块钱的东西，没有零钱，掏出5元钱，可以理直气壮要求对方找2块钱。但这个人见到乞丐，只想捐3块钱，掏出5块整钱，再要求乞丐找回2块钱，所有人都会骂他，哪怕是一分钱也没有捐的人。

慈善的传播与众不同，“救弱传播”不可不察！多少人在慈善传播里栽跟头，就是不懂“救弱”的弱传播！

● “扶弱”

扶弱，往往与抑强、除强联系在一起。扶弱的“扶”意味着弱者原本是有力量的，只不过需要扶一把，前行的人还是弱者自己。“扶弱传播”，是一种“力量传播”，没有力量的传递就不是扶弱，而是救弱。“让无力者有力，让悲观者前行”，就是一种力量传播。

“扶弱传播”，应该是大众传媒的传播逻辑。大众传媒不是慈善机构，救弱不是它的主业，访贫问苦、救苦救难，媒体偶尔为之可以，但天天如此就不行。大众传媒是弱势群体的天然盟友，“盟友”这个词表明媒体不是救世主，而是平衡器。在弱者与强者的冲突中，大众传媒应该毫不犹豫地站在弱者这一边，因为强者先天更有力量，大众传媒不能沦为强者的吹鼓手，而应该是强者永远的监督者与制衡者！媒体一旦站在强者那一边，就不是大众传媒，而是宣传机器。

大众传媒也不是司法机构，“除强”不是它的职责，“抑强”才是它的本色。媒体的匡扶正义，要害在“扶”，而不是媒体审判。“扶弱传播”是媒体作为社会平衡器的天然职责。

● “连弱”

“连弱传播”，是想方设法在强者与弱者之间建立连接。广义的“连弱传播”指的是所有强者的弱传播，因为无论是爱弱、为弱、利弱、怜弱、同弱、容弱，都是在创造广义上的与弱者连接。

狭义的“连弱传播”，指的是强者要用各种语言符号表达与弱者的连接，特别是肢体语言。它是最容易传播的符号。你的眼神望着谁，你的手伸向谁，不同的肢体语言，传播的力量也大相径庭。握手、欠身、下蹲、弯腰、下跪、鞠躬、相拥、抱起、俯下身、双手合十……强者要让自己的肢体语言与弱者连在一起，而且这个相连不是居高临下的俯视，而是向弱者的自由倾斜。

强者与弱者联系在一起，才能够获得舆论的力量。强者广为人传的照片，都不是强者的单人照，而是强者与弱者的双人照与集体照。

● “留弱”

“留弱传播”，是强者有意保留自己的弱项，明知其弱却故意不想改变。这个“留”，就是留白的“留”。留白不是空白，它是整个艺术符号的一部分，就像休止符一样。休止符也是音符。留弱的“弱”，当然也不是强者真正的弱项，但在舆论世界里，它可能是比各种强项还要好用的制胜法宝，甚至是化险为夷、转危为安的护身符。

绝大多数强者不太懂得“留弱传播”。什么都想和别人比，都要比别人强，最明显的就是几乎绝大多数老板和下属打牌下棋，都要赢人家，输了还不高兴。没有业余爱好的领导是个麻烦，没有人情味；有业余爱好的领导也是麻烦，业余爱好会与权力交叉传染。业余爱好染上权力，就会变色。当业余爱好不能够跟权力隔离时，它与权力的连接体就成了跷跷板。权力把业余爱好翘上巅峰的时候，就是权力下沉的时机。

强者往往有不服输的性格，这股劲会表现在各个方面，哪怕是一个爱好、一个细节，都不愿意输给人家。强者往往有好的性格，可惜却没有好的智慧。好的智慧就是弱传播的智慧：你总要有些事情输给人家。

你我皆凡人，做不到“与万物不争”的圣人，但至少拥有“有所不争”的智慧。“有所不争”，就是“有所不赢”。在厦门大学2016年毕业致辞中，我提出了一个广被转发的“百分之一理论”：“你人生一百次谨小慎微，要有一次拍案而起；人生一百次放浪形骸，要认真地爱一次；人生一百次不越雷池一步，也要潇洒走一回！”“百分之一理论”运用到弱传播，那就是人生一百次不肯言败，总要有一次输给人家。

把不服输的性格与“留弱传播”的智慧结合起来，才是真正的强者！当然，像旺旺集团老板有意给儿子留下一个没有大学学历的弱项，好让他以后能够虚心听取博士下属的意见，的确是极端的案例。但不懂留弱的人，的确是太多太多，就连马云这样的舆论高手都不能免俗。

当马云抛出那个《功守道》电影，我就有点担心：马云接下来会出事。我担忧的并非是舆论普遍诟病的“打败了武林高手的不是马云而是金钱”，而是片中传递出的那股“争强好胜”劲。你争强，人家就设置更多的强，让你争；你好胜，人家就设计更多的局，让你胜。自以为打遍天下无敌手，可天下那么大，你哪里打得完呢？！

后来，人家就在乌镇设置了一个饭局，让你马云打！

什么是“局”，从口，从尺。“尺”表示规矩法度。口易出错，故以尺相拘束。局，是容易出错的地方，是不小心就被骗的机关，是无法舒展拳脚的舞台。

关键是饭局，怎么打？一打，就把坛坛罐罐打破，把汤汤水水洒了。

马云到此还没有反应过来，仍处在与人决胜负的状态。“一顿饭局能打垮我？开玩笑！”心高气傲的马云一直沉浸在“争”中，“我要组织个饭局，全世界顶级，但有什么意义呢？（这）不是我要表达的。”马云想表达的仍然是那句话——“打遍天下无敌手”，哪怕是一个饭局！

马云这样的表现，非常不像浙商的风格，倒很像湖南人。我就是湖南人，困扰我很久的一个问题是：为什么有湘军，却没有湘商？为什么湖南人读书打仗很厉害，状元将军一大堆，但成功的商人却屈指可数，无法成规模？

后来我想明白了，原因就在于湖南人的性格：吃得亏，霸得蛮，敢为天下先！这样一股“争强好胜”的性格，在单赢的世界里，一骑绝尘，英雄辈出。考试，考第一就行！打仗，打得赢就行！这都是单赢（一个人赢就可以了）的世界。但是经商不同：投资人要赢，合伙人要赢，贷款人要赢，客户要赢，上下游要赢，消费者要赢。这是一个多赢（大家都要赢）的世界。商界是一个多赢的世界，只有常怀多赢的格局，才能创造商业的“东方不败”。

打遍天下无敌手，在武林都难以生存，更何况在商界。

你总有些事要输给人家，如果只是一餐饭，输就输了呗！

总之，强者与弱的链接线可以一直这样罗列下去，联弱、加弱、助弱、挺弱……强者可以创造各种与弱的奇妙组合，创造弱传播的奇迹。

弱者的弱传播

如果把弱传播理论当作强者的教科书，是对弱传播理论最大的误读。

弱传播理论可以教强者更强，但也可以教弱者翻身！它不是《道德经》，不是强者的哲学，当然也不是弱者的宝典。它只是舆论世界的哲学，它的方法论任何人都可以用，无论其本来属于强势群体还是弱势群体。

现实世界的弱者，虽然属于舆论世界的强势群体，但他可能仍是舆论世界的弱者，就因为他并不一定真正懂得弱传播。属于强势群体，未必就是强者。

弱传播本来就是弱者的武器，只不过很多时候，甚至大多数时候，弱者并不太会使用。

弱者运用弱传播，主要在四个方面：倚、卖、守、用，分别是倚靠弱身份，卖好弱产品，守住弱优势，用好弱资源。

● “倚弱”

“倚弱传播”，是弱者最常用的舆论武器。倚弱的“倚”，就是倚老卖老的“倚”。倚仗的是弱者的身份。“倚弱传播”，是一种“身份传播”。

弱者有意识地强化自己的弱者身份，就是在进行“倚弱传播”。别人解读的不算。

“还农民工血汗钱”“一位秘书对老板的公开信”“打工仔的梦想”“北漂的爱”“救救我下岗的爹”……这些特意突出弱者身份的传播都是“倚弱传播”。

不像强者，要想方设法找到与弱的链接点，弱者自身就是弱的链接点。“倚弱传播”是弱者最方便的传播，只要亮出弱者的身份，就可以赢得天然的舆论优势。

“倚弱传播”的优势无须赘言，这里重点讨论“倚弱传播”的禁忌。

第一，可以可怜，不能可恨。

可怜之人必有可恨之处，这句话会引导人们对所有“倚弱传播”进行质疑。人们会追问可怜的因，如果这个因是自作孽，舆论立马翻盘。

第二，可以穷丑，不能肮脏。

“倚弱传播”的弱者，可以矮矬穷，但不能不干净。“干净”是“倚弱传播”的舆论底线。《巴黎圣母院》中的卡西莫多，可以丑，但不能肮脏。没有人会喜欢一个满脸鼻涕或浑身大便的人，即便他是一个充满爱与善良的人。肮脏的后果是令人厌恶。在舆论世界里，厌恶是比可恨更残酷的惩罚。无论是弱者，还是面临分手的情人，可恨还有救，一旦厌恶就难以翻身了。

弱者最好的传播是美丽，一个弱者还美丽，那就是传播的宠儿。慈善传播里，人们更加愿意捐款给一个美丽的女孩。如果换成一个邋遢的老太婆，即使有一千个理由更需要或更值得人们捐款，但美丽这一关，就过不去。

第三，可以有恨，不能无善。

“善良”是“倚弱传播”的通行证。很多“倚弱传播”为什么不成功，就是忽视了传播“善”。一味地销售自身的可怜，却忘记了展现弱者的善。强者不善良就是魔鬼，弱者不善良也是人渣！

第四，可以无力，不能无望。

汶川地震的可乐男孩、敬礼小学生，还有“猪坚强”，为什么赢得那么多人喜爱？就是因为他们有“光”发出来，才在成千上万受苦受难的人中凸显出来。最好的“倚弱传播”，是可以发光的传播，哪怕是折射别人的光。没有光的弱者，传播不远。

第五，可以反暴强，不能反人类。

“倚弱传播”可以反对一切不正义的事实，反对一切压迫弱者的强者，反对一切不平等的制度，但不能反对人类的主流价值，不能反社会与反人类，不能迁怒无辜，更不能疯狂报复。

●“卖弱”

“卖弱传播”，“卖”，就是“卖一个破绽”的“卖”。这个“破绽”是故意露出的，露出的目的，就是要把它卖出去，制造出一个欺骗对方的假象，诱敌深入，最后完胜对方。

卖弱也是如此，这个“弱”是故意显示出来的，目的也是制造一个欺骗对方的假象，引诱强者放心、信任甚至欢喜，从而获得更大的利益。

“卖弱”，让很多强者迷失其中而不能自拔，有的甚至明明知道对方在“卖弱”，也觉得对自己无害而听之任之，甚至故意配合其“卖弱”，各取所需。

“卖弱传播”是弱者最容易成功的武器。

大多数从弱者出身的成功者，或多或少都会运用“卖弱”这种舆论武器。“我是农民的孩子”“我是小地方的人”“我是个粗人”“我连自己的名字都不会写”“我只读过小学”“我没见过大世面”“我从来没有见过你这么大的官”“我目光就是那么短浅”“我没有什么本事”“我是一个有心机的人”“我昨天给小妹发小费，酒喝多了，本来给一千，结果发了两千”……你只要看到一个弱者这样开场白，不惜把自己的欲望、缺陷、老底都露给你，而且逗得大家不时哈哈大笑，他用的就是“卖弱”的舆论武器。而且他们无一例外，不是真正的最弱者，他们往往不是单位的先进、标兵，就是暴发户，是弱势群体中混得最好的那一类，是弱者中的强者。我把他们称为“卖弱人”！

遇到这样的人，你会放下所有的戒备，就会本能地想，一个真正有心机的人，怎么会说自己有心机呢？遗憾的是，你一旦这样想，就把“卖弱人”卖的“弱”，买下来了！

真正的弱者，是不懂得这样的开场白的，是不可能让大家哈哈大笑的。他们见到大人物，大气都不敢出，连话都说不全。

卖弱，是弱者精准地算计出强者的需要，他们知道强者喜欢感觉到优越感：有魄力，有文化，有视野，有品位。所有的优越感都是对比出来的，看到面前有这么一个傻大姐、憨小二、土老帽，就像贾母看到出乖卖丑的刘姥姥，那个发自内心的开心呀！

卖丑就是卖弱，刘姥姥是标准的“卖弱人”。刘姥姥进大观园，是“卖弱传播”的经典案例。

卖弱，是弱者精准地算计出强者的软肋，他们知道强者最容易多疑，最不愿意被别人利用，最担心被底层人缠上，最痛恨手下人背叛，最讨厌有心机的人，而底层人、手下人这么多，他没有时间一一鉴别。所以不主动传播的人总让他戒备，遮遮掩掩的人更让他不放心，一旦遇到一个“卖弱”的人，一下子就把自己的老底口无遮拦地吐出来，让强者一下子认定对方心无城府，知道对方欲望、动机以及能力的天花板，强者一下子就如释重负，轻松起来，那个放心啊！

“卖弱传播”的精华，就是一个字“卖”。强弱关系是买卖关系。一个愿买，一个愿卖。两相契合，交易成功。因为强弱不对等的关系，弱者要获得强者的资源，最巧妙的方法就是买卖，因为资源不对等，弱者通过“卖弱”得到的，一定远远大于他“卖出”的。但要让强者心甘情愿买单，需要卖弱人的智慧！

这种“卖弱人”，大大咧咧，爱乱用成语，不时冒错别字，偶尔飙粗口，放肆说蠢话，唱歌故意跑调，不怕哄堂大笑。弱者被人取笑，往往更敏感。一旦跑调被别人笑，绝大部分弱者，一定是以后不再唱。那些明明知道别人在笑自己，还一次又一次地秀跑调，那就是在“卖弱”。大家都在笑他傻乎乎，其实他才在笑大家傻乎乎！一个并不是真正弱智的人，怎么可能不断地甘心当别人的笑料？如果没有更远的谋略、更高的目标、更大的智慧、更多的利益，他怎么愿意当这种小丑？要知道在马斯洛需求理论中，“自尊需要”是仅次于“自我实现需要”的第二高层次，一个人有意把自尊出卖，如果不能获得更大的利益，谁会这样做呢？所以，到底谁笑谁，谁更傻呢？

这样的“卖弱人”最容易讨得领导放心与欢心，从而得到最大的资源，领导最喜欢安排他进行大会发言，接受新闻媒体采访，而新闻媒体也特别喜欢这种表达直白率真的弱者代表，以为他们拥有浓厚的底层气息。殊不知，“卖弱人”往往精准地把握了主流舆论需要什么样的话语与表达形式，他们恰当地进行角色扮演，成为领导与传媒的“菜”。

到底谁利用了谁？

以后，你一旦听到“我们是一家小公司”“我们是一个小国家”，如果他不是在幽默自嘲，你就要浮出一个问号：对方是不是在“卖弱”？

● “守弱”

“守弱传播”，就是弱者守住弱传播的优势。弱者无须在别的领域建构自己与弱的链接点，他只要守住弱传播，就在舆论世界里占据天然的优势。

守弱就是韬光养晦，就是闷声发大财，就是不出头。

守弱的“守”，是“守拙”的“守”。守，不是保守，而是守住制高点。弱传播本身就占据舆论制高点，拥有舆论的巨大势能。守弱，可以进行舆论防卫，也可以进行舆论攻击，甚至不战而屈人之兵。

守弱，本来非常容易做到。只要不逞强，就是守弱。偏偏现实世界的诱惑，人人都想当强者，害得弱者跃跃欲试，不仅在现实世界争强好胜，在舆论世界也逞强称能。弱者本来就是一只羊，非要披着狼皮打扮成狼。强者都在想方设法扮弱，他偏偏一门心思扮大。

弱者因为曾经自卑，或者有被欺负的历史，特别喜欢当老大、装阔佬、撒大钱、爱面子，喜欢摆酒席，周围一群小兄弟，远方有人拜码头。

弱者的强势传播，比强者的强势传播还要麻烦，要么结局更糟糕，要么过程更滑稽。弱者的逞强，就像一个人骑助动车送外卖，却非要在外卖箱写上八个大字：“武装押运，请勿靠近！”

一个人最大的悲剧，不是他在现实世界里永远被人欺负，而是他在现实世界里是一名弱者，却想在舆论世界里当一名强者。

● “用弱”

“用弱传播”，是弱者运用各种弱资源进行传播。弱资源是死的，用好才是活的。

如前所述，舆论是人类出生后会用的第一个工具，那就是哭。但并不是所有的孩子都善于运用这个工具。“会哭的孩子多吃奶”，说明懂得“用弱传播”的孩子更有竞争能力，能获得更多的资源。

情感专家会告诉你，会撒娇的女生爱情更容易美满，婚姻更少摩擦；而一些文艺作品直接告诉你，会撒娇的女人最好命！聪明的女人，明明知道自己离了谁都行，但传播出来的却是离不开这个男人。结果男人上当受骗，甚至明知上当受骗却心甘情愿为她赴汤蹈火。

懂得撒娇的女生，金庸小说里的黄蓉是样板。在恋爱三角关系里，华筝拥有妻子的名分，又是成吉思汗的女儿、蒙古的公主，父亲还有恩于郭靖，自身也美丽善良，但在郭靖内心，这所有的一切都抵不过黄蓉的会撒娇。

黄蓉的撒娇不仅对郭靖管用，对师父也有效。否则，那么多乖乖女乖乖男，洪七公怎么都看不上呢？他不仅把武功倾囊相授给黄蓉，甚至把丐帮帮主的权杖也传给她。事实证明，撒娇也是老男人的菜。

在婆媳关系中，如果媳妇懂得撒娇，80%的婆媳矛盾将迎刃而解。两个弱者的争斗，结果往往两败俱伤。症结就是两个人都争强好胜，没有一个人愿意“用弱传播”。

女人会撒娇，就能为自己和家人带来福气。世间的高智慧女人都懂得撒娇，并且撒得恰到好处，也懂得自己的命运其实都掌握在自己嘴巴里。

撒娇就是“用弱传播”。

不光两性之间，所有的弱者都应学会“撒娇传播”。所谓“撒娇传播”，就是“需要传播”。将自己的弱势摆出来，巧妙地提示（暗示）自己对强者的需要。老年人尤其要学会“撒娇传播”。父母亲常常只会扮演保护者、牺牲者、给予者，却不懂得扮演撒娇者。他们不知道，长大的儿女也有当强者的需要，也有做给予者的光荣。这个时候，年老体衰的父母亲不妨放下架子，像过去儿女对自己撒娇那样，对儿女撒娇。老小老小，老了就像小！这样皆大欢喜的风水轮流转，何乐而不为呢？

用弱，除了诉求不足（哭），表达需要（撒娇），还有一件法宝，那就是表扬。

表扬属于“评价传播”。弱者对付强者的一个重要舆论武器就是评价。弱者的评价，其代名词就是民意，翻译成大白话就是“人民满不满意，群众答不答应”。

弱者即便一无所有，仍然有评价的武器。弱者什么都可以被剥夺，但剥夺不了弱者评价的权利。评价是弱者对强者最后的抗衡，弱者改变不了强者的行为，改变不了自己的命运，但可以改变对强者的评价。淘宝网制度上最成功的设计，就是让买主（弱者）可以对卖主（强者）进行评价，而且强者没有办法删除弱者的差评。

在“评价传播”里，特别要提到“表扬传播”。人们一提到“评价传播”，就会本能地想到监督、差评等“批评传播”。无论是强者还是弱者，一旦进行“批评传播”，都属于强势传播，是对抗性传播。弱者要用好“批评传播”这个武器。可以批评强者是弱者的底线，是弱者必须坚决捍卫的权利。但弱者还要学会“表扬传播”，这是另一种“用弱传播”。

强者必须是可以被批评的，也是可以被表扬的。弱者不能忽视表扬的传播武器。很多人一提到对强者的表扬，就会觉得不齿，认为这是拍马屁，是跪舔。殊不知，表扬是教育的法宝。强者那么有权力，还不忘给弱者树典型、找样板，就是因为“表扬传播”可以极大地减少管理成本。为什么一只牧羊犬可以管理几百只羊？就是因为羊有领头羊，如果羊没有领头羊，再增加十只牧羊犬也没有用，羊还是会乱跑。既然强者都那么重视“表扬传播”，为什么弱者要放弃？

弱者同样应该为强者树典型、找样板，明确地告诉强者，什么是好雇主，什么是好领导，什么是好管理，什么是好政策。表扬传播，不是礼赞，不是颂歌，不是赞美诗，这些是“颂赞传播”。“表扬传播”与“颂赞传播”的区别在于：“颂赞传播”

是按照强者的喜好，讴歌强者的功德，表达弱者的仰慕与感恩；“表扬传播”是按照弱者的利益，给强者打分，表达弱者的标准、逻辑与判断，像老师“阅卷”那样进行评分，重点是分出对错。遗憾的是，弱者对“表扬传播”普遍忽视，只想得到强者的表扬，忘记了自己也有表扬的武器。而知识分子尤其对弱者的“表扬传播”不屑，他们青睐“对抗传播”，推崇以死犯谏、为民请命的忠臣，喜欢讲述忠臣把自己的棺材抬到金銮殿上不惜以死抗争的故事。在现实世界里，一个民族必须有这样的铮铮铁骨、民族脊梁，但在舆论世界里，我们也要学习评估一个传播是否有效，是否解决问题，是否代价更小，是否避免更大的伤害。

“表扬传播”的经典就是《触龙说赵太后》。面对一票大臣强谏，太后明谓左右：“有复言令长安君为质者，老妇必唾其面！”一举堵了批评传播的路。幸亏有个老臣触龙，明着表扬太后爱女情深，对燕后“为之计深远”，暗自引导太后对长安君也做这样正确的事情，从而成功地化解了国家危机。

“表扬传播”的要害就是告诉强者：他做的哪些事是对的，从而帮助强者正确地选择。

最重要的是教育，而教育最重要的对象是领导，“表扬传播”大有作为。

没有人不喜欢听好话，领导也不例外。大部分领导分得清表扬与批评，但只有极少数分得清“颂赞传播”与“表扬传播”。领袖与领导的差别就在于：他是否听得进“批评传播”，是否听得懂“表扬传播”。“批评传播”有民意，“表扬传播”更有民意。

弱传播，人类世界的伟大设计

弱传播不仅是强者的哲学，也是弱者的武器。强与弱是相对的，也是可以转化的。

不得不赞叹人类两个世界的伟大设计。现实世界是强世界，舆论世界是弱世界。强世界是弱肉强食，弱世界是强肉弱食。如果人类只拥有一个现实的世界，弱者终将没有生存的空间，没有存续的理由。而失去了弱者，强者就不再成为强者，甚至走向自我终结。

2002年冬到2003年春，全球肆虐的严重急性呼吸综合征（SARS，传染性非典型肺炎）最初让我非常恐惧。SARS传染性极强，病情进展快速，至今尚无特异的预防和治疗药物。我当时担心，人类会不会就此终结于SARS。

后来，了解到病毒的传播机理后，我确信，不仅SARS灭不了人类，而且人类也不可能被任何病毒终结。

最厉害的病毒具备高传染性与高致死性，它们传播得快，感染者死亡得也快。但它们太毒了，以至于作为其宿主的人还来不及带着它们四处传播，就已经死亡。弄死了宿主，病毒也就没办法四处传播，只好跟着宿主就地同归于尽。

最初人们不懂得病毒的厉害，客观上还会帮助病毒转移宿主而扩散传播。病毒传播得很快，但恐慌比病毒传播得更快！当由病毒带来的恐慌超越病毒的传播速度与传播半径，人类就懂得了用传播的方法对付病毒的传播，那就是制服SARS的绝杀技——隔离。只要隔离，就阻断了病毒的传播。病毒就要么被制服，要么与宿主同归于尽。

事实上，一些病毒，人类至今没有在医学上找到治疗与预防它们的良药。医学只能从传播学找灵感：对付病毒，最好的方法就是用传播的方法阻断传播。

医学，有时候比政治学更聪明，当政治学只会用硬碰硬的手段来解决恐怖主义等社会病毒，医学已经懂得用传播学的方法（尽管是无师自通）来对付病毒。

没有一种病毒可以毁灭全人类，再厉害的病毒，也只能毁灭一部分人，不可能毁灭所有的人。

这种自信不是来自医学——相信人类的医学一定能够在人类灭亡之前，及时找到治疗病毒的特效药——而是来自传播学。传播学告诉我们：传播一定要有媒介，当一个病毒“毒”到连传播媒介感染了就会速死的地步，它也便很快走到了传播的终结。没有了媒介，就不能传播，没有了传播，病毒就是死亡。病毒介于生命体与非生命体之间，病毒的生命在于传播。

病毒的传播要向细菌学习，尤其要向益生菌学习。益生菌对宿主有利，宿主是它的传播媒介，宿主活多久，它就可以繁衍多久。

SARS给我的哲学启迪有三：一是强者走到尽头就是弱者；二是真正的强者就是与弱者共生；三是传播造成的问题，一定可以用传播解决。

人类幸亏有两个世界。这样强世界就有了弱世界的平衡器。弱世界纠正与平衡强世界的偏差及走火入魔，让弱者有了最后的防护与翻身的余地。

弱世界不仅是弱者的天堂，而且也是强者的福音。没有这个弱世界，一意孤行的强者没有敬畏，没有天敌，最后自己成为自己的死敌。

强者通过爱弱、敬弱、为弱、扶弱、利弱、容弱等一系列方式建构与弱者的链接，聪明的强者获得益生菌那样的智慧，与弱者共生存；愚蠢的强者则在传播世界里遭遇弱传播的“滑铁卢”，甚至灭顶之灾。人类世界越来越学会强者与弱者共生同处。人类在“弱”的趋同上，找到人类的最大公约数。一个不争的事实就是：总体来说，人类越来越朝弱势群体的方向趋同，越来越向着“去等级化”方向前进，越来越减少歧视的壁垒。政治学用“民主与平等”这个概念来表达这种趋势，也越来越深入人心。奴隶的解放、黑人的解放、女性的解放，直到反左撇子歧视、反色盲歧视、反同性恋歧视……弱势群体的声音越来越大，他们的权利越来越得到尊重。

正如热平衡运动是热往冷的方向传递，人类的趋同也是强者向弱者的趋同，而不是相反。全球化、一体化、自由化、现代化，各种化的方向都是朝弱者的方向前进。虽然寡头重新在建立，但人类朝着弱传播的方向前进，这是大势所趋！

人类可能是唯一一个物种，逐渐实现了单一物种自身的强弱平衡，而不是通过食物链实现多物种的强弱平衡。

人类仍然有弱肉强食，但这不是人类唯一的法则，人类还有强肉弱食的法则。因为人类不只生存在一个世界，而是生存在强世界与弱世界相互影响、相互制衡的两个世界。

一切的改变源于传播！

没有传播，就没有弱世界！

人类为什么可以超越其他物种？就是因为人类是最具有传播能力的物种！

传播，不仅帮助人类创造灿烂的文化，实现悠久的传承，而且能帮助人类建构强弱的有效平衡，使人类可以从弱肉强食的蛮荒世界，走向自由、民主、平等的现代文明！

弱传播，就不只是个别人的生存智慧，而且是整个人类的发展智慧。

弱传播是人类文明最伟大的产品，是人类制度最伟大的设计！

传播改变世界，传播改变人类！

生命与宇宙的传播

本书的最后，让我们超越人类，梳理宇宙生命传播的前世今生。

人类的传播如此精彩，可是面对自然的传播，仍然是雕虫小技。

首先，让我们看一看生命的传播。生命最伟大的传播就是细胞分裂，一个A细胞完整地分裂出一个A’细胞。细胞是通过自我复制完成传播。厉害的就是，它不是简单的复制，否则，生命就是细胞的简单堆积。一个那么柔软的受精卵，怎么可以“复制”（传播）出那么坚硬的牙齿？那么封闭的受精卵，怎么可以“复制”（传播）出可以打开世界的眼睛？那么微小的受精卵，怎么可以“复制”（传播）出那么复杂的生命循环系统？而且所有的传播，都有时间轴，到时间了牙齿就长出来了，到时间了乳牙就掉了……更厉害的是，生命的传播懂得克制，它“复制”（传播）出一个精致的鼻子，不会让它无限制地延长下去，更不会贪得无厌地想复制第二个，否则，人类就是有着两个鼻子的长鼻子怪物。所有的人工芯片面对生命的传播基因，都相形见绌。我们的人工芯片，不要说复制出一棵大树，它连一片树叶都复制不出。

生命传播另一个令人惊叹的奇迹，是花粉传播。植物不是一棵树直接“复制”（传播）出另一棵树，而是巧妙地把自己的传播信息藏在微弱的花粉里，可以让风来帮助传播。花粉有着即时贴那样恰当的黏合度，可以随时黏附在昆虫的腿上，又可以随时从昆虫的腿上掉下来，邂逅一次传奇的“爱情”。黏合度不够，它不能黏附在昆虫腿上远距离传播，黏附性太强，就永远粘在昆虫的腿上，无法自拔——这是多么了不起的传播设计。

传播的困难与魅力都在于尺度的拿捏，花粉的传播，完美地诠释了舆论传播对“度”的把握！

花粉的传播用足了传播技巧，它用争奇斗艳的绚丽色彩招蜂引蝶。最可怜（可爱）的是白色的花，它们没有鲜艳的色彩，没办法靠外貌取胜，就走内涵路线，成长为气质美女，用“气自华”的香味，吸引昆虫的注意，引发它们的关注，闯出了一条“另类传播”之路。

花粉的传播最终要结成果实。一些果实往往有着坚硬的内核与柔软的外表，最重要的是它懂得要充分尊重受众的需求，满足客户的需要，它的果实不仅可以给动物提供营养与能量，而且有着最好的口味。不像人类某些说教的主旋律传播，只懂得提供纯而又纯的精神维生素。动物吃果实，却消化不了被保护的种子，果核随着动物的粪便排出，粪便就是果实未来破壳而出幼苗的肥料——这是多么了不起的利人利己的互动传播！

生命的传播，不断在继续。随着生物可以发声、发光、发电，生命的传播信息不仅可以像果实一样，可以脱离母体，还可以脱离所有的生命有机体，借助无机物的媒介进行传播，这就是大众媒介的雏形。

当原始人可以在石壁上画画，传播信息就不仅脱离了生命体而存在，而且超越了生命体而存在。生物发声、发光、发电，还需要有生物存在，当生物死亡或离开，信息就死亡或被带走。而石壁里的画，却可以超越生物体的存活时间而永远存在，这是生命传播又一次伟大的飞跃。

遗憾的是石壁的画不方便带走，只有受众来到石壁前，传播才完成闭环。后来，原始人的画不仅刻在石壁上，还刻画在甲骨上、兽皮上、青铜器上、纸上……人类开始拥有越来越强大、方便的移动媒体。

纸的发明，让专门从事传播的职业与机构产生，那就是报社。从此，人类进入大众传播的时代。

再后来，广播、电视、互联网、手机，新的媒体一个个出现，这就是我们熟悉的今天的传播。当人人都有麦克风，人人都是自媒体，我们就回到了原来的花粉时代，甚至是最早的细胞分裂时代。每一个细胞都是自媒体，都在做自我传播。

人类从视觉到文字再回到视觉的时代，从简单到复杂再到更高级的复杂，从表情到表情包，就可以看到人类传播进化的轨迹。到了表情包的时代，人类的表情可以脱离人脸，在互联网广泛地传播！

不过，生命的传播相比宇宙的传播，不过是恒河上的一朵浪花。人类的悲怆是“人生不满百，常怀千岁忧”，但人类更大的悲壮却是“人生不满百，常识万年光”。人类看到的绝大多数星光，都超过了万年的传播期，想一想，真的有一点小激动呢！

如果宇宙没有传播，那会怎么样？如果宇宙大爆炸，没有产生辐射；如果超新星爆发，没有产生时空弯曲中的涟漪；如果星球燃烧，却没有发出光……那天文学家该是多么寂寞。即便是对传播的反馈，也那么动人，如果没有月亮对太阳光的反射，就没有唐诗，甚至没有唐朝！

要怎样形容天文学家发现引力波存在时的情感呢？当他们听到这来自宇宙初生时的“啼哭”，他们该如何赞叹宇宙的传播？即便是黑洞，它“黑”到不会向外界发射或反射任何光线，也不会发射或反射其他形式的电磁波——无论是波长最长的无线电波还是波长最短的γ射线，可是，没有传播的传播恰恰就是传播！这就好比舆论场的沉默，沉默也是一种表达。天文学家恰恰可以借由物体被吸入之前的因高热而放出紫外线和X射线的“边缘信息”，推测出黑洞的存在、质量、位置及它对其他事物的影响，如同从宇宙深处传来一连串的缤纷音符，突然听到一个休止符，它的无声，证明了宇宙的节奏！

“有两样东西，越是经常而持久地对它们进行反复思考，它们就越使心灵充满常新而日益增长的惊赞和敬畏：在我头上的星空和我心中的道德法则。”[1]

人类对星空的惊奇与敬畏可能有无数的答案，我的答案却与传播有关：我们司空见惯的每一点星光，绝大部分都经过上万年的传播周期，当这个传播行为被我们接受，进入我们舆论的视窗，这是多么渺茫的小概率事件啊！

亿万年前，它们为何发生？亿万年间，它们在宇宙中穿行时看到了什么？发生了什么？

---

[1] [德] 伊曼纽尔·康德：《实践理性批判》，李秋零译注，中国人民大学出版社2011年版，第151页。

每一次仰望星空，都是一次与传播奇迹的相遇！人类是如此渺小，又是如此伟大。就让我用10年前的一首小诗，结束这本书的写作吧：

星光
走了几万年　来到这里
你是不是寂寞得　有点含蓄
几万年前　一次爱情爆发
用几万年　进行传递
你是不是执着得
有些偏激

几万年前的一次心跳
伏笔
几万年后的一次呼吸
你柔弱到无语
仿佛只能静静
等待在窗口　等待
写进诗句

你挣扎着　想打一声招呼
却没有了气力
只好使劲眨着眼睛
吸引人世的注意
你微弱的光芒
只能点燃　孩子的眼睛
他们在唱着歌谣
“一闪一闪亮晶晶”

满天的不是小星星
是宇宙的传播与传奇

后记

写下《弱传播》书稿最后一个字，涌上心头的不是如释重负的欣喜，而是抑制不住的谦卑。

谦卑，来自本书的研究对象。舆论，这个被无数哲人认为抓不住的对象，是不是再一次从我的手中滑脱？本书野心勃勃、信心满满的弱传播假说，真的抓住了舆论世界的本质？还是仍然在隔靴搔痒，甚至南辕北辙……舆论世界，这个人类自我建构却无法自我控制的世界，这个被现实世界制约又与现实世界相抗衡的世界，这个被无数人利用又让无数人灭顶的世界，可能是人类自我认识要攻克的最后一个堡垒。一切都才刚刚开始。

谦卑，来自本书的研究案例。这些古今中外的舆论案例，被我大胆地点评、分析、复盘，这种事后诸葛亮式的做法，并不代表我比当事人更有眼光、勇气与智慧。每个当事人都可能面临超出自身选择能力的压力与背景。特别是那些遭遇滑铁卢的舆论事件，如果让我重返当时的舆论场，我未必能够做出比当事人更好的选择。设身处地，将心比心，我没有任何居高临下的本钱，也没有任何自鸣得意的理由。

如果本书在讨论这些案例时，客观上扩大了某个负面事件的传播面，引起当事人或者亲属的不舒适感，我要特别事先道歉。我无意扩大舆论的伤害，更恳请我的读者对本书舆论案例的所有当事人心存感激，正是他们的先试先行，让我们知道了舆论的禁忌与脾气。特别是负面事件的当事人，他们是舆论雷区的蹚雷者。他们已经在舆论事件中付出了代价，就不要让他们因为本书的引用分析，再受一次伤害。

为促进医学进步，一些志愿者甘当“小白鼠”或捐献标本，医学对此有一整套伦理程序，医学工作者更会对志愿者鞠躬致敬。舆论学的案例标本，没有这样的志愿者体系与规则，但感恩与敬意却不能在舆论学研究中缺失。

整本书的写作过程，我一直坚持一种善意的传播。尽可能假定当事人的主观动机没有恶意。对舆论事件，不做道德的宣判，不做人品的臧否，只做舆论学的相关分析与讨论。对舆论当事人，不幸灾乐祸，不落井下石，不挑拨离间，尽可能提出化解当事人矛盾的舆论策略，提出帮助当事人脱困的舆论技巧。无他，就是因为越是深刻地了解到舆论世界的放大、扭曲、片面甚至背离的本性，越是更加悲悯那些被舆论伤害的人，并由衷地希望能将这样的伤害减少到最低限度。

舆论并不是民意的代名词，舆论研究者不必将自己打扮为正义的化身。舆论世界并不完美，所以舆论研究更需善意。拉仇恨，撕裂族群，的确可以增加流量，吸引眼球，但舆论研究更应该恪守本分，秉持善意。无论什么机构聘请舆论顾问，一定要警惕这种人：他们唯恐事情不大。那种经过慎重分析最终仍然叫你保持克制、息事宁人的舆论顾问，也许是更有良知的舆论顾问，遇上他，是你的福气。

成大事者，无论是政界商界，第一个要找的“梦之队”成员就是舆论顾问（传播顾问）。但所谓的舆论顾问从业人员，酒囊饭袋者众，心术不正者也不少，不可不察！

舆论的研究者在认识世界时，要客观冷静，不为任何立场所动摇，但其研究的目的一定要明确：所有的出发点就是要帮助这个世界更加美好。舆论研究者如果要积善积德，德与善就在于此。舆论的实践者不要恶意地无底线地滥用舆论武器。一个人，如果想无事生非、沽名钓誉或者心怀叵测，最好不要看此书，这本书的终极答案就是：恶意传播，点燃的就是烧向自己的火！

舆论的学习者更要心存敬畏。不要学了几个舆论的分析工具、解释工具与实战工具，就跃跃欲试，到处惹是非，随意当枪手。舆论的基本规律虽然不多，但瞬息万变、奥妙无穷。不要以为学习了弱传播，就可以打遍天下无敌手。天外有天，山外有山，没有永远不败的英雄，只有尽可能少犯错的智者。

舆论事故最容易出现在以下3种人身上：懵懵懂懂却又大大咧咧的萌汉子，刚懂得一点皮毛就跃跃欲试的愣头青，还有从舆论中获利颇丰、好处拿到手软的老司机。特别是最后一种人，他们在舆论世界中似乎如鱼得水，没想到最后溺水的就是他们。常在河边走，哪有不湿鞋，说的就是这个道理。

看了本书后，如果您得出这个结论——“我骄傲，我学会了弱传播”，那你并没有读懂弱传播。“我谦卑，我学会了弱传播”——这才是本书给出的读懂弱传播的唯一答案。

下面简单介绍一下本书的写作过程。

本书酝酿20年，写作4年，称为心血之作，并不为过。

本书自称是人类史上第一本舆论哲学的专著，因为舆论哲学就是我生造的一个词。本书是否具备了驾驭舆论哲学的水平，自可争议，但把舆论当哲学来研究，或者用哲学来研究舆论，的确是本书的努力目标。

舆论哲学是本书的核心目标，舆论与哲学，其学术渊源分别可追溯到我的硕士博士阶段。舆论哲学的哲学来自我的硕士生导师林兴宅教授。我对哲学热爱的种子，就是由他种下，他让我明白：走在任何领域最前列的人，都是具有哲学意识的人（未必是学哲学的人）。他自己言传身教，将系统论、信息论、控制论引入文学批评，引发文艺学新方法论的革命，本书的方法论思维明显受到他的影响，而本书对自然科学的借鉴，更可以看到他的影子。虽然他教的是文艺学，我研究的是传播学，但他对人类命运的关切与思考，深刻地影响着我，我的人生河流因为他而拐弯。

舆论哲学的舆论来自我的博士研究生阶段。我的博士专业是中国近现代史，但我的博导林仁川教授在厦门大学台湾研究院任教，我的研究方向自然转到台湾研究领域。林仁川老师包容宽厚，允许我结合自己原来的职业与兴趣做博士论文。台湾舆论场，有着世界最发达的舆论形式与最复杂的舆论环境，西方舆论学无论是概念范畴还是理论体系，都不能满足我对台湾地区舆论场的分析与解释，我不得不琢磨出一套套自己的舆论分析工具与解释工具。正好大陆一些媒体邀请我开设专栏，我发现从台湾地区舆论场总结出来的这些工具用来分析与解释大陆的舆论现象，简直就是杀鸡用牛刀。就这样从台湾地区舆论场到大陆舆论场再到舆论的世界，从舆论案例到舆论工具再到舆论方法论，舆论成为我20年来思考写作的关键词。

这里要感谢《人民日报》、新华社、《南方周末》、《新京报》、凤凰网、人民网、新浪网、腾讯网、新榜、UC名家、今日头条、一点资讯、FT中文网、台湾东森新闻网，感谢它们为我提供发表舆论场分析文章的阵地，特别要感谢蔡军剑（《南方周末》“自由谈”栏目责任编辑）、高明勇（先后任《新京报》、凤凰网评论部负责人）两位编辑，书稿中很多案例分析来自他们当责编的我的专栏，蔡军剑甚至还友情提前阅读了整部书稿，提出了一系列中肯的修改意见。

从媒体转行到大学，母校厦门大学给了我一张宁静的书桌与三尺激情的讲台，感谢每一届研究生参与我的“舆论学方法论”课程。我的硕博士研究生冯梦兰、黄浩宇、蔡婧蓉、潘小佳、鲍轶凡、王莉、冯姝雅、李晓燕、刘雯、夏唤唤、李婕雯参与了部分录音资料的整理工作，特别是由研究生李雅真牵头，邵鲁阳、张夏、陈知夏及黄希明、李贞几位研究生直接参与了书稿的部分校对工作，一并致谢。

《弱传播》书稿的源头，也许还可以追溯到更远。

1946年春节，在湖南新化县炉观镇梅树村一条小河边，有一位与父亲闹翻的少年到处央求路过的毛板船带他离开家乡，受尽白眼后终于搭上了一条顺风船，两手空空的他，只身闯荡武汉一年后才回家，他就是我的父亲邹洪安。后来，父亲四下武汉，成为第一代农民工，靠在码头卖苦力为生。白天担担子，晚上读夜校，有远见卓识的父亲读的是汉阳明信会计专校。改革开放后，这张私立学校的文凭终于让父亲将小学三年级学历更改为中专学历，连涨两级工资。更重要的是，当时凭着这张文凭，父亲几年后被广州空军司令部录用，见证了“知识改变命运”。

父亲在广州空军司令部才两年，部队裁军，被分配到江西井冈山，父亲从繁华都市一下子来到连米都紧缺的山区。后来，查族谱才发现，几百年前，邹氏其中的一脉从山东千里迁徙到井冈山。而其中一支，再次从井冈山迁徙到湖南新化——这就是我现在的祖籍地。冥冥之中，是不是有什么注定？就在井冈山，父亲与母亲袁琴芬成婚，井冈山就成了我的出生地。

30多年后，我回湖南新化探亲，要渡过梅树村那条小河，才能回到我从未住过的老屋，我就在想，如果这个小山村没有这条小河，就没有我们后来的一切。

小时候，我就被书本上的“遥远的地平线”吸引，但身处井冈山茨坪镇小小的盆地，15岁前，我看到的天际线都不是平的，天与地的交界是蜿蜒曲折的山峦。为此，我自创了一个词“地折线”，对地折线外的世界，有着无穷的幻想。大山拦不住的只有两个东西，一个是随时可仰望的星空，一个是时常在嬉戏的小溪。星空负责诗，小溪负责远方！星空这个意象，一直延续到2016年我在厦门大学毕业典礼的致辞。其实，早在2005年，我为厦门卫视写台歌，这首张杰演唱的歌曲，名字就叫《仰望星空》。

1983年高考结束的一个晚上，我从井冈山茨坪的一条小道走过，突然心意一动，抬头仰望星空。我知道这一次我确定要离开这些大山了，我一定会在另一个地方，相逢我的爱情，最关键的是，我现在连她姓什么都不知道，这是多么奇妙的命运啊！30年后，我还会记起那个夜晚，想起我仰望的星空，想起我当时想过的一切吗？

填志愿时，虽然我的成绩可以上更好的大学，但我只选择了厦门大学。我知道我内心的呼唤—— 这是一所有海的大学啊！

1983年考入厦门大学后，我再也没有离开厦门这座城市，在这里娶妻生子，毕业后尽快把父母接了过来，开始一个又一个故事。虽然有无数次抑制不住地冒出离开厦门的念头，但最终还是留下来了。我想，唯一的理由就是这座城市拥有大海吧！

舆论是水，哲学是光！

水，弱传播之源……

光，弱传播之本……

邹振东
2018年5月30日
于厦门

索引

Y

Z

邹振东

历史学博士

中国舆论学研究委员会常务理事

厦门大学新闻传播学院特聘教授、博士生导师

人民网新媒体智库顾问

2016 年 6 月在厦门大学毕业典礼中致辞，后被制成视频上传网络，总播放量超过一亿次，被称为“网红教授”

曾应邀去美国特拉华大学讲座，以“弱传播理论”成功预测特朗普当选美国总统

学术成就

主持国家社会科学基金特别委托项目、重点项目

著有《台湾舆论议题与政治文化变迁》

弱传播

作者 _ 邹振东

产品经理 _ 段冶　装帧设计 _ 董歆昱　产品总监 _ 应凡
技术编辑 _ 顾逸飞　责任印制 _ 刘淼　策划人 _ 路金波

营销团队 _ 毛婷 阮班欢 孙烨

果麦
www.guomai.cn

以 微 小 的 力 量 推 动 文 明

图书在版编目（CIP）数据

弱传播 / 邹振东著. -- 北京 : 国家行政学院出版社, 2018.10（2024.9重印）
ISBN 978-7-5150-2266-6

Ⅰ. ①弱… Ⅱ. ①邹… Ⅲ. ①舆论－传播学－研究 Ⅳ. ①G206

中国版本图书馆CIP数据核字(2022)第079459号

书　　名　弱传播
　　　　　RUO CHUANBO
作　　者　邹振东　著
责任编辑　王　莹　马文涛
出版发行　国家行政学院出版社
　　　　　（北京市海淀区长春桥路 6 号　100089）
综 合 办　（010）68928887
发 行 部　（010）68928866
经　　销　新华书店
印　　刷　北京盛通印刷股份有限公司
版　　次　2018 年 10 月北京第 1 版
印　　次　2024 年 9 月北京第 21 次印刷
开　　本　167 毫米 ×234 毫米　16 开
印　　张　24.75
字　　数　454 千字
定　　价　68.00 元